G. I. Williamson

A CONFISSÃO DE FÉ DE Westminster

PARA CLASSES DE ESTUDO

A Confissão de Fé de Westminster: Para Classes de Estudo
Originalmente publicado em inglês sob o título

The Westminster Confession of Faith: For Study Classes
1964, 2004
— G. I. Williamson

Primeira edição em português, 2023.
Editora Os Puritanos 2019 ® Direitos reservados.
Publicado com a permissão da P&R Publishing.

Salvo outra indicação, todas as citações bíblicas foram extraídas da
versão *Almeida Revista e Atualizada, Sociedade Bíblica do Brasil*, 2.ª edição.

PRODUÇÃO EDITORIAL
Editor: Manoel Canuto
Colaborador: Waldemir Magalhães
Tradução: Leonardo Galdino
Revisão: Gerson Júnior
Designer: Heraldo Almeida

ISBN: 978-65-86865-17-2
Disponível em: www.editoraclire.com.br
Imagem de capa: Crédito: whitemay; ID da ilustração:17017939

Dados Internacionais de Catalogação na Publicação (CIP)
(Câmara Brasileira do Livro, SP, Brasil)

```
Williamson, G. I.
    A confissão de fé de Westminster para classes
de estudo / G. I. Williamson ; tradução Leonardo
Galdino. -- 1. ed. -- Recife, PE : Editora Clire,
2023.

    Título original: The Westminster confession of
faith: for study classes.
    ISBN 978-65-86865-17-2

    1. Calvinismo 2. Confissão de Fé de Westminster
3. Cristianismo - Essência, natureza, etc.
4. Doutrina cristã - Ensino bíblico
5. Presbiterianismo I. Galdino, Leonardo.
II. Título.

23-180245                                CDD-234.23
```

Índices para catálogo sistemático:

1. Fé : Doutrina cristã : Cristianismo   234.23

Aline Graziele Benitez - Bibliotecária - CRB-1/3129

SUMÁRIO

Para Grace

Já se vão cerca de quarenta anos desde que o saudoso Sr. Charles H. Craig leu e aprovou o manuscrito deste livro. Acho que ele estava mais persuadido que eu de que esta obra se mostraria útil às igrejas presbiterianas e reformadas. Que ela ainda seja útil o bastante para merecer uma segunda edição, porém, possivelmente lhe causaria tanta surpresa quanto ao autor. Minha gratidão ao Sr. Craig é apenas superada por minha gratidão a Deus por permitir-me ser, por meio deste livro, um professor para tantos membros do povo de Deus por todo o mundo de fala inglesa.

Talvez alguns se surpreendam por tão poucas mudanças terem sido feitas. Mas há uma boa razão. Lembro-me de ler, alguns anos atrás, uma série na revista *Christian Century*. Vários eminentes ministros de denominações liberais diziam o quanto o seu pensamento (e teologia) mudara ao longo dos anos. Comigo é bem diferente. Creio hoje, mais do que nunca, que as doutrinas expostas na Confissão de Fé de Westminster são verdadeiras e, portanto, não precisam ser mudadas. Elas não são, é claro, declaradas infalíveis. Apenas a Bíblia é infalível. Mas ainda hoje — após cerca de 350 anos — é espantoso que a Assembleia de Westminster tenha acertado tanto, que pouco precise ter sido mudado.

Minha esperança, portanto, é que este estudo continuará a servir a igreja nestes primeiros anos do século XXI.

— Sheldon, Iowa
Agosto de 2003

-------PREFÁCIO À PRIMEIRA EDIÇÃO-------

Embora a maioria das igrejas presbiterianas ainda exija que seus oficiais afirmem sua subscrição à Confissão de Fé de Westminster "como contendo o sistema de doutrina ensinado nas Sagradas Escrituras", dificilmente se poderá negar "que a Confissão já não mantém na mente da igreja a mesma posição que teve no passado".[1] Quando o autor deste livro era um estudante no seminário, tomou conhecimento de que uma breve declaração de fé (a Declaração Confessional de 1925) havia basicamente substituído a Confissão de Fé de Westminster como o símbolo de fé da *United Presbyterian Church of North America* [Igreja Presbiteriana Unida da América do Norte]. O estudo cuidadoso dos dois documentos levou o autor do presente livro à convicção de que eram os Padrões de Westminster, e não as convicções contemporâneas da igreja, que estavam de acordo com a Escritura. Chegou à conclusão de que a principal causa daquela lamentável situação era a simples ignorância quanto ao conteúdo dessa excelente Confissão. Isso, por sua vez, conduziu ao humilde esforço que produziu este manual para estudo.

Este manual foi escrito como um esforço missionário doméstico, com o propósito de resgatar com exatidão e em plenitude a rica herança da fé reformada. Qualquer que seja a fraqueza deste manual de estudo sobre a Confissão de Fé de Westminster, o seu autor pode testemunhar que um estudo dessa Confissão, como um corpo de doutrinas comprováveis pela Escritura, foi de valor inestimável para a fiel congregação que estudou pacientemente — e, assim, ajudou a escrever — as lições deste livro. Se este manual auxiliar outros a também verem que tal sistema de doutrina é ensinado na Escritura, todos os labores do seu autor serão abundantemente recompensados.

---

1 George S. Hendry, *The Westminster Confession for Today* (Richmond: John Knox Press, 1960), p. 11.

Um especial reconhecimento é devido ao Dr. William Young, o qual originalmente sugeriu a publicação deste material de estudo, bem como ao Dr. Robert L. Reymond e ao Dr. David Freeman, pelas valiosas sugestões concernentes ao seu formato e estilo.

— Auckland, Nova Zelândia
Julho de 1964

1

────I. DAS SAGRADAS ESCRITURAS────

1. Ainda que a luz da natureza e as obras da criação e da providência manifestem a bondade, a sabedoria e o poder de Deus, de tal modo a tornar os homens indesculpáveis, contudo não são suficientes para transmitir aquele conhecimento de Deus e de sua vontade, necessário à salvação; portanto aprouve ao Senhor, em diversos tempos e diferentes formas, revelar-se e declarar aquela sua vontade à sua Igreja. E depois, para a melhor preservação e propagação da verdade, e para o mais seguro estabelecimento e conforto da Igreja contra a corrupção da carne e a malícia de Satanás e do mundo, aprouve-lhe fazê-la escrever toda, o que torna a Sagrada Escritura absolutamente necessária, tendo então cessado aquelas antigas formas de Deus revelar sua vontade ao seu povo.

Essa seção da Confissão nos ensina: (1) que Deus se revela ao homem de duas maneiras distintas — na natureza e na Escritura; (2) que nenhum homem pode evitar ser constantemente confrontado por aquilo que revela o Deus vivo e verdadeiro (mesmo sem a Escritura); (3) que todos os homens são indesculpáveis por sua condição ignorante e pecaminosa; e (4) que a Escritura é necessária para o conhecimento verdadeiro e salvífico de Deus, pois somente nela se revela a provisão redentora de Deus.

Há muito, tornou-se um hábito entre os cristãos (mesmo os de persuasão reformada) falar da insuficiência da revelação natural, como se houvesse algo de defeituoso na revelação que ela faz de Deus. Pode-se ver isso no uso tradicional das provas teístas.

(1) A partir do mundo como um grande efeito, podemos defender a possibilidade de uma grande causa.

(2) A partir da ordem e disposição evidentes no mundo, podemos defender a possibilidade de uma inteligência que o ordenou.

(3) A partir do evidente governo do mundo pela lei moral, podemos defender a possibilidade de um legislador moral.

Uma vez elaborados e reunidos tais argumentos, e outros semelhantes a eles, esperava-se que os incrédulos fossem convencidos de que (a) provavelmente existe "um deus"; e que (b) se ele existe, é possível que ele seja o Deus da Bíblia. Somente quando fosse assim "provada" a existência de "Deus", esperava-se que o incrédulo admitisse evidência adicional para confirmar que Deus de fato existe. Observe que, nesse esquema, a criatura estabelece os termos sob os quais Deus deve apresentar as suas credenciais. Aos fatos não se permite dizer: "O verdadeiro Deus é", mas apenas: "é possível que exista um deus".

O que há de errado com tal abordagem? Apenas isto: cada fato (e a soma total de todos os fatos) *prova* a existência do Deus da Bíblia. E com boas razões. Este Deus é. Ele sempre foi. Ele existia antes de tudo ser criado. E todo o universo existe apenas porque ele o planejou. Cada detalhe dos aspectos concernentes à existência tem o exato caráter e propósito que Deus pretendeu. Tem, portanto, um significado que é dado por Deus. "Os céus proclamam a glória de Deus, e o firmamento anuncia as obras das suas mãos. [...] Não há linguagem, nem há palavras, e deles não se ouve nenhum som" (Sl 19.1, 3). Tudo, no céu e na terra, afirma que o verdadeiro Deus existe; que ele é glorioso; que ele é Criador e senhor de tudo; e que nós somos feitura dele.

Outrora, o homem era a verdadeira imagem de Deus. Apenas ele, entre as criaturas, podia pensar os pensamentos do seu Criador. Diante do homem sem pecado, toda a criação (incluindo o próprio ser humano) era um espelho polido no qual Deus podia ser visto claramente. Na mente do homem, a revelação divina dirigia-se à sua reinterpretação autoconsciente. A tarefa do homem era tomar consciência de todo o significado colocado por Deus no universo. O homem começou a realizar essa tarefa (Gn 2.19-20). Ele usou os poderes de investigação dados por Deus para descobrir o verdadeiro significado da natureza (isto é, aquele impresso por Deus). Ao dar nome a alguma coisa no mundo natural, Adão estava simplesmente externando o nome (significado) nela colocado por Deus.

Contudo, devemos observar que, mesmo antes da queda do homem, Deus se revelou tanto em palavra quanto na natureza. A natureza revelava o que era necessário para Adão ter um correto conhecimento da natureza de Deus e do mundo. Mas como poderia Adão conhecer a vontade ou o propósito de Deus? E como poderia ele saber como deveriam ser sua vontade ou seu propósito? A resposta é: somente pela revelação especial (verbal).

Para o homem ser a imagem e semelhança de Deus, duas coisas eram essenciais. O seu ser precisava ser semelhante ao de Deus; e a sua vontade ou propósito também deveria ser semelhante à de Deus. O modo como Deus é em seu ser não é uma questão de escolha ou não é algo arbitrário. Da mesma forma, o modo como o homem é em seu ser também não é uma questão de escolha: ele é a imagem de Deus. Ser diferente do que é, faria o homem deixar de ser humano. Enquanto os homens forem homens, eles existem como imagem de Deus. Disso resulta, pois, que a existência humana se constitui de tal modo a impor ao homem o senso da divindade. Todos os homens conhecem a Deus, o verdadeiro Deus, o único Deus. Eles não apenas têm a capacidade de conhecê-lo; eles, de fato, o conhecem e não podem evitar conhecê-lo.

O propósito do homem, todavia, é uma questão de escolha. Assim como Deus é livre para agir conforme a sua vontade, também o homem (sendo criado à imagem de Deus) é livre para agir conforme a sua vontade. Porém, mesmo na liberdade de sua vontade, o homem não pode escapar do absoluto controle de Deus, pois o ser do homem (sendo apenas uma imagem) é inteiramente dependente de Deus. Ao colocar a sua vontade contra a vontade divina, revelada pela Palavra de Deus, o homem apenas pode violar, mas nunca destruir, a sua relação de dependência para com Deus. Metafisicamente, ele ainda é a imagem de Deus, embora, eticamente, já não seja a semelhança de Deus. A determinação do homem de ser independente de Deus está fadada à frustração; e ele é clara e constantemente lembrado disso pela revelação natural. A revelação natural jamais cessa de declarar ao homem pecador o fato de que o verdadeiro Deus existe e que a própria existência humana é inteiramente dependente de Deus. A fim de continuar em rebelião contra Deus, portanto, o homem precisa mentir para si mesmo acerca dessa situação. Ele precisa suprimir a verdade em injustiça (Rm 1.18). Essa supressão da verdade (pela qual os homens pecadores se recusam a conhecer a si mesmos e ao verdadeiro Deus corretamente) é de todo devida ao pecado, e não, de modo algum, a alguma insuficiência ou defeito na revelação natural.

Contudo, a revelação de Deus antes da queda era diferente daquela que Deus concede desde a queda; e isso vale tanto para a revelação natural como para a especial (ou verbal). As duas formas de revelação são sempre coordenadas. Antes da queda, a revelação natural e a especial estavam relacionadas à obediência de Adão e operavam por meio dela. A queda tornou esse processo de revelação ineficaz. A revelação, agora, fala com respeito à condição caída do homem. A revelação natural não somente declara os atributos de Deus (como era desde o princípio), mas também revela a ira de Deus contra toda a impiedade e perversão dos homens (da qual ela não precisava testemunhar anteriormente, pela simples razão de que então não havia impiedade ou perversão nos homens). A Bíblia ensina que, agora, a revelação natural assim testifica (Rm 1.18; 2.14-15). Certas mudanças foram introduzidas na ordem natural (Gn 3.17-19) para que a natureza testemunhasse a insensatez e a ruína do homem. Assim como a harmonia e a quietude do ambiente original do homem davam abundante testemunho da bondade de Deus, assim agora toda a desordem e violência do ambiente testificam diariamente que Deus está irado com os pecadores. Por essa razão, os pecadores aceitarem a revelação de Deus na natureza não é mais fácil do que aceitarem a sua revelação na Escritura. É difícil ao pecador ler a revelação natural, não porque ela não fale com suficiente clareza, mas porque ela fala demais e com clareza demais.

Assim como o teste da obediência humana veio por meio da revelação verbal, também a cura para a presente necessidade humana vem por meio da revelação verbal. Apenas o evangelho pode suplementar a revelação natural de modo a (a) apresentar o caminho para remover-se a inimizade de Deus (Rm 1.17; 2Co 5.18-21) e (b) tornar o homem voluntariamente sujeito à vontade divina mais uma vez (Rm 12.1-2).Portanto, aprouve a Deus fazer tal revelação por um processo gradual e progressivo; mas tal processo está agora concluído e tem como resultado o fato de a Bíblia ser a Palavra salvadora de Deus. Como diz a Escritura, (a) "Deus falou, muitas vezes e de muitas maneiras, aos pais, pelos profetas" e, depois, (b) "nestes últimos dias, nos falou pelo Filho" (Hb 1.1-2 — NAA). O Clímax veio quando (1) a revelação final de Deus foi "anunciada inicialmente pelo Senhor" e, depois, (2) "foi-nos [...] confirmada pelos que a ouviram" (isto é, os apóstolos e outras testemunhas oculares; Hb 2.3). Deus deu essa confirmação ao conceder aos apóstolos poder (a) para operar grandes sinais e maravilhas e (b) para distribuir dons carismáticos especiais segundo a vontade divina.

Deve-se notar que a Confissão contradiz fortemente a visão popularizada pelo movimento pentecostal atual.[2] Em essência, essa visão quer nos fazer crer que podemos ter, ainda hoje, os mesmos dons carismáticos — tais como profetizar, falar em línguas, curar — sobre os quais lemos terem sido exercidos na época dos apóstolos. Esse é um erro muito sério. Em essência, é o resultado de uma falha em compreender o ensino bíblico acerca da história da salvação. A própria Bíblia deixa claro que há muitas coisas na história da redenção que não podem, e não irão, se repetir. Jamais ocorrerá novamente um dilúvio universal, uma travessia do Mar Vermelho ou um nascimento virginal. Jamais ocorrerá novamente um derramamento do Espírito Santo como o que houve no dia de Pentecostes. A descida do Espírito Santo é um evento tão irrepetível quanto foi o nascimento de Cristo. É por essa razão que os milagres — os sinais e maravilhas — sobre os quais lemos na Bíblia, não ocorriam constantemente, mas, em vez disso, estavam centralizados nos principais eventos que caracterizam o processo de revelação. Observe, por exemplo, quão poucos milagres ocorrem na Bíblia até chegarmos ao tempo de Moisés (o autor da primeira parte da Bíblia). Observe também como os sinais e maravilhas sobre os quais lemos no livro de Atos estão sempre associados à presença dos apóstolos. Há uma razão para esses fatos e outros semelhantes. A razão é que esses sinais e maravilhas foram dados por Deus para atestar e confirmar que aqueles homens eram seus porta-vozes. E, uma vez que esse processo foi concluído na obra consumada de Cristo e o testemunho desses homens está agora depositado nas Escrituras e a compõem, hoje apenas a Bíblia é a revelação de Deus. Nas seções que seguem, veremos mais detalhes sobre esse assunto.

PERGUNTAS

1. Quantos tipos de revelação existem? Discorra sobre cada uma delas.
2. Alguns imaginam que a revelação natural falava claramente a Adão (alguns até imaginam que, antes da queda, ele não

---

2 No original, "neopentecostal", mas essa palavra tem conotação diferente em inglês, pois não se refere necessariamente ao evangelho da saúde e da prosperidade que caracterizam o neopentecostalismo brasileiro. O restante do parágrafo evidencia que o autor está falando de crenças comuns ao pentecostalismo. [N. do T].

precisava de nenhuma revelação verbal), mas que ela não fala a nós com igual clareza. Refute essa ideia biblicamente.

3. Existem provas da existência de Deus? Onde elas podem ser encontradas?

4. O que há de errado com as provas "tradicionais" da existência de Deus?

5. Quais são os dois aspectos da natureza humana, enquanto imagem de Deus?

6. Qual desses aspectos o homem podia perder?

7. Qual desses aspectos dependia inteiramente de Deus?

8. Qual desses aspectos dependia parcialmente do homem?

9. A revelação natural era suficiente, por si só, antes da queda? Por quê?

10. O que a revelação natural declara *agora* e o que ela não declarava *antes* da queda do homem em pecado?

11. Após o pecado, o homem ainda é a imagem de Deus?

12. O que impede o homem de estar consciente do Deus vivo e verdadeiro, que odeia o pecado?

13. Por que a cura para a condição do homem precisa vir por meio da revelação especial (verbal)?

14. Qual é o erro fundamental dos chamados "carismáticos"?

15. Qual era o propósito dos sinais e maravilhas registrados na Bíblia?

16. Afirmar que esses sinais e maravilhas não ocorrem hoje é o mesmo que limitar a Deus?

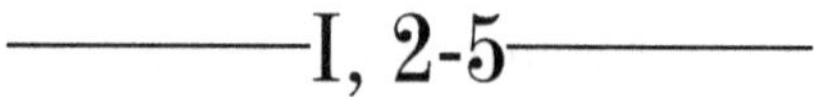

I, 2-5

2. Sob o nome de Sagrada Escritura, ou a Palavra de Deus escrita, incluem-se agora todos os livros do Velho e Novo Testamentos, todos dados por inspiração divina para serem a regra de fé e prática, os quais são:

Do Antigo Testamento

Gênesis, Êxodo, Levítico, Números, Deuteronômio, Josué, Juízes, Rute, I Samuel, 2 Samuel, I Reis, 2 Reis, I Crônicas, 2 Crônicas, Esdras, Neemias, Ester, Jó, Salmos, Provérbios, Eclesiastes, Cântico dos Cânticos, Isaías, Jeremias, Lamentações, Ezequiel, Daniel, Oseias, Joel, Amós, Obadias, Jonas, Miqueias, Naum, Habacuque, Sofonias, Ageu, Zacarias, Malaquias.

Do Novo Testamento

Mateus, Marcos, Lucas, João, Atos dos Apóstolos, Romanos, 1 Coríntios, 2 Coríntios, Gálatas, Efésios, Filipenses, Colossenses, 1 Tessalonicenses, 2 Tessalonicenses, 1 Timóteo, 2 Timóteo, Tito, Filemom, Hebreus, Tiago, 1 Pedro, 2 Pedro, 1 João, 2 João, 3 João, Judas, Apocalipse.

3. Os livros comumente chamados apócrifos, não sendo de inspiração divina, não fazem parte do cânon da Escritura; e, portanto, não são de nenhuma autoridade na Igreja de Deus, nem de modo algum podem ser aprovados nem utilizados senão como escritos humanos.

4. A autoridade da Sagrada Escritura, pela qual deve ser crida e obedecida, não depende do testemunho de qualquer homem ou igreja, mas única e totalmente de Deus (que é a própria verdade), que é seu autor; tem, portanto, de ser recebida, porque é a Palavra de Deus.

5. Pelo testemunho da Igreja podemos ser movidos e induzidos a um elevado e reverente apreço pela Sagrada Escritura; e, pela sublimidade da matéria, a eficácia da doutrina, a majestade do estilo, a harmonia de todas as partes, o escopo de seu todo (que é dar a Deus toda a glória), a plena manifestação que faz do único meio de salvação para o homem, as muitas outras excelências incomparáveis e a sua plena perfeição são argumentos pelos quais abundantemente se evidencia ser ela a Palavra de Deus; não obstante, nossa plena persuasão e certeza da sua infalível verdade e divina autoridade provêm da obra interna do Espírito Santo, que, pela Palavra e com a Palavra, testifica em nossos corações.

Essas seções da Confissão nos ensinam: (1) que, por causa da condição original perdida do homem, Deus revelou a si mesmo e a sua vontade por meio de um processo histórico; (2) que, por boas razões, Deus decidiu registrar, por escrito e de forma permanente, essa revelação; (3) que essa revelação agora está completa e concluída; (4) que ela corresponde aos sessenta e seis livros canônicos; e (5) que isso se evidencia pelo fato de eles serem inspirados, diferente de quaisquer outros escritos.

Após a queda em pecado, a revelação especial de Deus apenas poderia ajudar o homem se ela viesse com poder (a) para restaurá-lo à sua posição enquanto imagem e semelhança de Deus (Ef 4.23-24; Rm 12.2; Cl 3.10); e, também, (b) para controlá-lo e sustentá-lo perpetuamente como imagem e semelhança de Deus (2Co 3.18; Rm 8.29). Para ser eficaz, a revelação de Deus deveria manifestar *tanto* informação redentiva *quanto* diretrizes morais. A Escritura contém ambas. A redenção se mostra numa série de atos acompanhados da interpretação divina desses atos. O Antigo Testamento registra uma série de atos divinos preparatórios da efetiva consumação da redenção, juntamente com explicações que promovem o entendimento humano do plano de Deus. O Novo Testamento registra o ato culminante, o clímax (a redenção consumada por Jesus Cristo) e a sua interpretação final dada pela doutrina apostólica. Quando a redenção se completou em *obras*, ela também se completou em *palavras* (Hb 1.1-2). A razão disso é que a conclusão da redenção não deixa mais nada a ser explicado.

Mas por que Deus escolheu *esse meio* para preservar aquela revelação? A resposta é que esse meio é superior aos demais comumente empregados entre os homens. É, por exemplo, superior à tradição. E ele não é superior apenas para *preservar* a verdade, mas também para *propagá-la*. Veremos mais detalhes sobre esse assunto na seção 8.

A essa altura, a questão mais importante é a seguinte: como sabemos que esse livro é a Palavra de Deus, e como podemos estar certos de que apenas esse livro é a Palavra de Deus? Podemos estar certos de que esse livro é a Palavra de Deus por causa da evidência que o prova. E essa evidência é tanto *interna* quanto *externa* à Palavra de Deus.

A. A EVIDÊNCIA INTERNA É COMPLEXA. INDICAREMOS APENAS EM PARTE QUAL É ESSA EVIDÊNCIA

(1) O Antigo testamento reivindica ser a própria Palavra de Deus. Por exemplo, Davi disse: "O Espírito do Senhor fala por meu intermédio, e a sua palavra está na minha língua" (2Sm 23.2).

(2) Os escritores do Novo Testamento prontamente aceitavam o Antigo Testamento como a Palavra de Deus. Por exemplo, eles "levantaram a voz a Deus e disseram: Tu, Soberano Senhor, que fizeste o céu, a terra, o mar e tudo o que neles há; que disseste por intermédio do Espírito Santo, por boca de Davi, nosso pai, teu servo: [...]" (At 4.24-26). Ou, como disse

Lucas: "Bendito seja o Senhor, Deus de Israel, porque visitou e redimiu o seu povo [...] como prometera, desde a antiguidade, por boca dos seus santos profetas" (Lc 1.68-70). Cristo e os apóstolos constantemente citavam o Antigo Testamento como sendo a Palavra de Deus (Mt 5.18; Jo 10.35).

(3) Cristo prometeu outorgar o Espírito Santo aos seus apóstolos, a fim de que eles também pudessem escrever as Escrituras do Novo Testamento. "Mas o Consolador, o Espírito Santo, a quem o Pai enviará em meu nome, esse vos ensinará todas as coisas e vos fará lembrar de tudo o que vos tenho dito" (Jo 14.26). "Quando, porém, vier o Consolador, que eu vos enviarei da parte do Pai, o Espírito da verdade, que dele procede, esse dará testemunho de mim; e vós também testemunhareis, porque estais comigo desde o princípio" (Jo 15.26-27).

(4) Posteriormente, os apóstolos receberam o cumprimento dessa promessa (At 2.1-4), de modo que podiam dizer: "Portanto, quem despreza isto não despreza ao homem, mas sim a Deus, que nos deu também o seu Espírito Santo" (1Ts 4.8 — ACF). "Disto também falamos, não em palavras ensinadas pela sabedoria humana, mas ensinadas pelo Espírito" (1Co 2.13).

(5) Os apóstolos tratavam os escritos uns dos outros como a Palavra de Deus, pondo-os no mesmo nível do Antigo Testamento (2Pe 3.15-16).

(6) A Bíblia contém informações que, por natureza, só poderiam vir de Deus, a saber, a criação e o novo céu e a nova terra no futuro (Gn 1-2; Ap 21-22).

(7) A Bíblia contém muitas predições a respeito de eventos que se cumpriram posteriormente. Daremos alguns exemplos. A respeito de Cristo, o Messias, o assunto mais importante da profecia, encontramos predições: (a) da nação, da tribo e da família de onde ele viria (Gn 12.3; 18.18; 21.12; 22.18; 26.4; 28.14; 49.8-10; Sl 18.50; 89.4, 29, 35-37); (b) do seu lugar de nascimento (Mq 5.2; ver Lc 2.1-7); (c) de que ele nasceria da virgem (Is 7.14); (d) de que ele seria um profeta (Dt 18.15, isto é, o profeta *definitivo*), sacerdote (1Sm 2.35; Sl 110.4, isto é, o sacerdote *definitivo*) e rei (2Sm 7.12-16, isto é, o rei *eterno*); (e) de que ele seria odiado e perseguido (Sl 22.6; 35.7, 12; 109.2; Is 53.3-9); (f) de que ele entraria em Jerusalém sobre um jumentinho (Sl 118.26; Zc 9.9; cf. Mt 21.1-11); (g) de que ele seria vendido por trinta peças de prata (Zc 11.12); (h) de que ele seria traído por um de seus amigos íntimos (Sl 41.9; 55.12-14); (i) de que ele seria abandonado até por seus discípulos (Zc 13.7); (j) de que

ele seria acusado por falsas testemunhas (Sl 27.12; 35.11; 109.2); (k) de que ele não se defenderia em seu julgamento (Sl 38.13; Is 53.7); (l) de que ele seria zombado, cuspido, insultado (Sl 35.15, 21), açoitado (Is 50.6) e crucificado (Sl 22.14, 17); (m) de que seus algozes lhe ofereceriam fel e vinagre (Sl 22.15; 69.21), repartiriam suas vestes e lançariam sortes por sua túnica (22.18), zombariam dele (Sl 22.6-8; 109-25) e o traspassariam (Zc 12.10; 13.7; Sl 22.16); nenhum de seus ossos seriam quebrados (Sl 34.20); ele morreria com malfeitores (Is 53.9-12) e seria sepultado com o rico (Is 53.9); (n) de que haveria um terremoto na sua morte (Zc 14.4); (o) de que ele ressuscitaria dentre os mortos (Sl 16.10; Os 6.2-3); (p) de que ele ascenderia aos céus (Sl 16.11; 24.7; 68.18; 110.1); (q) de que Judas morreria repentina e miseravelmente (Sl 55.15; 109.17); e tantas outras profecias.

(8) Embora a Bíblia tenha sido escrita por muitos profetas e apóstolos diferentes, que viveram em diferentes épocas e lugares, e sob circunstâncias e costumes muito diversos, e assim por diante, jamais se demonstrou nela nenhuma contradição. (Muitos *dizem* que a Bíblia se contradiz, mas ninguém jamais provou sequer uma ocasião em que isso ocorra.)

(9) A Bíblia ensina um plano de salvação e um sistema ético que jamais poderiam ser concebidos pela sabedoria humana. Com efeito, a sabedoria humana não pode sequer recebê-los sem a graça sobrenatural.

B. A EVIDÊNCIA EXTERNA É SUBORDINADA À INTERNA, PORÉM IMPORTANTE

(1) A Igreja, em todas as eras, tem reconhecido serem as Escrituras a Palavra de Deus. Isso não pode ser uma prova primária, uma vez que a Igreja pode errar e, muitas vezes, erra. Contudo, não é irrelevante que a Igreja, mesmo em seus piores dias de trevas, tenha reconhecido que a Bíblia é a Palavra de Deus.

(2) A Bíblia tem sido objeto do cuidado especial de Deus, de modo que tem sido preservada como nenhum outro escrito na terra.[3] Veremos mais detalhes sobre isso na Seção 8.

Porém, se a Escritura é a Palavra de Deus, então ela obviamente deve possuir em si mesma a autoridade divina. E, se ela de fato possui em si

---

3   Como prova disso, Cf. John H. Skilton, "Transmission of the Scriptures," *In*: N. B. Stonehouse e P. Woolley (eds.), *The Infallible Word* (Philadelphia: Presbyterian Guardian, 1946), p. 137-187.

mesma a autoridade divina, então ela não pode e não precisa depender de nada (além de Deus). Uma autoridade só pode depender daquilo que é superior a ela mesma. A autoridade de um homem pode depender da autoridade de outro homem, mas somente se esta última lhe for superior. Assim, a autoridade de um embaixador enviado a outra nação depende da autoridade do chanceler, e o chanceler está sob a autoridade do presidente (Lc 7.7-8). Deus, porém, é a autoridade suprema. A palavra de um embaixador pode (e deve) ser respaldada pela autoridade do chanceler, mas quem pode respaldar a autoridade da Palavra de Deus, senão o próprio Deus?

Sob nenhuma outra circunstância a Igreja Católica Romana revela a sua audácia suprema com maior clareza do que sobre esse assunto. A Igreja Romana diz que a Bíblia é a Palavra de Deus. Mas ela também diz que a certeza disso repousa no testemunho da Igreja. Assim, o Catecismo de Baltimore (pergunta 1.327) afirma que "apenas pela Tradição (preservada na Igreja Católica) podemos saber quais dos escritos antigos são inspirados e quais não são". A respeito do testemunho da própria Bíblia, a Palavra de Deus, de que a Bíblia é de fato a Palavra de Deus, um testemunho encontrado em muitas passagens, um manual católico romano diz o seguinte: "Embora esses textos da Escritura sejam sobremodo claros, eles não podem ser a nossa principal prova de que a Bíblia é a Palavra de Deus inspirada".[4] De acordo com a Igreja de Roma, o que a Igreja diz é muito mais importante do que o que Deus diz sobre a sua Palavra. "A Escritura precisava de um aval de autenticidade. Apenas a Igreja pode dar esse aval; sem a Igreja, tal não pode existir".[5] Observe que a Igreja Romana não hesita em dizer que Deus *não pode* avalizar a sua própria Palavra: apenas o homem, o homem coletivo (a Igreja), pode fazê-lo. O que é isso, senão colocar a criatura acima do Criador?

Por vezes, os protestantes fazem o mesmo, inadvertidamente. Isso ocorre com frequência quando cristãos abordam incrédulos. O incrédulo alega não ver nada na Bíblia que exija a crença de que ela é a Palavra de Deus. E o crente, com demasiada frequência, de fato concede ao incrédulo que ele tem algum fundamento para a sua posição. O crente pode até imaginar que ele pode encontrar um ponto de partida "neutro" sobre o qual ele e o incrédulo estejam de acordo. Então, pensa ele, pode-se erigir uma série

---

4   F. J. Ripley, *This Is the Faith* (Westminster, Md.: Newman, 1952), p. 41.
5   F. J. Ripley, *This Is the Faith*, p. 45.

de argumentos sobre aquele ponto de partida neutro, os quais, por fim, possivelmente provarão que a Bíblia é a Palavra de Deus (ou, talvez, que ela não o é). Assim, a razão humana, a arqueologia ou a história podem tornar-se o ponto de partida e, inconscientemente, esse ponto de partida se torna a "autoridade suprema" e o tribunal diante do qual Deus precisa ser testado e aprovado. Isso, na prática, torna alguma autoridade superior à autoridade de Deus. E isso não é admissível (cf. Hb 6.16-18).

O fato é que não se pode provar que a Bíblia é a Palavra de Deus por nada que seja externo ao próprio Deus. Isso não significa que o testemunho da Igreja seja inútil. Um guia que mostra diversas obras-primas num museu tem a sua utilidade bem definida. Ele não *torna* pinturas duvidosas em obras-primas. Ele nem sequer *prova* que uma obra seja uma obra-prima. Mas ele pode ser o instrumento pelo qual chegamos a ver as *qualidades intrínsecas* que as fazem ser obras-primas. Assim, a Igreja pode apontar para o fato de que a Bíblia é a Palavra de Deus. Mas isso é possível apenas por ela, a Bíblia, ser a Palavra *de Deus* — porque ela já exibe em si mesma, por toda parte, as excelências que são próprias ao caráter divino da palavra. É preciso que elas já *estejam* ali para que possam *ser encontradas* ali. Como afirma John Murray: "A autoridade da Escritura é um fato objetivo e permanente que reside no caráter da inspiração". Ele também sustenta que "a fé na Escritura enquanto Palavra de Deus [...] repousa sobre as perfeições inerentes à Escritura e é incitada pela percepção dessas perfeições".[6]

Todavia, como o próprio Murray indaga: "Se a Escritura assim se apresenta como sendo divina, por que a fé não é o resultado em todos os casos nos quais alguém é confrontado com ela? A resposta é que nem todos os homens possuem a faculdade de percepção que é a condição necessária para que isso ocorra. Uma coisa é a evidência, outra é a habilidade de discerni-la e compreendê-la". Como 1 Coríntios 2.14 nos lembra, "o efeito do pecado não é apenas que ele cega a mente do homem e a torna impermeável à evidência, mas também que ele torna o coração do homem absolutamente hostil à evidência".[7] É apenas quando Deus concede "espírito de sabedoria" que os olhos do nosso entendimento são iluminados (Ef 1.17-18). Há, porém, alguns que permanecem "na vaidade dos seus

---

6   John Murray, "The Attestation of Scripture" *In*: N. B. Stonehouse e P. Woolley (eds.), *The Infallible Word* (Philadelphia: Presbyterian Guardian, 1946), p. 45.
7   John Murray, "The Attestation of Scripture", p. 46.

próprios pensamentos, obscurecidos de entendimento, alheios à vida de Deus por causa da ignorância em que vivem, pela dureza do seu coração, os quais, tendo-se tornado insensíveis, se entregaram à dissolução para, com avidez, cometerem toda sorte de impureza" (Ef 4.17-19). Estes, é claro, são absolutamente incapazes de lidar com as evidências, a despeito do quão obviamente divinas elas possam ser. A devoção deles à "impiedade" é tal que eles se sentem constrangidos a "[deter] a verdade pela injustiça" (Rm 1.18).

"Os dois pilares da verdadeira fé na Escritura enquanto Palavra de Deus são a testificação objetiva e o testemunho interno".[8] O testemunho interno do Espírito Santo não nos transmite novo conteúdo acerca da verdade. Toda a verdade de Deus ao homem está na Escritura. O Espírito Santo opera no coração dos eleitos de tal maneira que, enfim, eles respondem apropriadamente à verdade com a qual efetivamente se defrontam na Bíblia.

A visão barthiana ou neo-ortodoxa, tão popular hoje, sustenta que a Bíblia "contém" a Palavra de Deus ou que ela "se torna" a Palavra de Deus para o leitor. Mas a causa disso, na visão de Barth, não é a perfeição objetiva da Bíblia, mas uma atividade divina inteiramente subjetiva sobre o leitor. Uma vez que essa visão rejeita a perfeição *permanente* e *inerente* da Palavra de Deus escrita, ela de fato não possui nenhuma "Palavra de Deus". Chamar de Palavra de Deus a reação interior do homem à Palavra de Deus equivale a rejeitar a Palavra de Deus e entronizar a palavra do homem. A neo-ortodoxia é, de fato, um novo liberalismo, e um ainda mais perigoso, por ser mais enganoso. A Bíblia precisa ter um efeito subjetivo em mim para ser-me útil, mas ela só pode ser útil se for eterna e inerentemente a infalível Palavra de Deus. Tudo o que preciso é ver o que ela já é. Essa é a perspectiva ortodoxa.

PERGUNTAS

1. Qual é a "prova" de que a Bíblia é inspirada?
2. De que forma a Bíblia expressa a reivindicação de ser inspirada?
3. Por que a autoridade da Bíblia não pode depender do testemunho de nenhum homem ou igreja?
4. Qual é a audaciosa reivindicação da Igreja Católica Romana?

---

8   John Murray, "The Attestation of Scripture", p. 51.

5. De que modo alguns protestantes, às vezes, subordinam a autoridade da Escritura a homens?

6. Onde se deve buscar a evidência da origem divina da Bíblia Sagrada?

7. Se a evidência da origem divina da Bíblia está nela própria, por que a fé não é gerada em todos aqueles que são confrontados com ela?

8. Quando a Confissão afirma que o Espírito Santo "testifica", isso significa que ele transmite à mente humana novo conteúdo acerca da verdade?

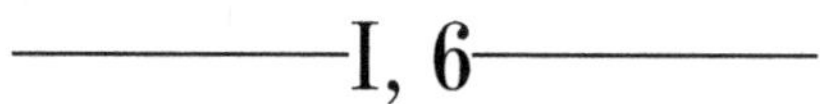

I, 6

6. Todo o conselho de Deus, concernente a todas as coisas indispensáveis à sua própria glória, à salvação, fé e vida do homem, ou está expressamente estabelecido na Escritura, ou pode ser dela deduzido por boa e necessária consequência. À Escritura nada se acrescentará, em tempo algum, seja por novas revelações do Espírito, seja por tradições humanas. Não obstante, reconhecemos que é indispensável a iluminação interior do Espírito de Deus para o salvífico discernimento de tais coisas como se encontram reveladas na Palavra; e que há certas circunstâncias concernentes ao culto divino e ao governo da Igreja, comuns às ações e sociedades humanas, as quais têm de ser ordenadas pela luz da natureza e pela prudência cristã, segundo as regras gerais da Palavra, as quais sempre devem ser observadas.

Essa seção ensina (1) que a completa revelação de Deus (agora escriturada) é inteiramente suficiente para todas as necessidades espirituais do homem; (2) que ela é suficiente para sempre (a ela nada se acrescentará); e (3) que, a despeito disso, ela é suficiente em termos de princípios e nem sempre de detalhes (deixando aos homens, como imagem de Deus, a tarefa de aplicar os princípios gerais a situações específicas).

A seguir, apresenta-se a base para o ensino da Confissão de que a Bíblia é uma obra finalizada e inteiramente suficiente para suprir todas as nossas necessidades.

Cristo disse ser "a verdade" (Jo 14.6) e nós cremos que nele habita corporalmente a plenitude da verdade (Cl 2.9). Não é esse o ponto de comparação na declaração de abertura da Epístola aos Hebreus? Deus falou "muitas vezes e de muitas maneiras, aos pais, pelos profetas", mas agora, "nestes últimos dias, nos falou pelo Filho", o qual é "a expressão exata do seu Ser". Não é esse um contraste entre o que era *provisório* e o que é *definitivo*, entre o que era *incompleto* (e, por isso, precisava de constantes acréscimos) e o que é *completo* (e, por isso, é incapaz de sofrer acréscimo)? Porém, a verdade que Cristo continha em si mesmo, ele, por sua vez, segundo o seu próprio testemunho, manifestou aos outros. "Tudo quanto ouvi de meu Pai vos tenho dado a conhecer" (Jo 15.15). Se Cristo, no tempo da sua encarnação, podia dizer: "tudo [...] vos tenho dado a conhecer", então, como pode alguém defender que algo mais seja necessário antes da sua segunda vinda?

Cristo manifestou toda a sua verdade aos apóstolos. Vemos, então, que Paulo podia legitimamente alegar ter ensinado *"todo* o conselho de Deus" (At 20.27). "Jamais deixei de vos anunciar coisa alguma proveitosa", diz Paulo (At 20.20). Todos os apóstolos podiam alegar o mesmo. Como, então, poderia ainda restar algo a ser revelado e que fosse de algum proveito? E, mesmo se os apóstolos houvessem falhado em manifestar a nós (por meio do registro escrito) o que Cristo lhes manifestara, não seria impossível a qualquer homem, exceto um apóstolo, suprir tal deficiência? Porém, o testemunho de Paulo em 2 Timóteo 3.15-17 claramente indica que não há tal deficiência, uma vez que as Escrituras são aptas a equipar o crente até a perfeição. E, se as Sagradas Escrituras não fossem suficientes nem completas, que entendimento teríamos ao compararmos Hebreus 10.10 (ou 10.12; 7.27) com Judas 3? Poder-se-ia acrescentar algo ao sacrifício de Cristo, o qual foi de "uma vez por todas"? Se não, então como se poderia acrescentar algo à "fé que uma vez por todas foi entregue aos santos"? E como poderia Paulo, em Efésios 6.11, nos encorajar a nos revestirmos "de *toda* a armadura de Deus", a fim de permanecermos "firmes contra as ciladas do diabo"? Uma parte dessa panóplia é "a espada do Espírito, que é a palavra de Deus" (v. 17). Mas, se a Palavra de Deus ainda não estivesse completa, como poderíamos nos revestir de toda essa armadura? Ela não seria, então, defeituosa? E, se fosse defeituosa, como poderíamos permanecer firmes?

Apocalipse 22.18-19 também ensina a impossibilidade de acréscimos à Bíblia. Alguns argumentam que João estava apenas proibindo qualquer acréscimo ao livro específico que ele estava então escrevendo, isto é, o livro de Apocalipse. Porém, todos sabem que João era o último apóstolo vivo, escrevendo o último livro. Ele estava consciente desse fato. E, ademais, observe a expressão peculiar que ele utiliza Apocalipse em 22.18. A preposição traduzida por "a", em "se alguém acrescentar algo *ao* que está escrito aqui" (NVT), não é comumente traduzida por "a". Trata-se da palavra grega *epi*, que significa "sobre, em cima de, por cima". Ela então indicaria um acréscimo a algo que está por baixo ou que veio antes. Se João estava escrevendo o último livro, que melhor maneira de negar que algo pudesse ser acrescentada à Bíblia como um todo, do que negar que algo pudesse ser acrescido sobre ou por cima desse livro? Além disso, poderíamos igualmente argumentar que João teria proibido apenas o livro de Apocalipse de ser adulterado por meio da subtração. Quem poderia imaginar que João nos permitiria "tirar" algo das palavras de outros livros da Bíblia, mas protestaria tão somente se tirássemos algo do livro de Apocalipse?

O homem não precisa de qualquer outro conhecimento da vontade de Deus que não seja "expressamente estabelecido na Escritura" ou que possa ser deduzido da Escritura "por boa e necessária consequência". A lei mosaica, por exemplo, não é expressa por meio de princípios abstratos. Moisés declarou a lei na forma de casos concretos. Porém, como diz John Murray, "esses casos concretos não podem ser isolados do tipo de relacionamento que eles exemplificam".[9] Embora os Dez Mandamentos sejam, por vezes, estabelecidos na forma de um exemplo concreto (tal como o adultério como um caso concreto de pecado sexual), eles exemplificam princípios de ampla extensão. Uma vez que esses princípios são assim tão abrangentes, devemos fazer tudo ("quer comais, quer bebais ou façais outra coisa qualquer") para a glória de Deus. E, uma vez que cada ser humano tem, como portador da imagem de Deus pessoalmente responsável perante de Deus, a obrigação de aplicar esses princípios às suas próprias circunstâncias particulares, é da maior importância enfatizarmos a questão da liberdade cristã (ver capítulo XX).

Como exemplos de "circunstâncias concernentes ao culto divino e ao governo da Igreja [...] as quais têm de ser ordenadas pela luz da natureza e pela prudência cristã, segundo as regras gerais da Palavra", podemos citar coisas como o lugar e o horário do culto público (no domingo). Em Atos 2.46, lemos que os primeiros cristãos se reuniam "no templo", mas também "de casa em casa". Não se condena o fato de os "nobres" judeus de Bereia,

---

9   John Murray, *Principles of Conduct* (Grand Rapids: Eerdmans, 1957), p. 255.

que "receberam a palavra com toda a avidez", terem uma sinagoga (At 17.10-11). Porém, possuir um prédio para reuniões públicas certamente não é considerado essencial à existência de uma igreja cristã (cf. At 18.7). Tampouco a Bíblia prescreve uma determinada hora para a congregação se reunir. Paulo e Silas cultuaram a Deus à meia-noite (At 16.25). Algo semelhante parece ter ocorrido também em Trôade (At 20.7). Mas, com a mesma frequência, esse não foi o caso (At 16.13). O princípio sempre permaneceu em vigor (Êx 20.8), mas ele foi aplicado sob diversas circunstâncias acerca das quais Deus não havia dado todas as diretrizes possíveis.

Não temos a liberdade de modificar o princípio em nenhum grau. Mas temos a liberdade de aplicar o princípio de acordo com mudanças de circunstâncias. (Podemos mudar o culto de um local para outro, ou de um horário para outro, mas não de um dia para outro.) Um incêndio pode privar uma congregação do seu local habitual de reuniões e, por isso, outro lugar precisa ser escolhido, ao menos temporariamente. Assim, circunstâncias do culto divino podem ser modificadas de comum acordo. Porém, nada além de circunstâncias pode ser mudado de forma legítima, pois ainda seria exigido que a congregação se reunisse no Dia do Senhor, assim como os elementos do culto divino prescritos pela Bíblia ainda constituiriam o conteúdo completo dos exercícios daquele dia. Vemos essa distinção em questões de culto e governo da igreja. O dia de culto é ordenado por Deus, e as circunstâncias de tempo (durante o Dia do Senhor) e lugar são deixadas aos homens. O conteúdo do culto divino é prescrito por Deus, as circunstâncias da ordem específica de culto são deixadas aos homens. A organização da igreja em presbitérios e assembleia geral é divinamente designada, mas os detalhes da constituição da igreja são deixados às circunstâncias. Há liberdade, mas apenas nos estritos limites da lei de Deus, estabelecidos na forma de princípios revelados na Escritura.

PERGUNTAS

1. Cite algumas referências bíblicas que provam que a Palavra de Deus é a completa revelação divina.

2. Cite algumas referências bíblicas que provam que a Palavra de Deus manifesta toda a vontade divina para o homem.

3. Por que recebemos direção na forma de princípios gerais, em vez de diretrizes específicas? Apresente pelo menos duas razões.

4. De que forma a Bíblia pode ser suficiente para todos os homens, em todas as épocas e lugares?

5. Dê exemplos do que são *circunstâncias* e do que são *princípios* de culto e de governo eclesiástico.

6. Mostre, com um exemplo, que os princípios gerais da Palavra de Deus devem governar as circunstâncias, e que as circunstâncias não devem governar os princípios da Palavra de Deus nem permitir que eles sejam violados.

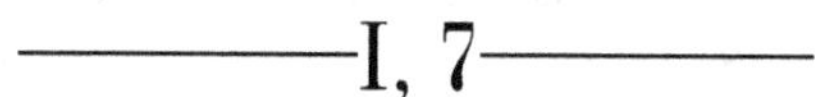

7. Nas Escrituras, nem todas as coisas são por si mesmas igualmente claras, nem igualmente evidentes a todos; não obstante, aquelas coisas que precisam ser conhecidas, cridas e observadas para a salvação são tão claramente expostas e visíveis, em um ou outro lugar da Escritura, que não só os doutos, mas também os indoutos, no devido uso dos meios ordinários, podem alcançar um suficiente entendimento delas.

Essa seção ensina: (1) a doutrina conhecida como "perspicuidade da Escritura" (que literalmente significa a qualidade de "ver através" da Escritura); e (2) que, por essa razão, tanto os símplices quanto os instruídos podem alcançar um conhecimento correto e salvífico da Escritura.

A mentira original de Satanás foi que Deus, ao falar na sua Palavra, precisa de um intérprete para dar direção infalível ao homem (Gn 2.17; 3.4). Esse antigo erro é hoje o maior e predominante erro na Igreja Católica Romana. Assim, o Catecismo de Baltimore (pergunta 1.328) indaga: "Como podemos conhecer o verdadeiro significado das doutrinas contidas na Bíblia?". Resposta: "Podemos conhecer o verdadeiro significado [...] pela Igreja Católica, que recebeu de Jesus Cristo a autoridade para explicar suas doutrinas e que é preservada do erro em seus ensinos pelo especial auxílio do Espírito Santo". Assim, embora afirme que Deus tem falado aos homens na Bíblia, a Igreja Católica Romana ensina que Deus não deixou claro o que ele quer dizer, de sorte que deve haver, acima da Palavra de Deus, a interpretação autorizada da Igreja (a qual, devemos supor, tem uma opinião abalizada sobre o significado da Palavra de Deus). Isso também significa que a Igreja Romana quer fazer-nos confiar na palavra "clara" do homem, em vez de confiar na, segundo ela, "obscura" Palavra de Deus.

A fé reformada vê esse assunto de maneira diametralmente oposta, sustentando que somente a Escritura expressa a verdade divina com perfeita clareza e, assim, considerando somente as Escrituras como possuindo autoridade final. A interpretação da Igreja (como em seus credos), portanto, deve sempre ser considerada menos do que uma expressão perfeitamente clara da verdade divina, e entendida como estando necessariamente subordinada à Escritura. A autoridade dos credos é *estabelecida pela* Escritura, não *estabelecedora da* Escritura. Eles possuem autoridade somente e na medida em que são verdadeiramente fiéis à Escritura.

Dizer que Deus falou claramente, contudo, não significa dizer que não haja nada "profundo" ou "elevado" na Escritura. Pedro nos lembra de que há, na Escritura, "certas coisas difíceis de entender" (2Pe 3.16). Não são as Escrituras que ele diz serem difíceis de entender, mas *algumas coisas* na Escritura; e mesmo que tais coisas sejam extraídas da Escritura e corretamente interpretadas (ou ensinadas) pela Igreja, elas ainda serão (por definição) "coisas difíceis" de entender. Não há dúvida de que os "ignorantes e instáveis" podem distorcer, e com frequência distorcem, as coisas difíceis da Escritura "para a própria destruição deles". Mas aqueles que estudam com diligência e firmeza (não apenas com ímpetos espasmódicos de esforço) conhecerão a verdade das coisas profundas de Deus. O fato de Deus ter falado claramente sobre coisas difíceis não as torna fáceis, assim como nem mesmo a mais clara expressão da teoria da relatividade de Einstein a torna simples. Mas, se Deus *não falou* claramente, como podemos ter certeza de que outros compreendem aquilo que não conseguimos compreender?

A prova definitiva dessa doutrina, como de todas as outras, deve ser encontrada na Escritura. As seguintes informações bíblicas são apresentadas por A. A. Hodge em seu comentário sobre esse assunto:

(1) Todos os cristãos, sem distinção, são ordenados a examinarem as Escrituras (2Tm 3.15-17; At 17.11; Jo 5.39).

(2) As Escrituras se dirigem ou a todos os homens ou a todo o corpo dos crentes (Dt 6.4-9); Lc 1.3; Rm 1.7; 1Co 1.2; 2Co 1.1; e observe a saudação inicial das Epístolas).

(3) As Escrituras são descritas como perspícuas (Sl 119.105, 130; 2Co 3.14; 2Pe 1.18-19; 2Tm 3.15-17).

(4) As Escrituras apresentam a si mesmas como uma lei divina direta à qual os homens devem obediência pessoal (Ef 5.22, 25; 6.1, 5, 9; Cl 4.1; Rm 16.2).

PERGUNTAS

1. Que significa a "perspicuidade" da Escritura?
2. Qual é o ensino católico romano acerca da perspicuidade da Escritura?
3. Contraste a perspectiva católica romana com a reformada a respeito dos credos.
4. A doutrina da perspicuidade da Escritura ensina que não há nada difícil de entender nela?
5. O que os cristãos, tanto o mais humilde quanto o mais instruído, devem fazer para entender as Escrituras? Será que aqueles que alegam que a Escritura é muito difícil de entender, de fato, já tentaram entendê-la?
6. De que maneira a própria Escritura indica que Deus considera a sua Palavra suficientemente clara para que todos a entendam?
7. Que "meios ordinários" devem ser devidamente empregados para a compreensão da Escritura? A Seção 9 do capítulo I da Confissão apresenta uma resposta parcial.

8. O Antigo Testamento em hebraico (o qual era a língua nativa do antigo povo de Deus), e o Novo Testamento em grego (o qual, no tempo em que foi escrito, era a língua mais amplamente conhecida entre as nações), sendo imediatamente inspirados por Deus e, por seu singular cuidado e providência, conservados puros ao longo de todos os séculos, são, portanto, autênticos; assim, em todas as controvérsias religiosas, a Igreja deve apelar para eles como recurso final. Visto, porém, que essas línguas originais não são conhecidas de todo o povo de Deus, que tem direito às Escrituras e interesse nelas, e que deve, no temor de Deus, lê-las e examiná-las, têm elas, portanto, de ser traduzidas para a língua popular de cada nação aonde chegam, a fim de que, habitando ricamente nelas a

Palavra de Deus, possam adorá-lo de maneira aceitável e, pela paciência a consolação das Escrituras, ter esperança.

Essa seção ensina: (1) em quais línguas a Bíblia foi escrita originalmente, quais sejam, o hebraico e o grego; (2) que os manuscritos originais foram divinamente inspirados; (3) que a autoridade final das Escrituras reside somente nesses textos originais; (4) que Deus preservou esse texto num estado de essencial pureza; e (5) que esse texto deve ser traduzido para o vernáculo, para o benefício de todos os crentes.

Estritamente falando, há apenas *uma* Bíblia. É comum, porém incorreto, falarmos como se houvesse muitas. Falamos da "Bíblia protestante" e da "Bíblia católica romana". Falamos da "Bíblia Almeida" e da "Nova Versão". A verdade é que há muitas versões (ou traduções) da Bíblia. Mas há apenas *uma* Bíblia. Ela é aquele conjunto de palavras que foram escritas em pergaminhos ou velinos por homens que o Espírito Santo empregou como instrumentos e pelos quais a sua verdade revelada foi transmitida. A única Bíblia que propriamente temos em vista ao falarmos sobre "A Bíblia" é o texto *original* depositado nos autógrafos dos autores inspirados. Esse texto divino estava originalmente confinado, na forma escrita, naqueles documentos (pedaços de material com letras, palavras e frases hebraicas e gregas neles gravadas). Esse texto era, na sua inteireza e em cada pequena parte dele, absolutamente infalível e perfeito em todos os sentidos. É a esse texto original que Paulo se refere ao dizer que ele foi "dado" a nós. É à perfeição desse texto original que ele se refere ao dizer que a Escritura foi "inspirada por Deus" e é, portanto, "útil" etc. (2Tm 3.16).

Ora, é preciso lembrar que nós hoje não possuímos as folhas de pergaminho ou velino sobre as quais esse texto divino foi primeiramente escrito. Ou seja, já não possuímos o documento tão inspirado por Deus ao ponto de ser perfeito em todos os sentidos. Valendo-se desse fato, os liberais (que negam a perfeição do texto original da Escritura) há muito argumentam que os cristãos reformados não têm uma Bíblia infalível à qual possam recorrer. "Qual a utilidade de uma Bíblia infalível", questionam, "se ninguém a possui?".

Isso nos leva ao assunto do "singular cuidado e providência" de Deus, pelo qual ele conservou "puro", "ao longo de todos os séculos", esse texto original, de modo que nós agora de fato o possuímos em forma "autêntica".

Comecemos com uma ilustração da vida moderna para mostrar que um documento original pode ser destruído sem que se perca o texto daquele documento. Suponha que você escrevesse um testamento. Então, suponha que você tivesse uma fotocópia daquele testamento escrito. Se o original fosse destruído, a fotocópia ainda preservaria o texto daquele testamento *exatamente como no próprio original*. O texto da cópia não diferiria de modo nenhum do original e, por isso, possuiria a mesma "verdade" e significado do original.

Ora, obviamente a fotocopiadora não foi inventada senão muito depois de a cópia original (ou melhor, o manuscrito, uma vez que o original não era uma "cópia") da Bíblia ter se deteriorado ou perdido. Como se poderia, então, preservar o texto original da Palavra de Deus? A resposta é que Deus o preservou pelo seu próprio e espantoso cuidado e providência. Ilustremos isso na figura 1, a qual mostra a ação do providente controle de Deus sobre a preservação do verdadeiro texto da Bíblia ao longo da história.

FIG.1

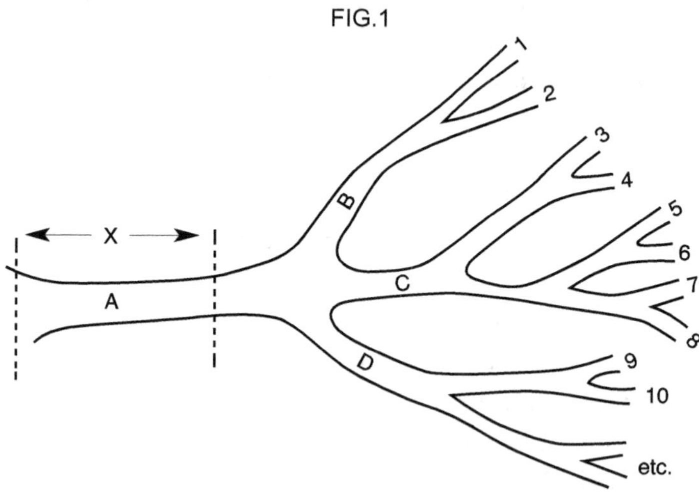

Nesse diagrama simplificado, o manuscrito original da Bíblia é representado pela letra A. A letra X representa o tempo de sua existência, durante o qual foram feitas diversas cópias (B, C, D etc.). Essas cópias, por sua vez, serviram de base para cópias posteriores (1, 2, 3 etc.).

Ora, deve-se admitir que, embora o manuscrito A fosse inteiramente perfeito (sem erro de nenhuma espécie) por causa da imediata inspiração divina, as cópias B, C, D e as cópias 1, 2, 3 etc., sendo feitas por indivíduos não inspirados que cometeram erros comuns aos homens, não eram inteiramente perfeitas. Devemos supor que a cópia B, por exemplo, conteria muitas ligeiras e acidentais imperfeições se comparada com a cópia A (tais como palavras com erros de grafia, possivelmente uma ou duas palavras omitidas etc.). Esse mesmo processo ocorreria também com as cópias posteriores, com o seguinte e evidente fato: enquanto os autores das cópias 1, 2, 3 etc. cometeriam seus próprios erros adicionais, eles também inevitavelmente transmitiriam os erros já presentes nas cópias a partir das quais as suas cópias eram feitas. Isto é, além dos seus próprios erros, eles reproduziriam todos os erros anteriores presentes em B, C etc.

À primeira vista, era de se esperar que, com o desaparecimento de A (provavelmente deteriorado pelo uso), o texto estivesse fadado a uma progressiva deturpação a partir de então. Mas esse não é o caso. A razão disso é que Deus exerceu controle sobre todos os elementos e agentes envolvidos na preservação do texto sagrado. Vemos que Deus determinou que cópias do original fossem feitas muito cedo. É verdade que cada uma possuía uma ligeira medida de erros, mas elas não erravam todas nos mesmos pontos. Sendo humano, o copista do manuscrito B cometeria um erro aqui e acolá. Igualmente sucederia com os copistas de C e D. Cada um deles, porém, erraria separadamente e de um modo diferente. Então, naquilo que B erraria, C e D poderiam não errar. Nesse caso, C e D serviriam então de testemunho contra o erro de B. E assim, embora o verdadeiro (ou perfeito) texto original não estivesse inteiramente reproduzido em nenhuma cópia individual, ele não estaria perdido nem seria inacessível, pois, pelo testemunho majoritário das diversas cópias, sempre se testemunharia contra o erro. O verdadeiro texto estaria perfeitamente preservado no conjunto de testemunhas.

O diagrama apresentado acima é, obviamente, simplificado. Na verdade, há milhares de cópias do texto bíblico feitas à mão. E nem sempre é fácil organizá-las segundo a sua própria genealogia. Porém, a despeito da complexidade da questão, não pode haver dúvida de que o processo acima delineado foi, de fato, realizado. Por um estudo diligente das muitas testemunhas textuais remanescentes do mundo antigo, por um processo tal como o que esboçamos aqui, o texto do Novo Testamento grego se nos apresenta hoje com segura integridade.

O esforço manual de produzir cópias do texto da Bíblia, contudo, não se realizou num vácuo. Devemos observar brevemente outros fatores controlados pela providência divina e que contribuíram na preservação do verdadeiro texto da Escritura:

(1) As primeiras igrejas fundadas fora da Palestina estavam no antigo mundo da língua e cultura gregas. O grego era a língua nativa de Éfeso, Corinto e Tessalônica. Assim, a língua na qual Paulo e os demais apóstolos escreveram era a língua falada no dia a dia dos cristãos daquela era. Eles ouviram a maravilhosa palavra de Deus em seu próprio idioma. Isso tendeu a produzir entre os crentes uma Bíblia "memorizada". Portanto, naturalmente, quaisquer erros cometidos pelos copistas da Bíblia seriam comumente percebidos pelo povo. (Apenas considere quão depressa você percebe as diferenças numa nova tradução, quando elas dizem respeito a alguma passagem familiar da Escritura, como a Oração do Senhor ou o Salmo 23!) Lembre-se também de que, numa época em que não havia imprensa e apenas algumas poucas e preciosas cópias da Bíblia, o povo tinha de memorizar muito mais do que fazemos hoje. Foi por isso que, especialmente na igreja de fala grega, desde o princípio, o Novo Testamento grego teve testemunhas vivas que ajudaram a reduzir os erros dos copistas a um número extremamente pequeno.

(2) Então, no período da Reforma, Deus, em sua providência, havia capacitado a humanidade a descobrir formas mecânicas de impressão. Por essa razão, o texto da Escritura podia ser reproduzido em milhares de cópias sem perder progressivamente a sua exatidão.

Assim, como declara a Confissão de Fé, o texto infalível da Palavra de Deus foi, "por seu singular cuidado e providência, [conservado puro] ao longo de todos os séculos", de modo que nós de fato temos diante dos nossos olhos o texto "autêntico" da Palavra do Deus vivo. Com respeito às palavras que efetivamente vemos nas páginas do Novo Testamento grego, podemos dizer: "Eis que estas são as próprias palavras que saíram da boca de Deus. Amém". (Para encerrar nossa discussão desta seção, podemos salientar que Deus preservou o texto do Antigo Testamento de forma semelhante — por meio do testemunho dos manuscritos e pela cuidadosa supervisão dos judeus de fala hebraica, os quais, por sua familiaridade com o texto do Antigo Testamento em sua própria língua, rapidamente detectavam erros acidentais no trabalho dos copistas.)

PERGUNTAS

1. Em última instância, quantas "Bíblias" existem?
2. Defina corretamente "a Bíblia".
3. Nós efetivamente possuímos os manuscritos originais nos quais a Palavra de Deus foi originalmente escrita?
4. O que os liberais dizem sobre a "original e infalível Palavra de Deus"?
5. Poderia uma cópia da infalível Palavra de Deus ser tão infalível quanto a Palavra da qual ela é uma cópia? Explique.
6. As cópias mais antigas da Bíblia eram perfeitas?
7. Quais os dois principais fatores que operaram para preservar e conservar perfeito o texto bíblico, mesmo que as cópias tenham sido feitas por meio de copistas imperfeitos?
8. Qual desses dois fatores pode ser considerado o mais importante?
9. Por que a preservação do texto original não depende mais da igreja de fala grega?
10. Qual é o resultado do singular cuidado e providência de Deus, no que diz respeito à Escritura?

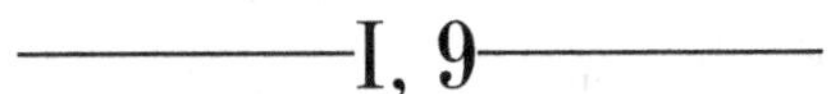

9. A regra infalível de interpretação da Escritura é a própria Escritura; e, portanto, quando houver alguma questão acerca do verdadeiro e pleno sentido de qualquer texto da Escritura (sentido que não é múltiplo, mas único), ela deve ser examinada e elucidada por outros textos que falem mais claramente.

Nessa seção, aprendemos: (1) que a Escritura interpreta a si mesma; (2) que textos difíceis são esclarecidos por passagens paralelas que falam mais claramente; e (3) que o sentido da Escritura é único (não múltiplo).

Como já vimos, o catolicismo romano e outras falsas religiões se unem ao negar que a Bíblia seja a completa revelação de Deus. Eles têm em comum a negação da suficiência da Escritura (contrariando o que encontramos em 2Timóteo 3.15-17). Essas religiões também compartilham outra característica, a saber, a negação de que a Bíblia seja capaz de interpretar a si mesma sem referência a nenhum intérprete externo. Por exemplo, em 1893, o Papa Leão XIII declarou que "Deus confiou as Escrituras à Igreja", pelo que ele obviamente se referia à Igreja Católica Romana. Por essa razão, disse ele, a Igreja é "o guia e mestre perfeitamente confiável", de modo que o verdadeiro sentido das Escrituras deve ser considerado "aquele sentido que foi e é mantido por nossa Santa Madre Igreja, a quem pertence o julgamento quanto ao verdadeiro sentido e interpretação das Sagradas Escrituras, de sorte que a ninguém é dado explicar a Sagrada Escritura de modo contrário àquele sentido ou à opinião unânime dos Pais". Obviamente, sob esse sistema, torna-se absolutamente desnecessário ler a Bíblia. Cristo disse: "Examinais as Escrituras!". Paulo disse: "Procura apresentar-te a Deus aprovado, como obreiro que não tem de que se envergonhar, que maneja bem a palavra da verdade" (2Tm 2.15). Mas a Igreja de Roma diz: "Deus não pode falar claramente, então você precisa me escutar. Eu lhe esclarecerei o que ele está tentando dizer!".

Essa mesma tendência pode ser vista no ensino das Testemunhas de Jeová. É de conhecimento geral que essa religião pseudocristã dissemina e distribui ininterruptamente a revista *A Sentinela* e outras publicações. Essa religião publicou uma série de livros intitulada *Estudos das Escrituras*. Eis o que *A Sentinela* (1.º jul. 1957; 15 ago. 1964, p. 511-512) disse sobre o valor da Bíblia quando comparada com o dos *Estudos das Escrituras*:

Ademais, não apenas descobrimos que as pessoas são incapazes de discernir o plano divino ao estudarem a Bíblia por conta própria, mas também vemos que, se alguém põe de lado os Estudos das Escrituras, mesmo após tê-los usado, após ter-se familiarizado com eles, após tê-los lido por dez anos — se ele os põe de lado, ignora-os e vai até à Bíblia somente, embora ele houvesse entendido a Bíblia por dez anos, nossa experiência mostra que, em dois anos, ele está em trevas. Por outro lado, se ele houvesse apenas lido os Estudos das Escrituras com as suas referências, e não lido nenhuma página da Bíblia propriamente dita, ao final dos dois anos ele estaria na luz, pois teria a luz das Escrituras.

A Igreja de Roma e a seita das Testemunhas de Jeová concordam em sua atitude básica para com a Palavra de Deus. O salmista disse: "A tua palavra é lâmpada [...] e luz" (Sl 119.105). Porém o catolicismo romano e as demais falsas religiões chamam essa luz de "trevas".

Contra isso, se levanta a fé reformada. Como nos lembra Cornelius Van Til: "Nenhum intérprete humano precisa pôr-se entre a Escritura e aqueles para quem ela se põe". Essa visão se opõe ao clericalismo. Porém, "isso não significa que os homens que conosco se põem sob as Escrituras, e que são ordenados de Deus para a pregação da Palavra, não possam ser-nos úteis no melhor entendimento da Escritura". Novamente, essa posição reformada não significa que toda passagem seja igualmente fácil de entender. Ela significa simplesmente que, "com inteligência comum, qualquer pessoa pode obter" da própria Palavra de Deus "o ponto central das coisas que ele precisa saber".[10]

Pode-se, é claro, distorcer essa doutrina. Ela é distorcida por aqueles que clamam "Nenhum credo, somente Cristo!" e, então, ignoram os grandes credos da Igreja. Estranhamente, essa posição em si mesma nega a clareza da Escritura, pois parte do pressuposto de que, em toda a história, ninguém antes de nós foi capaz de ver a verdade contida na Palavra de Deus. É precisamente por crermos na clareza da Bíblia que valorizamos os credos. Assim, os credos são evidência de que a Bíblia é clara. Os credos representam o consenso de muitos, os quais ali testificam que viram claramente a mesma grande verdade revelada na Bíblia. Isso jamais significa que os credos estejam em pé de igualdade com a Bíblia. Eles devem, sempre, manter-se subordinados à palavra da Escritura. Eles não podem ser considerados infalíveis. Tal atributo pertence somente à Palavra de Deus. Mas, porque os homens viram a clara verdade revelada na Escritura e expressaram essa verdade na forma de credos, as verdades contidas nos credos possuem certa medida de autoridade. Na exata medida em que eles "concordam com a Palavra de Deus e estão nela fundamentados", eles são úteis e possuem autoridade. Porém, nós não recorremos aos credos para ver se a Bíblia é verdadeira; nós recorremos à Bíblia para ver se os credos são verdadeiros. E nós não poderíamos fazer isso se a Bíblia não fosse clara nem fosse sua própria intérprete. Com efeito, os credos jamais teriam sido formulados se a Escritura não fosse sua própria intérprete.

---

10 Van Til, *Introduction to Systematic Theology* (Nutley: Presbyterian and Reformed, 1974), p. 140.

PERGUNTAS

1. As falsas religiões negam que a Bíblia seja a completa revelação de Deus. Que outro aspecto da revelação elas negam?

2. Para as falsas religiões, a Bíblia é importante ou necessária para a vida do crente?

3. Concilie o aparente conflito entre a convicção reformada de que a Bíblia é sua própria intérprete e o ensino reformado de que deve haver ministros ordenados da Palavra com autoridade para ensinar a Palavra nas igrejas.

4. Todas as passagens da Escritura são igualmente fáceis de entender? Se não, isso muda o fato de que a Escritura é a sua própria intérprete? Explique.

5. Por que um cristianismo que não reconhece nenhum valor nos credos é uma perversão da doutrina de que a Bíblia é a sua própria intérprete?

6. Por que os credos, conquanto estejam de acordo com a Escritura, possuem autoridade?

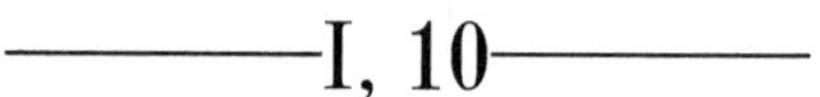

10. O supremo juiz pelo qual todas as controvérsias religiosas devem ser dirimidas, e pelo qual devem ser examinados todos os decretos dos concílios, as opiniões de escritores antigos, as doutrinas de homens e os espíritos privados, e em cuja sentença devemos descansar, não pode ser outro senão o Espírito Santo falando na Escritura.

Aqui, somos ensinados que não há senão um único juiz supremo em controvérsias religiosas, a saber, as Escrituras.

Essa seção da Confissão de Fé diz respeito à aplicação da regra infalível de fé e prática a situações ou questões particulares. Como já observamos, a Igreja Católica Romana sustenta que ela tem o poder de interpretar infalivelmente a infalível Palavra de Deus (a Bíblia), de modo que os fiéis adeptos da Igreja saberão no que crer em dada situação particular. Quando o Papa fala oficialmente, as controvérsias doutrinárias entre os católicos são resolvidas. Quando ele proclamou a doutrina da assunção de Maria, então todos os católicos romanos tornaram-se obrigados a, de consciência, crer nela.

O cristianismo reformado se recusa a permitir que a consciência seja obrigada por qualquer coisa senão pela própria e infalível Palavra de Deus, tal como ela se interpreta à consciência individual do crente. Isso não significa que a verdadeira igreja reformada ficará em silêncio diante de temas controversos. Significa apenas que uma igreja verdadeiramente reformada jamais tentará exigir que a consciência individual dos homens se dobre diante de qualquer outra coisa senão da Palavra de Deus. É tarefa da Igreja expressar, expor ou declarar o que a Palavra de Deus diz, de modo que o próprio crente individual possa experimentar qual seja a vontade de Deus (Rm 12.2). Uma igreja verdadeira simplesmente declara a Palavra de Deus. Ela não é um órgão legislativo. Ela não cria leis para obrigar a consciência dos súditos de Jesus Cristo, o Rei. Ela tão somente afirma a legislação do Rei com clareza tal que aqueles que negligenciam ouvi-la se tornam indesculpáveis. (A Igreja Romana, porém, reivindica precisamente esse poder legislativo de *criar* leis para os súditos de Cristo.)

Essa seção da Confissão de Fé deve ser comparada com o Capítulo XXXI, sobre os sínodos e concílios, especialmente as Seções 3 a 5. Temos o relato de semelhante concílio em Atos 15. Ali, aprendemos como a Igreja deve resolver suas controvérsias ministerialmente, com base numa declaração ministerial da Bíblia, em vez de com base em novas leis acrescidas ao conteúdo da Bíblia. Em Atos 15, aprendemos: (1) que uma controvérsia surgira na igreja em Antioquia (v. 1); (2) que um sínodo ou concílio foi solicitado para resolver a controvérsia (v. 2-3); (3) que um tal sínodo foi convocado (v. 4); (4) que a natureza da controvérsia foi apresentada a esse sínodo (v. 4-5); e (5) que o sínodo então passou a resolver a questão (v. 6-30). Mais importante, porém, é observar como ela foi resolvida. Foi resolvida apelando-se à Bíblia (ou a revelações apostólicas especiais que se tornaram parte da Bíblia) (v. 14-18 etc.). Quando o sínodo chegou a uma certeza quanto ao ensino da Palavra de Deus, ele estava apto a declarar tal ensino (v. 28-29). Eles não tiveram a presunção de julgar a questão de si e por si mesmos, mas, em todos os aspectos, reconheceram a Escritura como supremo juiz. É verdade que o sínodo esperava que as igrejas recebessem a declaração com reverência e submissão (v. 28-29), mas isso era esperado porque tal declaração estava de acordo com a Palavra de Deus. Era a Palavra de Deus declarada que tinha a autoridade, e não o sínodo à parte daquela Palavra.

Quando um sínodo faz uma declaração "à parte da Palavra de Deus", ela não possui autoridade divina. Há um exemplo na Assembleia Geral da *Presbyterian Church in the USA* [Igreja Presbiteriana nos EUA], em 1934. Essa decisão declarou que era uma obrigação solene de todo membro daquela denominação contribuir financeiramente para a manutenção das juntas missionárias da igreja, embora houvesse, naquele exato momento, liberais (que negavam a própria fé da igreja) servindo em tais juntas. A Assembleia disse que a obrigação de manter as juntas missionárias era tão nítida quanto a obrigação de observar a Ceia do Senhor. J. Gresham Machen e outros se recusaram a obedecer a essa ordem, ao fundamento de que um sínodo não pode exigir como um dever aquilo que é contrário à Bíblia. Ao rejeitarem o erro da mais alta corte da denominação, Machen e os demais apelaram à autoridade suprema, que é a Sagrada Escritura.

Sínodos e concílios (ou assembleias gerais) podem errar. Muitos deles erraram. Eles, portanto, jamais devem tornar-se a regra de fé e prática, mas apenas serem usados como um auxílio a uma observância apropriada da regra de fé e prática que é a Bíblia. Numa verdadeira igreja reformada, haverá, e deve haver, frequentes declarações conciliares. Mas qualquer membro (ou concílio inferior) da igreja estará, e deve estar, livre para divergir das declarações do concílio, contanto que o faça mediante um apelo à autoridade suprema da Palavra de Deus. (A esse respeito, teremos muito a dizer em nossa exposição do Capítulo XXXI.)

PERGUNTAS

1. Qual é a diferença entre a Igreja Católica Romana e as igrejas reformadas, no tocante ao supremo juiz em matéria de controvérsias religiosas?

2. A igreja pode falar de modo infalível? Se não, então de que forma ela pode falar com autoridade e proveito?

3. No Concílio de Jerusalém, Pedro atuou como um Papa? Quem tomou a decisão? Sobre que fundamento a decisão se baseou?

4. Cite referências bíblicas para: (a) provar que é dever dos crentes participarem da Ceia do Senhor; e (b) provar que é dever dos crentes não manterem trabalhos "missionários" desempenhados por descrentes liberais.

2

——II. DE DEUS E DA SANTÍSSIMA TRINDADE——

1. Há somente um Deus vivo e verdadeiro, o qual é infinito em seu ser e perfeição, um espírito puríssimo, invisível, sem corpo, partes ou paixões, imutável, imenso, eterno, incompreensível, onipotente, sapientíssimo, santíssimo, supremamente livre e absoluto, o qual opera todas as coisas segundo o conselho de sua própria, imutável e justíssima vontade, para sua própria glória; é mui amoroso, gracioso, misericordioso, longânimo, abundante em bondade e verdade, o qual perdoa a iniquidade, a transgressão e o pecado; é o galardoador daqueles que diligentemente o buscam; é, ademais, justíssimo e mui terrível em seus juízos; odeia todo pecado e de modo algum terá por inocente o culpado.

2. Deus possui, em si mesmo e de si mesmo, toda a vida, glória, bondade e bem-aventurança; e é o único todo-suficiente em si e para si, não tendo necessidade de nenhuma criaturas que trouxe à existência nem derivando delas glória alguma, mas apenas manifestando sua própria glória nelas, por meio delas, para elas e sobre elas. Ele é o único fundamento de todo ser, de quem, por meio de quem e para quem são todas as coisas; e sobre elas possui ele pleno e soberano domínio, para fazer por meio delas, para elas e sobre elas tudo quanto lhe apraz. Todas as coisas estão patentes e manifestas diante dele; seu conhecimento é infinito, infalível e independente da criatura, de modo que para ele nada é contingente ou incerto. Ele é santíssimo em todos os seus conselhos, em todas as suas obras e em todos os seus mandamentos. Da parte dos anjos e dos homens, bem como de toda e qualquer criatura, lhe são devidos todo culto, serviço ou obediência os quais lhe apraz requerer deles.

Essa seção ensina: (1) que há somente um Deus vivo e verdadeiro; (2) que ele é espírito; (3) que ele possui certos atributos perfeitos e incomunicáveis; (4) que ele possui certos atributos perfeitos e comunicáveis; e (5) que ele não depende de nenhuma criatura, antes, é absolutamente independente de todos e soberano sobre todos.

A Escritura diz: "É necessário que aquele que se aproxima de Deus creia que ele existe e que se torna galardoador dos que o buscam" (Hb 11.6). Também se declara, na mesma epístola, que "a fé é [...] a convicção de fatos que se não veem" (Hb 11.1). A doutrina de Deus começa, portanto, com a afirmação de que Deus é. E (como a Escritura nos informa) *todas as coisas* testificam acerca da verdade dessa afirmação. O que mais os céus declaram? O que mais o firmamento anuncia? (Sl 19). Alguns buscam "provar" a existência de Deus, como se fosse difícil encontrar a evidência. Seria mais correto dizer que é impossível encontrar a evidência quando se está morto em delitos e pecados. Mas é impossível escapar da evidência quando se é regenerado pelo Santo Espírito de Deus. Em nossa discussão do Capítulo VI, mostraremos por que homens pecadores têm grande dificuldade em enxergar a evidência para a existência de Deus. E, em nossa discussão do Capítulo X, descobriremos como é possível que os cristãos não tenham tal dificuldade. Por essas razões, não cremos que devamos tentar "provar" que Deus existe. Como o nosso texto nos lembra (Hb 11.6), não podemos vir a Deus, até que sejamos habilitados a crer que ele existe.

Ao falarmos de Deus como um espírito puríssimo, queremos dizer que ele não possui um corpo como os homens. "Deus é Espírito", disse Jesus (Jo 4.24). "Quando as Escrituras, condescendendo à nossa fraqueza, dizem que Deus possui ouvidos para expressar o fato de que ele ouve, ou quando dizem que ele possui mãos para expressar o fato de que ele manifesta o seu poder, é evidente que elas estão falando metaforicamente, pois, no caso dos homens, as faculdades espirituais são exercidas por meio dos órgãos corporais. E, quando as Escrituras afirmam que Deus se arrepende, se entristece ou tem ciúmes, elas também usam linguagem metafórica, ensinando-nos que ele age para conosco como faria um homem movido por tais paixões" (A. A. Hodge).

Por ser um espírito puríssimo, Deus não está sujeito a qualquer tipo de limitações. Não há nenhum lugar no qual Deus esteja ausente. "Para onde me ausentarei do teu Espírito? Para onde fugirei da tua face? Se subo aos céus, lá estás; se faço a minha cama no mais profundo abismo, lá estás também" (Sl 139.7-8). Além disso, em qualquer lugar específico onde um homem esteja, deve-se enfatizar que naquele lugar está presente não apenas uma parte de Deus, mas o próprio Deus em toda a sua glória e majestade. Ao dizermos que Deus é onipresente, queremos dizer que o Deus infinito se encontra, completamente ou por inteiro, em todos os lugares ao mesmo tempo.

Deus também é infinito ao ser onipotente; isto é, ele possui a capacidade ilimitada de fazer tudo quanto lhe apraz. "Todos os moradores da terra são por ele reputados em nada; e, segundo a sua vontade, ele opera com o exército do céu e os moradores da terra; não há quem lhe possa deter a mão, nem lhe dizer: Que fazes?" (Dn 4.35). Deus foi capaz de predestinar todas as coisas porque ele não apenas pode operar, mas de fato opera "todas as coisas conforme o conselho da sua [própria] vontade" (Ef 1.11).

Deus é, além disso, infinito em conhecimento ou onisciente. "O seu entendimento não se pode medir" (Sl 147.5). Nunca houve um tempo no qual Deus não sabia de tudo. Ele conhece (e sempre conheceu) o futuro como conhece o passado. "Por isso, to anunciei desde aquele tempo e to dei a conhecer antes que acontecesse" (Is 48.5). O nosso conhecimento é mediado; o conhecimento de Deus é imediato (não é obtido mediante ou por meio dos sentidos). O nosso conhecimento é sucessivo (uma coisa depois da outra), mas Deus conhece por uma compreensão que a tudo abrange. Nós conhecemos apenas em parte, mas o conhecimento de Deus é exaustivamente completo. Nós conhecemos como meras criaturas; ele conhece como o Criador exaltado. O seu conhecimento está num patamar totalmente diferente do nosso. "Tal conhecimento é maravilhoso demais para mim: é sobremodo elevado, não o posso atingir" (Sl 139.6). Como o apóstolo Paulo disse: "Quem, pois, conheceu a mente do Senhor?" (Rm 11.34). Quem pode obter, nos limites de uma mente criada, a órbita dos pensamentos divinos? Quem pode sequer entender um único aspecto da verdade *como Deus a entende*? Até mesmo quando chegamos a conhecer a verdade, devemos confessar — em todos os pontos — que, naquilo que conhecemos, há uma profundeza (um elemento de mistério), a qual está além de nós mesmos. Todo verdadeiro entendimento da revelação (verdade) de Deus exige que nos prostremos maravilhados e adoremos a Deus, o único que possui pleno entendimento.

Por fim, Deus é eterno. Ele é "o mesmo, ontem, hoje e para sempre" (Hb 13.8 — NVI). Jamais houve nele a menor sombra de variação. Ele é, em todos os sentidos, exatamente o que ele sempre foi e o que sempre será.

Ao dizermos que essas qualidades pertencem a Deus, estamos "atribuindo-as" a ele. Por isso, chamamo-las seus "atributos". E os atributos supramencionados são às vezes chamados de *incomunicáveis* porque pertencem somente a Deus e não podem ser, por Deus, comunicados às suas criaturas. É a posse desses atributos (eternidade, infinitude, imutabilidade) que distingue Deus de todos os outros seres. Também há, porém, atributos *comunicáveis*. Isso significa que Deus não apenas possui qualidades as quais ele não compartilha com ninguém, mas também possui qualidades que ele concede — *em certa medida* — a tais criaturas, como lhe apraz. Assim, Deus possui ser (Êx 3.14), sabedoria (Sl 147.5), poder (Ap 4.11), santidade (Ap 15.4), justiça, bondade e verdade (Êx 34.6-7). Mas o mesmo pode ser dito de certas criaturas, em certa medida, a saber, homens e anjos. Deus possui todas essas qualidades num grau ilimitado. As criaturas que possuem tais qualidades as possuem apenas de modo limitado.

Pode-se entender isso por meio de uma ilustração. Segure um espelho na sua frente. Você verá uma imagem de si mesmo. Agora, observe as muitas qualidades que você e sua imagem têm em comum! Num sentido, ambos são o mesmo, contudo, noutro sentido, não são. Pois você é um ser vivo, e a imagem não é. Você existe num nível totalmente diferente da sua imagem. As qualidades que pertencem à sua imagem no espelho são apenas um reflexo das suas qualidades. Há uma dimensão própria de seus atributos que não pertence aos atributos da sua imagem. Assim ocorre com Deus e o homem, sua imagem. Todos os atributos de Deus possuem aquele nível superior da gloriosa e perfeita existência que os nossos atributos de criatura não possuem. A sabedoria que pertence a Deus (assim como o poder, a santidade, a justiça etc.) é sabedoria infinita, eterna e imutável; mas a nossa sabedoria é finita, temporal e mutável, quando muito, uma mera reflexão da divina. Precisamos, portanto, ter o cuidado de lembrar que, ao falarmos dos atributos comunicáveis de Deus, não queremos dizer que o homem está, seja em que sentido for, no mesmo nível de Deus.

Deus é, digamos, o modelo original. Tudo o mais é, num sentido ou noutro, mero reflexo de Deus. Quão simples é essa grande verdade. Contudo, quão raro a vemos ser consistentemente preservada no pensamento humano. "Nem é servido por mãos humanas, como se de alguma coisa precisasse; pois ele mesmo é quem a todos dá vida, respiração e tudo mais" (At 17.25). Como se alguém pudesse fazer qualquer coisa proveitosa a Deus (Jó 22.2). Não é perfeitamente claro que a criatura jamais poderia fazer algo mais excelente do que refletir a Deus, como sua imagem? Como pode um reflexo acrescentar qualquer coisa àquilo que reflete? A verdade inescapável é que somente Deus, em si e de si mesmo, é de fato "alguém". E o homem (assim como qualquer outra criatura), em si e de si mesmo, é nada. Pois ele é totalmente dependente de Deus. Uma vez que somente Deus possui existência independente, não fica claro também que ele possui domínio sobre as suas criaturas para fazer, por meio delas, para elas e com elas, tudo quanto lhe apraz? Como se qualquer um — cuja própria existência vem de Deus — pudesse fazer qualquer coisa que Deus não houvesse determinado que fizesse. Até mesmo o mal veio à existência porque foi do agrado de Deus permiti-lo, a fim de que, por meio dele, o seu bom propósito fosse realizado (Is 45.7). Mas isso adentra o domínio dos decretos de Deus, ao qual retornaremos no próximo capítulo.

PERGUNTAS

1. Onde podemos encontrar provas da existência de Deus?
2. O que queremos dizer ao chamarmos Deus de um "espírito"?
3. Por que a Escritura fala de Deus como se ele tivesse mãos, pés, etc.?
4. O que significa o termo "atributos"?
5. O que significa o termo "incomunicável"?
6. O que significa o termo "comunicável"?
7. Cite alguns atributos incomunicáveis de Deus.
8. Cite alguns atributos comunicáveis de Deus.
9. O nosso conhecimento de determinado fato ou verdade, por exemplo, tem as mesmas qualidades do conhecimento de Deus acerca daquele fato ou verdade?
10. Sendo Deus, o que ele pode receber das suas criaturas?
11. Que verdade da doutrina de Deus é raramente preservada com consistência no pensamento dos homens, incluindo muitos cristãos?

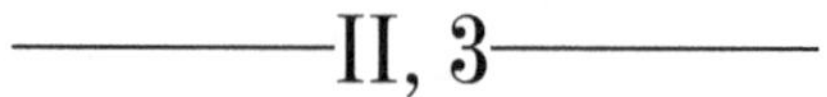

II, 3

3. Na unidade da Deidade há três pessoas, de uma só substância, poder e eternidade: Deus o Pai, Deus o Filho e Deus o Espírito Santo. O Pai não é de ninguém: não é gerado nem procedente; o Filho é eternamente gerado do Pai; o Espírito Santo é eternamente procedente do Pai e do Filho.

As duas seções anteriores da Confissão nos deram uma definição da essência de Deus. A presente seção descreve a maneira na qual Deus existe. Assim, ela nos ensina: (1) que esse único Deus (como foi definido) existe em três pessoas distintas; (2) que cada uma dessas três pessoas é plenamente Deus (não partes de Deus); e (3) que essas três pessoas coiguais possuem distinções pessoais umas em relação às outras.

A doutrina da Trindade é a grande pedra de tropeço para judeus e muçulmanos. Eles acusam os cristãos de adorarem deuses novos e diferentes daqueles ensinados no monoteísmo do Antigo Testamento. Portanto, a pergunta surge naturalmente: "A doutrina da Trindade é revelada no Antigo Testamento ou apenas no Novo Testamento?". Pode parecer estranho, mas não é exatamente correto dizer que ela seja revelada em nenhum dos dois testamentos. Como B. B. Warfield disse certa vez: "Não podemos falar da doutrina da Trindade [...], se analisarmos a precisão da linguagem, como sendo revelada no Novo Testamento mais do que podemos falar dela como sendo revelada no Antigo Testamento. O Antigo Testamento foi escrito antes da revelação dessa doutrina; e o Novo Testamento, depois dela. A revelação em si foi feita não em palavra, mas em obra. Fez-se na encarnação de Deus, o Filho, e no derramamento de Deus, o Espírito Santo. A relação dos dois Testamentos com essa revelação é, no primeiro caso, o de uma preparação para ela; e, no segundo, o de um produto dela".

Deus se revelou por meio de obras sobrenaturais, junto com as quais ele gradualmente deu uma maior interpretação verbal. Apenas quando o plano divino de redenção foi plenamente executado, é que o próprio Deus se fez plenamente conhecido. Deus poderia ter anunciado, desde o começo, que na unidade do seu ser havia três pessoas distintas. Quem, contudo, teria entendido? Mas quando, na plenitude do tempo, cada uma das três pessoas realmente operou, ante os olhos dos homens, aquelas poderosas obras da redenção que cada pessoa da Divindade devia fazer no plano da salvação, quem não poderia entender? Assim, na Escritura, temos o registro do que Deus fez e do que ele disse à guisa de interpretação. E a prova da doutrina da Trindade é fornecida no fato registrado de que o Pai é manifestamente Deus, que Jesus é Deus com igual clareza, assim como o Espírito Santo.

Isso não significa, contudo, que o Deus revelado no Antigo Testamento seja outro, diferente do Deus Trino. O Deus revelado no Antigo Testamento é plenamente Deus (e trino), embora não plenamente revelado no Antigo Testamento. Assim sendo, é inevitável que muitas coisas no Antigo Testamento possam ser entendidas apenas à luz da (agora plenamente revelada) doutrina da Trindade. Por exemplo, em Gênesis 1.1-3, identificamos referências distintas a Deus, o Pai, a Deus, o Espírito, e a Deus, o Verbo. Em Gênesis 1.26, Deus toma conselho consigo mesmo e fala consigo mesmo sobre formar o homem "à nossa imagem". Como isso poderia acontecer, a menos que Deus não fosse triúno? Em Gênesis 11.5, 7, lemos que o Senhor desceu para ver a cidade e a torre de Babel e, ao falar a respeito, disse: *"Desçamos"*.

Além disso, descobrimos que o "Anjo do SENHOR" frequentemente aparecia ao povo de Deus no Antigo Testamento. Ele tinha a aparência de um homem (Gn 32.24), mas é reconhecido como Deus (Gn 32.30). Embora reconhecido como Deus, esse anjo é também descrito como um enviado de Deus (Êx 23.20-24, 25). O verdadeiro crente, portanto, deveria reconhecer que esse Anjo, enviado por Deus, era Deus. Ele tinha poder para perdoar "transgressões", pois Deus disse: "Nele está o meu nome" (Êx 23.21). Porém, embora (1) o crente do Antigo Testamento devesse saber que o verdadeiro Deus era um só, (2) que ainda assim o Anjo de Deus (enviado por Deus) era igualmente Deus, (3) havia também uma presença de Deus, o Espírito Santo, claramente reconhecida (Sl 51.11; 1Sm 16.13-14), distinta tanto de "Deus" como do "Anjo".

Assim, embora o crente do Antigo Testamento ainda não enxergasse uma manifestação das três pessoas tão plenamente como a que nós enxergamos (na encarnação de Cristo e no derramamento do Espírito Santo em Pentecostes), inegavelmente o Deus que se revelava na história do Antigo Testamento (pouco a pouco) é esse Deus, e não outro. Uma vez que nós agora o conhecemos desse modo, esses relatos do Antigo Testamento fazem perfeito sentido, o que não fariam de outro modo. Nas profecias também há afirmações que, embora talvez não plenamente compreendidas na época (1Pe 1.10-11), são tais que exigem a doutrina da Trindade para o seu cumprimento. Assim, Isaías diz a Israel que o Senhor Deus lhe daria um filho, nascido da virgem, que seria Emanuel (que quer dizer: "Deus conosco") (Is 7.14). Ele também é chamado de "Deus forte" (Is 9.6). Como Deus poderia enviar Deus, a menos que houvesse uma pluralidade de pessoas na essência divina? Esses são apenas exemplos do fato de que, embora a doutrina da Trindade não seja (plenamente) revelada no Antigo Testamento, o Deus que ali se revela (de um modo parcial e preparatório) não é outro senão o Deus Trino.

O Novo Testamento foi escrito após a natureza trinitária de Deus ser completamente manifesta. Os apóstolos estavam plenamente cientes do fato de que, embora Deus permanecesse invisível nos céus, ao mesmo tempo, ele estava encarnado diante deles. Eles viram Deus (na carne) orar a Deus no céu. Então, quando eles o viram ascender ao céu, testemunharam a vinda do Espírito Santo. Em passagens como Lucas 3.22, vemos até mesmo as três pessoas simultaneamente manifestas aos próprios sentidos dos apóstolos. Quem poderia falar do céu, senão Deus? Quem poderia dar ordens ao vento e às ondas, transformar água em vinho e ressuscitar os mortos, senão Deus? E quem poderia vir como um vento impetuoso para capacitar homens fracos e pecadores a falarem das maravilhas de Deus?

Foi assim que os apóstolos simplesmente não tiveram escolha, senão reconhecer que o único Deus vivo e verdadeiro existe em três pessoas. Eles foram simultaneamente confrontados com os três que eram Deus e, contudo, com esmagadora convicção, reconheceram esses três como um só Deus. É por isso que Mateus 28.19, falando desse Deus único, diz que devemos ser batizados "em nome [não nos nomes] do Pai, e do Filho, e do Espírito Santo". Mateus seria culpado de empregar uma linguagem equivocada, se uma destas duas coisas fosse verdadeira: (1) se o Pai, Filho e Espírito Santo não possuíssem uma idêntica essência (pois, desse modo, ele teria dito "nomes") e (2) se aquele único a ser nomeado não existisse em três pessoas (pois, desse modo, ele não teria indicado que "o nome" é partilhado por cada uma das três pessoas). Se não há três pessoas que são Deus, ou se há mais do que um Deus, Mateus falou incorretamente. Mas isso é impossível a alguém inspirado, como ele era. Assim como nos lembra o texto antigo (1 João 5.7): "Porque três são [...] o Pai, a Palavra, e o Espírito Santo; e estes três são um". A formulação da nossa Confissão (e de credos semelhantemente ortodoxos) é simplesmente uma explicação que dá conta de todos os fatos como nenhuma outra doutrina pode fazer ou faz.

PERGUNTAS

1. A doutrina da Trindade é revelada no Antigo Testamento? E no Novo Testamento?
2. O Deus revelado no Antigo Testamento é o Deus triúno? Como podemos provar isso?
3. Cite textos do Antigo Testamento para provar que Deus não é uma única pessoa.
4. Cite um texto que indique que o Anjo do Senhor é Deus.
5. Cite um texto profético que mostre que Deus prometeu enviar o Deus encarnado.
6. Por que os apóstolos aceitaram a "doutrina da Trindade"?
7. Quais os dois elementos essenciais da doutrina da Trindade ensinados na fórmula batismal instituída no Evangelho de Mateus?
8. O Catecismo Maior ensina que vemos a divindade de cada uma das pessoas da deidade porque a Escritura atribui a cada uma delas os mesmos nomes, atributos, obras e adoração que só a Deus pertencem. Cite passagens bíblicas que mostrem que os nomes, atributos, obras e adoração próprios a Deus estão relacionados com cada uma das três pessoas divinas (o Pai, o Filho e o Espírito Santo).

3

——III. DOS ETERNOS DECRETOS DE DEUS——

1. Desde toda a eternidade e pelo mui sábio e santo conselho de sua própria vontade, Deus ordenou livre e inalteravelmente tudo quanto acontece, porém de modo que nem Deus é o autor do pecado, nem violentada é à vontade da criatura, nem é tirada a liberdade ou contingência das causas secundárias, antes estabelecidas.

2. Ainda que sabe tudo quanto pode ou há de acontecer em todas as circunstâncias imagináveis, Deus não decreta coisa alguma por havê-la previsto como futura, ou como coisa que havia de acontecer em tais condições.

Essa seção da Confissão nos ensina: (1) que Deus predeterminou todas as coisas que acontecem; (2) que essa predeterminação (plano) é eterna; (3) que não há nada demasiado grande ou pequeno que escape à sua predeterminação; (4) que isso não faz de Deus o autor do pecado; (5) que Deus não obriga os homens a fazerem o que eles não querem fazer (no tocante ao pecado); (6) que isso não destrói a "liberdade" ou as relações de causa e efeito (antes, é a base mesma sobre a qual estas existem); e, por fim, (7) que este plano soberano de Deus não está "condicionado a" coisa alguma por ele prevista (o que tornaria Deus dependente de algo além de si mesmo).

O que distingue uma pessoa de uma coisa (ou um ser desprovido de pessoalidade) é que uma pessoa age de acordo com um propósito. Deus é um ser pessoal infinito, eterno e imutável. Portanto, seu plano ou propósito deve sempre ter sido uma parte de sua existência infinita, eterna e imutável. Desse modo, a Escritura testifica: "Conhecidas são a Deus, desde o princípio do mundo, todas as suas obras" (At 15.18 — ACF). A Escritura refere-se a isso como "o eterno propósito que [ele] estabeleceu" (Ef 3.11). É um propósito imutável (Hb 6.17). Seu caráter infinito é visto no fato de que somos predestinados "segundo o propósito daquele que faz todas as coisas conforme o conselho da sua vontade" (Ef 1.11).

Não é de admirar que Cristo pudesse afirmar com tanta confiança que nem mesmo uma folha "cairá em terra sem o consentimento de vosso Pai" (Mt 10.29), e que até mesmo "os cabelos todos da cabeça estão contados" (v. 30). Assim como a Bíblia declara que todas as coisas, tomadas em conjunto, são controladas por Deus (Ef 1.11), ela também declara, com igual insistência, que cada coisa, tomada individualmente, por mais trivial e insignificante que possa nos parecer, é ordenada por Deus antecipadamente em seu plano perfeito. Por essa razão, até mesmo aquilo que nos parece mero acaso pôde ser antecipadamente profetizado pelos verdadeiros profetas de Deus (Cf. 1Rs 22.1-40, especialmente os versículos 28, 34, e 37).

As ações livres dos homens também são predestinadas por Deus. Preste atenção, por favor: esses atos são tanto *livres* como *predestinados*. Ou seja, aqueles que cometem tais atos o fazem porque querem. No entanto, os atos que fazem são predeterminados por Deus, o que leva a Escritura a declarar que eles *devem* acontecer. Cristo disse: "É *inevitável* que venham escândalos, mas ai do homem pelo qual vem o escândalo!" (Mt 18.7). Essa declaração expressa duas coisas: (1) a certeza da ocorrência de um evento futuro, e (2) que aqueles que executam o ato o fazem livremente e, por isso, tornam-se passíveis de culpa. Assim, em Atos 2.23, lemos que, embora Cristo tenha sido "entregue pelo determinado desígnio e presciência de Deus", foram os judeus quem o mataram: "vós o matastes, crucificando-o por mãos de iníquos". "Porque verdadeiramente se ajuntaram nesta cidade contra o teu santo Servo Jesus, ao qual ungiste, Herodes e Pôncio Pilatos, com gentios e gente de Israel, para fazerem tudo o que a tua mão e o teu propósito predeterminaram" (At 4.27-28).

Da mesma forma como Deus predetermina as ações más, que são realizadas livremente, ele, de igual modo, predetermina as ações boas, que também são realizadas livremente. Os cristãos se arrependem, creem e buscam fazer a vontade de Deus porque assim desejam. Contudo, "é Deus quem efetua em vós [nos cristãos] tanto o querer quanto o realizar" (Fp 2.13). Há, portanto, uma operação interna do Espírito de Deus, que está totalmente ausente do ímpio, o que não significa que os justos (convertidos), bem como os ímpios (não convertidos), não estão agindo livremente ao fazer o que Deus predestinou.

Liberdade pode ser definida como "ausência de coerção externa". Se um homem não é forçado por nenhum poder externo a fazer o que é contrário ao que deseja fazer, então podemos dizer, com propriedade, que ele é "livre". A maravilha da predestinação divina é que Deus deixa os homens livres neste sentido, embora tenha predestinado cada ação de cada ser humano. Alguns usam a palavra "liberdade" em outro sentido, que, no entanto, é falso. Por "liberdade" humana, eles querem dizer que o homem tem o *poder* ou a capacidade para praticar o bem ou o mal quando quiser. Dizer que o homem é capaz de fazer o bem ou o mal é muito diferente de dizer que ele tem a *permissão* para fazer o que deseja. Cremos que o homem natural tem a permissão, mas não a capacidade para fazer o que é certo. Pois a verdade é que, embora livre de coerção externa, o homem *não é livre do domínio de sua própria natureza*. Ele, que é mau por natureza, tem a necessidade de praticar o mal (assim como a árvore má tem necessidade de produzir frutos maus, Mt 7.17-19). Da mesma forma como podemos afirmar que Deus é bom e, portanto, não pode fazer o mal, também podemos afirmar que o homem (por natureza) é mau e não pode (por si mesmo) praticar o bem.

No caso dos não convertidos que não são eleitos, o próprio fato de não serem regenerados por Deus torna inevitável que eles farão o mal pelo simples motivo de que esse é o desejo do coração deles (Gn 6.5; Sl 14, 53). No caso dos eleitos, Deus os regenera, os chama eficazmente e os sustenta em graça a fim de que — uma vez feitos novas criaturas (com novos desejos e uma nova natureza) — façam o bem que Deus lhes predestinou, o qual farão pelo simples motivo de que desejam fazer. Em ambos os casos, há uma inteira ausência de coerção externa, embora a vontade de Deus seja plenamente realizada. Mesmo onde o poder interno é enxertado (no caso dos convertidos), o Senhor não força o homem a fazer o que ele não quer; antes, cria uma nova vontade que está de acordo com a vontade divina.

Alguns pensam que Deus condiciona a predestinação àquilo que ele prevê. Assim, muitos têm sustentado que Deus predestina para a vida eterna aqueles que ele prevê que, por sua própria capacidade, se arrependerão. Essa ideia contradiz a Escritura, que claramente ensina: (1) que homem algum tem o poder de voltar-se a Deus por sua própria natureza, (2) que o poder de se arrepender e crer é um dom de Deus, e (3) que esse dom é concedido àqueles que Deus escolheu *para* recebê-lo. Não é, portanto, uma questão de predestinação *ou* presciência. Trata-se somente de predestinação *e* presciência.

Podemos demonstrar isso com duas perguntas simples: (a) Deus sabe, com certeza, o que vai acontecer antes que aconteça? Todo cristão, sem dúvida, responderá que sim; (b) mas, se Deus já sabe que algo acontecerá antes que aconteça, podemos perguntar: o que faz com que essa coisa aconteça? Não pode haver outra resposta: Deus garante que ela aconteça. Não podemos fugir à conclusão de que Deus certamente prevê porque ele garante a certeza que prevê. As coisas são predestinadas "segundo o propósito daquele que faz todas as coisas conforme o conselho da sua vontade" (Ef 1.11). Deus prevê que os eleitos serão "santos e irrepreensíveis perante ele", e que experimentarão "santificação do Espírito e fé na verdade" (2Ts 2.13). Mas essa realidade só é certa porque ele "nos escolheu nele antes da fundação do mundo" (Ef 1.4). Sua predestinação é a causa da santidade que ele prevê. Ele não nos escolhe porque previu que creríamos, mas prevê que creremos porque nos escolheu. Apenas dessa forma é que as obras são plenamente excluídas (Ef 2.8-10).

PERGUNTAS

1. O que distingue uma pessoa de todos os outros seres ou coisas?
2. Que tipo de "plano" ou "propósito" deve necessariamente pertencer a um ser pessoal "infinito, eterno e imutável"?
3. Cite um texto da Escritura que prove que tudo o que existe é controlado por Deus.
4. Cite um texto da Escritura que prove que os mínimos detalhes de tudo o que foi criado são controlados por Deus.
5. Cite um texto bíblico que prove que os eventos aparentemente acidentais são controlados por Deus.
6. Cite textos bíblicos que provem que as ações más são predeterminadas por Deus.
7. Cite textos da Escritura que provem que as ações más são, todavia, "livres".
8. Cite um texto bíblico que prove que atos "bons" feitos por pessoas regeneradas são predeterminados por Deus, porém, ainda assim, são atos "livres".
9. Em que sentido afirmamos que o homem é "livre" ou age "livremente"?

10. Por que o não regenerado, embora livre, com certeza fará apenas o mal?

11. Por que o regenerado, embora livre, com certeza agradará a Deus?

12. Deus pode prever (ou saber de antemão) antes que
ele predetermine e vice-versa? Por quê?

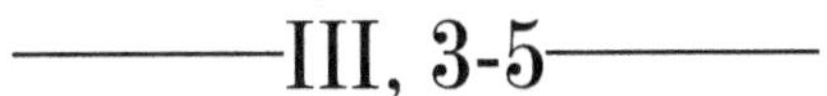

III, 3-5

3. Pelo decreto de Deus e para a manifestação da sua glória, alguns homens e alguns anjos são predestinados para a vida eterna e outros preordenados para a morte eterna.

4. Esses homens e esses anjos, assim predestinados e preordenados, são particular e imutavelmente designados; o seu número é tão certo e definido, que não pode ser nem aumentado nem diminuído.

5. Segundo o seu eterno e imutável propósito, e segundo o santo conselho e beneplácito de sua vontade, antes que fosse o mundo criado, Deus escolheu em Cristo, para a glória eterna, os homens que são predestinados para a vida; para o louvor da sua gloriosa graça ele os escolheu de sua mera e livre graça e amor, e não por previsão de fé, ou de boas obras e perseverança nelas, ou de qualquer outra coisa na criatura que a isso o movesse, como condição ou causa.

As seções anteriores mostraram que Deus predetermina tudo que acontece. As presentes seções explicam um aspecto dessa totalidade de coisas predeterminadas, a saber, o destino eterno de homens e anjos. Elas ensinam: (1) que Deus decreta quem será salvo e quem será deixado em seu estado perdido; (2) que esse decreto é imutável; (3) que a vontade de Deus não se baseia em nenhuma condição prevista; e (4) que o propósito último que Deus estabeleceu com tudo isso é a manifestação da sua própria glória.

Que Deus é aquele que determina quem será ou não salvo é um dos ensinos mais claros da Escritura. A razão pela qual tal ensino é tão pouco reconhecido deve-se à perversidade humana, não a alguma confusão no ensino bíblico. A principal causa da constante má leitura da Escritura no tocante a esse assunto é o seu perpétuo desejo de ter uma melhor opinião de si mesmo, além da que convém. Se apenas lembrássemos que ninguém merece algo, senão ira e condenação, se tão somente pudéssemos encarar essa solene e terrível realidade, se apenas mantivéssemos essa verdade diante de nós, então conseguiríamos aceitar o que a Escritura afirma de forma tão clara. E a Escritura simplesmente diz isto: que Deus dá a alguns aquilo que com toda certeza eles merecem (a saber, condenação), enquanto a outros ele concede o dom completamente imerecido da salvação (completamente imerecido).

O exemplo clássico da Escritura é o de Jacó e Esaú, que eram irmãos gêmeos. Por natureza, tinham tudo em comum. Partilhavam da mesma hereditariedade e do mesmo ambiente. No entanto, antes de serem nascidos, ou antes que tivessem praticado o bem ou o mal, "para que o propósito de Deus, quanto à eleição, prevalecesse" (Rm 9.11), Jacó foi escolhido para a vida eterna, ao passo que Esaú foi preterido e submetido à merecida punição. Com respeito a essa discriminação óbvia, o apóstolo diz: "tem ele misericórdia de quem quer e também endurece a quem lhe apraz" (Rm 9.18). E para que não tentemos subverter o sentido claro dessas palavras, o apóstolo Paulo prossegue e insiste que Deus, como um oleiro, tem o "direito sobre a massa, para do mesmo barro fazer um vaso para honra e outro, para desonra" (Rm 9.21). Deus tinha o *direito* de aplicar a condenação a Esaú, que merecia condenação, e vida eterna a Jacó, que também merecia condenação.

É de suma importância, no entanto, reconhecer que a determinação soberana de Deus acerca do destino da alma dos homens não é condicional. Não há diferença entre Esaú e Jacó, haja vista que Deus escolheu um e rejeitou o outro. Não afirmamos que não há diferença entre o eleito e o não eleito. Porém, afirmamos que a diferença é o *resultado* da discriminação soberana de Deus, e não a *causa* dela. Como Deus disse a Faraó e aos egípcios, "farei distinção entre o meu povo e o teu povo" (Êx 8.23).

Talvez percebamos isso de forma mais clara com os seguintes fatos em vista: (1) a Escritura diz que a salvação é inteiramente de graça, e as obras não são de forma alguma a causa dela, para que o homem não tenha algo de que se gloriar quanto a isso (Ef 2.8-9; Rm 11.6). E, se a salvação "é pela graça, já não é pelas obras; do contrário, a graça já não é graça" (Rm 11.6). Tentar misturar graça e obras é o mesmo que tentar misturar água e fogo. São coisas absolutamente excludentes. Se a salvação é pela graça de Deus (o favor puro e imerecido) — e a Escritura afirma isso —, então não há espaço algum para as obras (isto é, a atividade do homem como uma causa originadora). Quando é dito que Deus concede graça a determinadas pessoas porque ele prevê que elas farão (obra) isto ou aquilo, então temos salvação por obras (nesse caso, "obras previstas"), e a graça é subvertida. (2) A Escritura nos diz que arrependimento e fé são, em si mesmos, uma parte do dom que Deus dá. Ora, o que é parte de um dom não pode ser a causa do dom em si. (3) A Escritura declara abertamente que os homens estão, por natureza, "mortos em delitos e pecados" (Ef 2.1, 5). Fé e arrependimento são atividades não de mortos, mas de novas criaturas "vivificadas dos mortos". Obviamente, pois, seria impossível para Deus conceder o dom da vida àqueles que já a têm. (4) A Escritura nos informa que a eleição divina *não* é condicionada a algo na criatura, *mas* a algo em Deus. É o beneplácito, o prazer de Deus, que é a base da eleição (Cf. Lc 10.21). Como o oleiro é controlado, em suas escolhas, por seu próprio beneplácito, assim Deus é determinado apenas pelo beneplácito que lhe é intrínseco.

E por que Deus elegeu alguns? Por que também deixou que alguns pereçam em seus pecados? (Observe: a pergunta não é por que ele escolheu os que escolheu enquanto recusou os demais, mas por que escolheu uns e recusou os outros.) A resposta é: para a sua própria glória. Deus glorificará a si mesmo, ou, antes, manifestará a sua glória. Ele manifestará a perfeição de sua santidade por meio da ira contra o pecado na destruição do ímpio, e manifestará a perfeição de sua misericórdia e amor na salvação do eleito. Há alguém disposto a argumentar que Deus não tem o direito de fazer essas coisas? (Leia Rm 9.20-21.)

PERGUNTAS

1. Por que a doutrina da predestinação é tão pouco reconhecida e aceita, embora seja ensinada de forma tão clara na Escritura?
2. O que merece um homem pecador?
3. Que exemplo clássico na Escritura prova a doutrina da predestinação?
4. O que Jacó e Esaú tinham "em comum" quando nasceram? E quando morreram, o que eles tinham "em comum"?
5. Como o exemplo de Jacó e Esaú prova que foi Deus (e somente Deus) quem os fez diferentes?

6. Qual texto da Escritura declara que Deus tem "o direito" de fazer essa diferenciação?

7. O que significa dizer que a predestinação divina não é "condicional"?

8. Se o homem pudesse preencher algum requisito com base no qual Deus, então, o elegeria, quais ensinos da Escritura seriam negados?

9. Por que Deus escolheu aqueles que ele escolheu?

10. Por que Deus escolheu uns e rejeitou outros?

III, 6

6. Assim como Deus destinou os eleitos para a glória, assim também, pelo eterno e mui livre propósito de sua vontade, preordenou todos os meios conducentes a esse fim; os que, portanto, são eleitos, achando-se caídos em Adão, são remidos por Cristo, são eficazmente chamados para a fé em Cristo, pelo seu Espírito que opera no tempo devido, são justificados, adotados, santificados e guardados pelo seu poder, por meio da fé salvífica. Além dos eleitos não há nenhum outro que seja remido por Cristo, eficazmente chamado, justificado, adotado, santificado e salvo.

Essa seção da Confissão ensina: (1) que Deus, ao determinar *os fins* que intenta realizar, ao mesmo tempo determina *os meios* pelos quais intenta realizá-los; (2) que Deus determinou que os eleitos serão salvos (ordinariamente) por meio do chamado eficaz, da justificação, da adoção, da santificação e da perseverança em graça; e (3) que aqueles que carecem dos meios de graça divinamente designados não estão entre os eleitos (com as exceções indicadas no capítulo X, seção 3).

Deus nos dá pão diariamente. Mas ele emprega meios complexos e agentes para tal. É necessário que haja sol e chuva, colheita e distribuição. Sem essas coisas, não haveria esse resultado. Do mesmo modo, ocorre na efetivação de nossa redenção. Somos, como Pedro diz, "eleitos segundo a presciência de Deus Pai", mas isso ocorre somente "em santificação do Espírito, para a obediência e a aspersão do sangue de Jesus Cristo" (1Pe 1.2). Ou, como o apóstolo, outra vez, nos diz: devemos ser cada vez mais diligentes (2Pe 1.10) não porque a doutrina da eleição não existe, mas exatamente porque ela existe. Somos chamados — pelos meios de sua diligência — a "confirmar" a nossa vocação e eleição (2Pe 1.10). Nossa diligência provará ser o meio pelo qual o fim divinamente ordenado é cumprido. Por essa razão, o apóstolo Paulo associa a predestinação divina (o fim) ao chamado, justificação e glorificação (os meios para esse fim) (Rm 8.30). Ele admite uma ligação inseparável entre o fim decretado por Deus e as etapas que levam até esse fim.

A doutrina reformada ensina que todas as obras de Deus, e das três pessoas da Divindade, estão em perfeita harmonia. O plano de Deus nunca é contrariado pelas obras divinas, por meio das quais o próprio plano é executado. Portanto, assim como Deus, o Pai, elegeu alguns para a vida eterna, ele também decretou todos os meios necessários para a realização desse fim. Cristo foi dado para expiar os pecados dos eleitos, e o Espírito Santo foi dado para aplicar aos eleitos a redenção consumada por Cristo. O Pai planejou salvar alguns, Cristo morreu para salvá-los, e o Espírito Santo garante que eles de fato alcancem a salvação.

No entanto, quanto à compreensão desse assunto, alguns têm se desviado da verdade. Tal desvio pode ser assim resumido: "Por sua compaixão infinita e benevolência universal, Deus determinou entregar seu Filho à morte para que toda humanidade, arruinada pela queda, pudesse ser redimida da maldição da lei; contudo, prevendo que, se deixados a si mesmos, os homens certamente rejeitariam a Cristo e se perderiam, Deus, para realizar e aplicar seu plano para a redenção humana, e movido por um amor especial por determinadas pessoas, elegeu-as da massa da humanidade para serem recipientes da graça especial efetiva do Espírito Santo e, portanto, para a salvação". Esse ensino pode ser de tal modo formulado que soe como algo muito piedoso e atrativo a homens pecadores. É sempre confortante acreditar que, de alguma forma, a graça salvífica de Deus é para todos os homens, indistintamente. Porém, por mais confortante que possa ser, esse ensino não pode manter-se unido à uma visão consistente sobre Deus (a menos que, com isso, se negue a doutrina da condenação). É possível que se afirme, de forma coerente, que Deus concede graça *salvífica* a todos os homens e que todos serão salvos. Também é possível, coerentemente, afirmar que Deus concede graça salvífica a alguns homens apenas e que somente estes serão salvos. Mas não há coerência alguma em defender que Deus concede uma graça universal que não salva universalmente. Sustentar essa crença definitivamente resulta numa doutrina deficiente de Deus. Não obstante, o desejo de homens pecadores em tornar a graça salvífica de Deus universal é tão grande que tem havido repetidas incompreensões dessa verdade.

Temos um exemplo notável dessa realidade na revisão credal ocorrida na United Presbyterian Church of North America. De 1858 a 1925, essa igreja afirmou essa doutrina (consistente com a Palavra de Deus):

> Declaramos que nosso Senhor Jesus Cristo, pela designação do Pai e por seu próprio ato gracioso e voluntário, colocou-se no lugar de um número definido de homens, que foram escolhidos nele antes da fundação do mundo, para que ele fosse o seu legítimo e legal fiador; e como tal, ele, em favor desses homens, satisfez a justiça de Deus, cumprindo todos as exigências que a lei tinha contra eles, obtendo-lhes infalivelmente, com isso, a eterna redenção.

Em 1925, no entanto, a United Presbyterian Church trocou seu testemunho por uma posição inconsistente com a Palavra de Deus:

> Cremos que nosso Senhor Jesus Cristo, pela designação do Pai e por seu próprio ato gracioso e voluntário, deu-se em resgate por todos; que, como um substituto do homem pecador, sua morte foi um sacrifício propiciatório de valor infinito, satisfazendo a justiça e santidade divinas, e dando livre acesso a Deus para perdão e restauração; e que essa expiação, conquanto feita pelos pecados do mundo, torna-se eficaz somente para aqueles que são impelidos pelo Espírito Santo a crer em Cristo como seu Salvador.

As diferenças são evidentes. (1) Uma declaração diz que Cristo serviu de substituto para alguns homens; a outra, que ele serviu de substituto para todos os homens. (2) Uma declaração diz que ele sofreu a penalidade de alguns homens; a outra, que ele sofreu a penalidade de todos. (3) Uma diz que ele (por sua obra consumada) obteve redenção eterna para aqueles que representava; a outra, que ele simplesmente deu livre acesso a Deus para a obtenção da redenção, e isso para todos. Ora, se fôssemos perguntar por que apenas alguns homens, e não todos, são de fato salvos no fim, a resposta seria clara e consistente em um caso, e irremediavelmente contraditória, no outro.

A doutrina de 1858 nos ensinaria que alguns homens são salvos porque Deus (Pai, Filho e Espírito Santo) agiu para salvá-los. Mas, se considerarmos a doutrina de 1925, notamos que uma declaração específica é acrescentada mostrando que apenas alguns são de fato salvos porque a obra do Espírito Santo não está em harmonia com a do Filho de Deus! Pois, "embora" o sacrifício de Cristo tenha sido "feito pelos pecados do mundo" como um "resgate por todos", tal sacrifício se torna eficaz "somente para aqueles que são impelidos pelo Espírito Santo a crer em Cristo". Isso é extremamente triste, pois sacrificaria a doutrina bíblica revelada por Deus para supor alguma graça salvífica (que, todavia, não salva) a todos. Dizemos que sacrifica a doutrina bíblica revelada por Deus porque um Deus, no qual as Pessoas divinas que o constitui estão em nítida discordância, não é o Deus verdadeiro e vivo da Escritura. (Deus, o Filho, morreu para salvar todo mundo; mas o Espírito Santo conduz somente alguns ao arrependimento e à fé.) Não é nenhum exagero dizer que um Deus como esse nem mesmo existe. Quão espantosa é a perversidade e escuridão humanas — sacrificar a verdadeira doutrina revelada por Deus e trocá-la por uma graça salvífica universal que, por si só, não funciona de modo algum!

PERGUNTAS

1. Considerando o texto de Atos 27.14-44, responda as seguintes questões: qual fim divino foi prometido por Deus? (v. 24). Que meio o apóstolo inspirado exigiu para alcançar esse fim? (v. 31). O fim foi alcançado? O meio foi usado conforme exigido? O que, então, foi ordenado (decretado, ou predeterminado) por Deus: o fim ou os meios?

2. O que há de errado com a declaração bastante comum: "Se sou um eleito, então serei salvo, não importa o que eu faça"?

3. Por que o plano de Deus nunca é contrariado pelas suas obras?

4. Por que não podemos dizer que a morte de Cristo apenas visava à salvação de todos?

5. Quais palavras na reformulação credal da United Presbyterian Church, feita em 1925, estão incorretas?

6. Descreva exatamente o que a morte de Cristo supostamente garante, de acordo com as respectivas formulações credais da United Presbyterian Church, de 1858 e 1925.

7. Como a formulação credal da United Presbyterian Church, de 1925, efetivamente ignora a ação de Deus?

III, 7-8

7. Segundo o inescrutável conselho de sua própria vontade, pela qual ele concede ou recusa misericórdia, como lhe apraz, para a glória de seu soberano poder sobre as suas criaturas, para louvor de sua gloriosa justiça, os demais homens foi Deus servido não os contemplar e ordená-los para a desonra e ira por causa de seus pecados.

8. A doutrina deste profundo mistério de predestinação deve ser tratada com especial prudência e cuidado, a fim de que os homens, atendendo à vontade de Deus, revelada em sua Palavra, e prestando obediência a ela, possam, pela evidência de sua vocação eficaz, certificar-se de sua eterna eleição. Assim, a todos os que sinceramente obedecem ao Evangelho, esta doutrina traz motivo de louvor, reverência e admiração para com Deus, bem como de humildade, diligência e abundante consolação.

Essas seções da Confissão nos ensinam: (1) que Deus soberanamente determinou *recusar* sua graça salvífica a alguns homens; (2) que essa "recusa" ou "não contemplar" resulta totalmente de seu inescrutável conselho; (3) que é para a sua própria glória; (4) que, embora seu decreto seja soberano no tocante a determinadas pessoas, ele é justo, por causa dos pecados delas; (5) que essa doutrina deve ser ensinada com muito cuidado, a fim de que faça bem aos crentes e redunde em glória a Deus; e (6) que essa doutrina (a despeito da hostilidade que causa nos incrédulos) é repleta das bênçãos divinas para aqueles que a recebem corretamente.

Devemos observar que o decreto de Deus, no que diz respeito aos "réprobos" (não eleitos, ou incrédulos), consiste em dois aspectos. Primeiro, aprouve a Deus não os contemplar. Diante da pergunta: "Por que Deus determinou recusar (ou não conceder) sua graça salvífica a esse indivíduo em particular (como no caso de Esaú) e não de seu irmão (Jacó)?", a única resposta que podemos dar é: "Porque foi o seu beneplácito assim fazê-lo". Deus tem misericórdia de quem quer, e endurece a quem quer (Rm 9.18). A razão por que Deus decide não conceder graça salvífica a um indivíduo em particular não está na existência de pecado nesse indivíduo. Se fosse essa a razão, então todos os homens seriam réprobos. Por isso, não se pode enfatizar que há diferença entre eleitos e réprobos, considerados em si mesmos. Ambos são pecadores. Aquilo que leva Deus a aceitar um e recusar o outro, portanto, só a ele compete saber. Não podemos ir além disso — Deus elege ou recusa conforme e porque o agrada. As razões divinas para essa discriminação são de competência exclusiva dele e estão fora do nosso alcance. Mas de uma coisa podemos estar seguros: que *não há absolutamente nada em nós* que sirva de motivo para Deus eleger uns e recusar outros.

Em segundo lugar, Deus determinou tratar aqueles a quem recusa com estrita justiça. Dessa forma, devemos dizer que, embora o pecado não seja de forma alguma a razão para não conceder graça salvífica aos réprobos, ele é a razão perfeita (ou única) para a condenação que eles recebem. Como o apóstolo Paulo disse: "Ninguém vos engane com palavras vãs; porque, por essas [isto é, os pecados mencionados por Paulo] coisas, vem a ira de Deus sobre os filhos da desobediência" (Ef 5.6). Os pecados mencionados não são a razão por que alguns são deixados em seus pecados, mas o pecado no qual eles são deixados traz a ira de Deus sobre eles.

Novamente, devemos observar a perversidade da natureza humana. Podemos perceber isso no quanto essa doutrina é abusada ou recusada. Ela é abusada por aqueles que dizem que se (a) Deus privou alguns homens da graça salvífica, recusando-os (o que é verdade), então (b) é culpa de Deus, e não deles, que recebem tão horrendo castigo (o que não é verdade). Isso é diabólico pelo simples motivo de que a recusa da graça de Deus não faz o pecador culpado e sujeito ao castigo; ela simplesmente o deixa nessa condição. "Sobre ele *permanece* a ira de Deus" (Jo 3.36). A razão para o horrendo castigo do réprobo não é o ato de Deus em recusá-lo, mas a própria impiedade e pecado do réprobo. Essa doutrina é recusada por aqueles que afirmam que Deus seria parcial, arbitrário e injusto, se agisse assim. Sem dúvidas, essa doutrina é para muitos uma "pedra de tropeço e rocha de ofensa", mas isso é apenas porque eles "tropeçam na palavra, sendo desobedientes, para o que também foram postos" (1Pe 2.8). Em outras palavras, isso apenas prova o ponto em questão. Deus é soberano. Ele *não é* injusto. Nenhum descendente de Adão e Eva merece algo, senão a ira e maldição de Deus.

Portanto, quando Deus soberanamente decide que alguns receberão o que não merecem, o pecador pode acusá-lo de arbitrariedade e injustiça. Mas, quanto a isso, o verdadeiro problema está no pecador, não em Deus. Pois, como disse o apóstolo, "Quem és tu, ó homem, para discutires com Deus?!" (Rm 9.20).

Não há dúvida de que essa doutrina desperta a inimizade do homem contra Deus. E não poderia ser diferente, visto que ela nega com firmeza a reivindicação suprema do homem pecador — ser "como deus", ou seja, o árbitro supremo do seu próprio destino. Por essa razão, alguns têm sugerido que seria melhor não mencionar a doutrina da predestinação. Isso, contudo, não passa de um cardápio pecaminoso para os desejos de homens pecadores e um insulto a Deus. Cremos que essa doutrina deve, sem dúvidas, ser ensinada. Deve ser ensinada porque está revelada na Palavra de Deus. E deve ser ensinada com especial prudência e cuidado — ou seja, com especial esforço e consistência de explanação para expor o seu sentido de forma plena e identificar e destruir cada objeção vã levantada por homens pecadores. E ainda que isso não produza o resultado esperado com respeito aos que (por serem réprobos) odeiam essa doutrina, ainda assim, ela terá sido exposta para a glória de Deus, como também para o bem e consolo dos crentes verdadeiros que são, por meio dessa doutrina, levados a entender que sua salvação é operada inteiramente por Deus, e que lhe devem todo louvor e honra por tê-los tratado de forma tão misericordiosa, e única e simplesmente por seu beneplácito.

Temos consciência, naturalmente, de que outro motivo pelo qual se evita falar na doutrina da predestinação deve-se à opinião de que ela estimulará a indolência e presunção naqueles que não se escandalizam com ela. Contudo, esse *não é* o caso com verdadeiros crentes. Sem dúvidas, há os que abusam da doutrina, bem como há aqueles que a odeiam. Não obstante, permanece o fato de que os apóstolos ensinaram essa doutrina a fim de que os crentes pudessem "com diligência cada vez maior, confirmar a vossa vocação e eleição" (2Pe 1.10). A verdade é que, quando essa doutrina *não* é ensinada com cuidado e prudência, o perigo da falsa presunção aumenta. Quando a doutrina é ensinada com consistência, clareza e honestidade — sem reservas —, a diligência e humildade desejadas serão o resultado dado por Deus. Resta pouca dúvida de que em nossos dias, onde essa doutrina é tão pouco mencionada e quase nunca tratada com especial prudência e cuidado, o resultado tem sido lamentável. As evidências certamente não mostram que a negligência dessa doutrina produziu aquela diligência, humildade e abundante consolação que marcou a Igreja em tempos melhores, quando se tratava dessa doutrina abertamente.

PERGUNTAS

1. O que, exatamente, Deus determinou fazer com relação aos réprobos?
2. Por que Deus decidiu não conceder a sua graça salvífica a esses indivíduos em particular?
3. Por que os réprobos recebem condenação?
4. Como essa doutrina tem sido distorcida?
5. Por que essa doutrina tem sido rejeitada?
6. Deus é "arbitrário" em suas ações?
7. É errado, para Deus, ser "arbitrário" em suas ações?
8. Qual texto da Escritura mostra que a reprovação (o fato de Deus não conceder a sua graça a alguns e deixando de contemplá-los) não torna um pecador culpado e sujeito ao castigo?
9. Essa doutrina deve ser ensinada? Por quê? De que forma?

4

IV. DA CRIAÇÃO

1. Ao princípio aprouve a Deus o Pai, para manifestação da glória de seu eterno poder, sabedoria e bondade, criar ou fazer do nada, no espaço de seis dias, e tudo muito bom, o mundo e tudo o que nele há, quer as coisas visíveis quer as invisíveis.

Essa seção da Confissão nos ensina: (1) que o mundo não é autoexistente ou eterno; (2) que sua existência tem sua origem no Deus verdadeiro; (3) que Deus fez todas as coisas do nada; (4) que ele, por conseguinte, formou o universo através de um processo até que estivesse tudo "muito bom"; e (5) que Deus fez todas essas coisas para a sua própria glória.

A Escritura começa com uma afirmação: "No princípio, criou Deus os céus e a terra" (Gn 1.1). O mundo é criado, não autoexistente; e é Deus, o verdadeiro Deus, quem o trouxe à existência. O dogma "científico" moderno, por outro lado, ensina: (1) que o universo é autoexistente ou eterno; (2) que ele não deriva sua subsistência de nada (isto é, que ele não foi criado do nada); (3) que a atual forma do mundo é resultado de um processo de seleção controlado não por Deus, mas pelo princípio da "sobrevivência do mais forte"; e (4) que não há nenhuma razão "última" para tudo isso.

O que deve ser enfatizado, no entanto, é que o processo supracitado — chamado *evolução* — é, estritamente falando, apenas uma "teoria" e um dogma. Embora tenha sido "crido" e "aceito" por mais de um século, não há, contudo, *um único iota de prova de que o processo é verdadeiro*. Assim, supõe-se desnecessariamente que *pode haver*, ou realmente há, conflito entre a ciência genuína e a Bíblia. Se, porém, a expressão "ciência genuína" significar "verdade" extraída da revelação natural, isso é impossível pelo simples fato de que Deus é o autor tanto do "livro da natureza" como do "livro da vida" (a Bíblia). A verdade é simplesmente aquilo que realmente é. Há somente uma verdade, pois há apenas uma realidade. Portanto, se as

Escrituras são verdadeiras, elas apenas nos dizem o que realmente é (ou foi, ou ainda será). Quando, mediante investigação, os homens também descobrem o que realmente é no mundo da natureza, eles simplesmente aceitam outro aspecto da mesma verdade plena. Sendo assim, não pode haver qualquer conflito entre a ciência genuína e a Bíblia. A única razão para o conflito entre elas é que os homens falham: (a) em sua investigação dos fatos, ou (2) em suas teorias sobre os fatos, ou (c) em ambos. Que Cristo ressurgiu dentre os mortos é um fato (1Co 15). Então, quando um biólogo, ao examinar centenas de "outros fatos", teoriza sobre a vida partindo do princípio de que ninguém jamais morreu — ou poderia ter morrido — e depois ressuscitou dos mortos, ele falha das duas formas. A "ciência" observou que formas de vida se "formaram" através do processo. Mas quando ela teoriza, a partir disso, que a vida começou por si mesma, e conduziu a si mesma de estágio em estágio, não é nem científico nem verdadeiro. Os evolucionistas fizeram muitas observações dignas, mas não provaram, nem podem provar, que as coisas derivam sua existência de si mesmas, pois isso não é verdadeiro.

Contudo, o principal ponto no qual comumente se pensa que a ciência "contradiz" a Escritura é, talvez, quando a Bíblia afirma que o processo de formação da matéria original da criação em seu estado acabado aconteceu em seis dias. Fatos inegáveis como fósseis são evocados como "provas" de que isso não é "possível". Existem, porém, suposições veladas nessa afirmação.

Em primeiro lugar, existe a suposição de que a produção de fósseis é bastante lenta e demanda muito tempo. Mas há muito a ser dito sobre a perspectiva oposta. Existem fósseis de folhas de samambaia maravilhosamente conservados, inclusive com as suas menores partes perfeitamente conservadas. Achamos difícil acreditar que algo tão frágil pudesse ter sido preservado, exceto por algum processo muito rápido, visto ser altamente "perecível". Talvez, afinal de contas, a *crença* de que os fósseis foram causados por um cataclisma tal como o dilúvio é menos extraordinário do que a *crença* de que eles foram lentamente produzidos no decorrer de longos períodos de tempo.

Segundo, existe a suposição de que os longos períodos de tempo que produziram os fósseis não podem ter ocorrido após os eventos registrados nos seis dias da criação bíblica. Ou, em outras palavras, que os eventos descritos na narrativa bíblica da criação são exatamente aqueles eventos que exigem longos períodos de tempo. Quanto a isso, podemos responder o seguinte: se, por um lado, os dados bíblicos sobre a extensão de tempo após a criação, por outro lado, a Bíblia é definida sobre a extensão de tempo exigida pela criação. Não devemos presumir com tanta facilidade, portanto, que os fósseis não foram produzidos depois dos seis dias da criação.

Terceiro, existe a suposição de que os seis dias da criação (conforme relatados na Bíblia) são literalmente seis dias de vinte e quatro horas. Em resposta, podemos destacar que muito antes da "ciência moderna" desafiar os que creem na Bíblia, havia crentes na Bíblia que sustentavam, com base na própria Bíblia, que a criação não ocorreu em seis períodos de 24 horas. Os que assim pensavam admitiam que o termo hebraico *yom* não estava restrito a esse sentido. (Cf. Jo 8.56; Is 49.8; Os 2.15; Sl 110.3; Jó 15.23.) Agostinho, por exemplo, entendia que um dos "dias" da criação provocou as condições necessárias para o tempo solar. Outros sugeriram que os seis dias da criação foram os seis dias durante os quais Deus revelou a Moisés a história da criação. Ninguém viu a criação acontecer, exceto Deus. Moisés pôde "vê-la" apenas por meio de visões. E essas visões podem ter levado seis dias para se revelarem.

Por fim, existe a suposição de que tal processo, conforme registrado no relato da criação (e conforme é teorizado pela ciência moderna), não poderia ter ocorrido em seis dias de 24 horas. Outra forma de colocar a questão é a seguinte: presume-se que Deus não poderia ter (ou não teria), de forma tão rápida, produzido um mundo que claramente aparenta ter bastante idade. Mas, se simplesmente *supormos* que Deus criou o homem, somos imediatamente confrontados com essa necessária "aparência de idade". Se Deus criou Adão como uma pessoa adulta, este teria parecido como um adulto dos dias de hoje e, ainda assim, não teria tido um longo período anterior de desenvolvimento. A posição é que Deus criou Adão assim. Portanto, nesse caso somos compelidos a assumir a própria dificuldade suposta pelo dogma científico. Por que, então, devemos nos preocupar em evitar essa dificuldade com respeito ao restante da criação? De nossa parte, não vemos nenhuma boa razão para duvidar que Deus criou o mundo em apenas seis dias, tendo as coisas sido criadas com os aspectos que têm hoje (com idade aparente), e que os fósseis foram causados por uma grande catástrofe, provavelmente o dilúvio, que ocorreu após a criação.

(Embora a Bíblia não use termos científicos modernos como "dias de 24 horas", cremos que o registro de Gênesis visa a que pensemos nesses dias da mesma forma como pensamos nos nossos dias, tal como os conhecemos, com respeito à duração.) Ver *The Genesis Flood*, de J. C. Whitcomb e H. M. Morris (Philadelphia: Presbyterian and Reformed, 1961).

PERGUNTAS

1. Quem criou o mundo?
2. Quais as ideias básicas do dogma sustentado pela chamada "ciência moderna" quanto à origem do mundo?
3. Há qualquer prova da teoria da evolução? Por quê?
4. O que é a verdade?
5. Onde podemos encontrar a verdade?
6. Quais são algumas das falsas suposições comuns daqueles que aceitam o dogma da chamada "ciência moderna"?
7. Refute, resumidamente, cada uma dessas falsas suposições.
8. Como podemos compreender os "dias" de Gênesis 1?
9. O termo hebraico para "dia" é sempre empregado para denotar um período de vinte e quatro horas?
10. Existe alguma boa razão para não acreditar que Deus criou o mundo em seis dias de 24 horas? Em caso afirmativo, diga qual.

IV, 2

2. Depois de haver feito as outras criaturas, Deus criou o homem, macho e fêmea, com as almas racionais e imortais, e dotou-os de inteligência, retidão e perfeita santidade, segundo a sua própria imagem, tendo a lei de Deus escrita em seus corações e o poder de cumpri-la, mas com a possibilidade de transgredi-la, sendo deixados à liberdade de sua própria vontade, que era mutável. Além dessa escrita em seus corações, receberam o preceito de não comerem da árvore da ciência do bem e do mal; enquanto obedeceram a este preceito, foram felizes em sua comunhão com Deus e tiveram domínio sobre as criaturas.

Essa seção da Confissão ensina: (1) que o homem foi a coroa da criação de Deus; (2) que toda a raça humana descendeu de um casal humano; (3)

que o homem foi feito à imagem de Deus; (4) que Deus dotou Adão com um conhecimento suficiente de sua vontade (a lei escrita em seu coração, além de uma instrução especial para testar sua obediência); e (5) que Adão tinha a capacidade de obedecer, mas também de cair.

A Bíblia e os evolucionistas superficialmente concordam em considerar o homem como a mais sublime criatura da terra. Ambos reconhecem que houve um avanço na estrutura das formas inferiores para as superiores. Contudo, enquanto os evolucionistas atribuem isso às forças cegas mecânicas, a Bíblia atribui diretamente a Deus. O cristão não precisa duvidar de que Deus empregou, na criação do homem, muitos dos projetos estruturais básicos que ele usou primeiro nas formas de vida inferiores. Porém, há um ponto em que não podemos ceder: o homem não "emergiu gradualmente" do lodo, mas foi criado por um ato divino imediato, no qual matéria e espírito foram fundidos e passaram a existir como alma vivente. Poder ter havido outras criaturas além de macacos com características físicas semelhantes às do homem. Mas nunca houve qualquer espécie de "homem" antes que Deus soprasse o fôlego de vida sobre o pó que ele formara como um receptáculo para ele. Além da queda, não houve mudança nessa espécie.

Não podemos aceitar que a espécie humana derive de qualquer espécie antecedente inferior. Que o homem não tinha ascendência pré-humana fica claro pelo fato de que foi somente quando Deus *soprou* que o homem se *tornou* uma alma vivente, enquanto os animais já o eram, de acordo com o relato do Gênesis (Cf. Gn 1.30 e 2.7). A Escritura, obviamente, não nos informa *como* Deus formou o corpo do homem, nem indica quanto tempo isso pode ter levado. O que ela nos diz é que, no momento em que Deus soprou naquela forma (de pó) o fôlego de vida, um homem passou a existir. Antes disso, o homem não existia. Desde aquela época, o homem permaneceu essencialmente o mesmo, exceto pelo pecado. "Criou Deus, pois, o homem à sua imagem" (Gn 1.27). "Formou o Senhor Deus o homem do pó da terra e lhe soprou nas narinas o fôlego da vida, e o homem passou a ser alma vivente" (2.7).

O que deve ser lembrado, em nítido contraste com o dogma evolucionário, é que havia, no início da existência do homem, uma inteligência altamente desenvolvida. A vida humana estava muito longe daquela forma de vida do suposto "homem das cavernas". Não estava num mero nível animal. Ao contrário, originalmente o homem tinha um conhecimento muito mais perfeito e um caráter moral mais elevado do que jamais teve desde a queda. "Deus fez o homem reto" (Ec 7.29). Ele pôs a lei escrita no coração do homem (Rm 2.15). Isso não nega o progresso do conhecimento humano, nem nega que Einstein tinha muito mais conhecimento de determinadas coisas do que Adão. Mas afirma que o conhecimento de Adão era perfeito até onde foi (e isso nem mesmo Einstein poderia reivindicar), e que era muito mais arguto do que é comumente suposto. Um homem que passasse muitos anos observando a partir de uma janela suja pode aprender mais do que outro homem que observou pela porta aberta por um dia. Mas não há dúvida de quem veria com mais clareza. O conhecimento de Adão pode ser mais "primitivo" no sentido de que era menos técnico e complexo. Mas certamente não era "primitivo" no sentido que o dogma evolucionário quer nos fazer pensar.

Novamente, a ciência moderna e a Bíblia concordam superficialmente que toda a raça humana descendeu de um casal original. Seria demais para o cientista acreditar que o mesmo acidente inexplicável pudesse ter acontecido mais de uma vez no mesmo planeta, aproximadamente ao mesmo tempo! Assim, tornou-se um "pecado" contra a ciência ensinar que uma raça é "superior" a outra. Mas o cristão acredita que Deus "de um só fez toda a raça humana para habitar sobre toda a face da terra" (Atos 17.26). E o cristão resiste a todo orgulho racista, não com base no dogma evolucionário da grandeza do homem, mas nas doutrinas bíblicas da criação e da queda. Não há homem que não deva ser altamente estimado, porque todo homem tem em si a marca da imagem de Deus. Mas nenhum homem deve ser exaltado demais, porque todo homem também carrega a terrível mancha do pecado.

Mas o que significa "a imagem de Deus"? Alguns argumentaram que a imagem de Deus é encontrada exclusivamente na alma do homem, e não em seu corpo, uma vez que Deus é um espírito puro. Entre esses, alguns disseram que a própria alma carrega em si a imagem de Deus, enquanto outros, que ela apenas contém essa imagem. No entanto, é mera suposição dizer que o corpo não pode ser (em parte) a imagem de Deus. Talvez essa noção seja um resquício da antiga ideia pagã de que o espírito é bom e o corpo (material) mau. De qualquer forma, pareceria mais bíblico simplesmente afirmar que o homem (na totalidade de seu ser físico-espiritual) é (em vez de simplesmente conter) a imagem de Deus. Na Escritura, a alma (ou mente) é apresentada como uma união de corpo e espírito, e não apenas um espírito contido no corpo. Seja como for, a capacidade do homem de exercer o domínio sobre a terra como portador da imagem de Deus era tanto física quanto espiritual.

Também acreditamos que o homem era originalmente uma imagem do Deus Triúno no sentido de que foi feito para atuar como profeta, sacerdote e rei. Como existem em Deus três Pessoas em uma única essência, então, na personalidade de Adão, havia a capacidade dotada de conhecimento, santidade e justiça. Como profeta, o homem foi dotado de sentidos físicos e capacidade mental para aprender a verdade. Como sacerdote, ele possuía a sensibilidade e o desejo de adorar a Deus em verdadeira santidade. E como rei, ele possuía o poder físico e mental e a habilidade de sujeitar em retidão todas as coisas ao propósito e vontade de Deus. Na Divindade, de modo característico, é ao Pai a quem o conhecimento e o propósito são atribuídos, é o Filho que dedica tudo à adoração e deleite do Pai, e é o Espírito Santo que executa as determinações do Ser divino. Na complexidade da personalidade humana, acreditamos que *há* (e *havia* ainda mais no homem sem pecado) um reflexo disso.

PERGUNTAS

1. Em que evolucionistas e cristãos concordam superficialmente?
2. Por que dizemos que essa concordância é superficial?
3. É anticristão acreditar que Deus empregou muitos projetos estruturais básicos em formas de vida inferiores e, posteriormente, na criação do homem?
4. Em que ponto exato o cristão nunca deve ceder a respeito da criação do homem?
5. É possível que o homem possa ter se desenvolvido a partir de formas inferiores de seres "semi-humanos"? Por quê?
6. O que a teoria evolucionista ensina sobre a existência humana "primitiva"?
7. O que a Bíblia diz sobre a chamada existência humana "primitiva"?
8. Em que sentido o conhecimento de Adão era primitivo?
9. Por que os cientistas acreditam na unidade da raça humana?
10. Por que os cristãos acreditam na unidade da raça humana?

11. Qual das expressões a seguir é correta: "a alma é a imagem de Deus", "a alma contém a imagem de Deus", "o homem tem a imagem de Deus", ou "o homem é a imagem de Deus"?
12. Por qual razão, na tradição cristã, alguns defenderam a ideia de que o corpo humano não faz parte da imagem de Deus?
13. Se Deus é triúno, e o homem é a imagem de Deus, então o que devemos ver na unidade da personalidade humana?
14. Podemos encontrar evidências nas Escrituras para provar essa diversidade?

5

─────V. DA PROVIDÊNCIA─────

1. Pela mui sábia e santa providência, segundo a sua infalível presciência e o livre e imutável conselho de sua própria vontade, Deus, o grande Criador de todas as coisas, para o louvor da glória de sua sabedoria, poder, justiça, bondade e misericórdia, sustenta, dirige, dispõe e governa todas as criaturas, todas as ações delas e todas as coisas, desde a maior até a menor.

Essa seção da Confissão ensina: (1) que Deus, que criou todas as coisas, também as sustenta a existência; (2) que ele exerce total controle sobre elas; (3) que esse controle abrange todas as criaturas e suas ações, bem como os eventos no mundo natural; (4) que esse controle absoluto resulta na execução do plano divinamente estabelecido; (5) e que tudo isso tem por finalidade a manifestação da glória de Deus.

A formulação dessa seção da Confissão exclui dois erros. O primeiro deles é o ensino de que as coisas acontecem por *acaso*. O segundo erro é o ensino de que as coisas acontecem por uma necessidade mecânica ou *destino*.

A crença de que os eventos apenas "acontecem", sem qualquer ligação clara e necessária com Deus ou fatores sob seu controle, é essencialmente pagã. Contudo, certamente sem perceber, existem muitos protestantes que acreditam que as coisas mais importantes acontecem por acaso. O arminianismo ensina que a vontade do homem age sem qualquer certeza predeterminada. Não há nenhuma razão necessária para que um determinado indivíduo deva recusar ou aceitar o evangelho. De acordo com essa visão, a vontade do homem caminha, por assim dizer, no fio da navalha entre duas possibilidades iguais. Deus não toma decisão alguma, mas deixa o próprio indivíduo decidir se será salvo ou não. Assim, sem nenhuma razão predeterminada ou necessária, em alguns casos apenas "acontece" de Cristo ser escolhido, ao passo que, em outros casos, também apenas "acontece" de ele ser rejeitado.

As confissões reformadas ensinam, por outro lado, que nada "apenas acontece", nem mesmo quando se trata do exercício da vontade do próprio homem. Se "Como ribeiros de águas assim é o coração do rei na mão do Senhor" e "este, segundo o seu querer, o inclina" (Pv 21.1), então não pode haver algo como acaso. "Muitos propósitos há no coração do homem, mas o desígnio do Senhor permanecerá" (Pv 19.21). Não podemos, é claro, explicar *como* Deus exerce seu controle absoluto sobre agentes verdadeiramente livres; só sabemos que ele exerce.

Contudo, mesmo à parte desse mistério, podemos observar que até mesmo em Deus a vontade não é livre para operar de modo aleatório ou casual. A vontade de Deus é determinada pelo seu caráter. Ele não pode mentir (Hb 6.18). Não há "chance"[11] de que ele o faça. De igual modo, a vontade do homem é determinada pelo caráter do homem. E, uma vez que o caráter de um homem é pecaminoso e corrupto (conforme recebido por geração ordinária de Adão), não há nenhuma "chance" de que ele faça o que é agradável a Deus. "Pode, acaso, o etíope mudar a sua pele ou o leopardo, as suas manchas? Então, poderíeis fazer o bem, estando acostumados a fazer o mal" (Jr 13.23). Porém, quando Deus regenera um homem e lhe dá um caráter novo e diferente, não há nenhuma "chance" de que ele *não* comece a fazer o bem. "Porque Deus é quem efetua em vós tanto o querer como o realizar, segundo a sua boa vontade" (Fp 2.13).

O ensino errôneo segundo o qual as coisas acontecem por um destino mecânico tem algo em comum com a doutrina verdadeira, isto é, que as coisas são absolutamente predeterminadas. Mas a semelhança é apenas formal. Há uma diferença gigantesca entre a certeza de um destino mecânico e a certeza de um decreto divino. O destino mecânico é, essencialmente, sem sentido, impiedoso e desesperançado. Mas a certeza da providência divinamente ordenada é plena de sentido, misericordiosa e esperançosa.

Mas *como* Deus controla tudo? Antes de tudo, é preciso dizer que os caminhos divinos nos são misteriosos e muito além do nosso alcance. Contudo, encontraremos grande auxílio se mantivermos firmes em mente estes ensinos da Escritura: (1) *Deus fez tudo*. Como, então, pode causar estranheza que ele seja capaz de exercer absoluto controle sobre tudo o que criou?; (2) *Deus tem presciência perfeita* (At 15.18; 1Pe 1.2). Não é

---

11 O autor, aqui, faz um trocadilho com a palavra inglesa *chance*, até então traduzida como "acaso", mas cuja acepção também inclui "chance". [N. do T.]

difícil entender que isso contribui imensamente para um controle efetivo de todas as coisas!; (3) *Deus é onipotente*. Ele é capaz de fazer o que quiser, em qualquer lugar, e a qualquer hora. Ele é livre para "injetar" poder sobrenatural no mundo, alterando drasticamente as condições existentes (ele faz milagres!); (4) *Deus é livre*. Ele não é impedido de fazer toda a sua vontade santa.

Essas considerações não nos fazem conhecer *como* Deus controla todas as coisas, mas evidenciam o fato de *que* ele é capaz de fazê-lo. Além do mais, a Escritura infalível afirma que Deus de fato exerce esse controle absoluto de todas as coisas. "[...] segundo a sua vontade, ele opera com o exército do céu e os moradores da terra; não há quem lhe possa deter a mão, nem lhe dizer: Que fazes?" (Dn 4.35). "Tudo quanto aprouve ao Senhor, ele o fez, nos céus e na terra, no mar e em todos os abismos" (Sl 135.6). Somos incapazes de sondar isso; no entanto, Deus opera todas as coisas segundo o conselho da sua vontade (Ef 1.11).

Em resumo, porque Deus *controla* o universo, uma suposta interferência do *acaso* é descartada; e porque é *Deus* quem controla o universo, uma suposta intervenção do *destino* também é descartada.

PERGUNTAS

1. Existem dois erros rejeitados por esta seção da Confissão. Quais são eles?
2. Com qual desses erros os arminianos estão de acordo (talvez inconscientemente)?
3. Cite textos da Escritura que provam que a vontade do homem não é imprevisível.
4. Que ensino da Escritura sobre o ser de Deus nos ajuda a entender por que existem algumas coisas que o homem não pode fazer?
5. Por que não há chance de que um não convertido faça a vontade de Deus, ou que um convertido não faça a vontade de Deus?
6. Qual a diferença entre destino e soberania divina?
7. Que ensinos da Escritura nos ajudam a crer que Deus controla tudo?
8. Cite textos da Escritura para provar que Deus controla tudo.

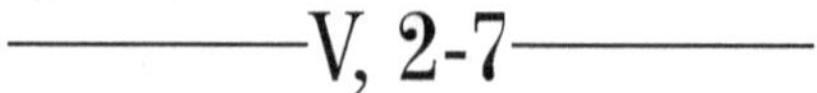

V, 2-7

2. Posto que, em relação à presciência e ao decreto de Deus, que é a causa primária, todas as coisas acontecem imutável e infalivelmente, contudo, pela mesma providência, Deus ordena que elas sucedam, necessária, livre ou contingentemente, conforme a natureza das causas secundárias.

3. Na sua providência comum, Deus emprega meios; todavia, ele é livre para operar sem eles, sobre eles ou contra eles, segundo o seu beneplácito.

4. A onipotência, a sabedoria inescrutável e a bondade infinita de Deus, de tal maneira se manifestam na sua providência, que esta se estende até a primeira queda e a todos os outros pecados dos anjos e dos homens, e isso não por uma mera permissão, mas por uma permissão tal que, para os seus próprios e santos desígnios, sábia e poderosamente os limita, regula e governa em uma múltipla dispensação; mas essa permissão é tal, que a pecaminosidade dessas transgressões procede tão somente da criatura e não de Deus, que, sendo santíssimo e justíssimo, não pode ser o autor do pecado e nem pode aprová-lo.

5. O muitíssimo sábio, justo e gracioso Deus muitas vezes deixa, por algum tempo, seus filhos entregues a muitas tentações e à corrupção de seus próprios corações, para castigá-los pelos seus pecados anteriores ou fazer-lhes conhecer o poder oculto da corrupção e dolo de seus corações, a fim de que eles sejam humilhados; para animá-los a dependerem mais íntima e constantemente do apoio dele e torná-los mais vigilantes contra as futuras ocasiões de pecar, bem como para vários outros fins justos e santos.

6. Quanto aos homens perversos e ímpios que Deus, como justo juiz, cega e endurece em razão de pecados anteriores, ele não só lhes recusa a graça pela qual poderiam ser iluminados em seus entendimentos e movidos em seus corações, mas às vezes tira os dons que já possuíam, e os expõe a objetos que, por sua corrupção, tornam ocasiões de pecado; além disso, os entrega às suas próprias paixões, às tentações do mundo e ao poder de Satanás; assim, acontece que eles se endurecem sob as influências dos meios que Deus emprega para o abrandamento dos outros.

7. Como a providência de Deus se estende, em geral, a todas as criaturas, assim, pois, de um modo muitíssimo especial, essa mesma providência cuida de sua igreja e tudo dispõe para o bem dela.

Essas seções da Confissão são dirigidas contra certas inferências errôneas que os homens têm extraído da doutrina da seção 1 deste capítulo. Aqui, somos ensinados de que: (1) a soberania absoluta de Deus não destrói a integridade da liberdade do homem; (2) que ela não nega a operação das causas secundárias; (3) que Deus é, contudo, livre para anular essas "leis" (e causas) quando lhe aprouver; (4) que Deus ordenou até mesmo a queda do homem, sem que o próprio Deus praticasse qualquer mal; e (5) que a soberania de Deus se estende até mesmo às operações íntimas dos corações dos homens (tanto nos salvos como nos perdidos), sem que ele se torne participante do pecado.

Sempre que a doutrina da soberania divina é ensinada, certas objeções surgem espontaneamente do coração humano pecador. Listamos algumas, no intuito de mostrar como a Escritura responde a cada uma delas.

(1) "SE DEUS CONTROLA TUDO, ENTÃO EU NÃO SOU RESPONSÁVEL PELO QUE FAÇO"

Essa objeção baseia-se na suposição de que, quando Deus controla as ações humanas, ele nos obriga a fazer a sua vontade, queiramos ou não. Se Deus me obrigou a pecar contra a minha vontade, então o responsável por meu pecado é ele, não eu. A Escritura, no entanto, empenha-se em nos ensinar que, quando pecamos, somos responsáveis exatamente porque fazemos nossa própria vontade. Porque Deus é um Deus infinito, eterno e imutável, ele é capaz de nos permitir fazer o que quisermos (dentro das limitações de oportunidade e capacidade) e ainda garantir que façamos o que ele predeterminou que faremos. Essa é a lição do relacionamento entre José e seus irmãos (Gn 37-50). "Vós, na verdade,", disse José aos seus irmãos, "intentastes o mal contra mim; porém Deus o tornou em bem, para fazer, como vedes agora, que se conserve muita gente em vida" (Gn

50.20). Eles fizeram o mal. Fizeram-no livremente. No entanto, também cumpriram a vontade (decreto) de Deus.

(2) "SE DEUS CONTROLA TUDO, ENTÃO AS COISAS VÃO ACONTECER DE TODO JEITO, NÃO IMPORTA O QUE EU FAÇA"

Essa objeção é falsa porque contém uma contradição real. Por um lado, há a suposição de que Deus controla tudo. E, por outro lado, há a estranha e contraditória suposição de que determinadas ações pessoais podem acontecer de forma vaga e aleatória. O que a objeção diz, na verdade, é que se todas as coisas estão determinadas pelo decreto divino, então não faz diferença se os eventos A, B ou C acontecem: ainda assim chegaremos ao evento D. Porém, o fato óbvio é que A, B e C são eventos da mesma forma como D é, e a suposição motriz é que Deus controla todos eles. Portanto, se Deus controla todas as coisas, é óbvio que elas acontecerão apenas se cada evento que leva ao evento D também aconteça conforme o planejado. A preordenação divina não tira a importância de nossas ações; antes, torna-as extremamente importantes. Pedro diz assim: "Por isso, irmãos, procurai, com diligência cada vez maior, confirmar a vossa vocação e eleição; porquanto, procedendo assim, não tropeçareis em tempo algum" (2Pe 1.10). Se Deus nos elegeu, então longe de nós dizer que seremos salvos independentemente das nossas ações. Temos que entender que só podemos ser salvos na medida em que fazemos aquilo que Deus diz que os eleitos farão, isto é, "procurar com diligência cada vez maior [...]".

(3) "SE DEUS CONTROLA TUDO, ENTÃO DEVE SER O AUTOR DO PECADO"

Era a vontade (ou plano) de Deus que Adão caísse? As mãos ímpias dos homens fazem apenas o que Deus determinou de antemão que fosse feito? (At 4.28). Seguramente, a Escritura evita até mesmo a aparência de evadir-se de uma afirmação dessas. "Eu formo a luz e crio as trevas; faço a paz e crio o mal; eu, o Senhor, faço todas estas coisas" (Is 45.7). Certamente, não há inclinação alguma na Escritura para negar a soberania absoluta de Deus, mesmo nesse extremo, simplesmente por causa das consequências repulsivas que podem parecer fluir dela. No entanto, a Escritura é igualmente firme no tocante a Deus não ser o autor do pecado.

"Deus não pode ser tentado pelo mal e ele mesmo a ninguém tenta" (Tg 1.13). A aparente contradição tem sido expressa desta forma: (a) Deus é o autor de tudo o que existe; (b) o pecado existe; (c) contudo, Deus não é o autor do pecado. Mas a contradição é apenas aparente. Pois Deus *não* *é* o autor de tudo o que existe, embora tenha decretado tudo. Satanás e suas hostes (de anjos e de homens) são os "autores" do pecado, embora Deus os tenha criado e decretado até mesmo o pecado deles sem ser, ele mesmo, o seu autor.

(4) "SE DEUS CONTROLA TUDO, ENTÃO COMO PODEMOS EXPLICAR (A) OS PECADOS DOS JUSTOS E (B) A PROSPERIDADE DOS ÍMPIOS?"

Pode parecer, à sabedoria humana, que seria melhor se Deus controlasse os homens de tal forma que os eleitos (após a regeneração) fossem imediatamente perfeitos em justiça. Do mesmo modo, pode parecer sábio permitir que o réprobo caminhe para a maldade absoluta. Mas não é esse o caso. Os caminhos de Deus não são os nossos caminhos (Is 55.8). Como, então, podemos explicar os pecados dos santos e a "bondade" dos réprobos?

A Escritura diz que "Todo aquele que é nascido de Deus não vive na prática de pecado" (1Jo 3.9). Contudo, ela também diz que "se dissermos que não temos pecado nenhum" ou que "não temos cometido pecado, fazemo-lo mentiroso, e a sua palavra não está em nós" (1Jo 1.8, 10). Há uma contradição, então, mas ela está no homem regenerado, não na Escritura. O homem regenerado peca, mas não se entrega à prática contínua e deliberada do pecado. "Pois o que permanece nele é a divina semente; ora, esse não pode viver pecando, porque é nascido de Deus" (1Jo 3.9).

Paulo disse: "[...] já não sou eu quem o faz, e sim o pecado que habita em mim. [...] Porque, no tocante ao homem interior, tenho prazer na lei de Deus; mas vejo, nos meus membros, outra lei que, guerreando contra a lei da minha mente, me faz prisioneiro da lei do pecado que está nos meus membros" (Rm 7.20-23). Isso não significa que Paulo não é o culpado. Se fosse assim, ele não chamaria a si mesmo de "desventurado" (Rm 7.24). Tampouco ele quer dizer que existem "dois Paulos", como alguns acreditam: o "velho homem" e o "novo homem". Pois, embora seja apenas "o novo homem" que é o "verdadeiro" Paulo, os resquícios do "velho" estão presentes e são capazes de atacar furiosamente o "novo". O "novo homem" não pode perder o conflito. Mas também não pode o "novo homem" prevalecer sem conflito intenso. Primeiramente, e acima de tudo, devemos entender que não haveria conflito, se Deus não tivesse criado um novo homem (Ef 2:15). Essa "nova criatura" pode parecer, à primeira vista, terrivelmente fraca (Hb 5.12-14). Contudo, onde ele verdadeiramente existe, seguramente prevalecerá. Mas, em nenhum sentido, o "novo homem" e suas ações se originam dos poderes pertencentes a um homem "por natureza". Às vezes, nos esquecemos disso. Esquecemos que tudo o que somos *em* e *de* nós mesmos é pecado. Portanto, às vezes Deus nos deixa, por um tempo, entregues a muitas tentações e às corrupções de nossos próprios corações (1Pe 1.6). Sempre que Deus nos castiga, os resquícios de nossa velha natureza expressam seu caráter natural, e aprendemos, com novo vigor, que não podemos fazer nada de nós mesmos. Somos, assim, levados a buscar salvação inteiramente em Deus e pela sua obra.

A razão por que os ímpios (ou réprobos), por outro lado, muitas vezes fazem o que é (externamente) "bom" é que eles também têm os resquícios de sua velha natureza. Só que, no caso deles, a "velha natureza" remonta à natureza sem pecado que pertenceu a Adão antes da queda. A consciência ainda conserva algumas lembranças da lei de Deus, que foi escrita lá no princípio (Rm 2.14-15). O "novo homem", porém, é pecador, corrupto e caído. A consciência (ou *alter ego*) se opõe ao que o ego deseja fazer. Eles estão em constante luta. Mas, como todos sabemos, a consciência não ordena tanto quanto testemunha contra. No entanto, por vezes Deus leva a consciência a dominar e controlar inclusive o réprobo. Por meio da operação do Espírito Santo e de agentes, tais como: a lei, governo civil, costumes sociais, desejo de aprovação e medo do castigo, o réprobo pode, de fato, fazer aquilo que é "bom". Podemos esboçar os dois casos na figura 2.

Por meio dos instrumentos da graça comum, Deus pode, no réprobo, refrear (b) e exercer considerável influência (a). Por meio dos instrumentos da graça especial, Deus pode, no eleito, aumentar (d) e diminuir (c). Esse processo perdura até o fim da vida. Deus nunca "fomenta" (b) ou (c), mas pode retirar a graça especial que (c) "irrompe" de modo assustador (como em Davi), a fim de que seu povo reconheça que (d) provém inteiramente dele.

A última seção enfatiza que a providência de Deus está relacionada, de modo especial, com o seu plano redentivo. Precisamos entender não apenas o fato de que todas as coisas cooperam, ou que cooperam porque

Deus está no controle, mas também que tudo isso é para o bem daqueles que amam a Deus e são chamados segundo o seu gracioso propósito (Rm 8.28). E esse propósito é fazer convergir todas as coisas na gloriosa pessoa e obra de seu filho Jesus Cristo (Ef 3.11).

FIG.2

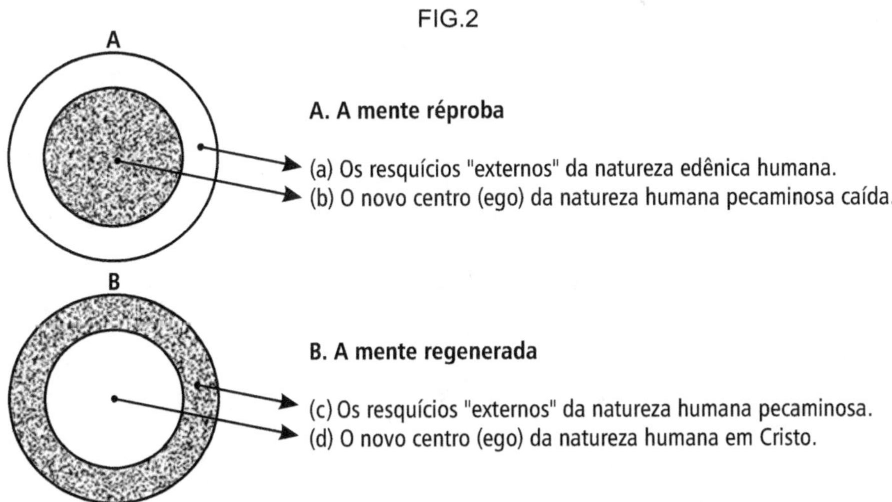

PERGUNTAS

1. Cite as objeções mais comuns à doutrina da soberania absoluta de Deus.
2. Refute essas objeções.
3. Por que o eleito às vezes peca de forma tão grave?
4. Por que o réprobo às vezes age melhor do que poderíamos esperar deles?
5. É correto falar de um cristão tanto como um velho homem quanto como um novo homem?
6. O cristão é responsável pelos pecados que comete sob a influência dos "resquícios de sua velha natureza"?
7. A figura 2 implica que alguns atos que praticamos são inteiramente sem pecado, e que outros são inteiramente pecaminosos, isto é, sem qualquer abrandamento?
8. Explique e harmonize as declarações do apóstolo Paulo em Romanos 7.20 e 7.24.
9. Por que a última seção deste capítulo da Confissão é especialmente importante?

6

VI. DA QUEDA DO HOMEM, DO PECADO E DE SUA PUNIÇÃO

1. Nossos primeiros pais, seduzidos pela astúcia e tentação de Satanás, pecaram, comendo do fruto proibido. Segundo o seu sábio e santo conselho, aprouve a Deus permitir o pecado deles, havendo proposto ordená-lo para a sua própria glória.

2. Por esse pecado, eles caíram de sua justiça original e de sua comunhão com Deus, e assim se tornaram mortos em pecado, e totalmente corrompidos em todas as faculdades e partes da alma a do corpo.

Essas seções ensinam: (1) que a raça humana procede de duas (e apenas duas) pessoas históricas reais; (2) que o relato de Gênesis 3 é histórico (não simbólico ou mítico em seu caráter); (3) que o primeiro pecado foi pré-ordenado; e (4) que, por esse pecado, nossos primeiros pais (a) perderam comunhão com Deus, (b) caíram debaixo de ira e maldição, e (c) se tornaram totalmente depravados.

"A queda do homem precisa ser enfatizada tanto quanto à sua criação" (C. Van Til). Isso é especialmente verdade hoje, em virtude do amplo predomínio da teologia neo-ortodoxa. A Neo-ortodoxia (que supostamente significa "nova ortodoxia") surgiu na Europa, no início do século 20, a partir das ruínas espirituais de um tipo de "racionalismo" antigo. Os "racionalistas" entronizaram a razão humana e submeteram a Bíblia a ela. Quando Karl Barth (o criador da neo-ortodoxia, que, exatamente por conta disso, também é chamada de "Barthianismo") surgiu em cena pela primeira vez, vociferando contra o vazio do velho racionalismo, muitos ficaram impressionados. Ele, inclusive, recuperou a terminologia da fé cristã histórica, falando em "criação", "queda" e "eleição". Muitos o saudaram como um profeta que conduziria a Igreja de volta à fé ortodoxa.

A triste verdade, porém, foi que Barth (e outros que logo o seguiram) não substituiu a autoridade da razão humana pela autoridade da Bíblia. Eles apenas mudaram a antiga forma de dependência da supremacia da razão humana por uma nova forma do mesmo mal. Assim, a neo-ortodoxia alegava afirmar a doutrina da queda, mas negava que de fato existiu uma pessoa histórica real que, num determinado tempo e local específico na terra, realmente comeu um pedaço real do fruto proibido. A neo-ortodoxia afirmava que a doutrina da queda é "verdadeira", mas isso significa apenas que há um sentido não histórico (ou simbólico, ou mítico) nela; ou seja, significa que a Bíblia é "verdadeira" tanto quanto as fábulas de Esopo são "verdadeiras". "A criação e a queda", diz Barth, "estão por trás do histórico".

Por que a neo-ortodoxia assumiu uma posição tão contraditória? Por que tentou afirmar (que a Bíblia ensina a verdade) e negar (que o que a Bíblia diz é de fato verdade) ao mesmo tempo? A resposta é que esses modernistas (pois é isso o que a neo-ortodoxia realmente é: modernismo) queriam ganhar de um lado e de outro. Queriam ser aceitos como cristãos *e* ser respeitados por este mundo. Como os antigos "racionalistas" consideravam completamente antiquada a ideia de colocar a Palavra de Deus acima da sabedoria humana e da ciência, os neo-ortodoxos não podiam ter esperança de encontrar aceitação se cressem numa coisa tão ultrapassada. Alguns eruditos há muito concordavam que a Bíblia não podia ser considerada cientificamente precisa ou historicamente confiável. Mas os teólogos neo-ortodoxos perceberam que, sem as coisas mencionadas na Bíblia, não havia mais "cristianismo". Não querendo isso, eles estavam determinados a acreditar nessas coisas de todo jeito — mas de um modo tal que não ofendesse o "mundo moderno".

Isso resultou num grande dilema. Havia apenas duas escolhas: (1) aceitar a autoridade da Palavra de Deus e perder prestígio junto a este mundo, ou (2) manter a aprovação do mundo e rejeitar a autoridade da Bíblia. A última opção foi a escolhida, mas a ingenuidade dos teólogos neo-ortodoxos evidenciou-se em sua capacidade de camuflar a perda da autoridade bíblica. Eles fizeram isso removendo a doutrina da história. E, por negarem que essas doutrinas são realmente verdadeiras (ou seja, que de fato aconteceram na história), ficavam livres para dizer que elas são simbolicamente verdadeiras. Desse modo, estavam livres para pregar sobre coisas tais como "a queda", sem perder sua dignidade e prestígio junto ao mundo.

Tudo isso é apenas o resultado, nos filhos de Adão, do princípio manifesto em seu primeiro pecado. O primeiro pecado de Adão foi uma tentativa de obter a verdade à parte da sujeição à Palavra de Deus. A árvore no jardim era a "árvore do *conhecimento* do bem e do mal". Ao aceitar, sem questionar, o que Deus disse sobre aquela árvore, Adão poderia obter verdadeiro entendimento do seu sentido e propósito. A interpretação divina das coisas era original e determinante. A interpretação de Adão só podia estar correta se fosse não original e determinada. Mas, assim que Adão buscou conhecer (interpretar) à parte da sujeição à Palavra de Deus (Gn 3.6), ele se perdeu completamente. E logo que a autoridade da Palavra de Deus foi rejeitada (Gn 3.4) e a autoridade da razão humana entronizada (Gn 3.5-6), fez-se necessário que Adão negasse que a "queda" acontecera conforme Deus disse. Assim, percebemos (Gn 3.12) que Adão começa a agir como se o defeito original não fosse *seu* ato, executado na história real, mas algo inerente à criação em si mesma, e, portanto — em um sentido —, anterior à história ou "por detrás" dela. Adão tenta "explicar" a queda não em termos do que realmente aconteceu (o que ele realmente fez) em um determinado tempo e lugar, mas em termos do que está por detrás de toda história. E o que está por detrás de toda história? Apenas a obra criativa de Deus. Assim, o Adão de outrora (e os neo-ortodoxos e seus sucessores hoje) acabariam por colocar a culpa pela situação do homem no próprio Deus!

Nós chamamos essa condição diabólica do coração humano de "depravação total". Afirmamos que, como consequência do que Adão (um homem real, o primeiro homem) fez (num lugar e tempo reais), todos os homens são, por natureza, "inteiramente corrompidos em todas as faculdades e partes do corpo e da alma". Isso não significa: (a) que o homem caído é "estúpido" ou tem "baixo Q. I.", uma vez que Adão, antes da queda, era "brilhante"; nem (b) que Adão possuía uma natureza como a nossa, mas com poderes adicionais (além do poder da razão, emoção, e vontade); tampouco (c) que, por causa da queda, as faculdades da natureza humana foram metafisicamente destruídas, ou aniquiladas. O que queremos dizer é que toda a natureza humana foi eticamente pervertida de tal forma que se tornou completamente contrária a Deus. Consequentemente, cada parte daquilo que constitui a natureza humana criada foi maculada e corrompida. Portanto, (d) quando falamos em "depravação total", isso não significa que a natureza humana é tão pecaminosa em grau que não lhe resta nada de "humano", e que ela se tornou um demônio "puro" em vez de homem. Na expressão "depravação total", o termo "total" refere-se à *extensão* do dano, e não ao *grau*.

Permita-nos ilustrar isso. Pegue um copo de água. Acrescente uma colher de chá de veneno mortal. Todo o copo de água fica arruinado. Mas poderia ficar "ainda mais arruinado" se acrescentarmos outra colher de veneno, e mais outra, e depois mais outra. Assim é com os efeitos do primeiro pecado de Adão: ele envenenou toda a nossa natureza humana. Isso, contudo, não significa que este ou aquele homem específico já é tão mau quanto poderia ter se tornado. Em breve, os perdidos se tornarão totalmente maus *em grau* tanto quanto são totalmente depravados agora *em extensão*. Mas existem, no momento, certas instrumentalidades de Deus que retardam e restringem a depravação do homem, a fim de que a vida neste mundo possa ser tolerável. (Falaremos disso mais adiante).

Um homem totalmente depravado pode ser inteligentíssimo. Ele pode criar intrincados sistemas de pensamento e sondar profundamente os mistérios da natureza. Seu intelecto não é aniquilado pelo pecado, nem se torna inoperante. Mas, invariavelmente, ele produz erro. Todo homem (não redimido) adora e serve a criatura no lugar do Criador (Rm 1.25). Ele deifica as coisas criadas, em vez de Deus. Faz de si mesmo, ou de algo do mundo criado, o seu ponto último de referência. Porque todo o seu pensamento procede de um ponto de partida diferente que não da sujeição humilde à Palavra de Deus, segue-se necessariamente que "[é] continuamente mau todo desígnio do seu coração" (Gn 6.5).

Novamente, um homem totalmente depravado pode ter uma vontade muito forte! Quando Cristo disse: "Ninguém pode vir a mim se o Pai, que me enviou, não o trouxer" (Jo 6.44), ele não quis dizer que os homens pecadores carecem de força de vontade. O que ele queria dizer é que, em virtude da disposição dos homens pecadores em fazer sua própria vontade e não a vontade de Deus, eles são incapazes de submeter sua própria vontade à vontade divina. A única coisa que uma vontade independente não pode fazer é submeter-se voluntariamente, deixando assim de ser independente.

Por fim, o mesmo pode ser dito das afeições humanas. Em um pecador, elas podem ser, e muitas vezes são, bastante fortes. Mas também são invariavelmente pecaminosas. "Não há quem busque a Deus" (Rm 3.11). As afeições são postas nas coisas deste mundo, e não no Criador.

Uma vez que o homem é corrupto e maculado em todas as partes, ele peca continuamente. "[É] continuamente mau todo desígnio do seu coração" (Gn 6.5). Do ponto de vista de Deus, o homem não pode fazer nada que não seja pecado. Tampouco pode fazer algo para escapar, porque não há escapatória para tal "ego", senão morrer. É uma exigência do evangelho (Mt 16.24). Homem algum, porém, pode concordar em fazer (João 6.44). Mas, graças a Deus, isso é concedido gratuitamente àqueles que o Pai escolheu em Jesus Cristo (Cf. Capítulo X).

PERGUNTAS

1. Por que a doutrina da queda do homem precisa ser mais enfatizada hoje?
2. O que significa o termo "neo-ortodoxia"?
3. Qual o contexto da origem do termo "neo-ortodoxia"?
4. Por que, inicialmente, o termo "neo-ortodoxia" parecia promissor?
5. Qual é o erro fundamental, que é a base para todos os outros erros contidos na corrente teológica neo-ortodoxa?
6. Quando a neo-ortodoxia diz que uma coisa é doutrina "verdadeira", o que isso significa?
7. Por que a neo-ortodoxia adota tal posição?
8. Que escolha os teólogos neo-ortodoxos foram forçados a fazer?
9. De que forma os teólogos neo-ortodoxos foram mais engenhosos e, portanto, mais perigosos do que os antigos racionalistas e liberais?
10. Como a postura assumida pelos neo-ortodoxos se assemelha à de Adão?
11. Por "depravação total", queremos dizer:
    a) que Adão tinha uma natureza como a nossa, com poderes adicionais;
    b) que nada de humano permanece em homens pecadores;
    c) que toda faculdade da natureza humana é corrupta e manchada pelo pecado;
    d) que aquele homem caído é estúpido enquanto Adão era brilhante;
    e) que as faculdades da natureza humana foram aniquiladas pela queda.

12. Por "depravação total", queremos dizer que a *extensão* do dano
ou o *grau* do dano é completo na natureza humana caída?

13. Sendo totalmente depravado, o homem faz algo
que não seja pecaminoso? Por quê?

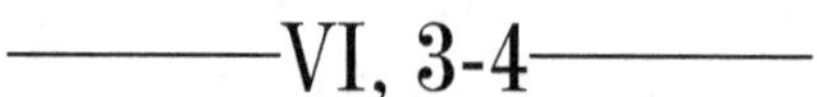

VI, 3-4

3. Sendo eles a origem de toda a humanidade, a culpa de seus pecados foi imputado a seus filhos; bem como a mesma morte em pecado e a natureza corrompida, foram transmitidas a toda a sua posteridade, que deles procede por geração comum.

4. Dessa corrupção original, pela qual nos tornamos totalmente indispostos, incapazes, e antagônicos a todo o bem, e totalmente inclinados a todo o mal, é que procedem todas as transgressões atuais.

Essas seções da Confissão nos ensinam: (1) por que somos totalmente depravados; e (2) como as transgressões atuais são o efeito dessa condição.

Os fatos concernentes à nossa condição perdida são poucos e simples de declarar: (1) Adão pecou e caiu, tornando-se totalmente depravado; (2) em Adão, nós pecamos e caímos, tornando-nos totalmente depravados; (3) assim, nascemos em pecado (Sl 51.5) e somos maus desde a juventude (Gn 8.21); portanto, (4) a morte reina sobre todos nós (Rm 5.12). Em outras palavras, se perguntarmos por que a morte reina sobre todos os homens, ouvimos a resposta: "Porque todos pecaram, inclusive os bebezinhos que morrem assim que nascem". Se então perguntarmos *como* todos pecaram, a resposta deve ser: "Por um homem". O pecado de Adão é o nosso pecado. Por causa disso, nós, portanto, compartilhamos da mesma penalidade com ele.

Esses são os fatos, e eles são bastante simples de declarar. Porém, eles estão longe de serem simples de explicar ou entender. Pois a pergunta que é feita há milênios é: "Como pode um Deus justo me condenar pelo que outro fez?"; ou, colocando de outra forma: "Como posso ter pecado em Adão, se eu ainda nem existia?". A resposta para essas perguntas é, em primeiro lugar, que Deus declarou ser assim, mesmo que não entendamos como. E sabemos que é justo que Deus assim o faça, porque ele sempre faz o que é certo.

Acreditamos que parte da dificuldade em se conviver com esse ensino é devido à falha em reconhecer o aspecto corporativo e federal da existência humana. A Bíblia não considera a raça humana como um amontoado de indivíduos isolados, cada um criado separadamente por Deus (como foram os anjos), mas como uma unidade orgânica, criada em um só homem — e depois, um casal — tendo o poder de produzir descendentes à sua própria semelhança e imagem. Adão e Eva eram o "tronco de toda a humanidade". Portanto, somos membros uns dos outros. Deus "de um só fez toda a raça humana" (Atos 17.26).

Alguns limitam essa união "orgânica" dos seres humanos apenas ao corpo. Eles são chamados de "criacionistas". Eles acreditam que, por um processo misterioso não compreendido pelo homem, os pais geram um novo corpo de si mesmos, e que Deus, então, cria uma nova alma (alguns dizem que isso ocorre no momento da concepção, outros dizem que ocorrem depois da concepção) e a coloca dentro do corpo. Acreditamos que essa visão está errada. Tanto a alma como o corpo carregam a marca do pecado original. Como a alma poderia ser criada pecadora por Deus? Acreditamos que há tanta evidência de que as crianças se assemelham a seus pais em mente ou alma quanto de que se assemelham a seus pais em corpo. E, novamente, como podemos dizer que Adão gerou à sua própria imagem e semelhança, se ele não gerou uma alma e um corpo em seus filhos?

Os "traducionistas" acreditam que os pais geram tanto o corpo quanto a alma do seus filhos por um processo misterioso não compreendido pelo homem. Eles não acreditam (como muitas vezes se pensa) que isso requer uma divisão da substância da alma (como não requer a divisão da substância do corpo). A própria Escritura fala numa linguagem que nos parece ensinar tal visão (Hb 7.10; Gn 46.26 — KJV).

No entanto, deve-se reconhecer (em ambos os pontos de vista) que, embora os descendentes de Adão herdem sua natureza dele, eles não se tornam pessoas existentes até o tempo decretado por Deus. Eu, portanto, não posso dizer que estive *pessoalmente* presente ou que agi *pessoalmente* quando Adão pecou. Como, então, o ato dele pode ser meu? A resposta para tal indagação é que Deus ordenou a vida humana pelo princípio da representação. Por esse princípio, que se manifesta e opera em muitas esferas da vida, uma pessoa pode agir por outra de tal maneira que o ato de uma seja considerado como o ato da outra. Por exemplo, o pai é o cabeça do lar, de acordo com a designação divina. Se ele se mudar para outro país e lá adquirir a cidadania, essa cidadania também é transmitida para seus filhos que lá nascerem. Do mesmo modo, o governante civil (seja ele rei ou presidente) representa toda a nação. Se esse governante declara guerra a outro governante, então a nação (e todos os seus cidadãos) está em guerra. E a outra nação se consideraria em guerra não apenas no que diz respeito ao governante dessa nação, mas em relação a toda a nação. Da mesma forma, o ato de Adão foi o ato de todos os homens, porque ele os representava. Portanto, a culpa de seu pecado foi imputada (considerada deles), como também lhes foi transmitida.

Apenas o primeiro pecado de Adão foi cometido por todos. Esse ato foi um teste probatório, no qual Adão atuou como representante. Mas depois que esse ato foi cometido, Adão não atuou mais como representante. Seus pecados subsequentes, portanto, não foram imputados aos demais homens. Como um presidente que conclui seu mandato e deixa de atuar em nome de outros, assim Adão encerrou suas ações representativas com aquele único pecado. Por esse ato, ele (e nós) nos tornamos corruptos e culpados. Mas, depois disso, todos os atos de Adão foram postos em sua própria conta, assim como todos os nossos atos são postos em nossa conta. No entanto, o estrago já estava feito. Ele e nós nos tornamos totalmente depravados. E porque nossa condição era a de estar "inteiramente corrompidos em todas as faculdades e partes do corpo e da alma", seguiu-se que transgressões contínuas procederam dessa condição. Por "transgressões atuais", a Confissão quer dizer todo pecado que se seguiu ao pecado original de Adão. E ela ensina que todos os outros pecados são a consequência natural desse primeiro pecado. "Porque do coração procedem maus desígnios, homicídios, adultérios, prostituição, furtos, falsos testemunhos, blasfêmias" (Mt 15.19).

PERGUNTAS

1. Descreva os fatos básicos sobre nossa condição perdida.
2. Esses fatos são simples de entender ou explicar?
3. Como sabemos que é justo Deus nos condenar
   por causa do pecado de Adão?

4. Que ensino da Bíblia é muitas vezes ignorado com relação a essa questão?

5. O que a posição "criacionista" com relação à propagação da raça humana ensina sobre a origem da alma?

6. O que a posição "traducionista" com relação à propagação da raça humana ensina sobre a origem da alma?

7. Em sua opinião, qual das duas posições teológicas faz mais sentido? Explique.

8. Em ambos os casos, que outro princípio ajuda a explicar nossa culpa no pecado de Adão?

9. Por que somos corresponsáveis apenas pelo primeiro pecado de Adão e não pelos pecados subsequentes cometidos por ele?

10. De que modo os demais pecados da humanidade estão relacionados ao primeiro pecado de Adão?

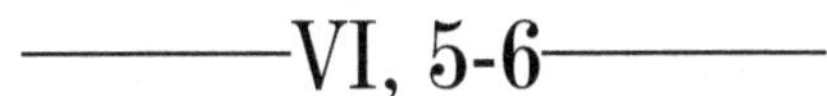

——VI, 5-6——

5. Esta corrupção da natureza persiste, durante esta vida, naqueles que são regenerados; e embora seja ela perdoada e mortificada por Cristo, todavia ela como os seus impulsos são real e propriamente pecado.

6. Todo pecado, tanto original como atual, sendo transgressão da justa lei de Deus e a ela contrário, torna culpado o pecador, em sua própria natureza, e por essa culpa está sujeito à ira de Deus e à maldição da lei, e, portanto, sujeito à morte, com todas as misérias espirituais, temporais e eternas.

Essas seções da Confissão nos ensinam: (1) que a depravação permanece nos crentes nesta vida; (2) que ela é perdoada por meio de Cristo; (3) que ela é progressivamente destruída nos crentes; (4) que ela e seus frutos são verdadeiramente pecado, até mesmo no crente; e (5) que essa corrupção, bem como o que ela produz, é tão verdadeiramente pecado quanto nos deixa, merecidamente, sob a ira e maldição de Deus (a menos e até que a sua graça soberana assegure nossa libertação).

Já sugerimos, pelo nosso diagrama em V, 2-7, como se dá a relação entre a velha natureza e a nova em um verdadeiro crente. Salientamos, novamente, que não se deve supor que o crente seja duas pessoas, o velho e o novo. Isso não se harmonizará com algumas claras declarações da Escritura: "Portanto, se alguém está em Cristo, nova criatura é; as coisas velhas passaram; eis que tudo se fez novo" (2Co 5.17); "Ou, porventura, ignorais que todos nós que fomos batizados em Cristo Jesus fomos batizados na sua morte? Fomos, pois, sepultados com ele na morte pelo batismo; para que, como Cristo foi ressuscitado dentre os mortos pela glória do Pai, assim também andemos nós em novidade de vida. [...] sabendo isto: que foi crucificado com ele o nosso velho homem, para que o corpo do pecado seja destruído, e não sirvamos o pecado como escravos" (Rm 6.6). De forma mais sucinta: "vos despistes do velho homem com os seus feitos e vos revestistes do novo homem que se refaz para o pleno conhecimento, segundo a imagem daquele que o criou" (Cl 3.9-10). É por essa razão que Paulo pode dizer, sem hesitação: "no tocante ao homem interior, tenho prazer na lei de Deus" (Rm 7.22); e o salmista pode dizer: "Quanto amo a tua lei! É a minha meditação, todo o dia!" (Sl 119.97).

No entanto, devemos notar que o entendimento equivocado dessa gloriosa verdade levou a dois erros extremamente graves: o primeiro deles é o erro do *perfeccionismo*. O perfeccionismo ensina que o crente é (ou pelo menos *pode se tornar* nesta vida) não apenas uma nova criatura em Cristo, mas uma nova criatura na qual todo pecado (ou, como alguns dizem, todo pecado "conhecido") está ausente. Isso é contrariado pelas uniformes e constantes advertências da Escritura: "Se dissermos que não temos pecado, enganamo-nos a nós mesmos, e a verdade não está em nós", diz o apóstolo João (1Jo 1.8); "Se dissermos que não pecamos, fazemo-lo mentiroso, e a sua palavra não está em nós" (1Jo 1.10). Tiago diz: "Todos tropeçamos em muitas coisas" (Tg 3.2). E a sabedoria de Deus diz que "não há homem justo sobre a terra que faça o bem e não peque" (Ec 7.20). Esse testemunho é confirmado pela confissão do povo de Deus. Mesmo os mais destacados servos de Deus reconheceram que seu pecado estava sempre com eles (Rm 7.14-25; Sl 51).

Não pode haver dúvida, portanto, que a Confissão está correta quando afirma que a "corrupção da natureza persiste, durante esta vida, naqueles que são regenerados", embora "seja ela perdoada e mortificada por Cristo". A evidência de que alguém é uma pessoa regenerada não é a vã ilusão de que está livre de toda corrupção e pecado, mas sim a existência de um senso correto do perdão de Cristo e da operação do Espírito em nós, capacitando-nos a lutar fervorosamente para morrer para o pecado e viver para a justiça. Os crentes fiéis que conhecemos nas Escrituras nunca reivindicaram a perfeição nesta vida, mas reivindicaram o perdão de seus pecados através da expiação de Cristo, como também manifestaram uma luta incessante contra o pecado.

O segundo erro é o erro do *antinomianismo*. A essência desse erro mortal é a noção de que não importa o quanto minha velha natureza possa me influenciar a pecar, não faz diferença porque "não sou eu que faço isso, mas o velho ou a natureza que está comigo". O antinomiano não reivindica perfeição. Ele pode até admitir a maldade mais escandalosa, mas se isenta de qualquer responsabilidade. Atribui todo o pecado à "velha" natureza e insiste que é responsável apenas pelos atos da "nova" natureza.

Certas expressões do apóstolo Paulo podem ser citadas como um suposto apoio a essa visão. Ele diz, por exemplo, "quem faz isto já não sou eu, mas o pecado que habita em mim" (Rm 7.17). E, novamente, "eu vejo outra lei que, guerreando contra a lei da minha mente, me faz prisioneiro da lei do pecado que está nos meus membros" (Rm 7.23). Mas interpretar essas declarações do apóstolo Paulo dessa forma é falso porque ignora completamente a maneira como ele "assume a culpa" por essa situação. "Sou carnal", diz ele (Rm 7.14). "Pois eu sei que em mim, isto é, na minha carne, não habita bem nenhum" (Rm 7.18). O apóstolo Paulo não acha que pode culpar o "velho homem" por seus pecados como se não fossem dele. Ele, na verdade, nos informa que seus pecados surgem dos impulsos de sua velha natureza à medida que sobrevivem nele. No entanto, ele indica claramente que deve lutar contra eles e continuar fazendo isso até que sejam totalmente destruídos. Sendo assim, o antinomiano acaba dizendo a mesma coisa que o perfeccionista diz, a saber, "Eu não tenho pecado". Nisso ele se engana e mostra que a verdade não está nele, pois tanto a corrupção remanescente quanto todos os impulsos dela são verdadeira e propriamente pecado.

Resumindo: em uma pessoa não regenerada, a corrupção é quem domina; mas em uma pessoa regenerada, é o Espírito de Deus e sua lei que têm o domínio (Rm 8.7-14). No homem não regenerado, o pecado reina; no homem regenerado, o pecado não reina, embora sobreviva.

Podemos ilustrar isso com uma referência à Segunda Guerra Mundial. Antes das forças aliadas desembarcarem na Normandia, as potências do Eixo tinham o controle da Europa. Os comandos de "bater e correr" causaram aos poderes do Eixo alguns problemas, mas não minou o seu controle. O trabalho da consciência no não regenerado é como esse "problema". Pode oferecer alguma resistência, mas não pode desafiar o reino do pecado. Mas quando os aliados desembarcaram em massa, eles assumiram o controle, e as potências do Eixo estavam "em fuga". As forças do Eixo ainda eram capazes de causar muitos problemas, mas não conseguiam vencer.

O mesmo se dá com o crente. Quando ele é regenerado, o Espírito de Deus habita nele, e ele está, a partir desse momento, sob o controle soberano de Cristo, e não do pecado. O apóstolo Paulo diz: "O pecado não terá domínio sobre vós" (Rm 6.14). Mas as forças desalojadas do inimigo estão longe de serem destruídas simplesmente porque foram derrotadas. Eles podem, e irão, manter oposição, causando o máximo de problemas possível. É desse modo que opera o pecado que sobrevive no crente. Mas aqui a ilustração falha, pois o paradoxo é que o crente deve reconhecer com tristeza que a força "estranha" é de alguma forma uma parte de si mesmo. De modo que, embora seja uma nova criatura em Cristo Jesus, contudo, por causa dessa contradição, ele também é um homem desventurado que serve à lei do pecado com frequência angustiante (Rm 7.24-25).

Talvez o pensamento mais perverso de todos seja o de que o pecado é, de alguma forma, menos hediondo se for cometido pelo cristão. Afirmamos, contrariamente, que o pecado é muito mais hediondo se for cometido pelo cristão, pois há muitas coisas que agravam essa situação. O cristão tem força que o não cristão não tem; ele tem conhecimento que falta ao incrédulo; acima de tudo, tem consciência das terríveis consequências do pecado, porque viu o que custou ao Salvador para destruí-los. É bom lembrar, portanto, não apenas que "Todo aquele que pratica o pecado também transgride a lei, porque o pecado é a transgressão da lei" (1Jo 3.4), mas também que "se vivermos deliberadamente em pecado, depois de termos recebido o pleno conhecimento da verdade, já não resta sacrifício pelos pecados; pelo contrário, certa expectação horrível de juízo e fogo vingador prestes a consumir os adversários" (Hb 10.26-27). "Todo pecado, [...] sendo transgressão da justa lei de Deus [...], torna culpado o pecador", mas aquele que peca impunemente não encontrará escapatória das consequências de seu pecado. "Que diremos, pois? Permaneceremos no pecado, para que seja a graça mais abundante? De modo nenhum! Como viveremos ainda no pecado, nós os que para ele morremos?" (Rm 6.1-2). Sim, o pecado continua a "viver" (isto é, a sobreviver) no crente, mas é uma terrível perversão da verdade pensar que o crente pode viver no pecado.

PERGUNTAS

1. É correto dizer que o crente é tanto "um velho homem" quanto "um novo homem"?
2. Prove que isso está correto a partir da Escritura.
3. O que ensina o "perfeccionismo"?
4. O que ensina o "antinomianismo"?
5. Cite referências bíblicas para refutar o "perfeccionismo".
6. Cite referências bíblicas para refutar o "antinomianismo".
7. Qual é a diferença entre a situação do pecado residente no não regenerado e no regenerado?
8. Que erro pernicioso é sugerido e condenado em Romanos 6.1-2?
9. Por que o pecado é mais hediondo em um crente do que em um incrédulo?
10. O que é "pecado voluntário"?

——VII. DO PACTO DE DEUS COM O HOMEM——

1. Tão grande é a distância entre Deus e a criatura que, embora as criaturas racionais lhe devam obediência como seu Criador, nunca poderiam fruir nada dele, como bem-aventurança e recompensa, senão por alguma voluntária condescendência da parte de Deus, a qual agradou-lhe expressar por meio de um pacto.

Essa seção da Confissão nos ensina: (1) a distinção básica entre o Criador e a criatura; (2) que a criatura (porque é criatura) deve obediência ao Criador; (3) que o Criador não deve nada à criatura; e (4) que, portanto, todas as bênçãos e recompensas de Deus só podem vir por meio de "condescendência" divina (isto é, por graça) e, portanto, por meio de uma aliança soberanamente estabelecida.

Não basta que o pecador negue seu pecado, ou seja, que negue a verdade sobre seu estado caído. Ele faz pior: sendo mau, o pecador agora, na verdade, nega até mesmo sua condição de criatura. A impiedade essencial ou básica do homem é que ele se considera independente de Deus. Deus diz ao homem: "Sem mim nada podeis fazer" (Jo 15.5). Ao que o homem responde (como Nabucodonosor): "Fiz isso pelo meu grandioso poder e para glória da minha majestade" (Dn 4.30). A doutrina eternamente popular do "livre-arbítrio do homem", que ensina que o homem, e não Deus, determina o destino, é apenas um exemplo dessa impiedade básica.

As igrejas reformadas se resguardaram dessa impiedade em maior grau do que a maioria, e mesmo entre elas nem sempre se chegou à expressão plena e adequada de que "Tão grande é a distância entre Deus e a criatura que [...] as criaturas [...] nunca poderiam fruir nada dele, como bem-aventurança e recompensa, senão por alguma voluntária condescendência da parte de Deus, a qual agradou-lhe expressar por meio de um pacto". Às vezes tem sido costume, mesmo nas igrejas reformadas, descrever um pacto como "um acordo entre duas ou mais pessoas". Nessa maneira de descrever, existe pelo menos o perigo de sugerir que Deus e o homem são partes iguais na disposição do pacto — como se cada um concordasse com termos soberanamente impostos pelo outro! A verdade, porém, é que "Tão grande é a distância entre Deus e a criatura" que não podemos cogitar devidamente tais pensamentos. Isso é tão verdadeiro no que diz respeito ao pacto das obras quanto no caso do pacto da graça. De fato, o pacto das obras também era essencialmente uma questão de graça. Adão não tinha nenhum direito soberano às bênçãos e recompensas de Deus. Muitas vezes é inconscientemente assumido que Adão, sendo justo, tinha algum direito inerente de exigir de Deus. Mas a Escritura diz: "Se és justo, que lhe dás ou que recebe ele da tua mão?" (Jó 35.7). Mesmo que um homem pudesse dizer que fez toda a vontade de Deus, ainda seria um servo inútil, pois fez apenas o que era seu dever fazer! (Cf. Lc 17.10).

No entanto, esse erro comum não é apoiada por nossa Confissão. Em vez disso, ela insiste no abismo imensurável que separa a criatura e o Criador, e reconhece que todos os tratos do pacto de Deus com os homens são soberanos e graciosos. Eles são impostos pela vontade de Deus, e não pela vontade do homem (Is 40.13-17). Além disso, eles beneficiam apenas a criatura, e não o Criador (At 17.25). As únicas "condições" ou "obrigações" com as quais Deus "concorda" em tais alianças são autoimpostas por suas próprias promessas graciosas. Ele não está limitado por nada além de sua própria Palavra sagrada. Se Adão tivesse obedecido, Deus certamente lhe teria dado uma grande recompensa, mas não porque Adão a exigiu. Ele a teria dado apenas porque é do seu agrado conferir à criatura dádivas que ninguém pode auferir, nem mesmo por uma obediência sem pecado (que é, afinal, apenas a dívida que já temos).

PERGUNTAS

1. O que o pecador depravado nega, além do fato de que ele é depravado?
2. De que maneira alguns cristãos reformados se equivocam em manter consistentemente a distinção entre criatura e Criador quando abordam a doutrina do pacto?
3. De que modo ocorre esse equívoco?
4. O que Deus poderia dever a um homem perfeito sem pecado, ou perfeitamente obediente?
5. O que "vincula" Deus aos seus pactos?

6. Quem pode instituir um pacto?

——————VII, 2-3——————

2. O primeiro pacto feito com o homem era um pacto de obras; nesse pacto foi a vida prometida a Adão e, nele, à sua posteridade, sob a condição de perfeita e pessoal obediência.

3. Tendo-se o homem tornado, pela sua queda, incapaz de ter vida por meio deste pacto, o Senhor dignou-se a fazer um segundo pacto, geralmente chamado de pacto da graça; neste pacto da graça ele livremente oferece aos pecadores a vida e salvação através de Jesus Cristo, exigindo deles a fé, para que sejam salvos, e prometendo o seu Santo Espírito a todos os que estão ordenados para a vida, a fim de dispô-los e habilitá-los a crer.

Consideraremos, aqui, os dois pactos revelados na Escritura. Perceba, novamente, que ambos são pactos de graça no sentido de que ambos expressam a misericórdia de Deus sobre aqueles que não têm nenhum direito intrínseco de exigir algo de Deus.

O primeiro pacto foi um *pacto de obras*. A graça de Deus foi vista nesse pacto quando a vida foi prometida a Adão (e à sua posteridade) sob a condição de obediência perfeita e perpétua (que Adão devia a Deus independente de qualquer bênção graciosa). A queda, no entanto, deixou o homem completamente incapaz de cumprir as condições desse pacto; com isso, Deus, misericordiosamente, instituiu um novo pacto, chamado *pacto da graça*. Ambos os pactos eram graciosos, mas o segundo merece, com razão, ser chamado por esse nome porque o próprio Deus provê a obra exigida para cumprir as condições do pacto, pelo qual o seu povo é salvo.

Os elementos que constituíam o "pacto de obras" não são formalmente declarados na Escritura. No entanto, eles estão claramente implícitos. A árvore da vida estava no meio do jardim. Do mesmo modo, estava a árvore do conhecimento do bem e do mal, da qual Adão foi proibido de comer sob pena de morte. Claramente mantida diante dele, portanto, estava a alternativa de obediência e vida, ou desobediência e morte. Pode-se inferir legitimamente de Gênesis 2.17 que o Senhor exigia "obediência perfeita e pessoal", uma vez que a menor infração de sua vontade era ameaçada com morte. Porque os elementos de uma aliança estão assim presentes, o apóstolo Paulo levanta a situação hipotética de que, se um homem guardasse todos os mandamentos de Deus, ele receberia a recompensa da vida (Gl 3.12).

Alguns se opõem a falar de "um pacto de obras" argumentando: (a) que tal aliança não é formalmente declarada nas Escrituras, nem mesmo a expressão (aliança de obras) é encontrada nas Escrituras; e (b) que tal designação sugere falsamente que as obras do homem poderiam ter merecido as bênçãos de Deus. Essas objeções não são convincentes. A doutrina da Trindade também não é formalmente declarada nas Escrituras, mas está "lá" por implicação. O mesmo pode ser dito da frase "pacto de obras". A segunda objeção é mais interessante. No entanto, tal acusação não pode ser feita contra a nossa Confissão, pois, mesmo ao chamá-la de "um pacto de obras", a Confissão cuidadosamente se protege contra o próprio perigo sobre o qual ela está advertindo. Além disso, a designação "pacto de obras" tem o mérito de focalizar o elemento preciso que distingue um pacto de outro, a saber, o fato de que as obras obedientes do homem foram a condição estabelecida pelo Senhor naquele pacto para a concessão de seu dom gracioso da vida. Também identifica a questão exata em que a diferença desse pacto com o pacto da graça deve ser vista. Pois, como diz o apóstolo Paulo, se somos salvos pela graça, "então não é mais por obras; caso contrário, a graça não é mais graça. Mas se for por obras, então não é mais por graça, do contrário a obra não é mais obra" (Rm 11.6 — KJV).

Igualmente ao pacto das obras, o pacto da graça foi imposto soberanamente por Deus. Deus não consultou o homem para ver se ele gostaria de tal pacto e, assim, com o consentimento do homem, o instituiu. Deus não consultou o homem. Ele consultou apenas a si mesmo. O pacto da graça era um acordo não entre Deus e o homem, mas entre as pessoas da Divindade. Deus Pai concordou em dar seu Filho (Jo 3.16; Mt. 25.34; Ap 13.8); Cristo concordou em dar sua vida em resgate por muitos (Jo 10.17-18); e o Espírito Santo concordou em fazer a aplicação real dessa redenção àqueles a quem o Pai havia escolhido (Rm 8.9, 14, 16).

Na visão arminiana, Cristo morreu por todos os homens. Por isso, defendem que Cristo os tirou dos compromissos do pacto de obras e os introduziu nas disposições do pacto da graça. Com isso, Cristo oferece a todos os homens individualmente a vida eterna em termos novos e mais fáceis do que os da aliança das obras. Deus exigiu obediência completa e perpétua a toda a lei, no caso de Adão. Mas, agora, ele exige apenas que os homens cumpram as condições (muito mais fáceis) de fé e arrependimento e obediência evangélica. Deus, então, concede sua recompensa da mesma forma para o cumprimento dessas condições do pacto da graça como o fez anteriormente para o cumprimento das condições do pacto das obras. É fácil ver que a mera terminologia não pode esconder o fato de que "obras evangélicas" ainda são obras, e que uma aliança que tem condições que o homem cumpre por suas "obras" não é realmente uma aliança da graça no sentido estrito.

Na visão reformada, todas as condições do pacto da graça são realmente cumpridas pela obra de Deus. Parte desse trabalho é feito *para* nós por Cristo. A outra parte é feita *em* nós pelo seu Espírito Santo. É verdade que uma condição do pacto da graça é a fé em Jesus Cristo. Mas essa condição é cumprida porque o próprio Senhor dá fé ao seu povo (Ef 2.8; 1.17). A vida e a salvação oferecidas de acordo com a concepção arminiana do evangelho são meramente potenciais ou possíveis, porque dependem de certas ações e atitudes que ainda não existem, e não existirão a menos que os homens as realize. Mas a vida e a salvação oferecidas aos pecadores de acordo com a concepção reformada do evangelho são reais, pois dependem somente de Deus, não apenas para que o fim seja alcançado, mas também para a criação daquelas atitudes e ações em nós que são necessárias para o recebimento desse fim.

Como se sabe, não nos apossamos da salvação até que certas condições sejam realizadas em nós. Devemos nos arrepender e exercer fé em Cristo para possuir a salvação que ele garantiu para nós. Mas isso não pode ser chamado de "condicional" no sentido arminiano (que possui de fato o mesmo caráter essencial do pacto de obras). É "condicional" apenas no sentido de que depende de certos efeitos da obra do Espírito Santo nos corações dos eleitos de Deus. (Discorreremos mais sobre isso nos capítulos X, XIII e XIV.)

PERGUNTAS

1. Por que é correto falar de um "pacto de obras", embora ele não seja tecnicamente designado como tal na Escritura?
2. Que razões são dadas por aqueles que se opõem a falar de um pacto de obras?

3. Que respostas podem ser dadas a essas objeções?
4. Que mérito tem a designação "pacto de obras"?
5. O que significa dizer que o pacto foi imposto soberanamente?
6. Exponha a concepção arminiana da condição do pacto da graça.
7. Exponha a concepção reformada da condição do pacto da graça.

VII, 4-6

4. Este pacto da graça é frequentemente apresentado nas Escrituras pelo nome de testamento, em referência à morte de Cristo, o Testador, e à eterna herança, com tudo o que lhe pertence, legada neste pacto.

5. Este pacto, no tempo da Lei, não foi administrado como no tempo do Evangelho. Sob a Lei, foi administrado por meio de promessas, profecias, sacrifícios, da circuncisão, do cordeiro pascal e de outros tipos e ordenanças dados ao povo judeu, tudo prefigurando Cristo que havia de vir. Por aquele tempo, essas coisas, pela operação do Espírito Santo, foram suficientes e eficazes para instruir e edificar os eleitos na fé do Messias prometido, por quem tinham plena remissão dos pecados e a salvação eterna; este se chama o Antigo Testamento.

6. Sob o Evangelho, quando Cristo, a Substância, se manifestou, as ordenanças, nas quais este pacto é ministrado, passaram a ser a pregação da Palavra e a administração dos Sacramentos do Batismo e da Ceia do Senhor; por estas ordenanças, posto que em número menor e administradas com mais simplicidade e menos glória externa, o pacto se manifesta com mais plenitude, evidência e eficácia espiritual, a todas as nações — tanto aos judeus como aos gentios. Isto é chamado Novo Testamento. Não há, pois, dois pactos da graça diferentes em substância, mas um e o mesmo sob várias dispensações.

Essas seções da Confissão nos ensinam: (1) que a palavra "testamento" é um termo bíblico para o pacto da graça; (2) que o pacto da graça tem sido substancialmente o mesmo em todas as épocas; (3) que tem sido administrado de forma diferente (sem qualquer alteração em sua essência);

e (4) que existem apenas dois pactos revelados na Escritura, o pacto das obras e o pacto da graça.

Um exemplo notável do tipo de erro contra o qual essa seção da Confissão se opõe é encontrada no dispensacionalismo moderno. As ideias defendidas pelo dispensacionalismo são encontradas hoje em muitas denominações, mesmo aquelas que oficialmente professam adesão aos padrões de Westminster. Muitas vezes é difícil lidar com os erros do dispensacionalismo, pois os seus proponentes geralmente afirmam e defendem fundamentos da fé cristã, tais como: a infalibilidade da Bíblia, a doutrina do nascimento virginal de Cristo e a ressurreição corporal. Nesse sentido, a maioria dos dispensacionalistas professam, em parte, a fé cristã histórica. Deve-se dizer, no entanto, que o dispensacionalismo se opõe claramente à Confissão de Fé, na medida em que ensina que Deus empregou, em diferentes períodos da história, princípios inteiramente distintos (ou mesmo contrários) de procedimentos redentivos com a humanidade.

Por exemplo, é o ensino comum dos dispensacionalistas que Deus tem um propósito diferente e um método pelo qual ele administra a salvação a judeus e gentios. Os dispensacionalistas, portanto, falam de vários pactos. A Bíblia de Referência Scofield fala dos pactos: edênico, adâmico, noaico, abraâmico, mosaico, palestino, davídico e o da Nova Aliança. Isso divide a história em várias dispensações — Inocência, Consciência, Governo Humano, Promessa, Lei, Graça, e Reino —, em cada uma das quais o método pelo qual Deus dispensa benefícios salvíficos é bem diferente. E essas diferenças são tais que sugerem que a maneira de Deus salvar em uma dispensação não é essencialmente a mesma que em outra. Contra esse e todos os erros semelhantes, nossa Confissão ensina a unidade essencial do único (e singular) pacto da graça pelo qual, desde a queda, somente Deus tratou com os pecadores, embora reconheça que houve mudanças na forma de administração dessa aliança à medida que a revelação de Deus estava sendo desenvolvida.

O que pode ser chamado de "o elemento da verdade" na visão dispensacionalista é o fato de que houve mudanças na administração do pacto. Mas foram mudanças de ampliação e desenvolvimento, não de descontinuidade radical. Tampouco é errado falar de várias "dispensações", desde que não neguemos a unidade do pacto em todos os períodos. Por exemplo, (1) Deus, imediatamente após a queda, deu à raça humana um conhecimento rudimentar do plano de salvação a partir de um redentor (Gn 3.15). Nessa ocasião, ele também revelou o fato elementar de que a nudez pecaminosa do homem só poderia ser coberta pelo sacrifício da vida de um substituto (Gn 3.21; 4.1-8). (2) Mais tarde, Deus revelou mais plenamente a Noé o alcance e a grandeza de seu propósito redentivo (Gn 9.8-17, 26-27). Mas não houve mudança na aplicabilidade do que havia sido revelado anteriormente (Gn 8.20-22). (3) Na época de Abraão (Gn 17.7-8; 22.18), uma maior revelação foi dada. A promessa de um redentor foi mais específica. A grandeza do propósito de Deus foi mais distintamente conhecida. A Igreja foi organizada como uma organização visível distinta, separada do mundo pelo sinal da circuncisão. (4) E então, por meio de Moisés, o conteúdo do pacto da graça foi revelado em detalhes e plenitude ainda maiores. O tema simples do sacrifício de sangue (que estava no centro da revelação divina desde o início) foi explicado detalhadamente nos rituais do tabernáculo e dos serviços do templo. E as provisões éticas do pacto foram expostas na lei moral. Porém, através de todas essas "dispensações", Deus estava sempre levando seu povo a encontrar sua salvação somente em Cristo. Nunca se imaginou que houvesse outro meio de salvação, além do perdão através do sangue expiatório. Em vez disso, podemos dizer que, quanto mais revelação dada, mais claramente foi entendido que houve, há e sempre haverá apenas um caminho de salvação, a saber, aquele que é oferecido por Deus em Cristo, o Redentor.

Tudo isso leva a algumas conclusões importantes. (1) Com base nesse pacto, há uma Igreja verdadeira que se estende por todas as eras (At 7.38; Ef 2.11-20; Rm 11). O fato de a Escritura falar da Igreja como um organismo que continua por toda a história é um corolário da unidade do pacto. (2) As ordenanças do Antigo Testamento antecipavam a redenção por meio de Cristo e, portanto, são substituídas pelas ordenanças do Novo Testamento, que têm essencialmente o mesmo significado. É por causa da unidade do pacto em todas as dispensações que o apóstolo pode alternar a terminologia das ordenanças dos períodos do Antigo e do Novo Testamento (1Co 5.7; Cl 2.11-12). Porque tanto a circuncisão quanto o batismo, a Páscoa e a Ceia do Senhor são sinais e selos do mesmo pacto, o apóstolo pode chamar um pelo nome do outro. Isso não seria verdade se houvesse alguma mudança na essência do pacto. Mas seria verdade se a mudança fosse apenas na administração. A única "diferença", então, é aquela que vem com o amadurecimento até o estágio final. O pacto da graça não mudou, mas porque agora está totalmente revelado e totalmente cumprido, pode ser visto com maior simplicidade, clareza, plenitude e eficácia do que em qualquer época anterior.

PERGUNTAS

1. Qual é o erro básico do dispensacionalismo?
2. O que o dispensacionalista quer dizer com várias dispensações?
3. É impróprio falar de várias dispensações?
4. O que o cristão reformado quer dizer com o termo "dispensações"?
5. Que tipo de mudança os reformados reconhecem nas várias dispensações?
6. Quais são os corolários importantes da doutrina do pacto, ou seja, que há apenas um pacto da graça em todas as dispensações?

8

VIII. DE CRISTO, O MEDIADOR

1. Aprouve a Deus, em seu eterno propósito, escolher e ordenar o Senhor Jesus, seu Filho Unigênito, para ser o Mediador entre Deus e o homem, o Profeta, Sacerdote e Rei, o Cabeça e Salvador de sua Igreja, o Herdeiro de todas as coisas e o Juiz do mundo; e deu-lhe, desde toda a eternidade, um povo para ser sua semente, e para, no tempo devido, ser por ele remido, chamado, justificado, santificado e glorificado.

Essa seção da Confissão nos ensina: (1) que Deus escolheu, desde a eternidade, um número definido de membros da descendência de Adão para ser salvo por meio da obra redentiva de Cristo; (2) que ele também, desde a eternidade, prometeu dar esses eleitos a Cristo como recompensa por seu sofrimento; (3) que Cristo se empenhou em executar e padecer tudo o que fosse necessário para esse fim; (4) que essa obra messiânica exigia que Cristo fosse o profeta, sacerdote e rei do seu povo eleito bem como o Cabeça e Salvador da Igreja; e (5) que Cristo também deve ser o herdeiro e juiz do mundo.

Cristo é chamado de segundo Adão; ou, para ser mais preciso, de "o último Adão" (1Co 15.45). Isso se dá pelo fato de que Adão foi a primeira pessoa, e Cristo, a última, na história humana, a servir de cabeça pactual, ou representante. Ele veio para desfazer, em prol de muitos, o que Adão fez, e para lhes fazer aquilo que Adão falhou em fazer.

Antes de pecar, Adão possuía uma consciência limpa, um coração puro, e uma vontade correta. Nesse sentido, é adequado falar dele como um profeta, sacerdote e rei. (1) *Como profeta*, Adão conseguia "pensar os pensamentos de Deus após ele". Podia interpretar as palavras de Deus e falar a sua verdade para toda a criação. (2) *Como sacerdote*, ele conseguia dedicar-se a Deus como um "sacrifício vivo". Ele, e todas as suas atividades, deviam ser dedicadas ao culto a Deus. (3) *Como rei*, ele estava qualificado para subjugar e governar tudo conforme reto conhecimento e santa devoção.

Suas atividades deviam estar em conformidade com a vontade de Deus e expressá-la. Naturalmente, não estamos dizendo que Adão tinha consciência desses três ofícios como tais, nem que ele foi chamado de profeta, sacerdote e rei no sentido oficial. O que queremos dizer é que a obra ou atividade de um profeta, sacerdote e rei estava implícita na liderança de Adão. Se ele não tivesse pecado, isso teria se tornado mais evidente. Porém, sua queda pôs um fim nisso tudo.

Deus, então, começou a preparar o envio do "último Adão". É altamente significativo que boa parte da revelação veterotestamentária em preparação para a sua vinda esteja relacionada aos três ofícios "ungidos" (isto é, messiânicos), a saber, profeta, sacerdote e rei. Cremos que foi por causa do pecado e depravação do homem que Deus instituiu três ofícios distintos e separados, exercidos por linhagens distintas de indivíduos, daqueles que originalmente eram parte integrante da humanidade sem pecado. Ao instituir, assim, ofícios distintos, Deus poderia revelar a imperfeição deplorável da natureza do homem e também mostrar algo da perfeição que deveria ser exigida de seu Filho. Resumiremos, brevemente, o desdobramento da revelação de cada um desses ofícios.

Profeta

O termo "profeta" é aplicado pela primeira vez a Abraão (Gn 20.7). Mas desde os primórdios da história, determinadas pessoas serviram como porta-vozes da verdade de Deus, por exemplo: Enoque (Jd 14; Gn 5.18), Noé (2Pe 2:5; 1.20-21), Isaque (Gn 27.28-29, 40) e Jacó (Gn 49, especialmente os v. 8-11). Moisés foi o primeiro a ser designado profeta com aquela proeminência que costumamos associar ao termo. E, em Deuteronômio 18.15-20, Deus prometeu que haveria de segui-lo uma sucessão de profetas, até que finalmente surgisse um profeta supremo (como Moisés), cujas palavras teriam autoridade última. Tal sucessão de profetas de fato se seguiu ao longo do restante da história do Antigo Testamento. No entanto, é um fato notável que nenhum tenha surgido, no período entre a primeira vinda de Jesus Cristo e o fechamento do cânon.

Sacerdote

A palavra "sacerdote" é mencionada pela primeira vez com referência ao misterioso Melquisedeque (Gn 14.18). Isso é importante porque não há registro de sua origem ou fim. E a predição do Salmo 110.4 era que Jesus seria "sacerdote para sempre, segundo a ordem de Melquisedeque". Isso indicava que ele teria um sacerdócio eterno e imutável (Hb 7.24). Mas, mesmo antes de Melquisedeque, a oferta de sacrifícios de sangue era uma atividade "sacerdotal" (Gn 4.1-5; 8.20; 12.8). Assim, Abraão também era um sacerdote (Gn 13.4; 22.13), bem como Isaque (Gn 26.25) e Jacó (Gn 33.20; 35.7). De novo, contudo, foi somente na era mosaica que um ofício especial (ou distintamente designado), o ofício sacerdotal, foi instituído. Arão foi o primeiro a ocupar esse cargo, que — ao contrário do ofício profético — era hereditário (Êx 29.29; Nm 25.12-13). A instituição desse ofício foi por "unção". Aquele que ocupava o ofício tinha que ser consagrado (Êx 29.29-31), livre de defeitos corporais (Lv 21.16-23), e vestido com trajes simbólicos de santidade (Êx 29.29). Por fim, também foi revelado a respeito desse ofício que haveria uma sucessão de sacerdotes, mas somente até que surgisse um sacerdote supremo cuja obra duraria para sempre (Cf. 1Sm. 2.35-36).

Rei

O primeiro rei na história de Israel foi Saul. Além disso, o desejo original do povo de ter um rei humano visível foi censurado (1Sm 10.19). No entanto, desde o início da história humana, a tarefa especial de governar em obediência à vontade de Deus foi tema da revelação divina. Adão deveria governar (Gn 1.26), assim como Noé, após a queda (Gn 9.2). Abraão era um rei no sentido de que era considerado igual a outros reis (Gn 14.1-2, 13, 17-24). Sua esposa foi chamada de princesa (Gn 17.15), e dela foi prometida uma sucessão de reis (Gn 17.16). Jacó profetizou que o cetro, o símbolo do governo real, não sairia da tribo de Judá, até que o governante supremo viesse (Gn 49.10). Assim, apesar da desaprovação divina da razão pela qual os israelitas desejavam um rei, a instituição da monarquia era claramente parte do plano eterno e da vontade de Deus (compare os v. 20 e 22 de 1Samuel 8). Mas, então, o Senhor prometeu uma linhagem de descendentes de Davi terminando no rei supremo que governaria para sempre (2Sm 7.12-16; Sl 2, 45, 72, 110). Esse ofício também exigia o ato de "unção" (de onde vem a palavra "Messias") dos empossados.

Quando Cristo veio a este mundo, ele cumpriu os requisitos que Deus havia estabelecido para cada um desses três ofícios. Durante o período do Antigo Testamento, esses ofícios foram exercidos por profetas verdadeiros e falsos, sacerdotes bons e maus, reis justos e ímpios. Dos bons e verdadeiros, aprendemos sobre a glória do futuro Messias. Dos maus e dos falsos, aprendemos sobre a incapacidade do homem e a necessidade da intervenção divina. Em Cristo, a promessa foi cumprida e o fracasso superado. (1) Sendo nosso profeta, ele nos revelou a vontade de Deus para nossa salvação. Ele não só o fez quando esteve nos dias de sua carne (isto é, enquanto esteve na terra), mas também o faz hoje. Cristo executa o ofício de profeta ao nos revelar, por sua Palavra e Espírito, a vontade de Deus para nossa salvação. (2) Sendo nosso sacerdote, ele se ofereceu como sacrifício para satisfazer a justiça divina e nos reconciliar com Deus. E ele continua a interceder por nós, aplicando-nos os benefícios de sua única oblação perfeita. (3) Sendo nosso rei, ele, todos os dias, nos subjuga a si mesmo, nos governa e nos defende, fazendo com que o reino das trevas recue e o reino da graça avance na terra.

É Cristo, na plenitude de seus três ofícios, que é o Cabeça e o Salvador de sua Igreja. E é nessa plenitude que ele deve ser adorado e honrado. Onde ele não é reconhecido, também não é Cabeça e Salvador, e tal não pode ser sua Igreja. Por exemplo, os modernistas enfatizam a realeza de Cristo, mas negligenciam seus outros ofícios. Sem dúvida, desejam sinceramente ver homens e nações governados por princípios cristãos. Mas Cristo não pode ser rei onde ele não é primeiro reconhecido como profeta e sacerdote. Aqueles que não aceitam a Bíblia como a revelação infalível da vontade de Cristo não o reconhecem como profeta. E aqueles que evitam a expiação substitutiva não o reconhecem como sacerdote. Portanto, seus esforços para construir o reino são vãos. Por outro lado, muitos fundamentalistas reconhecem Cristo como profeta e sacerdote. Eles aceitam a Bíblia como sua Palavra infalível e confiam na expiação de Cristo para o perdão dos pecados. Porém, eles não acreditam que o Senhor Jesus esteja governando *agora* como um rei, mas que ele governará apenas no futuro. Eles, portanto, têm uma visão geralmente pessimista do mundo e consideram um tanto infrutífero procurar aplicar os princípios da palavra de Cristo à sociedade. Felizmente, muitos fundamentalistas são inconsistentes e, portanto, na prática, não negam totalmente o que negam na teoria. No entanto, deve-se dizer que, onde a teoria é posta em prática, a honra de Cristo é negada e o caráter da verdadeira Igreja não existe.

Já consideramos a eterna eleição de Deus (capítulo III, 3-4) e o pacto (capítulo VII). Consideraremos o propósito da expiação de Cristo na seção 5 a seguir. Mas devemos, aqui, considerar brevemente o senhorio universal de Cristo sobre a criação. Aquele que é profeta, sacerdote e rei, Cabeça e salvador da Igreja, é também herdeiro de todas as coisas e juiz do mundo. O Cabeça da Igreja é também o Senhor da criação. E ele governa tanto a Igreja quanto a criação de acordo com seu propósito redentor (Ef 1.22; 4.15; Cl 1.18; 2.19). Essa é uma verdade comumente ignorada hoje em dia. É ignorado em muitas observâncias religiosas públicas e inter-religiosas. Assim, a Deus, mas não a Cristo, é atribuído o louvor pelo governo da natureza e pelas operações da providência. Pensa-se que quando falamos da liderança sobre a criação, Cristo pode ser ignorado e que apenas o Pai precisa ser mencionado. Mas a verdade é que Deus, o Pai, entregou todas as coisas nas mãos do Deus-homem, o Filho, o Senhor Jesus Cristo. E ninguém vem ao Pai senão por ele (Fp 2.6-11; Ef 1.22-23; Mt 28.18; At 2.36).

PERGUNTAS

1. Por que Cristo é chamado de "o último Adão"?
2. Quais são os três ofícios implícitos na vida de
   Adão e explícitos na vida de Cristo?
3. Por que esses ofícios foram distinguidos e separados um do
   outro pela instituição divina no Antigo Testamento?
4. Sobre o ofício de profeta:
   a) Quem foi o primeiro homem a ser chamado de profeta na Escritura?
   b) Com quem o ofício propriamente dito começa?
   c) Que fato foi especialmente notável no que diz respeito a esse ofício?
5. Quanto ao ofício de sacerdote:
   a) Quem foi o primeiro homem a ser nomeado sacerdote na Escritura?
   b) Por que essa informação é importante?
   c) Com quem começou a sucessão de
   sacerdotes ou linhagem sacerdotal?
6. Em relação ao ofício de rei:
   a) Quem foi o primeiro rei em Israel?
   b) Quando os reis foram mencionados pela
   primeira vez pelo Senhor ao seu povo?
   c) Era a vontade de Deus que Israel tivesse um rei?

7. Defina, brevemente, cada um dos três ofícios de
Cristo (Cf. Breve Catecismo, 24-26).

8. Que ofícios de Cristo os teólogos liberais
negam ou pelo menos negligenciam?

9. Que ofício de Cristo os fundamentalistas às vezes negligenciam?

10. De que modo aqueles que reconhecem a Cristo
em seus três ofícios às vezes o desonram?

VIII, 2

2. O Filho de Deus, a segunda Pessoa da Trindade, sendo verdadeiro e eterno Deus, da mesma substância do Pai e igual a ele, quando chegou o cumprimento do tempo, tomou sobre si a natureza humana com todas as suas propriedades essenciais e enfermidades comuns, contudo sem pecado, sendo concebido pelo poder do Espírito Santo no ventre da Virgem Maria, e da substância dela. As duas naturezas inteiras, perfeitas e distintas — a Divindade e a Humanidade — foram inseparavelmente unidas em uma só pessoa, sem conversão, composição ou confusão; essa pessoa é verdadeiro Deus e verdadeiro homem, porém um só Cristo, o único Mediador entre Deus e o homem.

Essa seção da Confissão nos ensina: (1) que Cristo é Deus; (2) que ele também é homem, tendo assumido sobrenaturalmente a natureza humana sem pecado; e (3) que, no entanto, ele é uma pessoa, Cristo, o único mediador entre Deus e o homem.

O apóstolo João disse: "Nisto reconheceis o Espírito de Deus: todo espírito que confessa que Jesus Cristo veio em carne é de Deus; e todo espírito que não confessa a Jesus não procede de Deus; pelo contrário, este é o espírito do anticristo, a respeito do qual tendes ouvido que vem e, presentemente, já está no mundo. Filhinhos, vós sois de Deus e tendes vencido os falsos profetas, porque maior é aquele que está em vós do que aquele que está no mundo" (1Jo 4.2-4). A gravidade da heresia com respeito à doutrina de Cristo é simples: "Todo aquele que ultrapassa a doutrina de Cristo e nela não permanece não tem Deus; o que permanece na doutrina, esse tem tanto o Pai como o Filho. Se alguém vem ter convosco e não traz esta doutrina, não o recebais em casa, nem lhe deis as boas-vindas" (2Jo

9-10). Com advertências como essa, não é de surpreender que a história da Igreja seja marcada por controvérsias e polêmicas. Cristo não veio para trazer paz à terra, mas espada. Essa espada é a sua Palavra, e ela divide os homens onde quer que chegue (Ap 1.16; Hb 4.12; Mt 10.34-36). A Igreja está no mundo para lutar contra o reino do engano, e, desde o início, Satanás se opôs à única arma de ofensa da Igreja — a Palavra de Deus — com um erro sutil.

Durante os primeiros dois séculos depois que Cristo esteve na terra, a batalha entre a verdade e o erro foi doutrinariamente generalizada. Os primeiros cristãos foram chamados a defender a fé cristã contra a oposição pagã de todos os lados. O gnosticismo era o grande engodo de Satanás naqueles dias. Era uma caricatura falsa, mas não totalmente desinteressante, de todo o sistema cristão. Muitos foram desviados da fé cristã histórica (isto é, da fé baseada em eventos reais que ocorreram na história) por esta fé supra-histórica (isto é, uma fé baseada em especulações vãs de coisas que supostamente estão por trás da história).

Durante os séculos III e IV, o ataque tornou-se menos generalizado e concentrou-se principalmente na doutrina da Trindade. Durante esse período, a Igreja enfrentou o *monarquianismo* (uma heresia que fez Cristo e o Espírito Santo subordinados ao Pai, não apenas em sua obra redentiva, mas em sua própria essência), o *monarquianismo modalista* (que ensinava que Deus é uma pessoa que assume três identidades diferentes — Pai, Filho e Espírito Santo — mas apenas uma de cada vez) e o *arianismo* (que ensinava que Cristo e o Espírito Santo eram meras criaturas). Contra esses e outros erros semelhantes, os Concílios de Nicéia (325 d.C.) e Constantinopla (381 d.C.) começaram a forjar a declaração da fé da Igreja nos grandes documentos credais. A fé bíblica foi, assim, expressa em oposição consciente aos erros sutis e aparentemente inocentes, mas na verdade mortais, de Satanás.

No entanto, assim que a Igreja sobreviveu ao ataque satânico à doutrina da Trindade, começou um ataque à doutrina de Cristo. Aproximadamente entre os séculos V e VII, surgiu (1) o *apolinarismo* (que ensinava que Cristo era Deus, mas que ele não possuía uma natureza humana verdadeira ou completa; Apolinário ensinava que Cristo tinha um corpo e uma alma, mas que, em lugar de um espírito humano, Cristo tinha o *Logos* divino, ou a Palavra); (2) o *nestorianismo* (que ensinava que o Cristo consiste de duas pessoas distintas, uma divina e outra humana, em vez de ser uma pessoa com duas naturezas); o (3) *eutiquianismo* (também chamado monofisismo, que ensinava que na pessoa do Cristo encarnado havia apenas uma única natureza, e essa era divina). Havia outros, mas esses eram proeminentes e mostram a persistência com que abundava o erro a respeito da pessoa de Cristo naquela época.

Contra esses, a Igreja formulou a verdadeira doutrina da pessoa de Cristo no Concílio de Calcedônia, em 451 d.C. É a essência desse credo que está incorporada e ainda mais sucintamente declarada nesta seção da Confissão de Fé de Westminster. Séculos de conflito mortal entre Satanás e a Igreja são cristalizados nestas palavras: "As duas naturezas inteiras, perfeitas e distintas — a Divindade e a Humanidade — foram inseparavelmente unidas em uma só pessoa, sem conversão, composição ou confusão". Se é verdade que "aquele que esquece o passado está condenado a revivê-lo", então é uma tragédia da maior magnitude que essa história e os frutos dela tenham sido esquecidos. O crescimento vertiginoso de muitos cultos contemporâneos que apenas repetem os erros antigos parece confirmar a verdade desse provérbio. O testemunho bíblico desta seção da Confissão é confirmado como segue:

A natureza divina de Cristo

- Eterna (Jo 17.5, 24)
- Onipotente (Mt 8.27)
- Onisciente (Lc 6.8)
- Sua paternidade sobrenatural foi respeitada em sua concepção humana (Lc 1.35).

Sua natureza humana

- Teve um começo no tempo (Gl 4.4)
- Foi por geração humana da substância de Maria (Lc 1.35)
- Estava sujeita às limitações e incidentes à existência humana (ou seja, crescimento, fome, tristeza, dor, limitações de conhecimento, etc.) (Hb 2.17; 4.15)

Sua unipessoalidade

Embora a Escritura deixe claro que tanto a natureza humana quanto a natureza divina de Cristo eram reais e completas, e que elas sempre permaneceram distintas em sua pessoa (não houve mistura, dissolução ou confusão entre as duas naturezas), ainda assim a Escritura também deixa claro que Cristo era apenas *uma pessoa*. Nem Deus nem os homens jamais se dirigiram a ele ou lidaram com ele se dirigindo a uma natureza ou outra, nem ele jamais agiu como se tivesse apenas uma ou outra. A prática contemporânea de fazer imagens de Cristo como se sua natureza humana pudesse ser adequadamente retratada em si mesma não é apenas um sério erro de doutrina; é uma *impossibilidade* de fato. Por essa razão, o Catecismo Maior de Westminster declara consistentemente que "fazer qualquer imagem de Deus, de todas ou qualquer das três pessoas, quer interiormente no espírito, quer exteriormente, em forma de imagem ou em semelhança de alguma criatura" é uma violação do Segundo Mandamento (Pergunta 109). Pois, assim como Deus é um Deus e, no entanto, três pessoas eternamente distintas, Cristo é uma pessoa e, no entanto, tem duas naturezas completas, que são distintas uma da outra, na unidade de sua pessoa. A prova bíblica dessa verdade pode ser encontrada em textos como Atos 20.28. Nesse texto, lemos que "Deus [...] comprou com Seu próprio sangue" a Igreja. Mas a Escritura diz que Deus é espírito (Jo 4.24). E Jesus disse que "um espírito não tem carne" (Lc 24.39) e, portanto, não pode ter sangue. A afirmação encontrada em Atos 20.28, portanto, só é possível porque a pessoa que comprou a Igreja é, ao mesmo tempo, Deus e homem. Porque é uma pessoa com duas naturezas, podemos falar de Cristo tanto como Deus quanto como um ser humano que sangra.

PERGUNTAS

1. Por que não é de surpreender o fato de que a história da Igreja tenha sido uma história de conflitos e controvérsias?
2. Nessas controvérsias, qual é a única arma ofensiva da Igreja?
3. Nesses conflitos, qual é a arma de Satanás?
4. Nos seus primórdios, a igreja batalhou por alguma doutrina específica?
5. Sobre qual doutrina a igreja posteriormente se envolveu em polêmicas?
6. Quando e quais foram os dois primeiros concílios, nos quais a Igreja formulou a doutrina da Trindade contra os erros que surgiram?

7. Em que concílio e em que ano a Igreja defendeu a verdadeira doutrina acerca da pessoa de Cristo?
8. Quantas naturezas Cristo possui?
9. Quantas pessoas Cristo é?
10. Por que é errado fazer imagens para representar Cristo?
11. De que modo um texto como Atos 20.28 confirma a doutrina estabelecida na Confissão acerca das naturezas e pessoa de Cristo?

VIII, 3

3. O Senhor Jesus, em sua natureza humana unida à divina, foi santificado e sem medida ungido com o Espírito Santo, tendo em si todos os tesouros da sabedoria e da ciência. Aprouve ao Pai que nele habitasse toda a plenitude, a fim de que, sendo santo, inocente, incontaminado e cheio de graça e verdade, estivesse perfeitamente preparado para exercer o ofício de Mediador e Fiador. Este ofício ele não tomou para si, mas para ele foi chamado pelo Pai, que lhe pôs nas mãos todo o poder e todo o juízo, e lhe ordenou que os exercesse.

Nessa seção da Confissão aprendemos: (1) como a natureza humana de Cristo foi equipada para sua obra mediadora; (2) por que era necessário que ele também fosse Deus para realizar essa obra; (3) como ele foi divinamente chamado para esse ofício; (4) que ele foi investido com autoridade e habilidade necessárias; e (5) que ele foi ordenado para executar essa obra.

Ao lembrar que a natureza humana de Cristo nunca deixou de ser humana (limitada, finita etc.) quando considerada unida com sua natureza divina, podemos entender a necessidade de ele ser munido por Deus com o que precisava para cumprir seu ofício. Ele era, exceto pelo pecado, semelhante a nós. E mesmo sem pecado, ele não estava qualificado ou autorizado para realizar a tarefa messiânica (Hb 2.11), até receber um chamado especial de Deus (Hb 5.4). Era necessário, em outras palavras, que ele recebesse ordens divinas para cumprir a tarefa (Hb 5.1; Lc 4.18).

No Antigo Testamento, os homens ungidos por Deus para ocupar cargos messiânicos por antecipação foram sobrenaturalmente capacitados para sua obra por uma operação especial do Espírito Santo distinta daquelas operações que o Santo Espírito pode ter realizado por eles (ou neles) individualmente (Compare 1Sm 10.1, 6 com 1Sm 28.16; Jz 14.6; 16.20). Essa operação especial do Espírito era simbolizada externamente pela unção com óleo. Cristo não foi ungido com óleo, mas foi ungido com o Espírito Santo sem medida, isto é, não da maneira limitada em que as pessoas do Antigo Testamento o tipificaram (Jo 3.34; Lc 4.18). Obviamente, o Salvador não *precisava* do Espírito Santo para a salvação pessoal, pois não tinha pecado. Mas, por ser homem, ele *precisava* do Espírito Santo para capacitá-lo a realizar a obra da redenção. Pode-se dizer, sem hesitação, que Cristo sempre pregou, operou milagres e prestou obediência perfeita, em total dependência do poder sobrenatural do Espírito Santo (At 10.38). Assim, ele disse: "Nada faço por mim mesmo" (Jo 8.28). Sua oração constante evidencia sua plena dependência de Deus. No final, sua natureza humana sucumbiu sob a maldição de Deus; e a incapacidade de sua natureza humana de suportar essa terrível condenação, pela qual ele morreu (embora por sua própria submissão voluntária), nos revela que não havia poder inerente à sua natureza humana à parte do Espírito de Deus.

É igualmente verdade e importante que Cristo possuía uma natureza divina. Assim, ele foi, por si mesmo, capaz de dar a sua vida e retomá-la (Jo 10.17). Quanto à sua natureza humana, o dom do Espírito Santo não poderia ter lhe dado essa autoridade e poder divinos. Aquele que seria soberano sobre a morte, bem como sujeito à morte, deve ser Deus e não apenas homem. Em certo sentido, pode-se dizer que um homem dá sua vida, talvez, mas ele deve ser mais do que um mero homem para retomá-la. Além disso, se ele não era Deus e, portanto, infinito em sua capacidade de sofrimento, como ele poderia ter sofrido a ira ilimitada de Deus em três dias? Porque era infinito em sua natureza divina, Cristo foi capaz de oferecer aquilo que é maior em valor do que o exigido pelos pecados de todo o mundo.

Por fim, podemos fazer perguntas como estas: Como Cristo poderia ter acesso a Deus em nosso favor com eficácia garantida? Como poderia certamente derrotar todos os seus e nossos inimigos? Como poderia nos enviar seu Espírito Santo? Como ele poderia fazer essas coisas, se não fosse Deus tanto quanto homem? Novamente, se não tivesse sido Deus e homem em uma pessoa, esses diversos requisitos não teriam sido atendidos naquela única obra de redenção. Por reunir em si as condições necessárias e possuir as qualificações necessárias, Cristo foi capaz de realizar nossa redenção como o único mediador entre Deus e o homem.

PERGUNTAS

1. Por que foi necessário que Cristo fosse capacitado com o poder do Espírito Santo?
2. A presença do Espírito Santo nos profetas, sacerdotes e reis do Antigo Testamento indica necessariamente que eles eram regenerados? Por quê?
3. De que modo a unção do Espírito Santo dada ao Salvador confirma isso?
4. Cite algumas obras que Cristo realizou para as quais era necessário que ele fosse humano.
5. Cite algumas obras que Cristo realizou para as quais era necessário que ele fosse divino.
6. Por que também foi necessário que as duas naturezas de Cristo estivessem unidas em uma única pessoa?

— VIII, 4 —

4. Este ofício o Senhor Jesus empreendeu mui voluntariamente. Para que pudesse exercê-lo, ele se fez sujeito à lei, a qual cumpriu perfeitamente, padeceu imediatamente em sua alma os mais cruéis tormentos, e em seu corpo, os mais penosos sofrimentos; foi crucificado e morreu; foi sepultado e ficou sob o poder da morte, mas não viu a corrupção; ao terceiro dia ressuscitou dos mortos, com o mesmo corpo com que tinha padecido; com esse corpo subiu ao céu, onde está sentado à destra do Pai, fazendo intercessão; de lá voltará no fim do mundo para julgar os homens e os anjos.

Essa seção da Confissão nos ensina: (1) que Cristo voluntariamente assumiu o ofício de mediador, (2) tanto no estado de humilhação, que era necessário para a realização de nossa redenção, bem como no estado de exaltação, em que ele agora continua a aplicar os benefícios de sua obra mediadora.

O caráter voluntário de Deus, o Filho, assumir a natureza humana e os ofícios messiânicos é afirmado em toda parte na Escritura. Em Hebreus 2.12-17, por exemplo, lemos sobre ele: "A meus irmãos declararei o teu nome, cantar-te-ei louvores no meio da congregação". Essa é uma citação do Salmo 22.22, na qual o Espírito de Cristo fala, por intermédio de Davi (At 4.25), a respeito da atitude de Cristo em assumir voluntariamente a carne humana. "Visto, pois, que os filhos têm participação comum de carne e sangue, destes também ele, igualmente, participou" (Hb 2.14). Mas havia uma diferença. Ele escolheu se tornar homem: "Pois ele, evidentemente, não socorre anjos, mas socorre a descendência de Abraão" (Hb 2.16). Ele exerceu a livre escolha; ele impôs essa condição a si mesmo. E o mesmo acontece com a sua morte. Acerca de sua própria vida, ele disse: "Ninguém a tira de mim" (Jo 10.18). Ele "se entregou por [nós]" (Gl 2.20).

O fato de Cristo ter voluntariamente assumido os ofícios messiânicos implicou no seu estado de humilhação necessário ao cumprimento da tarefa. Isso ficou evidente antes mesmo de sua vinda. Ele deveria sujeitar-se à humilhação porque: (1) experimentaria o nascimento humano (Is 7.14; 9.6; Gn 3.15; 17.7; Sl 72; Hb 2.12-17); (2) nasceria em uma condição humilde (Sl 22.9-12; Mq 5.2; Jó 25.6; Sl 22.6); (3) estaria sob a lei (Sl 40.6-8; Hb 10.4-10; Sl 45.6-7; 72.1); (4) prestaria perfeita obediência à lei (Sl 45.7; Êx 28; Sl 40.8-10); (5) sofreria as misérias desta vida, a ira de Deus, e a morte maldita da cruz (Sl 22; Is 53); e (6) morreria, seria sepultado e, por um tempo, continuaria sob o poder da morte (Sl 118.22; 16.9-11; Is 53, especialmente v. 8).

Também era necessário que ele, posteriormente, experimentasse um glorioso estado de exaltação. Pois a Escritura exigia que ele: (1) ressuscitasse dos mortos, no terceiro dia (Sl 16.10; 49.15; 68.18; Ef 4.8-10); (2) ascendesse ao céu (Sl 47.5; 24.7-10); (3) sentasse à direita de Deus Pai, para interceder por nós, reinar sobre nós e governar todas as coisas (Sl 16.11; 90.1; Dn 7.13-14; Zc 6.12-13); e (4) viesse novamente — no último dia — para julgar os vivos e os mortos (Sl 98.9); isso será discutido no capítulo XXXIII.

Com base no testemunho do Novo Testamento, não é preciso muito esforço para demonstrar que essas previsões (exceto a última) foram cumpridas por nosso Senhor. Embora o caráter voluntário de sua obra seja claramente afirmado, também é testemunhado que cada um desses passos foi divinamente prescrito e necessário para a conclusão bem-sucedida da redenção do povo do Senhor (Cf. Lc 2.49; 4.43; Mt 16.21; Lc 22.37; 24.44; cf. também o Catecismo Maior, perguntas 46-56).

PERGUNTAS

1. Cite a prova bíblica de que a humilhação de Cristo foi voluntária.
2. Como a obra mediadora de Cristo pode ser descrita como voluntária e, ainda assim, uma necessidade?
3. Que condições particulares relativas à humilhação de Cristo foram exigidas pela revelação dada no Antigo Testamento?
4. Que condições particulares relativas à exaltação de Cristo foram exigidas pela revelação dada no Antigo Testamento?
5. Há evidências do cumprimento absoluto dessas condições por Cristo no Novo Testamento?
6. Qual é a única obra exigida de Cristo em seu estado de exaltação que ainda ocorrerá no futuro?

VIII, 5

5. O Senhor Jesus, pela sua perfeita obediência e pelo sacrifício de si mesmo, sacrifício que, pelo Eterno Espírito, ofereceu a Deus uma só vez, satisfez plenamente à justiça de seu Pai, e, para todos aqueles que o Pai lhe deu, adquiriu não só a reconciliação, como também uma herança perdurável no Reino dos Céus.

Essa seção da Confissão nos ensina: (1) que Cristo satisfez a justiça de Deus por aqueles a quem ele representava; (2) que essa satisfação foi pela obediência ativa e passiva; e (3) que, por essa satisfação, Cristo garantiu a redenção completa para aqueles que ele representou.

Aqui consideramos a doutrina da "expiação particular" ou "definida". Essa doutrina, às vezes, tem sido chamada de doutrina da "expiação limitada", porque as Confissões Reformadas reconhecem que Cristo foi um substituto apenas para alguns homens e não para todos. É lamentável, no entanto, que essa frase tenha dado origem ao equívoco de que são as igrejas reformadas que "limitam" a expiação, enquanto os grupos arminianos, não.

A verdade é exatamente o oposto. É o sistema arminiano que "limita" a expiação, enquanto o sistema reformado, não.

Para mostrar isso, precisamos apenas ponderar o seguinte fato: o arminiano (e também o luterano e o católico romano) é compelido (pelo ensino claro da Escritura) a admitir que apenas alguns homens serão de fato salvos. Somente aqueles que concordam com a ideia totalmente antibíblica de uma salvação universal negam isso. Todos os que mantêm a fé cristã histórica, mesmo no sentido mais amplo, concordam que apenas alguns homens serão salvos.

Portanto, não há desacordo sobre se a obra de Cristo termina ou não na salvação de apenas uma parte da raça humana. Se todos os que aceitam o ensino escriturístico e assim "limitam" o número final que será salvo a apenas uma parte da raça humana, é bastante injusto quando somente os cristãos reformados são desacreditados por "limitar" a expiação.

A diferença exata entre as confissões reformadas e as dos arminianos e outras não é o *efeito* final da expiação, mas sim o *propósito* original dela. A verdadeira questão é esta: quando Cristo morreu, era seu plano ou propósito (e o do Pai, que o deu) salvar todos os homens ou apenas alguns homens? As igrejas reformadas sempre responderam que as obras de Deus nunca são inconsistentes, e que aqueles que são de fato salvos são aqueles a quem sempre Deus, pelo seu desígnio, quis salvar. Mas as igrejas arminianas (incluindo as igrejas luteranas e a Igreja Católica Romana) sempre se esforçaram para encontrar alguma maneira de tornar a obra de Cristo distributivamente igual para todos os homens. Eles dizem que o objetivo da expiação era proporcionar benefícios "iguais" para todos os homens. Isso, no entanto, exige uma profunda degradação da concepção do que é a expiação de Cristo. A razão disso é porque eles querem dizer que o que Cristo fez por algum homem em particular o fez também pelos demais homens, isto é, Cristo tornou a salvação possível a todos; eles não podem dizer que Cristo fez o suficiente para de fato garantir a salvação de alguém em particular. Se o dissessem, logicamente seriam obrigados a dizer que todos serão salvos. Se a obra de Cristo é a mesma para todos os homens, então não pode realmente fazer por ninguém o que não faz por todos. Visto que a obra de Cristo não assegura a salvação de todos, ela não deve assegurar a salvação de ninguém. Garante, então, apenas a possibilidade, ou chance, ou oportunidade de salvação, e isso, supostamente, para todos.

Em 1925, a *United Presbyterian Church of North America* procurou acomodar a fé reformada a essa visão. Deixando de lado a Confissão de Fé de Westminster neste ponto vital, o Artigo XIV do novo credo declarava que Cristo "se deu a si mesmo como resgate por todos". Sem dúvida, os autores desse novo credo abominavam o arminianismo. No entanto, eles não podiam evitar a lógica inexorável de sua própria suposição arminiana. A fim de dizer que Cristo morreu igualmente por todos, eles não podiam deixar de dizer que sua expiação assegurava apenas "livre acesso a Deus para perdão e restauração". Em outras palavras, ela garantiu algo menos do que a salvação completa; garantiu apenas o acesso a ela.

Essa é, verdadeiramente, uma expiação "limitada" no sentido repreensível. Pois é uma falsa limitação imposta a ela pelos homens, e fere o evangelho em seu próprio âmago. Pois é o testemunho da Bíblia (e de nossa Confissão Reformada) que a obra de Cristo fez muito mais pelos pecadores do que meramente dar-lhes "acesso a Deus *para* perdão e restauração". O que ela obteve para os pecadores foi precisamente o perdão e a restauração. Cristo de fato tomou sobre si o pecado e o castigo de seu povo (Is 53; Rm 5.19; Hb 10.14; 9.25-26). Eles, por sua vez, recebem a justiça imputada de Cristo (2Co 5.21). E isso é perdão e restauração. Eles são perdoados porque seu pecado é punido em Cristo; e são restaurados porque a justiça de Cristo lhes é imputada.

Assim, torna-se dolorosamente claro que a única maneira de estender o desígnio da expiação de modo a incluir todos igualmente dentro de sua provisão é esvaziá-la de seu significado e eliminar seu caráter substitutivo. Se Cristo realmente não tomou sobre ele meu pecado, culpa e punição, então o que devo fazer? Se ele simplesmente abre o caminho de acesso a Deus para que eu possa ir até lá com meu pecado e minha culpa, ai de mim, pois certamente estou arruinado. No entanto, isso é o máximo que podemos atribuir à morte de Cristo, se tentarmos sustentar que ela foi projetada para conceder igual benefício a todos os homens (isto é, para abrir o céu a todos, a fim de que cada um venha pedir perdão e restauração). Mas se sustentarmos, com a Escritura, que nisso, como em todas as outras obras redentoras de Deus, ele tinha em vista um povo especial, então podemos ampliar seu poder e descansar nossa fé com segurança nele.

Portanto, a questão crucial é esta: o que a Escritura ensina? E a resposta é que o Messias recebeu o nome *Jesus* porque ele *salvaria o seu povo* dos pecados deles (Mt 1.21). Ele deu sua vida em resgate por *muitos* (Mt 20.28) prometendo que, de fato, salvaria *todos o que o Pai lhe dera* (Jo 6.37, 39). Em Romanos 8.29, o apóstolo afirma que somente aqueles que são predestinados por Deus para receber a salvação subsequentemente a recebem. Cada benefício particular da salvação é, portanto, revelado a eles (Rm 8.30). Mas a base de tudo, o apóstolo diz, é que Deus "não poupou o seu próprio Filho, antes, por todos nós o entregou" (Rm 8.32). E ele ainda afirma especificamente que, por "todos nós", quer dizer nada menos que "os eleitos de Deus" (Rm 8.33). É porque são eleitos que eles são o objeto da expiação de Cristo, e não é de admirar que, tendo Deus entregue seu Filho à morte por eles, Deus também lhes dará gratuitamente com Cristo todas as coisas (Rm 8.32).

E se isso não for suficiente, temos as palavras do próprio Jesus, pelas quais ele declara claramente qual deveria ser o desígnio ou propósito de sua expiação. "Porque eu desci do céu, não para fazer a minha própria vontade, e sim a vontade daquele que me enviou. E a vontade de quem me enviou é esta: que nenhum eu perca de todos os que me deu; pelo contrário, eu o ressuscitarei no último dia" (Jo 6.38-39). "Não rogo pelo mundo", disse ele, "mas por aqueles que me deste, porque são teus; ora, todas as minhas coisas são tuas" (Jo 17.9-10). "Dou a minha vida pelas ovelhas" (João 10.15). Essas palavras não foram ditas por alguém que pretendia que sua morte beneficiasse todos os homens da mesma maneira. E certamente não indicam uma mera intenção de tornar *possível* a salvação. São as palavras de alguém que pretendia, de fato e de forma completa, salvar seu povo dos pecados deles.

É verdade, naturalmente, que certos textos da Escritura podem ser citados de tal maneira que parecem sugerir um propósito universal da expiação (como, por exemplo, Hb 2.9; 2Co 5.14-15; 1Jo 2.2; 1Tm 4.10). A respeito de tais textos, pode-se dizer o seguinte:

(1) Que, muitas vezes, o contexto é ignorado. Por exemplo, em Hebreus 2 o escritor está falando dos "muitos filhos" que Cristo trará para a glória, e não de todos os homens. Portanto, quando o escritor fala neste contexto de Cristo provando a morte para todos, não há razão legítima para estender o alcance de sua observação além dos limites daqueles em discussão. Por que não deveríamos reconhecer o direito do autor de falar

da experimentação da morte de Cristo para cada um daqueles a respeito de quem ele está falando?

(2) Que a má interpretação desses textos advém da falha em discernir o significado apropriado dos termos da Escritura por uma comparação da Escritura com a Escritura. Acontece que a Escritura emprega expressões universais para descrever fenômenos que são meramente gerais e não absolutos. Por exemplo, Mateus 3.5-6 diz que quando João Batista estava pregando, "Jerusalém, toda a Judeia e toda a circunvizinhança do Jordão [...] eram por ele batizados no rio Jordão, confessando os seus pecados". Mas tudo isso foi claramente entendido em um sentido geral — não em um sentido absoluto —, uma vez que a Escritura também nos informa que os fariseus e intérpretes da lei não aceitaram o batismo de João (Lc 7.30). Em 1João 5.19, o apóstolo diz que "o mundo inteiro jaz no Maligno", e ainda assim ele também diz que "nós somos de Deus". Em outras palavras, a frase "o mundo inteiro" não pretende incluir absolutamente todos, incluindo o próprio João. Por que, então, Cristo não pode ser o Salvador de todos os homens em um sentido geral (isto é, alguns de todas as línguas, tribos e nações), muito embora não no sentido absoluto?

(3) Que é preciso levar em consideração que, além da salvação eterna, existem certos benefícios graciosos advindos da expiação de Cristo que alcançam toda a raça humana. Há um sentido em que Cristo é "o Salvador de todos os homens", como há outro sentido em que ele é "especialmente [o Salvador] dos fiéis" (1Tm 4.10). A morte de Cristo garantiu benefícios temporais para toda a raça humana *e* um retardo na execução da sentença de condenação. (Cf. Gn 8.20-9.17, para entender as provisões do pacto da graça aplicáveis a todos os homens.)

PERGUNTAS

1. No ensino reformado, o que significa a expressão "expiação limitada"?
2. Que termos são mais apropriados para expressar essa doutrina?
3. No que as doutrinas reformada, arminiana, luterana e católica romana concordam, quanto ao número dos salvos?
4. A diferença exata entre cristãos reformados e outros diz respeito não ao efeito final da expiação, mas ao quê?
5. De que forma a visão não reformada limita a expiação?

6. Quando a *United Presbyterian Church of North America* tentou universalizar o propósito da expiação, qual foi a consequência inevitável?

7. O que a expiação de Cristo tem de assegurar a fim de que seja de algum benefício que possa ser chamado de "salvação"?

8. Cite um texto bíblico em que Cristo declara claramente o propósito de sua morte.

9. Cite um texto bíblico que parece aplicável, à primeira vista, à perspectiva oposta à visão reformada.

10. Dê a interpretação correta de 1Timóteo 4.10.

11. Descreva os princípios que muitas vezes são negligenciados na interpretação dos textos citados nos quesitos 8 e 9.

——VIII, 6-8——

6. Ainda que a obra da redenção não fora realmente realizada por Cristo senão depois de sua encarnação, contudo a virtude, a eficácia e os benefícios dela, em todas as épocas sucessivas desde o princípio do mundo foram comunicados aos eleitos por meio das promessas, tipos e sacrifícios, pelos quais ele devia esmagar a cabeça da serpente, como o cordeiro morto desde o princípio do mundo, sendo ele o mesmo ontem, hoje e para sempre.

7. Cristo, na obra de mediação, age de conformidade com as suas duas naturezas, fazendo cada uma o que lhe é próprio; contudo, em razão da unidade de uma pessoa, o que é próprio de uma natureza é, às vezes, nas Escrituras, atribuído à pessoa denominada pela outra natureza.

8. Cristo, com toda certeza e de forma eficaz, aplica e comunica a salvação a todos aqueles para quem a adquiriu. Isto ele consegue, fazendo intercessão por eles e revelando-lhes na Palavra e pela Palavra os mistérios da salvação, persuadindo-os, eficazmente, pelo seu Espírito, a crer e a obedecer, governando o coração deles pela sua Palavra e pelo seu Espírito, subjugando todos os seus inimigos por meio de sua onipotência e sabedoria, da maneira e pelos meios mais condizentes com a sua admirável e inescrutável dispensação.

Essas seções nos ensinam: (1) que os benefícios da expiação de Cristo foram aplicados aos eleitos em todas as épocas, embora não tenham sido realmente realizados até a encarnação; (2) que esses benefícios foram aplicados antes da encarnação por meio de *tipos* e ordenanças diferentes daquelas do presente; (3) que a obra mediadora de Cristo envolve ambas as naturezas simultaneamente; (4) que Cristo efetivamente aplica a redenção àqueles para quem a comprou; e (5) a maneira pela qual ele faz isso.

Já discutimos anteriormente a unidade do pacto (VII, 4-6). Nessa discussão, nos esforçamos para mostrar que em todas as "dispensações" a salvação era pela fé na expiação de Cristo, e que as mudanças evidentes eram meramente aquelas exigidas pelo progresso na revelação divina. Mas a salvação do povo de Deus em todas as épocas foi somente através da cruz de Cristo. Davi reconheceu que Deus não considerava os sacrifícios do Antigo Testamento eficazes em si mesmos (Sl 51.16). O próprio propósito do sistema sacrificial do Antigo Testamento era, em parte, para mostrar que ele não poderia "aperfeiçoar aquele que presta culto" (Hb 9.9) para que os crentes pudessem aguardar aquela oferta pela qual Cristo "aperfeiçoou para sempre os que estão sendo santificados" (Hb 10.14). A lei era uma mera sombra (Hb 10.1), mas era uma sombra "dos bens vindouros" e, portanto, um meio pelo qual os crentes recebiam os benefícios de Cristo antes que a obra fosse de fato realizada.

Além disso, vimos ainda (capítulo VIII, 1-3) que a obra mediadora de Cristo envolve, simultaneamente, as suas duas naturezas. Vamos limitar nossas observações, portanto, à aplicação feita no presente aos eleitos. O plano de salvação é autoconsistente, ou seja, é fiel a si mesmo: os escolhidos pelo Pai foram comprados por Cristo; e aqueles comprados por Cristo são efetivamente chamados em seu reino. "Todo aquele que o Pai me dá, esse virá a mim" (Jo 6.37). "A mim me convém conduzi-las; elas ouvirão a minha voz" (Jo 10.16). A maneira pela qual Cristo realiza isso é brevemente descrita na seção 8 deste capítulo da Confissão. Mas é desdobrado em detalhes no capítulo intitulado *Da vocação eficaz* (X). Aqui é importante enfatizar que Cristo efetivamente aplica a redenção a todos aqueles por quem ele morreu.

Ao se compreender esse fato, é útil lembrar as seguintes verdades: (1) Cristo, livre e sinceramente, oferece salvação a todos os que ouvem o evangelho, sejam eles eleitos ou não. "Porque", como o próprio Jesus disse, "muitos são chamados, mas poucos escolhidos" (Mt 20.16). "Vinde a mim, todos os que estais cansados e sobrecarregados, e eu vos aliviarei", exclamou (Mt 11.28). "Quantas vezes quis eu reunir os teus filhos", disse Cristo a respeito de Jerusalém, "e vós não quisestes" (Mt 23.37). (2) Cristo promete que ninguém que aceitar sua oferta será "lançado fora". "O que vem a mim, de modo nenhum o lançarei fora" (Jo 6.37). Dizer que Cristo efetivamente aplica a redenção aos seus eleitos não deve ser distorcido ou pervertido para significar que ele restringe outros de aceitar sua graça. (3) O problema daqueles que não são efetivamente chamados é de total responsabilidade deles. Eles estão mortos em delitos e pecados (Ef 2.1-5). Eles não virão a Cristo (Mt 23.37). Tomam o seu evangelho por loucura (1Co 1.23; 2.14). Não é por causa do que Cristo faz, mas por causa do que eles são e fazem, que eles não podem vir a Cristo (Jo 6.44). (4) Os eleitos vêm somente porque Cristo os capacita. Ele cria um novo coração (Sl 51.10) dentro deles para que eles queiram aceitar a salvação que ele dá gratuitamente a todos que a receberem. "Ninguém sabe [...] quem é o Pai senão o Filho, e aquele a quem o Filho o quiser revelar" (Lc 10:22). "Mas Deus no-lo revelou pelo Espírito". Portanto, podemos verdadeiramente dizer: "Ora, nós não temos recebido o espírito do mundo, e sim o Espírito que vem de Deus, para que conheçamos o que por Deus nos foi dado gratuitamente" (1Co 2.10, 12).

PERGUNTAS

1. Os crentes do Antigo Testamento consideravam seus sacrifícios inerentemente eficazes? Prove a partir da Escritura.
2. Quem, efetivamente, aplica a salvação aos eleitos?
3. Cite a prova bíblica de que Cristo aplica redenção àqueles por quem ele morreu.
4. A quem Cristo oferece salvação? Prove biblicamente.
5. Quantos dos que aceitarem essa oferta serão salvos? Prove biblicamente.
6. Por que todos, exceto os eleitos, recusam essa oferta?
7. Por que todos os eleitos, sem exceção, aceitam essa oferta?

IX. DO LIVRE-ARBÍTRIO

1. Deus dotou a vontade do homem de tal liberdade, que ele nem é forçado para o bem ou para o mal, nem a isso é determinado por qualquer necessidade absoluta da sua natureza.

2. O homem, em seu estado de inocência, tinha a liberdade e o poder de querer e fazer aquilo que é bom e agradável a Deus, mas mudavelmente, de sorte que pudesse decair dessa liberdade e poder.

3. O homem, caindo em um estado de pecado, perdeu totalmente todo o poder de vontade quanto a qualquer bem espiritual que acompanhe a salvação, de sorte que um homem natural, inteiramente adverso a esse bem e morto no pecado, é incapaz de, pelo seu próprio poder, converter-se ou mesmo preparar-se para isso.

4. Quando Deus converte um pecador e o transfere para o estado de graça, ele o liberta da sua natural escravidão ao pecado e, somente pela sua graça, o habilita a querer e fazer com toda a liberdade o que é espiritualmente bom, mas isso de tal modo que, por causa da corrupção, ainda nele existente, o pecador não faz o bem perfeitamente, nem deseja somente o que é bom, mas também o que é mau.

5. É no estado de glória que a vontade do homem se torna perfeita e imutavelmente livre para o bem só.

Essas seções nos ensinam: (1) que o homem, por natureza, possui livre-arbítrio; (2) que essa liberdade ou autonomia significa que o homem não é forçado a querer o que é contrário à sua natureza ou desejo; e (3) que o homem, em quatro estados específicos, goza da mesma liberdade, mas de diferentes graus de habilidade para fazer o bem ou o mal.

É muito comum acusar injuriosamente a fé reformada de negar o livre-arbítrio. Muitos rejeitam a fé reformada (ou calvinismo) de imediato porque assumem que a soberania divina (da qual a predestinação é apenas um aspecto) anula toda a liberdade legítima e a responsabilidade humanas. Contudo, ironicamente, nenhum outro sistema de ensino protege a verdadeira liberdade e a responsabilidade humanas como a fé reformada.

No entanto, para compreender esse fato, devemos observar cuidadosamente o que é e o que não é a liberdade da vontade. Por livre-arbítrio, queremos dizer que a vontade do homem não é coagida; que o homem não é forçado por alguma força externa superior a si mesmo a fazer algo que não queira fazer; que o homem é livre para fazer o que quiser dentro dos limites de sua capacidade. O que mais pode ser a liberdade ou a autonomia, senão fazer o que quisermos?

No entanto, devemos observar cuidadosamente que a liberdade não é idêntica à capacidade. A confusão dessas coisas distintas é responsável por muitas ideias erradas sobre o tema do livre-arbítrio. Muitas pessoas realmente querem dizer *capacidade* quando dizem *liberdade*. Falam do homem ser livre para fazer o bem ou o mal, quando, na verdade, com isso querem dizer que os homens são capazes de fazer o bem ou o mal. Nisso, erram seriamente. Pois a Bíblia ensina clara e consistentemente (1) que o homem é *livre* para fazer o bem ou o mal, isto é, que ele tem liberdade para fazer um e outro, mas (2) que é *capaz* de fazer apenas o mal por causa de sua condição caída (Dt 30.19; Jo 6.44).

A fonte dessa recorrente confusão nos é revelada no ensino de Cristo, em Mateus 12.33, onde ele diz: "Ou fazei a árvore boa e o seu fruto bom ou a árvore má e o seu fruto mau; porque pelo fruto se conhece a árvore". A vontade é uma faculdade da alma ou personalidade do homem. A vontade é, portanto, determinada pela alma (eu, ego ou personalidade) do homem. Ela não pode escapar ao caráter moral do qual provém. Se a alma é totalmente corrupta, de modo que seu conhecimento e desejo são defeituosos e podres, segue-se que ela pode *querer* fazer apenas o que é mau. Assim, a liberdade plena existe, mesmo que haja total incapacidade de fazer o bem.

Originalmente, o homem tinha uma personalidade sem pecado. Ele desejava apenas o que era bom e agradável a Deus. Era livre para fazer o que estava de acordo com seu próprio desejo. E, porque sua natureza era totalmente livre de corrupção, ele só tinha desejos bons. Tinha total liberdade, e também capacidade, de fazer o bem. Não tinha mais liberdade para fazer o bem do que o homem caído, mas tinha capacidade plena, o que está totalmente ausente no homem caído.

Com a entrada do pecado na vida humana, o homem perdeu a *capacidade* de fazer o bem, não a liberdade. Isso se deveu ao fato de que um pecado, como Deus havia advertido, era suficiente para destruir a natureza pura da qual somente o bom fruto da ação correta poderia resultar. Antes da queda, o homem tinha liberdade para fazer o bem ou o mal, e conseguia fazer tanto um quanto o outro. Após a queda, ele permaneceu livre para fazer o bem ou o mal, mas só conseguiu fazer o mal. Agora, "era continuamente mau todo desígnio do seu coração" (Gn 6.5; 8.21; 1Co 2.14; Sl 14, 53). O profeta colocou desta forma: "Pode, acaso, o etíope mudar a sua pele ou o leopardo, as suas manchas? Então, poderíeis fazer o bem, estando acostumados a fazer o mal" (Jr 13:23). O homem pecador não pode nem mesmo fazer a única coisa boa necessária para trazer sua libertação: nenhum homem pode vir a Cristo (João 6.44). Mas isso se deve à sua própria natureza; ele não é impedido de qualquer bem por força externa ou coerção. Ele não é capaz de fazê-lo pelas "leis" de sua própria natureza depravada.

Assim como um cadáver tem braços e pernas que não são usados porque quem os exercitava está morto, mas que são usados novamente quando Deus ressuscita o corpo, assim também é com a vontade do homem. Ele está espiritualmente morto. É capaz de fazer o bem somente quando é regenerado, a fim de que possa readquirir o coração bom para querer e fazer a boa vontade de Deus (Ef 2.1-7; Jo 3.3; Fl 2.13). O homem regenerado possui a mesma liberdade que Adão tinha antes da queda e que os pecadores tiveram depois da queda. A diferença entre um homem não regenerado e um homem regenerado é de *capacidade*, não de *liberdade*. Ambos são livres para fazer o bem, mas somente o homem regenerado é *capaz* de fazer o bem. E ele o é porque Deus, o Espírito Santo, lhe deu um novo coração (Ef 2.10; 1Jo 5.18; Ez 36.26). Ele é feito uma nova criatura (Gl 6.15). Portanto, agora, ele tem capacidade de querer e fazer o que é bom.

Contudo, a capacidade do homem regenerado não é igual à que Adão tinha originalmente. Antes, Adão foi capaz de fazer a vontade de Deus perfeitamente; mas o homem regenerado ainda não é capaz disso. Isso não significa que ele não seja uma nova criatura de fato. Ele é. Ele verdadeiramente se deleita na vontade de Deus, e persevera no caminho da justiça (1Jo 3.9). O pecado não pode dominá-lo, como antes (1Jo 3.3; Ef 5.9; Rm 6.14). Mas o pecado habita nele (Rm 7.21). A razão para isso é a seguinte: os que são novas criaturas em Cristo estão no processo de santificação. Não são produtos acabados, embora sejam totalmente mudados em essência. São apenas aquilo que deveriam ser "em princípio". Um dia serão aquilo que deveriam ser "em detalhes". Mas agora a obra de Deus está sendo forjada neles. Ele agora opera neles para que queiram e façam cada vez mais a sua boa vontade.

Em breve, a obra de Deus nos regenerados estará concluída (com a glorificação). Mas, mesmo assim, o homem possuirá essencialmente a mesma liberdade que tem agora. A diferença, novamente, estará na medida de sua capacidade, não na liberdade, de fazer o bem. Ele, então, será capaz de fazer apenas o que é certo. E assim será porque sua natureza, então, se confirmará em santidade e se oporá totalmente a todo mal. Ele não será mais suscetível à atração do pecado. Não terá mais o menor desejo de fazer qualquer mal. Permita o Senhor que tanto o autor quanto o leitor possam ver esse dia.

PERGUNTAS

1. Que falsa acusação é frequentemente feita contra a fé reformada quanto ao seu entendimento sobre o livre-arbítrio?
2. O que queremos dizer com a expressão "livre-arbítrio"?
3. O que não queremos dizer com a expressão "livre-arbítrio"?
4. Quais são as duas coisas distintas que as pessoas costumam confundir nas discussões sobre esse assunto?
5. Declare os dois fatos ensinados na Bíblia a respeito de nossa liberdade e capacidade.
6. O que determina a vontade humana?
7. Em que estados da condição humana o homem tem liberdade para fazer o bem ou o mal?
8. Em que estados da condição humana o homem pode fazer o bem?
9. Em que estados da condição humana o homem pode fazer o mal?
10. Prove, pela Escritura, que homens caídos (não regenerados) não podem desejar nada que seja espiritualmente bom.
11. Por que o homem regenerado não é capaz de fazer perfeitamente o bem nesta vida?

X. DA VOCAÇÃO EFICAZ

1. Todos aqueles que Deus predestinou para a vida, e só esses, é ele servido, no tempo por ele determinado e aceito, chamar eficazmente pela sua palavra e pelo seu Espírito, tirando-os por Jesus Cristo daquele estado de pecado e morte em que estão por natureza, e transpondo-os para a graça e salvação. Isto ele o faz, iluminando os seus entendimentos espiritualmente a fim de compreenderem as coisas de Deus para a salvação, tirando-lhes os seus corações de pedra e dando lhes corações de carne, renovando as suas vontades e determinando-as pela sua onipotência para aquilo que é bom e atraindo-os eficazmente a Jesus Cristo, mas de maneira que eles vêm mui livremente, sendo para isso dispostos pela sua graça.

2. Esta vocação eficaz é só da livre e especial graça de Deus e não provém de qualquer coisa prevista no homem; na vocação o homem é inteiramente passivo, até que, vivificado e renovado pelo Espírito Santo, fica habilitado a corresponder a ela e a receber a graça nela oferecida e comunicada.

Essas seções da Confissão nos ensinam: (1) quem são aqueles que são efetivamente chamados; (2) quando são chamados; (3) por que meios são chamados; (4) de que condição moral e espiritual são chamados; (5) a que condição moral e espiritual são chamados; (6) de que maneira eles são efetivamente chamados; e (7) que esse chamado eficaz é totalmente de Deus.

Sendo assim, passamos a examinar a *ordo salutis* — a ordem da aplicação da redenção aos eleitos. Nessa ordem, distinguimos o seguinte: (1) a oferta gratuita de salvação no evangelho (a *vocação* — ou chamado — geral de Deus); (2) a *regeneração* (o ato criativo de Deus em gerar um novo coração nos eleitos); (3) a *conversão* (o fato desse novo coração responder ao evangelho em arrependimento e fé); (4) a *justificação* (o ato judicial de Deus, mediante arrependimento e fé, pelo qual ele declara e constitui seus eleitos "justos" ou retos); (5) a *adoção* (o ato pelo qual Deus inclui os eleitos nos direitos e privilégios dos filhos de Deus); (6) a *santificação* (a obra do Espírito pelo qual os eleitos são habilitados a perseverar na fé para uma conformidade cada vez maior com a vontade de Deus); e (7) a *glorificação* (pela qual, na ressurreição do corpo, o crente é finalmente constituído perfeito em Cristo, tanto em corpo como em alma, para sempre).

A primeira etapa da aplicação da redenção é, via de regra, a vocação eficaz. Dizemos "via de regra" porque há certas exceções. A seção 3 do capítulo X da Confissão fala daqueles que são "incapazes de serem exteriormente chamadas pelo ministério da Palavra", como as crianças que morrem na infância e pessoas que sofrem de transtorno mental grave. Esses, obviamente, não poderiam receber a graça salvífica da mesma maneira que os outros homens. No caso deles, a regeneração ocorreria à parte do ministério da Palavra. Vale a pena fazer uma pausa para registrar que somente o calvinismo, supostamente severo, é capaz de oferecer uma esperança razoável para tais casos, com base em seus princípios. Aqueles que restringem o escopo da soberania divina para suprimir as operações da graça sobre as forças do homem devem logicamente ficar em maus lençóis nesse contexto. Eles não podem oferecer esperança — *com base em seus princípios* — para aqueles que, como vimos, não têm capacidade ou poder! No entanto, a soberania absoluta de Deus na salvação dos homens não conflita com o fato de que, em todos os casos ordinários, Deus emprega os meios que ele mesmo ordenou. Em todos os casos, exceto aqueles especificados, a vocação eficaz é realizada por meio da instrumentalidade da pregação do evangelho: "Aprouve a Deus salvar os que creem pela loucura da pregação" (1Co 1.21).

Deus ordenou que sua Igreja fosse por todo o mundo para pregar o evangelho a todos (Mt 24.14; 28.19; At 1.8). A razão disso é que "a fé vem pelo ouvir, e o ouvir pela palavra de Deus" (Rm 10.17). Isso não significa que todo ser humano na história ouvirá o evangelho. Muitos não o ouvirão (Ef 2:11-12). Deus designou alguns para habitarem nas trevas até o tempo determinado para a libertação (At 17.26-27). E como havia nações destinadas às trevas antes da vinda de Cristo, assim Deus designou os judeus (exceto por um remanescente) para andarem nas trevas nesta presente era, até que venha a plenitude dos gentios (Rm 11.25). No entanto, no período do Antigo Testamento, alguns gentios foram efetivamente chamados; semelhantemente, no período do Novo Testamento, alguns judeus também são.

Uma das coisas mais fascinantes da história da redenção é o meio pelo qual Deus controlou todas as coisas, de modo tal que todos os eleitos (excetos os casos mencionados anteriormente) de fato ouvissem o evangelho para que pudessem ser salvos. Ele garantiu que Raabe e Rute ouvissem o evangelho. Ele garante que os judeus eleitos (bem como outros homens) o ouçam hoje. Assim, na tarefa geral de expandir o testemunho da igreja para todo o mundo, há um controle divino sendo exercido para que os eleitos ouçam o chamado de Deus.

Considere o exemplo da segunda viagem missionária de Paulo. Ele tinha o mundo inteiro diante de si. Para onde, então, deveria ir? Uma escolha seria tão boa quanto outra. Mas quando Paulo pensou em ir para a Bitínia, o Espírito de Deus interveio (At 16.7). Em vez disso, ele foi conduzido para a Macedônia. E, em decorrência disso, Lídia — cujo coração o Senhor abriu — ouviu a Palavra de Deus e atendeu às coisas que Paulo dizia (At 16.14). Foi assim também que o carcereiro filipense foi salvo (16.30-34), e a igreja tessalonicense, estabelecida. Dessa forma, também, alguns foram salvos em Atenas, e muitos em Corinto. Em Corinto, Deus revelou seu controle soberano na propagação de seu evangelho para os homens. Ele revelou a Paulo por que o trouxera para aquele lugar, instruindo-o a pregar o evangelho com ousadia, dizendo: "porquanto eu estou contigo, e ninguém ousará fazer-te mal, pois tenho muito povo nesta cidade" (At 18.10). Deus garante que o eleito ouça a sua voz: "Ainda tenho outras ovelhas, não deste aprisco; a mim me convém conduzi-las; elas ouvirão a minha voz", disse Jesus (Jo 10.16). É assim que o evangelho chega até o eleito. Mas ele também é anunciado para outros homens com os quais os eleitos possuem alguma ligação ou relacionamento. O evangelho é anunciado como oferta sincera de graça e salvação para todos os homens. Ele não faz acepção ou discriminação, e aqueles que o pregam também não devem fazê-lo. Contudo, somente alguns estão dispostos a recebê-lo. A pergunta é: por que alguns aceitam e outros rejeitam essa oferta de salvação eterna? A resposta é que é contrário à vontade e desejo dos homens aceitá-la, até que — no caso de alguns — sua natureza seja mudada.

Essa mudança é o resultado da criação instantânea de um novo coração nos eleitos, pelo poder onipotente do Espírito de Deus: "Dar-vos-ei coração novo e porei dentro de vós espírito novo" (Ez 36.26). Esse é o "novo nascimento" (Jo 3.3-6) e a "nova criação" (Ef 2.10), que são comparados na própria Escritura como sendo um "ressurgir dos mortos". Um estudo cuidadoso de João 3.1-8 mostrará que essa obra soberana do Espírito Santo é: (1) *preveniente* (ou seja, precede toda atividade espiritual do homem que diz respeito à salvação); (2) *monergística* (ou seja, é realizada exclusivamente pelo poder do Espírito Santo); (3) *misteriosa* (não pode ser observada ou descrita); (4) *soberana* (acontece quando e onde o Espírito quiser); e (5) *eficaz* (invariavelmente produz o resultado almejado: a pessoa consequentemente adquire habilidades espirituais que antes não tinha — ela pode *ver* e *entrar* no reino).

O homem não tem participação na regeneração, no sentido de ele fazer alguma coisa. Ele é totalmente passivo nesse ato. O homem não atua ou age na regeneração. Em vez disso, ele é submetido a essa operação, e o resultado é que ele recebe outro coração ou mente. A regeneração está intimamente associada à pregação do evangelho (em casos ordinários), mas não é o evangelho que regenera. É o Espírito Santo. Podemos pensar na Palavra de Deus como o instrumento empregado por ele para efetuar essa regeneração, mas a regeneração é feita, não pelo próprio evangelho, mas somente pelo Espírito Santo, que se compraz em operar por meio dele.

A regeneração promove uma mudança essencial em toda a personalidade — a razão, as emoções e a vontade da pessoa regenerada. Quando regenerada, uma pessoa começa, imediatamente após a regeneração, a pensar diferente, sentir diferente e desejar diferentemente do que pensava, sentia e desejava antes. Por causa disso, ela aceitará com gratidão a oferta gratuita do evangelho. Assim, a vocação de Deus se torna efetiva. É eficaz em todos esses casos. Cada pessoa eleita é capacitada a se arrepender e crer. E ela o faz porque começa a agir a partir de uma nova natureza criada ou implantada pela regeneração: "Assim, pois, não depende de quem quer ou de quem corre, mas de usar Deus a sua misericórdia" (Rm 9.16); "Logo, tem ele misericórdia de quem quer e também endurece a quem lhe apraz" (9.18).

O arminianismo nega o plano da Escritura ao tentar fazer a obra de Deus depender de uma obra do homem. Diz que Deus prevê quem aceitará o evangelho. Então, porque Deus prevê que uma pessoa em particular aceitará o evangelho, ele a regenera quando esse tempo chegar. Mas isso faz da regeneração uma recompensa em vez de um dom que capacita. Se fosse assim, Paulo teria dito: "Assim, pois, depende de *quem* quer ou de quem corre, e *não* de Deus de usar a sua misericórdia". Se fosse assim, Deus "teria misericórdia de quem quer (porque são mais dignos), e não endureceria a ninguém".

PERGUNTAS

1. Cite as sete etapas apresentadas da *ordo salutis* e defina cada uma delas.
2. Quantas dessas etapas a "vocação eficaz" abrange?
3. A quem o evangelho deve ser pregado?
4. A quem o evangelho certamente será pregado?
5. Por que o apóstolo Paulo foi conduzido à Macedônia e não à Bitínia?
6. A que duas classes de homens é anunciado o evangelho?
7. Por que essas duas classes de homens reagem de forma diferente à oferta gratuita de salvação?
8. Tendo como base João 3.1-8, descreva a obra de regeneração operada pelo Espírito Santo.
9. Com o que a Escritura compara a regeneração?
10. Que parte desempenha o homem na regeneração?
11. O que é essencialmente mudado na regeneração?
12. O que os regenerados invariavelmente fazem diante da oferta do evangelho?
13. De que forma o arminianismo negou a verdade sobre a obra da regeneração operada pelo Espírito Santo?

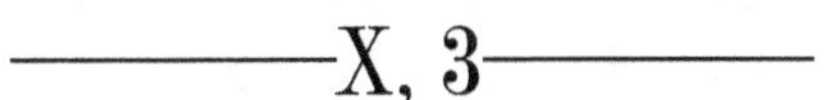

X, 3

3. As crianças que morrem na infância, sendo eleitas, são regeneradas e, por Cristo, salvas, por meio do Espírito, que opera quando, onde e como quer. Do mesmo modo, são salvas todas as outras pessoas eleitas incapazes de serem exteriormente chamadas pelo ministério da Palavra.

Essa seção da Confissão ensina: (1) que existem alguns seres humanos "que são incapazes de serem chamados externamente pelo ministério da

Palavra"; (2) que tais pessoas podem ser eleitas; e (3) que, em tais casos, o Espírito trabalha quando, onde e como lhe agrada.

Exceto em casos como esses, a regeneração ocorre em conexão com o uso dos meios de graça, os quais foram designados pelo próprio Deus. Mas há alguns que são incapazes de compreender a palavra do Espírito, não apenas por motivos de incapacidade espiritual, mas também por incapacidade natural. Isto é, por morrerem na infância ou por apresentarem algum tipo de deficiência mental, eles não seriam capazes de entender o evangelho, mesmo sendo regenerados.

Deve-se admitir, naturalmente, que a Escritura não diz muito sobre a salvação de tais pessoas, pelo menos não diretamente. Cristo disse que as criancinhas e até mesmo os pequeninos são, como tais, membros do reino (Lc 18.15-16 e passagens paralelas). E Davi se expressa de forma a sugerir que crianças que morrem na infância podem ser salvas (2Sm 12.23). Mas, além dessas poucas declarações e das boas e necessárias inferências que podem ser extraídas desses textos, somos completamente limitados naquilo que podemos declarar, com alguma legitimidade, sobre esse assunto. É importante notar, portanto, que a formulação original da Confissão de fé de Westminster observa cuidadosamente essa limitação. Ela diz apenas: "crianças que morrem na infância, sendo eleitas", sem tentar especular sobre quantas podem ser. E o mesmo é verdade para a frase: "todas as outras pessoas eleitas incapazes de serem exteriormente chamadas pelo ministério da Palavra". É concebível que o número de tais pessoas seja muito ou pouco. O importante é que, visto que a Escritura não nos dá muita informação, não devemos agir como se ela desse. Por essa razão, acreditamos que a chamada Declaração declaratória anexa à Confissão de Fé feita pela *Presbyterian Church of USA*[12] e mantida hoje pela *United Presbyterian Church* é injustificada, para dizer o mínimo.

---

12   O autor se refere à Declaração declaratória (Declaratory Statement) da PCUSA, que é a interpretação autoritativa dessa denominação para determinados trechos da Confissão de Fé de Westminster. No caso da Seção ora examinada, o texto dessa Declaração diz que essa Seção "não deve ser considerada como se ensinasse que aquele que morre na infância está perdido. Acreditamos que todos os que morrem na infância estão incluídos na eleição da graça, e são regenerados e salvos por Cristo através do Espírito, que opera quando, onde e como lhe apraz". Em *The Constituition of Presbyterian Church (U.S.A)*, p. 191. Disponível em https://www.pcusa.org/site_media/media/uploads/oga/pdf/boc2016.pdf. Acesso em 18 de fevereiro de 2022. [N. do T.]

Mas aqui temos uma coisa estranha. O calvinismo é muitas vezes visto como severo e proibitivo. Muitos ficam horrorizados com o ensino da predestinação e total incapacidade humana. A salvação que é possível para todos, e que se torna real por algo que cada um é capaz de fornecer, parece mais atraente do que uma salvação que é certa apenas para alguns, visto que ninguém pode fazer nada para obtê-la. Mas a verdade é que o calvinismo é misericordioso, e a visão oposta é severa, uma vez que esta última nega a salvação aos fracos e indefesos, concedendo-a apenas aos (supostamente) fortes e capazes. Como as crianças que morrem na infância podem "se decidir" por Cristo? Como podem os deficientes mentais, por vontade própria, escolhê-lo, quando não conseguem sequer compreender o significado de simples palavras? O arminianismo soa muito atraente quando os homens imaginam que têm a capacidade de fazer, por suas próprias forças, o que deve ser feito para a salvação. No entanto, não oferece nenhum conforto para os desamparados (como os bebês que morrem na infância). Sendo o calvinismo verdadeiro, há razão para esperar a salvação de pessoas como essas.

Nós nos regozijamos com isso e com alegria afirmamos que é somente com base na pura doutrina reformada que há uma base de esperança para crianças que morrem na infância e pessoas com incapacidade semelhante. Mas julgamos perverso quando essa esperança se torna uma reivindicação abrangente (como na Declaração declaratória mencionada acima). Deve-se suspeitar que a base dessa declaração não seja o texto da Bíblia, mas a noção humanista de que Deus não poderia condenar, com justiça, tais indivíduos indefesos. Porém, nossa Confissão de fé e a Bíblia não partilham dessa opinião. Todos os homens pecaram em Adão e caíram com ele em sua primeira transgressão (Rm 5.12). Está totalmente dentro da justa administração de Deus, portanto, condenar todos ao castigo eterno. Se os bebês que morrem na infância são humanos, eles também pecaram em Adão e, portanto, são culpados e passíveis de condenação. Se eles devem ser salvos, nunca pode ser "porque seria injusto que Deus os condenasse", mas apenas porque ele os elegeu para a vida eterna, a qual eles não merecem.

Podemos afirmar que há bebês eleitos que morrem na infância. E também podemos afirmar que os crentes têm uma garantia especial: eles podem confiar que os seus bebês que morrem na infância estejam entre os eleitos (Lc 18.15-16; 2Sm 12.23; At 2.38-39; Ez 16.20-21). Não podemos ir além disso. Podemos legitimamente esperar, mas não podemos exigir.

PERGUNTAS

1. Cite as exceções ao ensino de que a salvação ocorre pela vocação eficaz.
2. Em relação ao arminianismo, a fé reformada (ou calvinismo) fornece esperança para a salvação de um número maior ou menor de pessoas?
3. Por que isso ocorre?
4. Que texto da Escritura afirma que crianças podem ser regeneradas enquanto crianças?
5. Que limitação cuidadosa da Escritura a Confissão de fé observa?
6. Que declaração injustificada é defendida pela *United Presbyterian Church*?
7. Que importante ensinamento da Escritura essa declaração injustificada enfraquece?
8. Todos os filhos dos crentes são necessariamente eleitos?

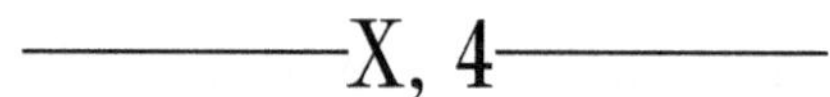

4. Os não eleitos, posto que sejam chamados pelo ministério da Palavra e tenham algumas das operações comuns do Espírito, contudo não se chegam nunca a Cristo e, portanto, não podem ser salvos; muito menos poderão ser salvos por qualquer outro meio os que não professam a religião cristã, por mais diligentes que sejam em conformar as suas vidas com a luz da natureza e com a lei da religião que professam; o asseverar e manter que podem é algo muito pernicioso e detestável.

Essa seção da Confissão nos ensina: (1) que aqueles que não são eleitos não serão salvos (2) porque não virão a Cristo, (3) embora possam ouvir a Palavra e ser poderosamente afetados por forças sobrenaturais; e (4) que a luz da natureza deixa os que não foram alcançados pelo evangelho sem qualquer base alguma para a fé salvífica, razão pela qual eles não têm Deus nem esperança.

Dentre a totalidade dos homens, apenas alguns ouvem o evangelho. Desse número, somente alguns são salvificamente afetados por ele. Apenas os eleitos respondem ao evangelho, e só o fazem após — e porque —

Deus lhes dá um novo coração pelo poder criador do seu Santo Espírito na regeneração. Essa capacidade interior é conferida apenas aos eleitos, e é por isso que eles vêm a Cristo para serem salvos. O mérito, portanto, é apenas de Deus.

Mas o que dizer dos outros que ouvem? *Em primeiro lugar*, lembre-se de que eles também são chamados pelo ministério da Palavra. Esse chamado é "genuíno". É "sincero". Deus roga que eles venham a Cristo. Ele não tem prazer no fato de que eles se recusam a ouvir (Deus *nunca* se deleita com o pecado! Ez 18.32; 2Pe 3.9).

Em segundo lugar, devemos analisar até que ponto essas pessoas podem experimentar o poder do evangelho. A parábola do semeador e da semente proferida por Cristo nos lembra que é possível aparentarmos fé e obediência por um tempo, inclusive manifestando grande zelo pelas coisas de Cristo e, depois, perdermos todo interesse ou mesmo descambarmos em hostilidade para com o reino de Deus. A Escritura fala daqueles que "uma vez foram iluminados, [...] e provaram a boa palavra de Deus e os poderes do mundo vindouro" (Hb 6.4-5). O apóstolo Pedro usa palavras fortes para descrever a triste realidade daqueles que experimentaram essas coisas e voltam às suas antigas práticas (2Pe 2.20-22). "A própria Escritura, portanto, nos leva a concluir que é possível ter uma experiência muito edificante, honrosa, revolucionária e arrebatadora do poder e verdade do evangelho, experimentar intensamente as forças sobrenaturais que operam no reino da graça de Deus, forças essas que produzem em nós efeitos que, sob a ótica humana, dificilmente podem se distinguir daqueles que são produzidos pela graça regeneradora e santificadora de Deus, e ainda assim não sermos participantes de Cristo e herdeiros da vida eterna" (John Murray, *Redemption Accomplished and Applied* [Grand Rapids: Eerdmans, 1955]).[13]

Em terceiro lugar, precisamos observar que um erro fatal é que eles "não se chegam nunca a Cristo". Eles, às vezes, parecem chegar, mas nunca realmente chegam. Eles nunca manifestam arrependimento e fé genuínos. *Por esse motivo*, não podem ser salvos. Toda falta está neles (da mesma forma que, no caso dos eleitos, todo mérito pertence a Deus). No tocante a todos os que ouvem o evangelho e perecem, as palavras de Jesus são verdadeiras: "não quereis vir a mim para terdes vida" (Jo 5.40). Natural-

---

13 Edição em português: John Murray, *Redenção consumada e aplicada* (São Paulo: Editora Cultura Cristã, 2010). [N. do T.]

mente, é verdade que eles *não querem* porque são totalmente depravados por natureza. Também é verdade que somente Deus pode substituir esse coração totalmente depravado por um novo coração que queira vir a Cristo. Mas Deus não é devedor desse dom a ninguém. Aqueles que não o recebem, entretanto, não podem culpar ninguém além de si mesmos por rejeitarem a oferta da graça de Deus.

Se aqueles que ouvem o evangelho e não o aceitam não podem ser salvos, o que dizer daqueles que sequer o ouvem? Se eles são "diligentes em conformar as suas vidas com a luz da natureza" ou "com a religião que professam", não serão aceitos por Deus? Não seria exagero dizer que essa tem sido uma revolução na atitude dos protestantes no que diz respeito a esse assunto. Antes da controvérsia fundamentalista-modernista nas primeiras décadas do século 20, boa parte das denominações protestantes nos Estados Unidos mantiveram a obra de missões estrangeiras porque acreditavam que muitos pereceriam eternamente sem o conhecimento de Cristo. Então, veio a surpreendente tese expressa pelo "Layman's Inquiry"[14] acerca do fundamento das missões estrangeiras (intitulada *Rethinking Missions* [Repensando missões]), que sugeria que o programa de missões estrangeiras deveria ser de aprendizado e de ensino, e que os missionários deveriam buscar uma síntese com outras religiões, em vez de apenas buscar a conversão dos povos.

Mais de sessenta anos se passaram, e agora os líderes do movimento ecumênico (conforme divulgado pelas declarações da seção de missões do Conselho Mundial de Igrejas) afirmam abertamente que os adeptos de religiões "pagãs" podem ser "salvos" sem ouvir o evangelho de Cristo. E, em muitos casos, as mais antigas denominações protestantes priorizaram e enfatizaram, em seus campos missionários estrangeiros, obras de socorro, assistência médica, educação e afins, em vez da pregação do evangelho.

Mas a verdade é que, a longo prazo, esse é um empreendimento inútil. Existe uma relação entre essas bênçãos sociais e econômicas e o evangelho. Desfrutamos delas porque, até certo ponto, o evangelho levedou nossa sociedade. E, na medida em que o verdadeiro evangelho é esquecido ou

---

14 O Layman's Inquiry, ou Layman's Report, ou Relatório de Hocking, foi produzido em 1932 e encabeçado pelo filósofo e professor de Harvard William Ernest Hocking, que avaliou a atividade missionária americana na Ásia e recomendou que o evangelho fosse substituído por propostas de educação e Estado de bem-estar social. [N. do T.]

rejeitado, os benefícios de que usufruímos desaparecerão. É ainda mais evidente que a transformação das nações ditas desprivilegiadas ou subdesenvolvidas nunca será possível sem aquela mudança interior de coração que só o evangelho pode trazer.

O que milhões de dólares, ou mesmo bilhões, farão por um país onde a vaca é adorada e a vida humana desvalorizada? Mas, acima de tudo, devemos encarar o fato de que, além de qualquer alívio temporário da miséria do homem por ajuda externa por meio de ajuda social e econômica, sem o evangelho de Cristo as almas dos homens estão condenadas. É esta convicção que sempre deu e sempre dará o sentido de urgência e perspectiva que a obra missionária exige. "E não há salvação em nenhum outro; porque abaixo do céu não existe nenhum outro nome, dado entre os homens, pelo qual importa que sejamos salvos" (At 4.12). "Aquele que tem o Filho tem a vida; aquele que não tem o Filho de Deus não tem a vida" (1Jo 5.12).

PERGUNTAS

1. Com respeito ao evangelho, a raça humana pode ser dividida em três classes. Quais são elas?
2. No evangelho, o chamado de Deus é "sincero"? Prove biblicamente.
3. Até que ponto uma pessoa pode ser afetada pelo evangelho sem passar pela verdadeira conversão?
4. Por que tais pessoas não vêm a Cristo?
5. Seria isso culpa de Deus? Explique.
6. Quem, de fato, é culpado pelo destino final dos incrédulos?
7. Quem, de fato, recebe toda a glória pelo estado final desfrutado pelos verdadeiros crentes?
8. Aqueles que não ouvem o evangelho podem ser salvos por meio de sua própria religião?
9. Por que, em última análise, é inútil tentar "ajudá-los" apenas por meio de ajuda social e econômica?
10. Qual é a posição entre os liberais em relação às religiões "pagãs"?
11. Acerca das religiões pagãs, cite textos bíblicos que fundamentam a posição protestante expressa em nossa Confissão de Fé.

XIV. DA FÉ SALVADORA
E
XV. DO ARREPENDIMENTO PARA A VIDA
XIV, 1-3

1. A graça da fé, por meio da qual os eleitos são capacitados a crer para a salvação da sua alma, é a obra que o Espírito de Cristo faz no coração deles e é ordinariamente operada pelo ministério da Palavra; por esse ministério, bem como pela administração dos sacramentos e pela oração, ela é aumentada e fortalecida.

2. Por essa fé, o cristão, segundo a autoridade do mesmo Deus que fala em sua Palavra, crê ser verdade tudo quanto nela é revelado, e age de conformidade com aquilo que cada passagem contém em particular, prestando obediência aos mandamentos, tremendo às ameaças e abraçando as promessas de Deus para esta vida e para a futura; porém, os principais atos de fé salvadora são: aceitar e receber a Cristo e firmar-se só nele para a justificação, santificação e vida eterna; isso ocorre em virtude do pacto da graça.

3. Essa fé é de diferentes graus: é fraca ou forte, e pode ser, de muitas vezes e de muitos modos, assaltada e enfraquecida, mas sempre alcança a vitória; proporcionando em muitos perfeita segurança em Cristo, que é tanto o Autor quanto o Consumador da fé.

XV, 1-5

1. O arrependimento para a vida é uma graça evangélica, doutrina esta que deve ser pregada por todo ministro do evangelho, tanto quanto a doutrina da fé em Cristo.

2. Movido pelo reconhecimento e sentimento não só do perigo, mas também da impureza e odiosidade do pecado, como coisas contrárias à santa natureza e justa Lei de Deus, e ao apreender a misericórdia divina manifestada em Cristo aos penitentes, o pecador, pelo arrependimento, de tal maneira sente e abomina os seus pecados que, deixando-os, se volta para Deus, com a intenção de andar com ele em todos os caminhos dos seus mandamentos e se esforça para isso.

3. Ainda que não devamos confiar no arrependimento como sendo, de algum modo, uma satisfação pelo pecado, ou em qualquer sentido a causa do perdão dele, o que é ato da livre graça de Deus em Cristo, contudo ele é de tal modo necessário aos pecadores que, sem ele, ninguém poderá esperar o perdão.

4. Como não há pecado tão pequeno que não mereça a condenação, assim também não há pecado tão grande que possa trazer a condenação sobre os que se arrependem verdadeiramente.

5. Os homens não devem se contentar com um arrependimento geral; é dever de todos procurar arrepender-se particularmente de cada um dos seus pecados.

Agora vamos nos afastar um pouco da ordem das doutrinas encontradas na Confissão de Fé, para discutir a conversão em sua relação lógica com a vocação eficaz. A vocação (ou chamado) se torna eficaz quando a conversão acontece. Somente quando a conversão ocorre é que são efetuadas a justificação, a adoção, a santificação e a perseverança. Isso não contraria a ordem na qual a Confissão trata dessas doutrinas. Evidentemente, a razão para a ordem da Confissão é o desejo de, primeiro, considerar os atos de Deus, e, depois, a resposta do homem (em arrependimento e fé). Isso é perfeitamente aceitável. Mas também é útil observar a *ordo salutis* em sequência. Para tal, precisamos colocar a conversão (arrependimento e fé) após a vocação eficaz.

Primeiramente, devemos observar que a regeneração é inseparável de seus efeitos. Um deles é a fé. Outro, o arrependimento. A regeneração é a renovação do coração ou mente, e a personalidade renovada deve e agirá de acordo com sua natureza. Em fé e arrependimento nós simplesmente vemos a nova natureza começando a se afirmar. Do mesmo modo, deve ser enfatizado que arrependimento e fé são a atividade do pecador somente, como a regeneração é o ato de Deus somente. É Deus quem regenera, e é o pecador quem se arrepende e crê. Por fim, devemos entender que arrependimento e fé são inseparáveis. Um não pode existir sem ou à parte do outro. Por essa razão vamos considerar, nesta seção, estes capítulos juntos. A conversão vem depois da regeneração, mas o arrependimento e a fé vêm juntos, e não um após o outro.

A verdadeira conversão é um assunto complexo. Ela envolve uma transformação completa do coração, mente ou personalidade de um homem. Assim como a larvazinha é transformada numa linda borboleta, de igual modo o pecador se torna santo pela renovação da sua mente (Rm 12.2). Porque o homem foi feito à imagem de Deus, há diversidade dentro da unidade de sua personalidade. Ele tem as faculdades da razão, afeição e vontade. Pode pensar ou raciocinar; pode nutrir desejos profundos; e pode escolher entre alternativas variadas. Uma conversão completa envolve todas essas coisas em sua unidade e diversidade. Sem nenhuma delas, sem todas elas, a personalidade em toda a sua inteireza não experimenta a verdadeira conversão.

Arrependimento e fé são dois aspectos dessa transformação completa da alma. O arrependimento indica o aspecto da mudança pelo qual a alma se desvia do pecado e experimenta uma legítima aversão a ele. A fé indica o aspecto da mudança pelo qual a alma se volta para Cristo e experimenta um supremo apego por ele. Ambas as fases dessa volta completa envolvem a personalidade em sua totalidade — razão, afeições e vontade. Na figura 3, encontramos uma representação desse fato.

É importante enfatizar que uma conversão que não seja completa não funcionará. Citaremos alguns exemplos. (1) Muitas conversões ocorridas em "encontros de avivamento" não resistem ao teste do tempo. Esse é um exemplo bem conhecido, mas a razão muitas vezes passa despercebida. Nesses casos, é óbvio que os sentimentos, afeições ou emoções estão profundamente envolvidos. Assim, em resposta ao apelo do evangelista, a vontade é exercida enquanto o pecador "vai à frente". O que está faltando, então? É o conhecimento que está faltando. Sem o conhecimento bíblico da própria depravação, por um lado, e, sem a obra de redenção de Jesus Cristo, por outro, não pode haver conversão genuína. Porque um aspecto importante da pessoa é negligenciado, o que temos é uma conversão defeituosa, a despeito de todas as aparências em contrário.

FIG.3

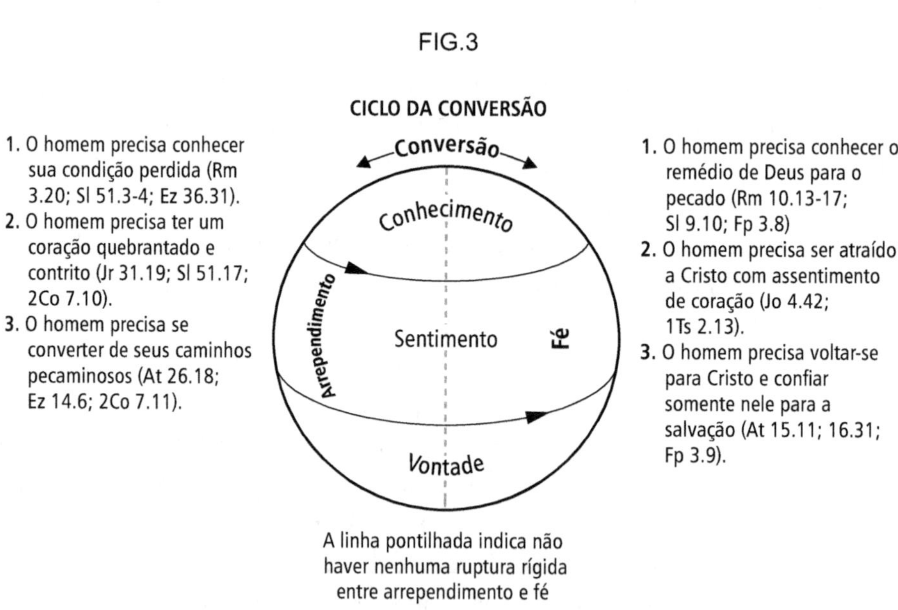

CICLO DA CONVERSÃO

1. O homem precisa conhecer sua condição perdida (Rm 3.20; Sl 51.3-4; Ez 36.31).
2. O homem precisa ter um coração quebrantado e contrito (Jr 31.19; Sl 51.17; 2Co 7.10).
3. O homem precisa se converter de seus caminhos pecaminosos (At 26.18; Ez 14.6; 2Co 7.11).

1. O homem precisa conhecer o remédio de Deus para o pecado (Rm 10.13-17; Sl 9.10; Fp 3.8)
2. O homem precisa ser atraído a Cristo com assentimento de coração (Jo 4.42; 1Ts 2.13).
3. O homem precisa voltar-se para Cristo e confiar somente nele para a salvação (At 15.11; 16.31; Fp 3.9).

A linha pontilhada indica não haver nenhuma ruptura rígida entre arrependimento e fé

(2) Um dos perigos, em uma igreja biblicamente ortodoxa, é que conhecimento e atividade podem se confundir com conversão genuína. Aqueles que ouvem regularmente a sã pregação da doutrina e têm certas atividades em grupo que são cristãs devem sempre ser lembrados de que não há verdadeira conversão sem contrição e convicção de coração. Nesse sentido, o que temos é algo como uma "ortodoxia morta". É religião sem sentimento — e, também, sem esperança.

(3) Outra situação comum é aquela na qual pecadores possuem um conhecimento adequado da lei e do evangelho de Deus, acompanhado de

sentimentos profundos de contrição e convicção, e, ainda assim, nunca realmente saem da morte no pecado para a vida em Cristo. Podemos chamar isso de "espectadores" da religião. O cristianismo é, para eles, como um grande palco de teatro — eles o conhecem de cor e ficam profundamente emocionados com ele —, mas nunca se tornam "parte do drama". Isso não é conversão, e só leva à tristeza e morte.

A Confissão fala de arrependimento e fé como "graças". Ou seja, são dons divinos (At 11.18; Ef 2.8). Quando Deus regenera uma pessoa, ele implanta a semente (ou princípio) de arrependimento e fé. É inadequado, portanto, pensar em arrependimento ou fé como simples atos momentâneos e passageiros. Antes, eles são estados permanentes ou condições expressivas da alma. Podemos falar do ato inicial de arrependimento e fé. Mas com esse ato inicial começa uma atividade que nunca cessa depois (Lc 22.32). Porque fé e arrependimento são dons de Deus, eles não podem falhar.

PERGUNTAS

1. Qual a razão provável de a Confissão expor as etapas da salvação numa ordem diferente da *ordo salutis*?
2. Qual o lugar da "conversão" na *ordo salutis*?
3. Qual a relação entre regeneração e conversão?
4. Fé e arrependimento podem existir separadamente? Por quê?
5. Por que devemos chamar a conversão de um assunto complexo?
6. Quais as três faculdades da alma humana?
7. Quais as duas fases ou partes da conversão?
8. Descreva três tipos de situação que manifestam aparentes conversões.
9. Por que arrependimento e fé são chamados de "graças"?
10. Arrependimento e fé são atos momentâneos ou condições permanentes da alma?

—XIV, 1-3; XV, 1-5 (continuação)—

Nessa seção, vamos considerar brevemente alguns erros clássicos quanto ao arrependimento e fé.

Um deles é o dogma católico romano da confissão (ou penitência). De acordo com A. A. Hodge, "Os romanistas distinguem a penitência (1) como sendo uma virtude, que é interna, incluindo a tristeza pelo pecado e um volver-se do pecado para Deus, (2) como um *sacramento*, que é a expressão externa do estado interno. Esse sacramento consiste em: (a) *contrição* (isto é, tristeza e aversão pelos pecados pregressos, com o propósito de não mais pecar; (b) *confissão* (ou autoacusação a um sacerdote que detém o poder das chaves); (c) *satisfação* (ou alguma obra penosa, imposta pelo sacerdote e cumprida pelo penitente, com o fim de satisfazer a justiça divina pelos pecados cometidos); e (d) *absolvição* (pronunciada judicialmente por um sacerdote, e não só declarativamente)" (*The Confession of Faith* [London: Banner of Truth, 1958], p. 214).[15] E como Hodge destacou, segundo essa visão, essa obra penosa "faz uma satisfação real pelo pecado" e "é absolutamente essencial: o único meio pelo qual o perdão dos pecados cometidos depois do batismo pode ser assegurado". Há, então, na visão católica romana do arrependimento, ao menos como um elemento relevante: a noção de que o pecador pode e deve orar por seus próprios pecados e, assim, obter o favor de Deus.

Não é nenhum exagero dizer que a visão bíblica do arrependimento é exatamente o oposto disso. O verdadeiro arrependimento é o reconhecimento do fato, a convicção do fato e o consentimento ao fato de que não há nenhum meio possível pelo qual o pecador possa satisfazer a justiça divina senão experimentando a condenação eterna. Com efeito, é exatamente esse reconhecimento, convicção e consentimento que também exige que o pecador confie apenas na satisfação decorrente do sofrimento de Cristo para a salvação. Nossa concepção do arrependimento não poderia ser mais equivocada do que considerá-lo como uma obra desempenhada por nós. Pelo contrário, é a compreensão abjeta de que o favor de Deus nunca pode ser conquistado pelos nossos esforços.

A doutrina arminiana do "arrependimento evangélico" também consiste em grande erro. Ela ensina que o arrependimento precede a regeneração. Baseia-se na suposição de que o homem não regenerado não está, real nem totalmente, morto em pecado, nem destituído de todos os poderes para o bem espiritual, mas que ele ainda pode ter fome e sede de justiça e oferecer o sacrifício de um espírito contrito e quebrantado, que é agradável a Deus (Cânones de Dort, III-IV, "Rejeição de erros", parte 4). Esse estado de

---

15 Edição em português: *Confissão de Fé de Westminster comentada por A. A. Hodge* (São Paulo: Editora Os Puritanos, 1999), p. 291. Tradução de Valter Graciano Martins. [N. do T.]

espírito ou coração é considerado um ato de obediência autogerado, em troca do qual Deus concede o dom da vida eterna.

A maneira como o arminianismo trata o arrependimento como obra não é tão óbvia quanto a visão católica romana, mas não há diferença essencial. Mais uma vez, devemos insistir que o arrependimento, longe de ser um ato meritório de obediência que agrada a Deus e traz em troca sua bênção e recompensa, é, antes, uma consciência de sua total incapacidade de agradar a Deus ou fazer qualquer coisa que mereça sua bênção e recompensa. Essa é exatamente a razão tanto psicológica como teológica por que não pode haver verdadeiro arrependimento sem fé em Cristo. Quando uma pessoa toma consciência de sua total incapacidade de fazer algo que desvie a ira e maldição de Deus e obtenha o seu favor, ela está pronta para confiar em Jesus Cristo que, como substituto, suportou essa ira e maldição e obteve para o seu povo o favor do Pai.

No âmbito da fé, como no do arrependimento, alguns introduziram a doutrina da capacidade ou mérito humanos. Mas, como disse John Murray, "A fé não é algo que merece o favor de Deus. Toda a eficácia para a salvação reside no Salvador. Como alguém, apropriada e corretamente, declarou: Não é a fé que salva, e sim a fé em Jesus Cristo; estritamente falando, não é nem mesmo a fé em Cristo que salva, e sim é o próprio Cristo quem salva através da fé" (*Redemption Accomplished and Applied* [Grand Rapids: Eerdmans, 1955], p. 139).[16] "O caráter específico da fé é aquele que olha para fora de si mesmo e encontra todo o seu interesse e objeto em Cristo. Ele é sobre quem a fé repousa e sossega". Qualquer outra coisa além de confiar e depender completamente de Cristo para a salvação não é fé no sentido bíblico.

PERGUNTAS

1. Que elementos do ensino católico romano concernente à penitência (quando considerados à parte dos erros) são apropriados para uma visão correta de arrependimento?

2. Qual é o elemento do ensino católico romano concernente à penitência que se opõe precisamente ao arrependimento bíblico?

---

16 Edição em português: *Redenção consumada e aplicada* (São Paulo: Editora Cultura Cristã, 2010). Tradução de Ivan G. Grahm Ross e Valter Graciano Martins. [N. do T.]

3. O que a concepção bíblica enfatiza contra o ensino católico romano concernente à penitência?
4. Que suposição fundamenta a concepção arminiana de arrependimento?
5. De que forma a concepção arminiana de arrependimento é essencialmente igual à doutrina católica romana?
6. O que deve ser enfatizado em oposição à visão arminiana?
7. O que deve ser rigorosamente excluído, a todo custo, da verdadeira visão de arrependimento e fé?

XV, 6

6. Como todo o homem é obrigado a fazer a Deus confissão particular dos seus pecados, pedindo-lhe o perdão deles e, abandonando-os, achará misericórdia, assim também aquele que escandaliza a seu irmão ou a igreja de Cristo deve estar pronto, por uma confissão particular ou pública do seu pecado e do pesar que por ele sente, a declarar o seu arrependimento aos que estão ofendidos; isso feito, estes devem reconciliar-se com o penitente e recebê-lo em amor.

Essa seção da Confissão nos ensina a doutrina protestante da confissão, ou seja, (1) que todos os pecados devem ser confessados a Deus, e (2) que determinados pecados também devem ser confessados àqueles contra quem foram cometidos.

Geralmente se pensa que apenas os católicos romanos são obrigados a confessar seus pecados. A verdade é que a finalidade desse dever é amplamente reconhecido também nas igrejas reformadas. A fé reformada reconhece, diferentemente do catolicismo romano, a verdadeira magnitude desse dever. Consequentemente, sua perspectiva é mais profunda e perspicaz. Isso é verdade, em primeiro lugar, por causa do reconhecimento de que todos os pecados devem ser confessados a Deus, em vez de serem meramente confessados a homens: "Se confessarmos os nossos pecados, ele é fiel e justo para nos perdoar os pecados e nos purificar de toda injustiça" (1Jo 1.9). É muito mais terrível encarar Deus do que homens. Também é eficaz, ao passo que nenhum mero homem tem poder de perdoar pecados: "Sendo assim, todo homem piedoso te fará súplicas em tempo de poder encontrar-te", diz Davi (Sl 32.6). A perspectiva reformada é verdadeira, em segundo lugar, por causa do reconhecimento de que a pecaminosidade do coração do homem deve ser mais confessada do que até mesmo os pecados que procedem dele (Sl 51; 38.3-10). É mais fácil recitar uma lista de pecados do que prantear a impureza do coração. Em terceiro lugar, a confissão de pecados é um dever que requer uma constância muito maior do que aquela que é praticada na concepção católica romana: "À tarde, pela manhã e ao meio-dia, farei as minhas queixas e lamentarei; e ele ouvirá a minha voz" (Sl 55.17).

Como, porém, um pecador corrompido pode se apresentar diante desse Deus santo que é um fogo consumidor? Ele não *precisa* de um sacerdote para mediar isso? Ele, de fato, precisa de alguém que: (1) afaste a ira de Deus; e (2) absolva a sua própria culpa e remova a impureza. A glória do evangelho de Cristo e da confissão reformada é que eles apresentam o único Salvador e Sacerdote capaz de realizar o que essa situação requer. Convinha que Cristo "se tornasse semelhante aos irmãos, para ser misericordioso e fiel sumo sacerdote nas coisas referentes a Deus e para fazer propiciação pelos pecados do povo" (Hb 2.17). Pelo sacrifício de si mesmo, ele removeu a ira de Deus *e* nossa impureza. Sendo assim, subiu ao alto para interceder por nós. Por essa razão, somos ordenados na Palavra de Deus a não reconhecer nenhum outro como nosso sacerdote. Não devemos imaginar que ele "não possa compadecer-se" de nossas enfermidades, mas devemos achegar-nos com ousadia a ele em busca de misericórdia e socorro (Hb 4.15-16). Portanto, nenhum pecado pode ser removido até que seja confessado a Deus por meio dele.

Nosso dever primário é considerar todo pecado como uma ofensa contra Deus. Devemos confessar todos os nossos pecados a ele (Sl 51.4). No entanto, a Escritura também exige que confessemos uns *aos* outros os pecados cometidos uns *contra* os outros: "Confessai, pois, os vossos pecados uns aos outros", diz o apóstolo (Tg 5.16). Esse dever está implícito na Oração do Senhor (Mt 6.12). Assim como devemos buscar o perdão confessando nossas ofensas àqueles contra quem pecamos, também devemos estar prontos para perdoar qualquer um que nos tenha ofendido (Lc 17.3-4). Somente aquele contra quem o pecado foi cometido pode perdoar. Além daquelas ofensas contra indivíduos, que devem ser confessadas a eles individualmente, e contra pessoas públicas, que devem ser confessadas publicamente, toda confissão e perdão devem ocorrer entre o pecador e seu Senhor.

PERGUNTAS

1. O catolicismo romano exige confissão de pecados mais do que o exige a fé reformada?
2. De que forma a fé reformada, diferentemente do catolicismo romano, reconhece a magnitude do dever de se fazer confissões de pecados?
3. Precisamos de um sacerdote para confissão de pecados? Por quê?
4. Por que um sacerdote romano não pode satisfazer nossa necessidade de confissão de pecados?
5. Por que podemos ter confiança de que Cristo não é "sublime demais" para se preocupar em suprir essa necessidade?
6. Por que podemos ter confiança de que Cristo é capaz de suprir essa necessidade?
7. Que pecados devem ser confessados tanto aos homens quanto a Deus?
8. Que pecados não devem ser confessados aos homens, mas somente a Deus?

XI. DA JUSTIFICAÇÃO

1. Os que Deus chama eficazmente, também livremente justifica. Essa justificação não consiste em Deus infundir neles a justiça, mas em perdoar os seus pecados e em considerá-los e aceitá-los como justos. Deus não os justifica em razão de qualquer coisa neles operada ou por eles feita, mas somente em consideração da obra de Cristo; não lhes imputando como justiça a própria fé, o ato de crer, ou qualquer outro ato de obediência evangélica, mas imputando-lhes a obediência e a satisfação de Cristo, quando eles o recebem e se firmam nele pela fé, que não têm de si mesmos, mas que é dom de Deus.

2. A fé, assim recebendo e assim se firmando em Cristo e em sua justiça, é o único instrumento de justificação; ela, contudo, não está sozinha na pessoa justificada, mas sempre anda acompanhada de todas as outras graças salvadores; não é uma fé morta, mas que opera pelo amor.

Essas seções nos ensinam: (1) que os que são eficazmente chamados (regenerados e convertidos) também são justificados; (2) que a justificação é judicial; (3) que ela é efetuada por imputação; (4) que ela é condicionada e aplicada instrumentalmente pela fé (que é um dom de Deus); e (5) que, embora a justificação seja pela fé somente, ela invariavelmente produz boas obras.

Apenas os que são eficazmente chamados por Deus são, também, justificados por ele. O Apóstolo Paulo expressa isso de forma sucinta quando afirma que "aos que predestinou, a esses também chamou; e aos que chamou, a esses também justificou; e aos que justificou, a esses também glorificou" (Rm 8.30). A justificação nunca vem sozinha. Ela é um elo na corrente dourada da obra redentiva de Deus. É pela fé, mas não pode haver fé senão em quem é regenerado pelo Espírito de Deus.

A regeneração é consumada naqueles a quem o Senhor escolheu desde a fundação do mundo (Ef 1.4-5, 11; 2.4-10).

Mas o que é justificação? É um "ato da livre graça de Deus, no qual ele perdoa todos os nossos pecados e nos aceita como justos diante dele, somente por causa da justiça de Cristo a nós imputada e recebida só pela fé" (Breve Catecismo de Westminster, pergunta 33). É a resposta de Deus à nossa mais desconcertante necessidade: como pode um pecador ser justo perante ele? O fato lamentável é que somos todos pecadores perante Deus. Pecamos e carecemos da sua glória (Rm 3.23). "Tão frequentemente deixamos de encarar a gravidade deste fato. Por conseguinte, a realidade de nosso pecado e a realidade da ira de Deus que recai sobre nós, em virtude de nosso estado pecaminoso, não fazem parte de nossas cogitações. Esta é a razão por que o grande assunto da justificação não toca os sininhos nos recônditos mais profundos do nosso espírito" (John Murray, *Redemption Accomplished and Applied* [Grand Rapids: Eerdmans, 1955]).[17] Somente quando percebemos, pela graça e convicção dadas por Deus, que total pecaminosidade e corrupção habitam as profundezas de nossa natureza, é que podemos aprender o que significa ser justificado.

Para um correto entendimento desse importante artigo de nossa fé, é fundamental o fato de que "é Deus quem justifica" (Rm 8.33). A justificação é aquilo que não efetuamos nem podemos efetuar por nós mesmos. Ela "não é algum exercício religioso em que nos empenhamos" (Murray, *Redemption*). Esse fato é realçado por outro. Justificação não significa que alguém *seja*, ou seja feito, ou se *torne* inerentemente bom, santo e reto. Pelo contrário, é o *pecador* que é justificado e, no mesmo instante em que é declarado justo por Deus, ele continua pecador e indigno.

Isso não significa que a santidade interior seja ignorada no plano da salvação. De forma alguma. Os verdadeiros crentes são santificados, tão certo quanto justificados. Eles são instados a engajarem-se na tarefa de "aperfeiçoar a santidade" no temor de Deus (2Co 7.1), "sem a qual ninguém verá o Senhor" (Hb 12.14). Essa santidade pessoal, interna e inerente deve e será realizada por um processo que leva tempo. A justificação, porém, não leva tempo. Tampouco aguarda o término da santificação. *Não é* um processo, mas um ato instantâneo de Deus, aplicado imediatamente ao

---

17 Edição em português: *Redenção consumada e aplicada* (São Paulo: Editora Cultura Cristã, 2010). [N. do T.]

(ainda) pecador não santificado, assim que ele crê. Nesse caso, o pecador é imediatamente (e a partir de então) considerado por Deus como se fosse perfeitamente justo.

O termo "justificação" não significa a ação de tornar uma pessoa santa em si mesma. É, antes, uma declaração legal. É nesse sentido que o termo é empregado na Escritura: "Em havendo contenda entre alguns, e vierem a juízo, os juízes os julgarão, justificando ao justo e condenando ao culpado" (Dt 25.1). Esse texto fala de juízes humanos, e enfatiza o dever de declarar que o justo seja justificado, e o injusto, culpado. Imagine que caricatura de justiça seria se eles fizessem o contrário! Mas se a palavra "justificar" significava "tornar de fato justo", seria difícil imaginar que o Senhor condenaria tal pessoa. O que lhe é mais agradável do que o ímpio deixar a impiedade e ser justo? Portanto, se o juiz humano não pode justificar o ímpio, então o termo "justificar" não pode significar tornar o ímpio justo. Significa declarar, em vez de constituir, quem ele é. Quando os publicanos justificaram a Deus (Lc 7.29 — ACF), eles não o tornaram justo; eles apenas o declararam justo. Inversamente, quando o juiz condena o ímpio (Dt 25.1), ele não o torna ímpio; ele tão somente declara que ele é ímpio. A justificação, como a condenação, é uma declaração judicial. Assim, a justificação é considerada judicial. Diz respeito ao juízo que é declarado. Devemos, portanto, distinguir cuidadosamente o ato da regeneração (que institui uma mudança de natureza) do ato da justificação (que declara uma mudança de *status*). "A distinção é semelhante àquela entre o ato de um cirurgião e o ato de um juiz. Quando um cirurgião remove um câncer, ele faz algo em nós. Mas não é assim com um ato de um juiz, na verdade ele declara um veredito a respeito de nosso estado judicial" (Murray, *Redemption*).

O milagre da justificação, portanto, consiste nisto: que Deus faz o que um juiz humano não deve nem pode fazer. Ele declara justos aqueles que são realmente ímpios (Rm 4.5; 3.19-24). Se os homens fizessem isso seria abominação (Pv 17.15). Deus, porém, o faz, e não é injusto ao fazê-lo. A pergunta é: como? A resposta é: Deus provê uma base legal sobre a qual declarar que o injusto seja justo. Ele o faz mediante *imputação*. Mediante a imputação, Deus leva o pecador a apossar-se legalmente da justiça e ser liberto da injustiça, mesmo enquanto pecador. Tendo, pois, *constituído* os pecadores justos, ele os *declara* como tais.

O termo "imputar" significa "considerar, julgar ou ter como". Quando um homem inocente é considerado ou julgado culpado, ele se queixará de que os homens estão lhe imputando *falsamente* a culpa. Eles o consideram o que ele realmente não é. Assim é conosco. Deus (sem cometer injustiça) nos considera justos. A razão pela qual Deus pode fazer isso é que Cristo guardou a lei perfeitamente e, assim, operou uma justiça perfeita que ele então ofereceu gratuitamente ao Pai em nosso favor para este propósito. Deus é capaz de nos considerar livres de culpa. A razão é que Cristo se colocou em nosso lugar para que Deus pudesse considerar nossa culpa como sendo dele. Ele foi condenado, assim como nós somos justificados. Falamos de "dupla imputação" por causa da obediência *ativa* (pois obedeceu perfeitamente à lei de Deus) e *passiva* (pois sofreu plenamente a penalidade da lei contra o pecado) de Cristo. Deus considera a justiça de Cristo como nossa, e nossa culpa como sendo dele. Sem a imputação da nossa culpa em Cristo e sem a imputação da justiça dele em nós, não haveria base para a justificação. Mas, com base nisso, Deus pode nos declarar justos aos seus olhos. Esse ato declarativo é a justificação.

Disso resulta claramente que o único fundamento de nossa justificação é a obediência de Cristo. Não pode ser, em nenhum sentido, nossa própria justiça. Essa ideia é maravilhosamente expressa pelo apóstolo Paulo: "Sim, deveras considero tudo como perda, por causa da sublimidade do conhecimento de Cristo Jesus, meu Senhor; por amor do qual perdi todas as coisas e as considero como refugo, para ganhar a Cristo e ser achado nele, não tendo justiça própria, que procede de lei, senão a que é mediante a fé em Cristo, a justiça que procede de Deus, baseada na fé" (Fp 3.8-9). Visto que não temos justiça própria, e visto que devemos ter justiça *perfeita* diante de Deus para que ele possa nos declarar justos, não pode haver mistura de nossa própria justiça com a de Cristo imputada a nós. A fé salvadora está simplesmente "recebendo e assim se firmando em Cristo e em sua justiça", e é, por essa razão, "o único instrumento de justificação". Deus não requer nada de nós, exceto total confiança na justiça e satisfação de Cristo.

Isso significa que, no instante em que começamos a confiar em Cristo, somos imediatamente declarados legalmente sem pecado, culpa ou punição futura. Essa declaração não pode depender de nada feito pelo pecador. A fé — que não é "fazer" algo por nós mesmos, mas apenas depender do que Cristo fez — resulta instantaneamente numa justificação completa e eterna, desde que seja fé verdadeira. Se for fé verdadeira, também há de produzir boas obras, que são a única prova segura dela. Falaremos mais sobre isso em nossa discussão do capítulo XVI.

PERGUNTAS

1. Quanto ao processo de salvação, com o que a justificação está sempre ligada?
2. Qual é a pergunta mais desconcertante que alguém pode fazer acerca da justificação?
3. O que precisamos compreender para recorrer adequadamente à doutrina da justificação?
4. Quem é o justificador do pecador?
5. O que não significa justificação?
6. Justificação significa que os pecadores serão salvos sem santidade pessoal?
7. Quanto tempo demora a justificação?
8. O que significa "justificar"? Prove a partir das Escrituras.
9. Por que chamamos a justificação de ato "judicial"?
10. É errado os homens justificarem os ímpios? Por quê?
11. É errado Deus justificar os ímpios? Por quê?
12. Sobre qual fundamento Deus opera a fim de justificar o pecador de modo justo?
13. O que significa "imputação"?
14. O que significa a expressão "dupla imputação"?
15. Por que a obediência de Cristo é o único fundamento de nossa justificação?
16. Somos salvos pela "fé somente"?
17. Somos salvos somente pela fé?

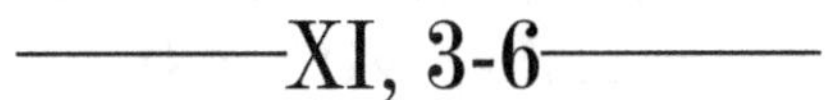

XI, 3-6

3. Cristo, pela sua obediência e morte, pagou plenamente a dívida de todos os que são justificados, e, em lugar deles, ofereceu a seu Pai uma satisfação própria, real e plena. Contudo, como Cristo foi pelo Pai dado em favor deles e como a obediência e satisfação dele foram aceitas em lugar deles, ambas livremente e não por qualquer coisa neles existente, a justificação deles provém unicamente da livre graça, a fim de que tanto a perfeita justiça como a abundante graça de Deus sejam glorificadas na justificação dos pecadores.

4. Deus, desde toda a eternidade, decretou justificar todos os eleitos; Cristo, no cumprimento do tempo, morreu pelos pecados deles e ressuscitou para a justificação deles; contudo, eles não são justificados até que o Espírito Santo, no tempo próprio, lhes aplique, de fato, os méritos de Cristo.

5. Deus continua a perdoar os pecados dos que são justificados. Embora nunca seja possível decair do estado de justificação, eles poderão, contudo, incorrer no paternal desagrado de Deus e ficar privados da luz do seu rosto, até que se humilhem, confessem os seus pecados, peçam perdão e renovem a sua fé e o seu arrependimento.

6. A justificação dos crentes sob o Antigo Testamento era, em todos esses aspectos, a mesma justificação dos crentes sob o Novo Testamento.

Essas seções nos ensinam: (1) que Cristo proveu a base para a nossa justificação; (2) que isso ocorre por pura graça (uma vez que ele assumiu nosso lugar voluntariamente, como um meio de Deus aceitá-lo como nosso substituto); (3) que a justificação dos eleitos foi decretada na eternidade, consumada na história por Cristo e, no entanto, aplicada apenas no tempo pelo Espírito Santo; (4) que Deus justifica pecadores, mesmo diante dos pecados cometidos por eles depois de crerem; (5) que isso não significa que eles não possam nem caiam no desagrado e castigo divinos; e (6) que a justificação é essencialmente a mesma para todos os crentes, em todas as épocas.

Já mostramos que Cristo proveu a base para a nossa justificação mediante sua obediência ativa e passiva (VIII, 5; XI, 1-2). Também provamos que isso foi totalmente voluntário de sua parte, e também como Deus o aceitou como nosso substituto (Jo 10.17-18; 1Tm 2.6; Ef 5.2). Os fatos a seguir indicam que "a justificação provém unicamente da livre graça". (1) Foi um ato de livre graça Deus ter permitido que outro fosse o nosso substituto. (2) Foi um ato de livre graça Deus ter dado o seu Filho unigênito para ser o nosso substituto. (3) Foi um ato de livre graça Deus ter escolhido muitos de uma raça perdida para serem representados por ele. (4) Foi um ato de livre graça Deus ter concedido as recompensas que são a herança dos redimidos por causa da obra consumada de Cristo (ver A. A. Hodge, *The Confession of Faith* [London: Banner of Truth, 1958], p. 186).[18]

Alguns defendem que os eleitos são justificados desde a eternidade. A Bíblia fala desses eleitos como "escritos no Livro da Vida do Cordeiro que foi morto desde a fundação do mundo" (Ap 13.8). O problema com essa visão é que ela não faz distinção entre o decreto (ou plano) de Deus e a execução desse decreto. É verdade que Deus previu a justificação dos eleitos. Desse modo, Paulo pôde falar que a Escritura *previu* que Deus justificaria pela fé os gentios (Gl 3.8). No entanto, ele não diz que Deus já os tinha justificado. Como o apóstolo Pedro disse, o sacrifício de Cristo (que é a base para a justificação) foi "conhecido, com efeito, antes da fundação do mundo, porém manifestado no fim dos tempos, por amor de vós" (1Pe 1.20). Poder-se-ia dizer também que os eleitos já foram glorificados, inclusive ressurretos do túmulo, como se eles fossem justificados desde a eternidade. A justificação é um evento que ocorre no tempo, do mesmo modo que a glorificação (Rm 8.30). Assim sendo, devemos rejeitar a ideia de que os eleitos foram justificados desde a eternidade.

Já outros defendem que somos justificados desde o momento em que Jesus concluiu sua obra de mediação. Os defensores dessa perspectiva destacam que Cristo "*foi* entregue por causa das nossas transgressões e *ressuscitou* por causa da nossa justificação" (Rm 4.25). Deus já "o fez [...] pecado por nós" (2Co 5.21) e "com uma única oferta, aperfeiçoou para sempre quantos estão sendo santificados" (Hb 10.14). Essa visão pode parecer bem mais plausível do que a visão da "justificação desde a eternidade"; contudo, devemos rejeitá-la com a mesma firmeza com que rejeitamos a outra. O erro nessa visão é a falta de distinção entre a obra de Cristo, que é a base para a justificação, e a obra do Espírito Santo, pela qual, sob esse fundamento, os pecadores, de fato, tomam posse da justiça diante de Deus. Como o apóstolo Paulo diz, em Colossenses 1.21, nós "que, outrora, [éramos] alienados e inimigos no entendimento pelas [nossas] obras iníquas, *agora*, porém, nos reconciliou" com Deus. Por um tempo, embora a obra de Cristo estivesse concluída, continuamos sendo

---

18 Edição em português: *Confissão de Fé de Westminster comentada por A. A. Hodge* (São Paulo: Editora Os Puritanos, 1999), p. 254. [N. do T.]

inimigos de Deus. Então fomos efetivamente chamados e habilitados a nos arrepender e crer. *Agora*, estamos reconciliados com Deus e justificados diante dele. Por essa razão, a Escritura diz: "também temos crido em Cristo Jesus, para que fôssemos justificados" (Gl 2.16).

A fé antecede a justificação. A justificação segue a fé, em perfeita ordem. A própria imputação, que fornece as condições necessárias para a declaração da justificação operada por Deus, é dependente da fé. "Será imputado", diz Paulo, "a nós que cremos nele" (Rm 4.24). Portanto, devemos afirmar que, embora Deus tenha fornecido a base para a justificação na obra consumada de Cristo, ainda assim a aplicação real dela aos homens é distinta dessa obra em si mesma. Isso pode ser visto pelo fato de que os homens eram justificados antes que a obra de Cristo estivesse concluída (Sl 32.1-2). E é ainda mais claramente visto no fato de que os homens que vivem desde que a obra de Cristo foi concluída são justificados somente quando creem: "E, por meio dele, todo o que crê é justificado de todas as coisas" (At 13.39).

Um dos erros básicos do catolicismo romano quanto a isso é a confusão na compreensão da distinção entre justificação e santificação, isto é, entre justiça legal e justiça inerente. A Igreja de Roma ensina que, em certos momentos (como imediatamente após o batismo ou a recepção de um dos outros sacramentos) uma pessoa é "justa". O que se quer dizer, no entanto, é que a pessoa é realmente feita santa internamente, e não apenas legalmente declarada justa diante de Deus. Essa santidade, segundo a Igreja de Roma, pode então ser parcial ou mesmo totalmente destruída pelo pecado, seja ele venial ou mortal. Desse ponto de vista, uma pessoa pode deixar de ser justa e, assim, ela deve ser justificada novamente pela graça sacramental. E continua em um ciclo constante: o pecado anula a graça sacramental; e, assim, a graça sacramental anula o pecado. Essa é uma doutrina que não traz paz (Cf. Rm 5.1). Nunca se pode ter certeza de sua posição com Deus. Mas, mais do que isso: ela não faz sentido. Pois se a graça sacramental realmente produziu santidade interior, então por que essa pessoa pecaria novamente? Se justificação significasse perfeita santidade interior, então não poderia haver mais pecado, porque uma "árvore perfeita produzirá frutos perfeitos" (Cf. Lucas 6.43-45).

Essa dificuldade é removida quando distinguimos a justificação da santificação. Na justificação, o pecador é de uma vez por todas *declarado* santo, legalmente absolvido de toda culpa e punição do pecado, seja original ou atual, passado ou futuro. Na santificação, o pecador é gradual e progressivamente *purificado* de toda poluição e prática do pecado, de modo que o pecado é progressivamente enfraquecido (a longo prazo), e a santidade inerente torna-se progressivamente mais forte, até que, finalmente, a pessoa se torna (na morte) realmente tão justa quanto o é legalmente.

"Se dissermos que não temos pecado, enganamo-nos a nós mesmos, e a verdade não está em nós" (1Jo 1.8). A igreja de Roma diz isto: que a graça sacramental pode tornar o pecador (pelo menos momentaneamente) sem pecado nesta vida. A fé reformada, com uma distinção apropriada entre justificação e santificação, nunca diz: "Não temos pecado". Mas diz, com respeito aos verdadeiros crentes: "Não temos culpa" (Hb 10.14). Não pode haver "condenação para os que estão em Cristo Jesus" (Rm 8.1). Sendo justificados, eles nunca podem ser outra coisa senão legalmente justos aos seus olhos.

Isso significa que Deus vai olhar com leviandade os pecados reais de seu povo justificado? "Permaneceremos no pecado, para que seja a graça mais abundante?" (Rm 6.1). Alguns, reconhecendo a provisão feita pela justificação (ou seja, que os crentes nunca podem cair desse estado), sugeriram isso de forma tola. Mas há duas razões para se rejeitar essa sugestão maligna.

A primeira razão para se rejeitar essa sugestão maligna é o fato de que ela prevê uma condição que a Escritura declara ser uma ilusão. É uma ilusão imaginar que uma pessoa justificada também pode continuar a viver em pecado. A grande verdade que é o antídoto para esse pensamento maligno é que uma pessoa *realmente* justificada também possuirá todas as outras bençãos salvadoras, incluindo a determinação de buscar a santidade do coração e da vida. Se uma pessoa é realmente justificada, é porque ela tem fé verdadeira. Mas se uma pessoa tem fé verdadeira, produzirá boas obras. "A fé se não tiver obras, por si só está morta" (Tg 2.17). Fingir justificação sem fé não seria mais tolo do que fingir justificação sem aversão ao pecado.

A segunda razão para rejeitar essa sugestão maligna, porém, é que a Escritura ensina muito claramente o descontentamento de Deus contra os pecados de seu povo. Quando os verdadeiros crentes (como Davi, Moisés, ou Pedro) se tornaram presunçosos ou negligentes, logo descobriram seu desagrado paterno e aprenderam o que era ser privado da luz de seu semblante (Sl 32; 51). Os castigos de Deus são tanto "penosos" (Hb 12.11) quanto benéficos para os filhos de Deus. E não há um filho de Deus que peque contra ele, que não aprenda em certa medida o que seu castigo significa (Hb 12.8). Mesmo que um crente caia nesse triste erro (de acreditar que, porque é justificado, pode continuar no pecado), ele logo se arrependerá de seu erro. Pois a mão do Senhor lhe ensinará o seu desprazer contra isso, mesmo que esse crente negligencie a Palavra de Deus.

Diante de tudo isso, ainda falta mencionar uma coisa, a saber, que a doutrina da justificação diz respeito ao pacto. O dispensacionalismo, que discutimos anteriormente, é particularmente perigoso aqui na medida em que tende a negar, ou pelo menos obscurecer, o fato de que "a justificação dos crentes sob o Antigo Testamento era, em todos estes aspectos, a mesma justificação dos crentes sob o Novo Testamento". Por exemplo, às vezes é dito que, na dispensação mosaica, os homens deveriam ser justificados por guardar a lei. A verdade é que a lei foi dada a Moisés para tornar os homens mais conscientes de sua necessidade do tabernáculo e, portanto, de Cristo (Gl 3.21-24). Havia tanto "graça" quanto "lei", na era mosaica. A revelação de Deus nas tábuas de pedra foi acompanhada pelo modelo do tabernáculo mostrado a Moisés, no monte.

PERGUNTAS

1. Como podemos demonstrar que "a justificação provém unicamente da livre graça" de Deus?
2. O que significa a expressão "justificação desde a eternidade"?
3. Que distinção deve ser feita para evitar esse erro?
4. O que significa a expressão "justificação do Calvário", isto é, após a obra mediatória de Cristo?
5. Que distinção os defensores dessa visão deixam de fazer?
6. Quando realmente ocorre a justificação? Prove biblicamente.
7. Que confusão é feita pela visão católica romana da justificação?
8. Se a justificação fosse o que a Igreja Católica Romana diz ser, por que os resultados dela seriam diferentes do que ela diz?
9. Que distinção resguarda a doutrina reformada acerca da justificação?
10. A justificação da culpa de todo pecado estimula o pecado? Por quê?
11. Qual é o erro do dispensacionalismo no que diz respeito à doutrina de justificação?

XII. DA ADOÇÃO

1. A todos os que são justificados, é Deus servido, em seu único Filho Jesus Cristo, e por ele, fazer participantes da graça da adoção. Por essa graça, eles são recebidos no número dos filhos de Deus e gozam a liberdade e privilégios dele, têm sobre si o nome dele, recebem o Espírito de adoção, têm acesso, com confiança, ao trono da graça, e são habilitados a clamar: "Aba, Pai"; são tratados com comiseração, protegidos, providos e, por ele, corrigidos, como por um pai; nunca, porém, abandonados, mas selados para o dia de redenção, e recebem as promessas, como herdeiros da eterna salvação.

Esse capítulo da Confissão nos ensina: (1) que aqueles que são eficazmente chamados (regenerados a fim de responderem ao chamado do evangelho) e justificados (declarados justos por Deus) também receberam a graça da adoção; (2) que a adoção está intimamente relacionada à regeneração e à justificação, mas é distinta delas; e (3) que os eleitos são, por conseguinte, feitos filhos do Deus vivo.

A adoção, como outros aspectos da aplicação da redenção, está inseparavelmente ligada ao (1) decreto eterno de Deus e (2) à obra mediatória de Cristo. Deus "nos predestinou para ele, para a adoção de filhos" (Ef 1.5). Porque "nos escolheu, nele, antes da fundação do mundo, para sermos santos e irrepreensíveis perante ele" (Ef 1.4), Deus ordenou não apenas o fim desde o começo, mas também cada etapa necessária para a realização desse fim. Uma dessas etapas é a adoção. Deus escolheu os seus eleitos não apenas para serem regenerados, justificados, santificados e glorificados, mas também adotados. Portanto, ressaltamos que o Senhor Jesus Cristo realizou a sua obra para que pudéssemos ser adotados, bem como chamados, justificados, santificados e glorificados. "Deus enviou seu Filho, nascido de mulher, nascido sob a lei, para resgatar os que estavam sob a lei, a fim de que recebêssemos a adoção de filhos" (Gl 4.4-5). Receber o Espírito

Santo é receber "o Espírito de adoção" (Rm 8.15). Não se pode receber o Espírito nem confiar em Cristo à parte da adoção. "Mas, a todos quantos o receberam, *deu-lhes o poder de serem feitos filhos de Deus*, a saber, aos que creem no seu nome" (Jo 1.12).

Mas o que é adoção? "A adoção, como o termo claramente implica, é o ato de transferir de uma família estranha para a família do próprio Deus" (John Murray, *Redemption Accomplished and Applied* [Grand Rapids: Eerdmans, 1955]).[19] Significa que aqueles que eram por natureza filhos da ira, filhos das trevas, e até mesmo filhos de Satanás (Ef 2.3; Cl 3.6; Jo 8.44), são constituídos filhos da luz e de Deus.

Ao contrário da doutrina amplamente aceita pelo pensamento liberal moderno, Deus não é o Pai de todos os homens. Há, obviamente, um sentido em que Deus mantém um relacionamento em certos aspectos paternal com todos os homens. Ele é o Criador de todos. Concede bens a todos. Nele vivemos, e nos movemos, e existimos. E é inegável que sua misericórdia e compaixão se estendem a todos os homens (1Tm 4.10; Ez 18.23). Se o conceito de "paternidade" se resumisse a isso, haveria muito pouca objeção em se falar na "paternidade de Deus" ou na "fraternidade dos homens". Contudo, o conceito bíblico do relacionamento existente entre Deus e o homem, bem como dos homens entre si, nos obriga a rejeitar esse modo de falar. Porque desde a queda do homem, o relacionamento entre Deus e o homem não pode ser *chamado* de um relacionamento entre pai e filho. Em vez disso, esse relacionamento pai-filho existe entre Satanás e o homem. Por natureza somos, em regra, "filhos do diabo" (1Jo 3.10), em vez de filhos de Deus. Precisamos admitir isso porque "todo aquele que não pratica justiça não procede de Deus, nem aquele que não ama a seu irmão" (1Jo 3.10). Uma vez que os homens nem honram nem obedecem a Deus, eles dificilmente podem ser chamados de seus filhos, e dificilmente podem ser chamados de irmãos, já que não amam uns aos outros. Os termos "pai", "filho" e "irmão" pertencem à esfera do relacionamento familiar íntimo e leal, e, portanto, não se aplicam aos que estão fora da família de Cristo.

No entanto, é exatamente a esse tipo de relacionamento que pertence àqueles que estão em união salvífica com Cristo por meio da vocação eficaz, conversão e justificação. Quando uma pessoa se torna crente em Cristo,

---

19 Edição em português: *Redenção consumada e aplicada* (São Paulo: Editora Cultura Cristã, 2010). [N. do T.]

ela pode, então, dizer, com assombro e ações de graças: "Vede que grande amor nos tem concedido o Pai, a ponto de sermos chamados filhos de Deus; e, de fato, somos filhos de Deus. Por essa razão, o mundo não nos conhece, porquanto não o conheceu a ele mesmo. Amados, agora, somos filhos de Deus" (1Jo 3.1-2).

Também é importante distinguir a filiação dos crentes da filiação única que pertence somente a Cristo. Cristo é o Filho de Deus e irmão dos crentes. Em outras palavras, ele é não apenas o filho, mas é o único filho que não é adotado (Jo 1.14; 3.16). Quando o liberalismo teológico fala de nossa filiação como se fosse a mesma da de Cristo, ele comete um grave injustiça para com a deidade do Filho de Deus. Cristo é o primogênito, não adotado. Sua filiação é eterna. Não teve começo. Ele é igual ao Pai em poder e glória. Nossa filiação é de outra ordem. Fomos feitos para ser filhos de Deus no tempo designado por ele. Nossa filiação se deve a uma mudança em nossa posição. A filiação de Cristo se deve à geração eterna do Pai. Contudo, isso não altera o fato de que "o Deus e Pai de nosso Senhor Jesus Cristo" também seja o nosso Deus e Pai (1Pe 1.3, 17). "Meu Pai e vosso Pai", disse Jesus. "Meu Deus e vosso Deus" (Jo 20.17). A diferença é que o Deus-homem é, de acordo com sua natureza, um em substância com o Pai, ao passo que nós somos simples homens e filhos do Pai apenas por adoção.

Não façamos, contudo, com que a diferença entre nossa filiação e a de Cristo de alguma forma minimize a maravilha de nossa condição como filhos adotados. Pois a maravilha é que, a despeito dessa diferença infinita, somos, por adoção, incluídos no número dos filhos de Deus e desfrutamos de todas as suas liberdades e privilégios. Somos coerdeiros com Cristo. Que Cristo é "herdeiro do mundo", isso não é de causar qualquer admiração, quando considerado do ponto de vista de que ele é o verdadeiro e eterno Deus (Rm 4.13). Mas "o próprio Espírito testifica com o nosso espírito que somos filhos de Deus. Ora, se somos filhos, somos também herdeiros, herdeiros de Deus e coerdeiros com Cristo" (Rm 8.16-17). Isso é ainda mais espantoso exatamente porque somos simples homens e, além disso, pecadores indignos.

Um dos principais privilégios daqueles que recebem a graça da adoção é a oração. Somente aqueles que são adotados podem orar de maneira aceitável a Deus. Assim, o Espírito que recebemos na vocação eficaz é o Espírito de adoção, pelo qual os crentes são capacitados a orar (Rm 8.15). O Espírito nos capacita a perceber que somos filhos e a exercer o privilégio da oração como filhos. "Também o Espírito, semelhantemente, nos assiste em nossa fraqueza; porque não sabemos orar como convém, mas o mesmo Espírito intercede por nós sobremaneira, com gemidos inexprimíveis" (Rm 8.26).

Por fim, ressaltamos que Deus verdadeiramente trata aqueles a quem adotou como filhos. Eles recebem sua compaixão e proteção (Sl 103.13; Pv 14.26), e estão sob sua providência vigilante (Mt 6.30-32; 1Pe 5.7). Ele também os sujeita à disciplina apropriada, pois são seus filhos (Hb 12.6-11). Mas, acima de tudo, ele os mantém em segurança até o fim (Rm 8.23, 28, 38-39). Consideraremos esses aspectos mais detalhadamente nos capítulos XIII, XVII e XVIII.

PERGUNTAS

1. A que aspectos da salvação a adoção está inseparavelmente ligada?
2. Cite um texto bíblico que ensina claramente que, se for para a vida eterna, a predestinação divina também é para adoção.
3. O que é adoção?
4. É correto dizer que Deus é o pai de todos os homens? Explique.
5. É correto dizer que todos os homens são "irmãos"? Explique.
6. Na Escritura, os termos "pai", "filho" e "irmão" pertencem a que tipo de relacionamento?
7. Qual é a diferença entre a nossa filiação com Deus e a filiação divina de Cristo?
8. A diferença entre a nossa filiação com Deus e a filiação divina de Cristo diminui ou aumenta a maravilha de nossa filiação? Por quê?
9. Aqueles que não são filhos adotivos de Deus podem orar de maneira aceitável? Por quê?

14

——————XIII. DA SANTIFICAÇÃO——————

1. Os que são eficazmente chamados e regenerados, tendo sido criado neles um novo coração e um novo espírito, são, além disso, verdadeira e pessoalmente santificados, pela virtude da morte e ressurreição de Cristo, pela sua palavra e pelo seu Espírito, que neles habita; neles, o domínio do corpo do pecado é totalmente destruído, as suas diversas concupiscências são mais e mais enfraquecidas e mortificadas, e eles são mais e mais vivificados e fortalecidos em todas as graças salvadoras, para a prática da verdadeira santidade, sem a qual ninguém verá a Deus.

2. Esta santificação é no homem todo, porém imperfeita nesta vida; ainda persistem em todas as partes dele restos da corrupção, e daí nasce uma guerra contínua e irreconciliável — a carne lutando contra o espírito e o espírito contra a carne.

3. Nesta guerra, embora prevaleçam por algum tempo resquícios de corrupções, contudo, pelo contínuo socorro da eficácia do santificador Espírito de Cristo, a parte regenerada do novo homem vence, e assim os santos crescem em graça, aperfeiçoando a santidade no temor de Deus.

Essas seções da Confissão nos ensinam: (1) que a natureza regenerada nos crentes é, pela Palavra e Espírito de Deus, capacitada a se desenvolver; (2) que nesse desenvolvimento o crente morre cada vez mais para o pecado e vive cada vez mais para a justiça; (3) que essa obra de santificação permeia o homem todo; (4) que a santificação nunca é perfeita nesta vida (isto é, a vitória completa sobre o pecado não é alcançada nesta vida); mas (5) que há um progresso genuíno, no qual todos os crentes verdadeiros se esforçam para aperfeiçoar a santidade no temor de Deus.

A santificação está intimamente associada com a vocação eficaz e a regeneração. Tal como estas, ela é uma obra de Deus em nós. É a continuação daquilo que foi começado pela vocação eficaz e pela regeneração. A regeneração é a renovação de toda a nossa natureza. A vocação se torna eficaz quando essa nova natureza responde conscientemente ao evangelho em arrependimento e fé. A santificação apenas continua o cultivo e desenvolvimento dessa nova natureza que é trazida à existência pela regeneração e inaugurada pela vocação eficaz.

Mas por que é que o crente, progressivamente, morre cada vez mais para o pecado e vive cada vez mais para a justiça? A resposta é: porque "todo aquele que é nascido de Deus não vive na prática de pecado; pois o que permanece nele é a divina semente; ora, esse não pode viver pecando, porque é nascido de Deus. Nisto são manifestos os filhos de Deus e os filhos do diabo" (1Jo 3.9-10). Se alguém é unido a Cristo e adotado na família de Deus, então está morto para o pecado de modo que este não mais o dominará. A disposição que governará aqueles que foram unidos a Cristo e adotados na família de Deus é a lei de Deus, que lhes está gravada no coração (Rm 7.22). Isso não significa que os filhos de Deus ficarão sem pecado, e sim que eles não podem mais continuar se entregando como escravos do pecado. Com efeito, eles estão completamente em guerra contra o pecado, embora, por vezes, o pecado manifeste o seu poder dentro deles (Rm 7.14-25). Sobretudo, eles nunca poderão se entregar, como escravos, ao pecado novamente (1Jo 4.4; 3.9). O contrário disso não é prova de que aqueles que foram regenerados possam outra vez se entregar ao pecado, mas de que alguns homens podem parecer regenerados sem realmente sê-lo (1Jo 2.19).

O *perfeccionismo* ensina três erros principais contra a verdadeira doutrina da santificação. Em primeiro lugar, ele ensina que somente alguns (possivelmente, porém muito poucos) crentes alcançam liberdade do domínio do pecado. Isso é desmentido pelo ensino da Escritura, que diz que "todos os que são guiados pelo Espírito de Deus são filhos de Deus" (Rm 8.14). Portanto, dizer que alguém é "nascido de Deus" é dizer que ele "não peca" (1Jo 3.9). Dizer que alguém é justificado pela graça é dizer que o pecado não terá domínio sobre ele (Rm 6.14). Em segundo lugar, o perfeccionismo também ensina que uma pessoa pode ser justificada sem também — ao mesmo tempo — ter vitória sobre o domínio do pecado.

Já respondemos a esse erro. E, por fim, em terceiro lugar, ele ensina que a vitória que é alcançável nesta vida é a liberdade de pecar, ou pelo menos de pecar conscientemente. Isso é desmentido pelos alertas dos apóstolos Paulo e João (Rm 7.14-25; 1Jo 1.8, 10). Mesmo que uma pessoa não esteja "consciente do pecado", ela devia estar consciente de que é pecado dizer que não tem pecado.

A doutrina da santificação não ensina que o pecado é apagado em todos, ou mesmo em qualquer crente verdadeiro, nesta vida. Ela nos ensina que há uma separação radical entre o poder e o amor ao pecado. Ensina-nos, ainda, que há, dentro de nós, um novo poder e amor que necessita de um conflito incessante com o pecado. O domínio do pecado é rompido, embora a sua presença não seja totalmente eliminada. Assim como a penicilina pode curar uma febre, destruindo, assim, o domínio de uma doença, e ainda assim algum tempo se passa antes que todos os vestígios da doença sejam eliminados, o mesmo ocorre com o pecado. Assim como os exércitos aliados invadiram a Europa e eliminaram todas as expectativas de Hitler de dominar o mundo, e, no entanto, exigiu muito mais tempo para erradicar todos os vestígios de suas ações, da mesma forma acontece com o pecado. O pecado não domina mais o coração. As principais linhas de comunicação foram destruídas. O centro de controle está agora nas mãos de Deus. Mas a força estranha continua causando assédios de todo tipo, com toda a habilidade, astúcia e desespero de um inimigo derrotado. Como Murray disse apropriadamente: "Há uma diferença radical entre sobreviver ao pecado e reinar no pecado". É impossível que um verdadeiro crente descanse contente com seu pecado, entregando-se a ele livremente, transformando a graça de Deus em lascívia. Somente se nós, "pelo Espírito", mortificarmos os feitos do corpo, certamente viveremos (Rm 8.13). E é um fato digno de nota que, quanto maior o progresso que se faça na santificação, maior será a angústia sobre o pecado que ainda permanece na vida do crente (Rm 7.24).

É importantíssimo deixar claro que é o Espírito Santo que nos santifica. Pode-se perguntar como isso pode acontecer quando, na verdade, uma tarefa tão difícil e cruel (conflito com o pecado) é nossa. Como pode uma luta que envolve cada grama de minha força e vontade ser obra do Espírito Santo? A resposta é que "Deus é quem efetua em vós tanto o querer como o realizar" (Fp 2.13). É Deus quem cria essa nova natureza que deve entrar em conflito com o pecado. E é o mesmo Deus que fortalece, encoraja, adverte e nos capacita a fazer o que devemos fazer. Toda obra que é realizada por nós em santificação é o efeito daquilo que Deus fez e está fazendo em nós pelo seu Espírito Santo. Sua obra não torna nosso trabalho desnecessário, mas o garante. Quando nos encontramos dispostos e capazes de lutar contra o pecado, podemos saber que Deus opera em nós por sua força e poder. De nós mesmos, nada podemos fazer. Podemos fazer todas as coisas por meio de Jesus Cristo, que nos fortalece. Isso nos leva a considerar os meios de graça. Aprouve a Deus fortalecer-nos nessa guerra por meio da Palavra, dos sacramentos, da oração e da disciplina. O Espírito Santo os torna eficazes para a santificação dos crentes.

PERGUNTAS

1. Pode-se dizer que a santificação é uma continuação do quê?
2. Por que os verdadeiros crentes progressivamente experimentam a santificação?
3. Qual é a posição do pecado na vida do crente?
4. Que erros o *perfeccionismo* ensina a respeito da santificação?
5. Qual é a resposta bíblica para cada um desses erros ensinados pelos *perfeccionistas*?
6. Quem santifica os verdadeiros crentes?
7. Isso torna desnecessário o esforço por parte do crente? Por quê?
8. Qual é a relação entre a obra do homem e a obra de Deus na santificação?
9. Que meios Deus providenciou para nossa santificação?

XVI. DAS BOAS OBRAS

1. Boas obras são somente aquelas que Deus ordena em sua santa Palavra, não as que, sem a autoridade dela, são inventadas pelos homens que, movidos por um zelo cego, nutrem alguma pretensão de boa intenção.

2. Essas boas obras, feitas em obediência aos mandamentos de Deus, são o fruto e as evidências de uma fé viva e verdadeira; por elas os crentes manifestam a sua gratidão, fortalecem a sua confiança, edificam os seus irmãos, adornam a profissão do Evangelho, fecham a boca aos adversários e glorificam a Deus, de quem são feitura, criados em Jesus Cristo para isso mesmo, a fim de que, tendo o seu fruto em santificação, tenham no fim a vida eterna.

Essas seções da Confissão ensinam: (1) a natureza e (2) a fonte das boas obras; (3) que as obras verdadeiramente boas o são apenas por causa do mandamento divino; (4) que as obras verdadeiramente boas só podem brotar da raiz interior do verdadeiro arrependimento e fé; (5) que os efeitos e usos das boas obras são: (a) a expressão da gratidão dos crentes, (b) a confirmação da fé, (c) a edificação de outros, (d) a manifestação da fé a outros, (e) a refutação dos adversários de Deus e (f) a glorificação de Deus; e (6) que as boas obras são necessárias.

O que são "boas obras"? Que tal uma doação para a Cruz Vermelha ou, quem sabe, um trabalho de meio expediente com os escoteiros? É comum pensar que qualquer coisa feita por caridade ou bondade se qualifica como "boa obra".

No entanto, de acordo com a Escritura, não é assim. A Escritura estabelece dois requisitos para que uma obra possa ser verdadeiramente "boa". Em primeiro lugar, ela deve estar em conformidade com a vontade revelada de Deus. Deve ser aquilo que o próprio Deus revelou em sua santa Palavra. "Será por nós justiça, quando tivermos cuidado de cumprir todos estes mandamentos perante o Senhor, nosso Deus, como nos tem ordenado" (Dt 6.25). Em segundo lugar, ela deve ser algo que brota de uma "boa consciência". Deve ser feita com sinceridade de coração como um ato de serviço a Deus. "[...] estamos persuadidos de termos boa consciência, desejando em todas as coisas viver condignamente" (Hb 13.18). A impossibilidade de um descrente fazer boas obras deve-se ao fato de seu coração (ou consciência) e a lei de Deus discordarem entre si. Por exemplo, existem aqueles que julgam sinceramente que estão praticando "boas obras" ao se absterem de contrair matrimônio, em respeito a uma tradição ou mandamento eclesiástico. Mas a Escritura diz que isso acontece porque eles "têm cauterizada a própria consciência" (1Tm 4.2). Independente de quão sinceros possam ser, suas "boas obras" são de fato pecado, pois são contrárias à vontade de Deus. Há também aqueles que são bastante sinceros em pensar que a abstinência total do uso de certas coisas materiais é uma "boa obra", considerando que é realmente pecado porque estão "sujeitos a ordenanças: não manuseies isto, não proves aquilo, não toques aquiloutro, segundo os preceitos e doutrinas dos homens", e não segundo Deus (Cl 2.20-22).

É perfeitamente possível que os homens cometam os crimes mais terríveis sob a convicção de que estão servindo a Deus (Jo 16.2). E o motivo é que a obediência à consciência é a obediência ao mal, no caso de um homem não regenerado. "Porque tanto a mente como a consciência deles estão corrompidas" (Tt 1.15). Podemos comparar o caso deles com o de um homem que tem pesos e medidas imprecisos. Não importa o quão "sincero" ele possa ser sobre o peso e a medida das coisas que vende, ele estará errado porque seus padrões não estão em conformidade com os do Inmetro. Somente se ele descobrir o que está errado com seus instrumentos de medida é que deixará de estar errado. Assim é com aqueles que são regenerados pelo Espírito. Eles começam a alinhar a sua consciência com a lei de Deus. E quanto mais conseguirem fazê-lo, mais poderão fazer "boas obras".

Mas suponhamos, por um momento, que um homem não regenerado veja as obras de um crente e decida imitá-lo. Não é possível que ele possa fazer muitas das mesmas coisas? Sim, de fato. "As obras feitas pelos não regenerados [são] coisas que Deus ordena, e úteis tanto a si mesmos quanto aos outros". Um incrédulo pode colocar uma nota de dez dólares no gazofilácio para apoiar a pregação do verdadeiro evangelho de Cristo. Mesmo assim, devemos negar que ele tenha feito uma "boa obra". *Devemos* julgar assim não por lhe faltar, nesse caso, uma conformidade externa com a lei de Deus, mas porque não é verdadeiramente uma boa obra porque "tudo o que não provém de fé é pecado" (Rm 14.23). Um homem não deve apenas fazer o que Deus ordena, mas deve fazê-lo porque reconhece que é a vontade de Deus e deseja obedecê-lo. "Sem fé é impossível agradar a Deus" (Hb 11.6).

Por causa desse duplo princípio, o incrédulo *nunca* é capaz de fazer obras verdadeiramente boas. Além disso, mesmo o verdadeiro crente às vezes é incapaz de fazer obras verdadeiramente boas, pois a conformidade de sua consciência à Palavra de Deus é imperfeita. Muitas vezes não damos a atenção devida a isso. A verdade é um requisito para a santificação e para as boas obras (Jo 17.17). É a medida com a qual nossas consciências são iluminadas pela verdade de Deus, e não *meramente* a sinceridade com que atendemos a voz da consciência, que determina se somos capazes de fazer boas obras.

Às vezes, a negligência para com essa verdade tem levado a uma séria perversão da Palavra de Deus. Esse é o caso quando o irmão mais fraco é visto como o mais piedoso, e o irmão mais forte como menos piedoso. O apóstolo Paulo disse: "Acolhei ao que é débil na fé, não, porém, para discutir opiniões" (Rm 14.1). E qual era a fraqueza desse irmão? É que ele se sentiu obrigado, por questão de consciência, a se abster de todo uso de carne. Poderíamos substituir carne por algum outro produto de consumo dos dias atuais. Nesse momento, é óbvio que esse irmão era fraco não porque não tivesse uma consciência *forte*, mas porque sua consciência o orientava mal. Ele era fraco porque sua consciência não estava de acordo com a Palavra de Deus (1Tm 4.4). Na área de sua fraqueza, não podemos negar que esse irmão errou — *ou* por comer carne contra sua própria consciência, *ou* na convicção de que era pecado fazer algo que não é realmente pecaminoso em si.

Em uma situação como essa, um irmão mais fraco não pode evitar o erro, a menos e até que sua fraqueza seja superada. Ora, sem dúvida essa fraqueza não deve ser superada pela falta de caridade. O irmão mais forte não deve procurar induzir o irmão mais fraco a violar sua própria consciência. Ele deve evitar toda ocasião que se ofereça como uma tentação ao pecado, pois toda violação da consciência é pecado. Mas não podemos deixar de protestar contra a noção moderna de que a fraqueza de tal irmão deve, portanto, ser a regra de prática para aqueles que são fortes. Isso seria um pecado duplamente agravado. É pecado permitir-nos ser obrigados pela consciência a não fazer algo, *mesmo* sabendo que é aceitável a Deus. A resposta não é capitular às exigências do irmão mais fraco, mas sim buscar educar a consciência dele. Isso é muito diferente de tentá-lo a agir contra a consciência. E enquanto isso, a pessoa forte tem todo o direito de dizer com o apóstolo: "Pois por que há de ser julgada a minha liberdade pela consciência alheia?" [1Co 10.29].

Não estamos sugerindo que qualquer cristão seja imediata ou perfeitamente liberto dessa dificuldade. Todos temos necessidade de santificação pela verdade. Mas o verdadeiro crente é, em alguma medida, e cada vez mais conforme a verdade de Deus é formada em sua alma, liberto da ignorância para que possa servir a Deus com uma consciência limpa e esclarecida. Há, em cada um desses homens, uma medida de concordância genuína entre sua consciência e a vontade de Deus. "Porque somos feitura dele, criados em Cristo Jesus para boas obras, as quais Deus de antemão preparou para que andássemos nelas" (Ef 2.10).

PERGUNTAS

1. Qual é a noção comumente aceita de "boas obras"?
2. Quais os dois fundamentos bíblicos das obras verdadeiramente boas?
3. Por que um incrédulo nunca pode fazer obras verdadeiramente boas?
4. Um incrédulo pode fazer "a mesma coisa" que um crente?
   Se sim, por que o que ele faz não é uma boa obra?
5. Por que até mesmo atos "sinceros" feitos por "convicção
   de consciência" são maus, no caso dos incrédulos?
6. Por que o crente às vezes é incapaz de fazer
   obras verdadeiramente boas?
7. O que significa um "irmão mais fraco"?
8. Devemos tentar induzir o irmão mais fraco
   a fazer o que achamos certo?
9. O que devemos fazer para vencer a fraqueza do irmão mais fraco?
10. Por que é errado deixar um irmão mais fraco determinar nossas ações?

11. Algum cristão está livre da dificuldade de deixar um
    irmão mais fraco determinar suas ações?
12. Por que o crescimento no conhecimento da verdade
    é essencial para um caráter cristão robusto?
13. O que invariavelmente encontramos nos verdadeiros crentes?

XVI, 3-6

3. O poder de fazer boas obras não é de modo algum dos próprios fiéis, mas provém inteiramente do Espírito de Cristo. Para que sejam para isso habilitados, é necessária, além da graça que já receberam, uma influência positiva do mesmo Espírito Santo para obrar neles o querer e o efetuar segundo o seu beneplácito; contudo, não devem, por isso, tornar-se negligentes, como se não fossem obrigados a cumprir qualquer dever senão quando movidos especialmente pelo Espírito, mas devem esforçar-se por estimular a graça de Deus que há neles.

4. Os que alcançam, pela sua obediência, a maior perfeição possível nesta vida estão tão longe de exceder as suas obrigações e fazer mais do que Deus requer, e são deficientes em muitas coisas que são obrigados a fazer.

5. Não podemos, pelas nossas melhores obras, merecer da mão de Deus perdão de pecado ou a vida eterna, porque é grande a desproporção que há entre eles e a glória porvir, e infinita a distância que vai de nós a Deus, a quem não podemos ser úteis por meio delas, nem satisfazer pela dívida dos nossos pecados anteriores, e porque, como boas, procedem do Espírito e, como nossas, são impuras e misturadas com tanta fraqueza e imperfeição, que não podem suportar a severidade do juízo de Deus; assim, depois que tivermos feito tudo quanto podemos, temos cumprido tão somente o nosso dever, e somos servos inúteis.

6. Não obstante, as pessoas dos crentes, sendo aceitas por meio de Cristo, suas obras são também aceitas por ele, não como se fossem, nesta vida, inteiramente puras e irrepreensíveis à vista de Deus, mas porque Deus, considerando-as em seu Filho, é servido aceitar e recompensar aquilo que é sincero, embora seja acompanhado de muitas fraquezas e imperfeições.

Essas seções da Confissão nos ensinam: (1) que a capacidade do cristão de fazer boas obras não provém de si mesmo, mas unicamente do Espírito Santo, que nele habita; (2) que o Espírito Santo exerce uma constante influência no crente; (3) que isso não dá ocasião para indolência nem, de forma alguma, nega o dever de exercer a diligência; (4) que obras de supererrogação são impossíveis; (5) que crente algum cumpriu seu dever perfeitamente nesta vida; (6) que nossas melhores obras não têm mérito ou perfeição; e (7) que as boas obras dos crentes são aceitas e recompensadas somente por causa de Cristo.

É fundamental, para toda opinião correta sobre as boas obras dos cristãos, reconhecer que tudo é de Deus (Rm 11.36). "Sem mim nada podeis fazer" (Jo 15.5), disse Jesus aos seus discípulos. Deus não regenera o crente e, depois, o deixa fazer o que pode pelo seu próprio poder. Antes, é o poder soberano de Deus que opera eficazmente para completar e aperfeiçoar a obra iniciada na regeneração. "Como não pode o ramo produzir fruto de si mesmo, se não permanecer na videira, assim, nem vós o podeis dar, se não permanecerdes em mim. Eu sou a videira, vós, os ramos. Quem permanece em mim, e eu, nele, esse dá muito fruto; porque sem mim nada podeis fazer" (Jo 15.4-5).

As boas obras são o produto e a evidência da obra de Deus em nós. Agora, saber *como* o Espírito realiza essa obra é um verdadeiro mistério. Seus caminhos estão além do nosso entendimento. No entanto, sabemos que é por meio, ou por intermédio, da verdade (Jo 17.17). Conforme obtemos conhecimento verdadeiro, somos colocados sob o domínio dos princípios da Palavra de Deus. Como resultado, podemos conhecer a boa, agradável e perfeita vontade de Deus (Rm 12.1-2). Não pretendemos descobrir como o Espírito realiza essa obra; sabemos apenas que a Palavra de Deus exige que reconheçamos que ele o faz, para que louvemos o Espírito por todo bem que porventura façamos.

Contudo, afirmar que Deus é a fonte geradora de todas as nossas boas obras não é, de forma alguma, sugerir que a negligência, indolência e descuido são desculpáveis, como se não tivéssemos a obrigação de cumprir qualquer dever, a menos que sentíssemos um mover especial do Espírito Santo nos orientando a isso. Algumas pessoas se eximem de seus deveres com base nesse argumento. Elas sabem (1) que Deus as ordena a fazer o bem e (2) que não têm capacidade de fazer boas obras, a menos que o

Espírito as conceda, e assim (3) desculpam seus fracassos nesse ponto argumentando que são incapazes de fazer boas obras porque o Espírito não as moveu a agir dessa maneira. Mas isso é mero pretexto. Elas fingem que ficariam encantadas em fazer boas obras se tão somente "pudessem", ao passo que, na realidade, poderiam fazê-las se tão somente "fizessem", isto é, se tivessem uma disposição correta de mente e coração. Mas a falta de "uma disposição correta de mente e coração" não é uma evidência de que a habitação do Espírito deixou de propiciar algum mover especial necessário ao momento. É, antes, uma evidência de que o coração não é convertido, e que o Espírito não habita nele. Tais indivíduos, de fato, não têm desculpa (Rm 1.20; 2.1). São indesculpáveis porque essa condição do coração é culpa inteiramente deles.

A causa da depravação e incapacidade do homem é o pecado. Não há desculpas para o pecado. Um crente verdadeiro não se desculpará pelo pecado, nem há de esperar por algum mover especial do Espírito antes de se esforçar por cumprir seu dever. Ele lutará para cumprir seu dever porque, tendo um coração convertido, no qual o Espírito habita, desejará fazer o que é certo. Além disso, o crente aprende com a Escritura que o Espírito não opera temporariamente. ("Pois todos os que são *guiados de uma vez por todas* pelo Espírito de Deus são filhos de Deus". Esse é o sentido original de Romanos 8.14). Tampouco podem os "moveres" do Espírito ser observados e sentidos. Os efeitos de sua obra podem ser sentidos, mas a atividade em si é espiritual (Jo 3). Com efeito, se, quanto a isso, pudéssemos falar adequadamente de "sentimento", é o tipo de "sentimento" que o crente tem, no que diz respeito à Escritura, como resultado da obra do Espírito nele. Ele sente o poder e autoridade das advertências e exortações da Escritura exigindo-o a cumprir o seu dever: "Empenhem-se ainda mais", diz o apóstolo Pedro (2Pe 1.10); "Para que não vos torneis indolentes", adverte a Epístola aos Hebreus (6.12); "Reavives o dom de Deus", diz o apóstolo Paulo (2Tm 1.6); e Judas ainda exige que continuemos nos "edificando" e nos guardemos "no amor de Deus" (Jd 20-21).

"Se alguém se considera profeta ou espiritual, reconheça ser mandamento do Senhor o que vos escrevo", diz o apóstolo Paulo (1Co 14.37). A evidência de que uma pessoa possui o Espírito de Deus, portanto, é que ela sentirá ou reconhecerá a autoridade dessa Palavra que lhe impõe deveres. Aqueles que aguardam por um mover especial do Espírito demonstram que, possivelmente, não são regenerados, e certamente enganam-se sobre o modo como o Espírito opera a obediência no coração dos filhos de Deus. Os que cumprem o seu dever porque reverenciam humildemente a vontade de Deus revelada na Escritura, e apenas esses, é que têm a garantia de crer que são realmente filhos de Deus (1Jo 2.4-5).

A seção 4 do capítulo XVI da Confissão se dirige para a doutrina católica romana das obras. Segundo essa doutrina, pelo menos alguns pecadores, tendo recebido a graça divina, foram capazes de cumprir não apenas todo o seu dever, mas muito mais. O *Baltimore Catechism*[20] (Art. 1125) fala da "superabundante satisfação da bem-aventurada Virgem Maria e dos santos". Essa "superabundante satisfação" é definida como "aquilo que eles obtiveram durante sua vida, mas que não precisaram, e que a Igreja aplica aos seus membros da comunhão dos santos". Essa superabundância de obras enche o "tesouro do mérito", do qual os menos afortunados podem se valer.

Já mostramos que a perfeição nesta vida nunca pode ser alcançada por *nenhum* crente (capítulo XIII da Confissão de Fé), sem mencionar a noção verdadeiramente ímpia de que alguém poderia ser "mais do que perfeito". De fato, seria difícil achar uma doutrina mais abertamente hostil ao ensino da Escritura. Pois parece que Deus, na Escritura, não poupou esforços para mostrar que até mesmo os mais eminentes profetas e apóstolos foram homens pecadores até o fim de suas vidas terrenas (Rm 7.14-25). Isaías não hesitou em dizer, e nisso se incluiu, que nossas justiças são como "trapo da imundícia"! (Is 64.6). Não espanta que o salmista pergunte: "Se observares, Senhor, iniquidades, quem, Senhor, subsistirá?" (Sl 130.3). E se é assim, quão mais impossível é a incrível presunção tão claramente manifesta na falsa doutrina romana das obras superabundantes feitas por Maria e os santos! (Cf. Lc 17.10; Jó 22.2-3; 35.7).

O que causa espanto não é o fato de que as boas obras dos crentes sejam muito "formidáveis", mas que sejam aceitas e recompensadas. Se até mesmo nossas justiças são como "trapos da imundícia" e nossas melhores

---

20 O *Baltimore Catechism* [Catecismo de Baltimore], publicado pela primeira vez em 1885, foi o catecismo oficialmente adotado pelos católicos romanos nos Estados Unidos até o final da década de 1960; era, portanto, o texto de referência do pastor G. I. Williamson ao publicar o presente livro, em 1964. O *Baltimore Catechism* foi substituído pelo *Catecismo da Igreja Católica*, publicado em 1992, após seis anos de trabalho da comissão nomeada pelo Papa João Paulo II, presidida pelo então cardeal Joseph Ratzinger. Nesse catecismo, a doutrina ora discutida está exposta nos artigos 1474 a 1477. [N. do T.]

obras são "impuras e misturadas com tanta fraqueza e imperfeição", como é que elas ainda podem ser chamadas de *boas* obras? A resposta é que os crentes gozam da união com Cristo. E assim como a *pessoa* dos crentes é aceita por Deus por causa de sua união com ele, embora sejam pecadores e imperfeitos, assim também ocorre com as suas *obras*. Devemos "fazer tudo em nome do Senhor Jesus", ou seja, por meio de sua mediação.

Como A. A. Hodge colocou: "Tudo provém da graça — graça chamada galardão acrescida da graça chamada obras". Ou seja, ambas provêm de Deus. "Deus promete galardoar o cristão precisamente como um pai promete galardoar a seu filho por fazer o que é seu dever e o que só é para seu próprio benefício. Porque uma certa proporção graciosa foi estabelecida entre a graça dada no galardão e a graça dada nos santos exercícios do coração e da vida; mas ambas são igualmente dadas por amor a Cristo. Essa proporção foi estabelecida — quanto mais de obediência, mais graça de galardão; quanto mais graça na terra, mais glória no céu — porque Deus assim o quis, e porque a graça dada exercida em obediência prepara a alma para a recepção de mais graça dada no galardão" (*Commentary on the Confession of Faith* [London: Banner of Truth, 1958], p. 228).[21] "Pois ao que tem se lhe dará, e terá em abundância; mas, ao que não tem, até o que tem lhe será tirado" (Mt 13.12). Aqueles que excedem outros em obras, portanto, terão uma razão maior para reconhecer humildemente que devem uma gratidão maior a Deus.

PERGUNTAS

1. O que é fundamental para se pensar corretamente sobre "boas obras"?
2. Uma pessoa regenerada tem o poder ou capacidade para fazer boas obras? Explique.
3. De que modo o Espírito Santo capacita os crentes a fazerem boas obras?
4. Que desculpa alguns dão para não cumprir seu dever de fazer boas obras?
5. Qual é a verdadeira fonte da incapacidade dos homens de fazerem boas obras?
6. Quando é que o Espírito move os crentes a cumprir seu dever?

---

21 Edição em português: *Confissão de Fé de Westminster comentada por A. A. Hodge* (São Paulo, 1999: Editora Os Puritanos), p. 309. Tradução de Valter Graciano Martins.

7. Que "sentimento" pode ser corretamente atribuído e chamado de evidência da obra do Espírito nos verdadeiros crentes?

8. Qual é o erro daqueles que esperam um mover especial do Espírito?

9. Qual é a única maneira segura de saber que o Espírito habita em nós?

10. O que a Igreja Romana quer dizer com "obras de supererrogação"?

11. Que verdade incontestável refuta o erro das "obras de supererrogação"? Prove biblicamente.

12. Se até as nossas melhores obras são imperfeitas, por que Deus as aceita e recompensa?

13. Quem tem uma razão maior para ser humilde diante de Deus — o maior ou o menor em dons e conquistas, realizações e recompensas? Por quê?

XVI, 7

7. As obras feitas pelos não regenerados, embora sejam, quanto à matéria, coisas que Deus ordena, e úteis tanto a si mesmos como aos outros, contudo, porque procedem de corações não purificados pela fé, não são feitas devidamente — segundo a Palavra; nem para um fim justo — a glória de Deus; são pecaminosas e não podem agradar a Deus, nem preparar o homem para receber a graça de Deus; não obstante, negligenciá-las é ainda mais pecaminoso e ofensivo a Deus.

Essa seção da Confissão nos ensina: (1) que os não regenerados podem fazer (aquilo que chamaremos de) obras *formalmente* boas; (2) que essas obras são, contudo, obras inerentemente más (conforme Deus vê); e (3) que, não obstante, negligenciar essas obras formalmente boas é ainda mais pecaminoso.

Por "obras formalmente boas" queremos dizer as ações que, consideradas em si mesmas, são as mesmas boas obras que os crentes verdadeiros praticam. Já vimos *por que* os ímpios não podem praticar quaisquer boas obras que sejam (Cf. Capítulo XVI, 1-2 da Confissão). Porém, não é de irrelevante insistir que o ímpio pode e pratica essas obras que são "formalmente boas". Do contrário, seria difícil imaginar uma sociedade humana na qual crentes e descrentes pudessem coexistir. Qualquer um pode observar que há muita coisa "boa" em homens não convertidos. A única razão para essa "bondade", todavia, é a influência da mão refreadora de Deus (Cf. Capítulo V, 2-7 da Confissão). A consciência do homem não pode extinguir completamente a lembrança dos mandamentos da lei (Rm 2.14-15). Cultura, tradição e autoridade civil, bem como o poder convencedor do evangelho sobre os descrentes, podem estimular a consciência a exercer um alto grau de restrição sobre o coração ímpio.

Mesmo assim, quando vistas em relação a Deus, as próprias "boas obras" dos ímpios (pelas quais os cristãos dão graças a Deus) podem se configurar em pecados extremamente hediondos. Por exemplo, um homem bastante saudável que fez fortuna por meios fraudulentos. Sua consciência o adverte do juízo por vir. Ele, então, decide fazer alguma grande obra humanitária que "compensará os seus pecados" e "aplacará a ira de Deus". Baseado nisso, ele constrói um grande hospital para aliviar o sofrimento humano.

Nesse contexto, é possível que muitos crentes humildes recebam a bênção de cuidados médicos adequados por meio desse hospital. Certamente, tais cristãos dariam graças a Deus por esse homem rico ter sido movido a tal "boa obra". E com razão. Mas não é exagero dizer que, na visão de Deus, essa "boa obra" pode muito bem ser a blasfêmia suprema, a maldade suprema, na vida daquele pecador, pois o que poderia ser mais perverso do que buscar por suas próprias obras "compensar o pecado" e "apaziguar a ira de Deus", em vez de confiar na obra de Jesus Cristo? Agostinho não estava exagerando quando chamou tais "boas obras" de *pecados esplêndidos*. Isso é apenas o que são: *esplêndidos*, por um lado, mas, por outro lado, nada mais do que *pecados*. E tudo o que é "esplêndido" neles vem "de fora do pecador", enquanto tudo o que é "pecaminoso" provém do próprio pecador.

Seria um grave erro, entretanto, pensar que tal pecador estaria melhor sem os pecados "esplêndidos". Se o homem rico do nosso exemplo não tivesse feito nada, teria sido ainda pior. Pois, nesse caso, ele teria acrescentado este pecado aos seus demais pecados: que ele resistiu até mesmo à plena convicção e advertência de Deus, de modo consciente. A blasfêmia direta contra o Espírito Santo é imperdoável. Mais uma vez, talvez possamos ilustrar: John Dillinger era um criminoso cruel.[22] Toda a sua vida foi criminosa porque viveu fora e contra a lei. No entanto, sabe-se que ele mostrou certa bondade e lealdade para com seus companheiros de crime e

---

22 John Robert Dillinger (1902-1934) foi um famoso ladrão de bancos americano. [N. do T.]

até mesmo para "pessoas boas" que não estavam imediatamente relacionadas com seus crimes. Havia então, em certo sentido, algo de "bom" em John Dillinger. E ele teria sido ainda pior se tivesse tratado todo mundo com violência, até mesmo a ponto de matá-los todos. Isso não significa que ele foi, em alguns momentos de sua vida, cumpridor da lei. Ao contrário, ele estava constantemente em rebelião contra a lei. Mas isso é o simples reconhecimento de que a ausência de suas "melhores ações" em sua vida de crime o teria tornado ainda pior.

PERGUNTAS

1. O que queremos dizer com "obras formalmente boas"?
2. É importante reconhecer as "obras formalmente boas"? Por quê?
3. Por que os homens maus fazem tais "boas obras"?
4. Por que essas boas obras ainda devem ser chamadas de pecados?
5. Os crentes devem dar graças a Deus por esses "pecados esplêndidos"? Por quê?
6. Se esses atos "esplêndidos" são apenas "pecados", por que aquele que os comete fica em pior condição se não os praticar?

——XVII. DA PERSEVERANÇA DOS SANTOS——

1. Os que Deus aceitou em seu Bem-amado, os que ele chamou eficazmente e santificou pelo seu Espírito, não podem decair do estado da graça, nem total, nem finalmente; mas, com toda a certeza, hão de perseverar nesse estado até o fim, e serão eternamente salvos.

2. Essa perseverança dos santos não depende do livre-arbítrio deles, mas da Imutabilidade do decreto da eleição, procedente do livre e imutável amor de Deus Pai, da eficácia do mérito e intercessão de Jesus Cristo, da permanência do Espírito, e da semente de Deus neles e da natureza do pacto da graça; de todas estas coisas vêm a sua certeza e infalibilidade.

3. Eles, porém, pelas tentações de Satanás e do mundo, pela força da corrupção neles restante e pela negligência dos meios de preservação, podem cair em graves pecados e por algum tempo continuar neles; incorrem assim no desagrado de Deus, entristecem o seu Santo Espírito e, de algum modo, vêm a ser privados das suas graças e confortos; têm os seus corações endurecidos e a sua consciência ferida; prejudicam e escandalizam os outros e atraem sobre si juízos temporais.

Essas seções da Confissão nos ensinam: (1) que os verdadeiros crentes não podem decair da graça (isto é, não podem cair total ou definitivamente); (2) que eles certamente hão de perseverar; (3) que isso, certamente, não se deve a nada que provenha deles, mas apenas de Deus (o decreto da eleição, os méritos e intercessão de Cristo, a habitação do Espírito Santo, que os capacita a perseverar, e as provisões do pacto eterno); e (4) que essa certeza de modo algum nega que crentes verdadeiros possam cair em graves pecados por um tempo, sendo as *ocasiões* desses lapsos: (a) as tentações do mundo, (b) as seduções de Satanás, (c) a remanescente corrupção de sua própria natureza, e (d) a negligência dos meio de graça;

e sendo os *efeitos* de tais lapsos: (a) desagradar e entristecer a Deus, (b) privar-se dos meios de graça e consolo divinos, (c) endurecer os próprios corações, (d) ferir suas consciências, (e) trazer sobre si juízos temporais, e (f) servir de tropeço para outros.

Aquele que foi regenerado pelo Espírito Santo e verdadeiramente se converteu a Cristo (por arrependimento e fé), pode voltar a ser filho da ira e da destruição eterna? A resposta da Escritura é clara e enfática: não, não é possível. Pois, "Quem crê no Filho *tem* a vida eterna" (Jo 3.36); "Em verdade, em verdade vos digo: quem ouve a minha palavra e crê naquele que me enviou tem a vida eterna, *não entra em juízo*, mas passou da morte para a vida" (Jo 5.24). Aqui, a Palavra de Deus nos garante que, uma vez que um homem tenha exercido fé em Jesus Cristo, ele não pode mais entrar em juízo. Ficou livre desse juízo para nunca mais voltar. O cristão, então, devia "estar plenamente certo de que aquele que começou boa obra em vós há de completá-la até ao Dia de Cristo Jesus" (Fp 1.6). Não foi à toa que Deus prometeu: "porei o meu temor no seu coração, para que nunca se apartem de mim" (Jr 32.40).

Deve-se admitir que, por vezes, a experiência *parece* contradizer esse ensino. Quem não conhece alguém que se tornou membro de uma igreja, dando evidências de grande interesse nas coisas divinas e usando zelosamente os meios de graça por tempo considerável mas que, depois, caiu da comunhão com Cristo e mergulhou numa completa negligência, quando não numa oposição declarada ao evangelho? Uma pessoa dessas, de fato, parece ter "caído da graça". Dizemos "parece" porque o apóstolo João nos diz o que realmente acontece em tais casos: "Eles saíram de nosso meio; entretanto, não eram dos nossos; porque, se tivessem sido dos nossos, teriam permanecido conosco; todavia, eles se foram para que ficasse manifesto que nenhum deles é dos nossos" (1Jo 2.19). Esses casos provam não que os crentes caem da graça, mas apenas que podemos nos enganar com falsas aparências e profissões de fé. O apóstolo João sentiu a dificuldade de apresentar tais casos, mas insistiu que crentes verdadeiros não caem da graça, "porque, se tivessem sido dos nossos", diz ele, "teriam permanecido conosco". Ele afirmou isso porque sabia, a partir da Palavra de Deus, aquilo que não podia saber com base apenas nas aparências, a saber, que os crentes não podem cair da graça.

Mas se isso é verdade, podemos perguntar agora: por que é que crentes verdadeiros não podem cair da graça? É por causa de algum poder existente nos próprios crentes? Ou será que é o poder de Deus que não permite que isso aconteça? A resposta, novamente, é inequívoca. Os verdadeiros crentes são "guardados pelo poder de Deus, mediante a fé, para a salvação", diz o apóstolo Pedro (1Pe 1.5). Vemos, aqui, a grande diferença entre a fé reformada, por um lado, e o catolicismo romano e o arminianismo, por outro. Esses dois últimos sistemas concordam com a ideia de que é tanto o poder do homem como o poder de Deus — sim, o poder do homem ainda mais do que o poder de Deus — que impede que os salvos se percam. Isso é verdade não apenas no início do processo, mas até o fim.

No início, diz-se que a salvação é possível ou disponível para todos. Mas o próprio pecador deve, por seu próprio poder, fazer a única coisa necessária para que essa "possibilidade" se torne uma "realidade". Nessa perspectiva, Deus é como um dono de posto de gasolina. Ele tem um grande depósito de poder esperando para ser aproveitado. Mas cabe ao pecador entrar e dizer: "Encha-o". Todo esse poder é "impotente" até que o pecador "faça seu movimento". Essa visão é naturalmente muito atraente para o pecador, pois o deixa no comando até mesmo do poder de Deus.

No entanto, aquilo que parece atrativo no início perde seu encanto quando consideramos o final. Pois assim que arrancamos e começamos a andar, o católico romano e o arminiano começam a puxar o nosso freio de mão. Gostamos quando nos disseram que podíamos começar a viagem por nosso próprio livre-arbítrio e poder. Mas agora aprendemos o fato amargo de que também podemos sofrer uma "pane seca" e "deixar de chegar ao nosso destino" pelo mesmo livre-arbítrio e poder usados inicialmente. O poder de Deus, que é impotente até o pecador fazer seu movimento inicial, pode se tornar tão impotente quanto em qualquer momento posterior, se o pecador assim o desejar. Se, em algum momento, o pecador vacilar e escolher a incredulidade ao invés da fé, o pecado ao invés da santidade, a apostasia ao invés da perseverança, ele, nesse momento, perde todo o poder de salvação. Ele volta à estaca zero. E não há nada que o poder de Deus possa fazer quanto a isso. O católico romano e o arminiano são consistentes! Pelo menos são honestos o bastante para admitir que a graça que não é soberana no início também não é soberana no final. A salvação que depende do homem não é mais confiável do que o próprio homem.

Contrariamente a isso, a fé reformada começa com o reconhecimento sincero de que, se Deus simplesmente tornasse a salvação "possível" para os homens — deixando-lhes a decisão de transformar ou não essa possibilidade em realidade —, ninguém seria salvo, porque o homem é totalmente incapaz de fazê-lo. Ele ama demais o mal para ser capaz de se tornar bom por suas próprias forças. Mas ao depositar toda a esperança para o pecador na eleição do Pai, na expiação do Filho e na regeneração do Espírito Santo, a fé reformada não apenas fala da necessidade do pecador indefeso e fraco *no início*, mas também o faz *até o fim*. Prefere ofender os pecadores irados para lhes dar uma salvação que não pode falhar. E, de fato, não pode falhar; pois, se é somente Deus quem salva, então temos uma salvação que não pode falhar. Uma salvação que depende inteiramente de Deus é inteiramente confiável. E é isso que o essa doutrina ensina. O Senhor que diz "eu lhes dou a vida eterna" também é capaz de garantir que "jamais perecerão, nem ninguém as arrebatará da minha mão" (Jo 10.28).

Dito tudo isso, porém, devemos ainda defender a ênfase dada pela Confissão de Fé ao chamar o capítulo XVII de "Da Perseverança dos Santos". Tendo anunciado o fato de que é somente o poder de Deus que torna os santos seguros, devemos enfatizar com urgência ainda maior a necessidade de perseverança por parte dos crentes. Quando dizemos que a base última da perseverança é a operação do Espírito Santo nos crentes, não queremos dizer que é o Espírito Santo quem persevera. "A doutrina genuína *não* é que a salvação é infalível, tendo nós uma vez crido, mas que a *perseverança em santidade* é infalível, tendo uma vez realmente crido. [...] Essa doutrina ensina, não que persistente esforço de nossa parte não seja necessário para a infalível perseverança na graça até ao fim, senão que, nesse esforço, estejamos certos da vitória; pois é Deus quem opera em nós tanto o querer quanto o realizar, segundo seu beneplácito" (A. A. Hodge, *Commentary on the Confession of Faith* [Londres: Banner of Truth, 1958]).[23]

A certeza infalível da salvação em relação aos verdadeiros crentes, porém, não torna sua perseverança mais fácil, como se o cristão estivesse jogando um jogo em vez de travar uma dura batalha. Acreditamos que quem afirma que é simples superar as tribulações e provações da vida porque "receberam a Cristo" enganam a si mesmos e aos outros. A verdadeira

---

23 Edição em português: *A Confissão de Fé de Westminster comentada por A. A. Hodge* (São Paulo, 1999: Editora Os Puritanos), p. 319. Tradução de Valter Graciano Martins.

descrição da batalha da perseverança deve ser encontrada nos gritos de agonia do salmista: "[...] a minha ansiedade não te é oculta. Bate-me excitado o coração, faltam-me as forças. [...] Armam ciladas contra mim os que tramam tirar-me a vida; os que me procuram fazer o mal dizem coisas perniciosas e imaginam engano todo o dia. [...] Porque eu dizia: Não suceda que se alegrem de mim e contra mim se engrandeçam quando me resvala o pé. Pois estou prestes a tropeçar; a minha dor está sempre perante mim" (Sl 38.9-10, 12, 16-17). Em outras palavras, é uma luta o tempo todo. E é uma luta que envolve tudo o que há em nós. Mas é uma luta da qual um verdadeiro crente, diferente de um crente nominal, nunca se esquivará até que a batalha seja vencida e o objetivo seja alcançado. Como o Senhor Jesus Cristo disse a seus discípulos: "Aquele, porém, que perseverar até o fim será salvo" (Mt 24.13).

É evidente pelas Escrituras que, embora os verdadeiros crentes nunca caiam total ou definitivamente da graça, eles podem cair e se desviar dela. Essa é a doutrina bíblica do *desvio*, e é ilustrada na vida até mesmo de grandes homens como Noé, Moisés, Davi e Pedro. Todos eles caíram em pecado lamentável por um tempo, depois de se tornarem verdadeiros crentes. Pode-se perguntar como o pecado pode operar assim dessa maneira naqueles em quem o Espírito habita. Existem várias razões, das quais uma ou mais serão vistas em cada caso: a atração do mundo (1Jo 2.15); a tentação de Satanás (Mc 1.13; Mt 26.70, 72, 74); a corrupção que permanece no coração do crente (Tg 1.13-14); e a negligência dos meios de graça (Hb 10.24-25).

No entanto, não devemos, a partir dessas quedas trágicas, fazer uma avaliação errada desses santos homens de Deus. A Escritura registra a queda deles, não para nos encorajar a pecar, mas para nos advertir. E, conforme lemos sobre suas quedas, também lemos sobre o desagrado de Deus (2Sm 11.27), a própria perda do consolo e da segurança que eles experimentaram (Sl 51.8, 10, 12), o dano causado ao coração e à consciência deles (Sl 32.3-4), e a desonra trazida por eles sobre a causa de Deus e a verdade (2Sm 12.14). São quedas muito trágicas, que nunca devemos menosprezar. Devemos contemplá-las apenas com temor e tremor. Tais coisas devem nos lembrar da advertência do apóstolo Pedro: "E, se é com dificuldade que o justo é salvo, onde vai comparecer o ímpio, sim, o pecador?" (1Pe 4.18). Isso não implica dizer que o verdadeiro crente não precise se preocupar com pecado e queda, ou que ele possa cair em pecado sem sofrer consequências desastrosas. Não, a verdade é que mesmo o crente é salvo "por um triz". Mas o fato é que ele ainda *está* salvo. E ele está salvo porque, ainda que caia (como grandes homens de Deus caíram), logo se levantará para continuar a luta contra o pecado, e (exceto por essas quedas trágicas) continuará nesse conflito até o fim. Se os cristãos estudassem a maneira pela qual esses homens se reergueram dessas quedas para lutar em honra a Deus mais uma vez, nunca seriam tentados a uma visão enganosa e frouxa da segurança, mas defenderiam a verdadeira doutrina da perseverança dos santos.

PERGUNTAS

1. Um crente verdadeiro pode cair da graça?
   Justifique biblicamente sua resposta.
2. Que experiência comum parece contradizer esse ensino da Escritura?
3. Segundo o apóstolo João, o que de fato esses casos provam?
4. Por que crentes verdadeiros não podem cair
   da graça total e definitivamente?
5. Como o catolicismo romano e o arminianismo tentam fazer o
   evangelho atrativo a pecadores no início do processo de salvação?
6. Qual é o prejuízo causado por tais sistemas teológicos?
7. Que grande benefício o crente reformado tem quando
   aceita o ensino bíblico, ofensivo para muitos, de que a
   salvação é inteiramente concedida pelo poder de Deus?
8. Essa doutrina ensina que a salvação é certa se uma vez
   cremos, independente se continuamos ou não a lutar?
9. A segurança dos crentes torna a perseverança
   mais fácil? Prove biblicamente.
10. Os verdadeiros crentes podem cair em pecado? Prove biblicamente.
11. Dê um exemplo daquilo que pode ocasionar a
    queda de verdadeiros crentes em pecado.
12. Dê um exemplo de uma consequência da queda
    de verdadeiros crentes em pecado.
13. Se o registro da queda de santos homens de Deus não é
    para nos ensinar como cair, o que ele nos ensina então?

–XVIII. DA CERTEZA DA GRAÇA E DA SALVAÇÃO–

1. Ainda que os hipócritas e os outros não regenerados possam iludir-se vãmente com falsas esperanças e carnal presunção de se acharem no favor de Deus e em estado de salvação, esperança esta que perecerá, contudo, os que verdadeiramente creem no Senhor Jesus e o amam com sinceridade, procurando andar diante dele em toda a boa consciência, podem, nesta vida, certificar-se de se acharem em estado de graça, e podem regozijar-se na esperança da glória de Deus, nessa esperança que nunca os envergonhará.

2. Essa certeza não é uma mera persuasão conjectural e provável, fundada numa falsa esperança, mas uma infalível segurança da fé, fundada na divina verdade das promessas de salvação, na evidência interna daquelas graças nas quais essas promessas são feitas, no testemunho do Espírito de adoção que testifica com o nosso espíritos que somos filhos de Deus, sendo esse Espírito é o penhor de nossa herança, e por quem somos selados para o dia da redenção.

Essas seções da Confissão nos ensinam: (1) que há uma falsa certeza à qual os não regenerados por vezes se entregam, na qual são enganados, e na qual, por fim, serão descobertos; (2) que há uma certeza verdadeira, na qual os crentes verdadeiros não são enganados mas, antes, infalivelmente confirmados, e na qual não são confundidos; e (3) que essa certeza infalível repousa sobre (a) a Palavra infalível de Deus, (b) nas graças no coração do crente, da qual fala a Palavra, e (c) no testemunho do Espírito, que capacita o crente a confirmar um pelo outro.

A Escritura diz que os homens são inclinados a enganarem a si mesmos e aos outros: "Enganoso é o coração, mais do que todas as coisas, e desesperadamente corrupto" (Jr 17.9); "Porque, se alguém julga ser alguma coisa, não sendo nada, a si mesmo se engana" (Gl 6.3). Era exatamente assim que procedia o fariseu descrito pelo nosso Senhor (Lc 18.10-14). Ele confiava que tudo estava bem com sua alma. Porém, apenas enganou a si mesmo. Às vezes, ocorre de um homem abençoar "no seu íntimo, dizendo: Terei paz", e, no entanto, "o Senhor não lhe quererá perdoar" (Dt 29.19-20). Não importa quão confiante ele possa ser, "a esperança do hipócrita perecerá" (Jó 8.13 — ACF). Com efeito, a força dessa confiança pode ser a medida da sua iniquidade, como nos dias de Jeremias. Aqueles que confiantemente diziam: "Templo do Senhor, templo do Senhor, templo do Senhor é este" estavam confiando em "palavras falsas, que para nada vos aproveitam" (Jr 7.4, 8). A alegria dos tais pode ser grande, mas não durará (Jó 20.5).

No entanto, existe uma verdadeira garantia de boa condição perante Deus: "O próprio Espírito testifica com o nosso espírito que somos filhos de Deus" (Rm 8.16); "Ora, sabemos que o temos conhecido" (1Jo 2.3); "Nós sabemos que já passamos da morte para a vida" (1Jo 3.14). A Escritura não se contenta em meramente dizer que *existe* uma certeza correta, mas exorta os crentes a que continuem mostrando, "até ao fim, a mesma diligência" (Hb 6.11), a procurar, "com diligência cada vez maior, confirmar a vossa vocação e eleição", com a promessa de que "procedendo assim, não tropeçareis em tempo algum" (2Pe 1.10). Se um homem pode crer confiantemente que é salvo enquanto, na realidade, não o é, também é verdade que um homem pode crer confiantemente que é salvo e, de fato, o seja. Ele não apenas pode estar confiante desse fato, mas também pode saber que não está enganado.

Qual, então, a diferença entre a verdadeira e a falsa segurança? A primeira diferença está nas qualidades que elas manifestam. Como A. A. Hodge sucintamente coloca: (a) a verdadeira segurança gera humildade sem fingimento, enquanto a falsa produz orgulho espiritual (1Co 15.10; Gl 6.14); (b) a verdadeira segurança conduz à crescente diligência na prática da santidade, mas a falsa conduz à indolência e à permissividade (Sl 51.12, 13, 19); (c) a verdadeira segurança conduz ao sincero autoexame e ao desejo de ser sondado e corrigido por Deus, enquanto a falsa conduz a uma disposição de se satisfazer com a aparência e de se evitar a acurada investigação (Sl 139.23, 24); (d) diferentemente da falsa segurança, a verdadeira segurança conduz a perenes aspirações por mais íntima comunhão com Deus (1Jo 3.2, 3). Não é a *força* da convicção de uma pessoa que prova a validade da sua segurança, mas o seu *caráter*. Um homem pode estar fanaticamente seguro de que é salvo, mas isso pode significar apenas que ele está "sinceramente errado".

A segunda diferença entre a verdadeira e a falsa segurança é a sua base. A verdadeira segurança baseia-se em três coisas, as quais estão ausentes naqueles que possuem uma falsa segurança, a saber: (a) a verdadeira segurança baseia-se na convicção infalível daquilo que Deus diz sobre nós na Bíblia, enquanto a falsa baseia-se naquilo que o homem diz sobre si mesmo (Hb 6.17-18; Sl 18.8; Pv 28.26); (b) a verdadeira segurança baseia-se na evidência apresentada pela posse real daquelas graças para as quais as promessas de Deus são feitas, mas a falsa baseia-se na mera aparência delas (2Co 1.12; 1Jo 2.3; 3.14; 1Pe 2.10; Lc 18.10-14); (c) a verdadeira segurança baseia-se no testemunho do Espírito Santo dentro de seus corações (conforme ele aplica a Palavra de Deus), para que saibamos que somos filhos de Deus, enquanto a falsa baseia-se no testemunho do espírito do erro, conforme ele suprime a Palavra de Deus (Rm 8.15-16; 2Ts 2.9-12). Isso significa, acima de tudo, que a verdadeira e infalível segurança provém do Espírito e da Palavra de Deus.

Deus disse determinadas coisas infalíveis em sua Palavra. Ele disse que todo aquele que crê em Cristo já possui a vida eterna (Jo 3.36). Também declara, de modo infalível, que "aquele que guarda os seus mandamentos permanece em Deus [...]. E nisto conhecemos que ele permanece em nós, pelo Espírito que nos deu" (1Jo 3.24). O mesmo Deus que declara essas coisas também as produz no eleito. Ele nos habilita a crer em Cristo e a guardar os seus mandamentos. Portanto, quando *cremos* em Cristo e guardamos os seus mandamentos, o Espírito Santo nos habilita a saber o que fazemos. E, porque sabemos que cremos nele e guardamos os seus mandamentos, podemos possuir certeza verdadeira.

Cremos que a Palavra de Deus é infalível em tudo o que diz, inclusive *quando fala de nós*. É de fundamental importância insistir que essa certeza infalível não nos vem por alguma revelação privada do Espírito. Reivindicar certeza com base num testemunho do Espírito à parte ou em acréscimo à Bíblia é reivindicar uma certeza falsa. A Palavra de Deus é suficiente. Somente pela Escritura o homem de Deus pode ser "perfeito e perfeitamente habilitado para toda boa obra" (2Tm 3.16-17). Ao operar certeza infalível nos corações dos crentes, o Espírito Santo não transmite nova revelação (pois não há nenhuma necessidade de novas revelações). Ele tão somente aplica aquilo que já está revelado, a saber, a verdade bíblica de que os crentes serão salvos. Ao articular a indubitável Palavra de Deus (com a promessa infalível que ela encerra) *com* as graças verdadeiramente existentes no coração (com respeito às quais essas promessas são feitas), o Espírito habilita o crente a dizer com certeza: "Sou filho de Deus, e o serei para sempre".

Alguns têm afirmado que o Espírito Santo comunica certeza ao crente de forma *imediata*, ou seja, à parte da Escritura. O texto de Romanos 8.16 é usado em apoio a essa perspectiva: "O próprio Espírito testifica com o nosso espírito que somos filhos de Deus". É verdade que o próprio Espírito testifica. Mas ele testifica juntamente *com* o nosso espírito, e não *a* ele diretamente. Em outras palavras, Deus exerce uma influência imediata sobre o espírito do homem, mas não por falar ao espírito do homem à parte da Escritura. Antes, a influência imediata é tal que homem e Deus falam juntos — o homem ao dizer: "Sou salvo porque sou um crente verdadeiro", e Deus ao dizer: "Quem crê no Filho tem a vida eterna" (Jo 3.36). Quando nosso espírito está em conformidade com o Espírito e Palavra de Deus, o que dizemos será consoante ao que o Espírito diz na Escritura. Dessa forma, a certeza de que "somos filhos de Deus" vem não de um testemunho do Espírito Santo apenas, mas de um testemunho conjunto efetuado pelo Espírito Santo, à medida que nossa palavra se coaduna com a Palavra de Deus. O aspecto especial ou pessoal disso consiste não no que Deus diz apenas, mas, antes, no fato de que somos, por sua graça, capacitados a dizer de nós mesmos aquilo que ele diz dos crentes verdadeiros na Escritura: "Todo o conselho de Deus, concernente a todas as coisas indispensáveis à sua própria glória, à salvação, fé e vida do homem, ou está expressamente estabelecido na Escritura, ou pode ser dela deduzido por boa e necessária consequência. À Escritura nada se acrescentará, em tempo algum, seja por novas revelações do Espírito, seja por tradições humanas." (CFW, I, 6).

PERGUNTAS

1. O homem é facilmente enganado em assuntos religiosos? Cite exemplos bíblicos.
2. Por que os fariseus achavam que eram "retos perante Deus"?
3. A Escritura afirma que há verdadeira certeza de salvação?

4. Os crentes devem se esforçar para ter essa certeza? Prove biblicamente.

5. Quais os dois principais modos em que a verdadeira certeza da salvação diferente da falsa certeza?

6. Descreva pelo menos duas qualidades da verdadeira certeza de salvação.

7. Descreva pelo menos duas qualidades da falsa certeza de salvação.

8. Qual o fundamento da verdadeira certeza de salvação?

9. Qual a base da falsa certeza de salvação?

10. O que é mais importante na verdadeira certeza de salvação: o Espírito de Deus ou a sua Palavra?

11. Que falsa interpretação é dada a Romanos 8.16 por aqueles que acreditam num testemunho imediato do Espírito (à parte da Escritura) quanto à certeza de salvação?

12. Descreva o verdadeiro relacionamento do Espírito e da Palavra de Deus nesse "testemunho" dado pelo crente quanto à certeza da salvação.

13. Por que o Espírito é desonrado quando buscamos "novas revelações"?

—XVIII, 3-4—

3. Essa segurança infalível não pertence de tal modo à essência da fé que um verdadeiro crente, antes de possuí-la, não tenha de esperar muito e lutar com muitas dificuldades; contudo, sendo pelo Espírito habilitado a conhecer as coisas que lhe são livremente dadas por Deus, ele pode alcançá-la sem revelação extraordinária, no devido uso dos meios ordinários. É, pois, dever de todo o fiel fazer toda a diligência para tornar certas a sua vocação e eleição, a fim de que, por esse modo, seja o seu coração, no Espírito Santo, confirmado em paz e gozo, em amor e gratidão para com Deus, em firmeza e alegria nos deveres da obediência, que são os frutos próprios dessa segurança. Esse privilégio está, pois, muito longe de predispor os homens à negligência.

4. Por diversos modos, podem os crentes ter a sua segurança de salvação abalada, diminuída e interrompida — negligenciando a conservação dela, caindo em algum pecado especial que fira a consciência e entristeça o Espírito Santo, cedendo a fortes e repentinas tentações, retirando Deus a luz do seu rosto e permitindo que andem em trevas e não tenham luz mesmo os que temem; contudo, eles nunca ficam inteiramente privados daquela semente de Deus e da vida da fé, daquele amor a Cristo e aos irmãos, daquela sinceridade de coração e consciência do dever; dessas bênçãos a certeza de salvação poderá, no tempo próprio, ser restaurada pela operação do Espírito, e por meio delas eles são, no entanto, suportados para não caírem no desespero absoluto.

Essas seções da Confissão nos ensinam: (1) que um homem pode ser um crente verdadeiro ainda que lhe falte a certeza infalível de que o seja; (2) que ele deveria, contudo, atingir essa segurança; (3) que a posse dessa segurança inclina os homens não à negligência, mas à diligência; (4) que os possuidores de tal certeza podem tê-la abalada, diminuída e interrompida (por causa de negligência, pecado, tentação ou provação); e (5) que, independentemente se o crente tem ou não certeza, ele tem segurança por causa da semente e operação de Deus nele, pela qual pode adquirir ou readquirir certeza no devido tempo.

Há uma grande diferença entre crer em Jesus Cristo (sem o que não podemos ser salvos) e crer que verdadeiramente cremos nele (sem o que, por mais importante que seja, a salvação é possível). O homem que gritou: "Eu creio! Ajuda-me na minha falta de fé!" (Mc 9.24) certamente tinha fé em Cristo, mas ele não estava seguro de sua própria fé. Assim como um homem pode estar seguro de que é salvo e não ser salvo, da mesma forma um homem pode ser salvo (pela fé em Cristo) e não estar seguro de que o seja. A certeza infalível da salvação não faz parte da essência da fé salvadora. Isso pode ser provado a partir das seguintes considerações: primeiro, a Bíblia não diz que *devemos* ter certeza infalível para sermos salvos, mas apenas que devemos ter fé em Jesus Cristo (Mc 5.36; Jo 11.26). *Convém* termos essa certeza. Absolutamente *devemos* ter fé. Segundo, a Escritura mostra que nem todos os crentes verdadeiros possuem segurança infalível (Mt 26.22; Sl 31.22; 51.12). Davi pede por restauração, não da salvação, mas da alegria dela, e provavelmente essa certeza era central a essa alegria. Terceiro, existem muitas exortações na Bíblia estimulando os crentes a lutarem por essa segurança e consegui-la (Hb 10.22; 6.11; 2Pe 1.10). Mas se fosse exigido que todos os crentes verdadeiros tivessem certeza plena como a essência da fé salvadora, não haveria necessidade de exortá-los porque, sendo crentes, eles já a teriam.

Essas exortações, porém, também nos ensinam que os crentes podem e *devem* alcançar plena certeza, mesmo que ela não seja a essência da fé. "Desejamos, porém, continue *cada um de vós* mostrando, até ao fim, a mesma diligência para a plena certeza da esperança" (Hb 6.11). Com efeito, por essa mesma razão "nos têm sido doadas as suas preciosas e mui grandes promessas" (2Pe 1.4). Contrário à opinião popular, a plena certeza da salvação não foi feita para uns poucos que pertencem à "elite" espiritual; ela é algo que todo cristão deveria possuir. Também é algo que até mesmo os mais humildes podem vir a possuir mediante um uso adequado e diligente dos meios de graça. Quem for diligente em buscá-la, também confirmará sua vocação e eleição (2Pe 1.10). E, pela negligência dos meios de graça, até mesmo o mais dotado pode carecer daquilo que o mais humilde possui.

Às vezes se fala, em tom de acusação, que essa certeza resultará em descuido e negligência. Isso seria verdade, talvez, se Deus a concedesse mediante revelação direta *ao* crente à parte da Escritura. Contudo, uma vez que Deus comunica a certeza de que somos seus filhos somente por meio da conformidade do nosso espírito com seu Espírito e Palavra, vemos quão falso isso é. Pois o meio exato em que nosso espírito é habilitado a testificar com o Espírito de Deus é se *aplicando à diligência*. À medida que (pela força e graça divinas) usamos diligentemente os meios de graça designados por Deus, buscando a santidade em conformidade com os mandamentos divinos, a certeza da salvação é alcançada e mantida. Sendo essa certeza fruto de diligência, ela não pode resultar em negligência. A árvore determina a natureza do fruto, não o contrário. A certeza da salvação é fruto da graça. A árvore da qual ela procede é essa obra do Espírito de Deus, que infunde diligência no coração do crente para que ele guarde os mandamentos divinos. A raiz é a graça; a árvore é a diligência; e o fruto é a certeza.

Visto que a certeza da salvação é o fruto e não a raiz, segue-se que ela pode, às vezes, ser abalada, diminuída e interrompida. Esse foi o caso de Jó (Jó 6.4; 23.3-7; 29.2-5). Esse foi provavelmente o caso de Pedro (Mt 26.69-75; Lc 22.32). As causas da falta de certeza da salvação naqueles que a possuíam anteriormente são variadas: Pedro deixou de orar (Lucas 22.46); Davi foi confrontado com uma tentação repentina; Jó foi submetido a muitas aflições graves. É possível que existam outras causas ou mesmo uma combinação de causas. Mas o fato importante é que, mesmo os verdadeiros crentes, que conheceram a plena certeza da salvação, podem perdê-la por um tempo ou em certa medida. E podem clamar com o salmista: "Por que rejeitas, Senhor, a minha alma e ocultas de mim o rosto?" (Sl 88.14; é oportuno ler todo o salmo). No entanto, mesmo no pântano do desânimo, o *crente* abatido olha para Deus. Mesmo em dúvida e dificuldades, ele clama: "Ó Senhor, Deus da minha salvação, dia e noite clamo diante de ti. Chegue à tua presença a minha oração, inclina os ouvidos ao meu clamor" (Sl 88.1-2). E isso faz toda a diferença. Pois "todo aquele que é nascido de Deus [...] o que permanece nele é a divina semente" (1Jo 3.9). Mesmo em grande angústia e dúvida, ele clama a seu Pai celestial e continua clamando até que a luz do semblante do Pai seja uma vez mais conhecida por ele.

"Elevo a Deus a minha voz e clamo, elevo a Deus a minha voz, para que me atenda" (Sl 77.1), diz o salmista. E ainda: "Sendo assim, todo homem piedoso te fará súplicas em tempo de poder encontrar-te. Com efeito, quando transbordarem muitas águas, não o atingirão" (Sl 32.6). O verdadeiro crente pode não estar seguro de si mesmo. No entanto, mesmo em sua grande angústia, ele clama a Deus porque é um verdadeiro crente. Assim, não é possível que a raiz da certeza da salvação tenha sido destruída. Portanto, como afirma a Confissão: "a certeza de salvação poderá, no tempo próprio, ser restaurada pela operação do Espírito". E, de qualquer forma, os crentes são "suportados para não caírem no desespero absoluto". "Porque isto é para mim como as águas de Noé; pois jurei que as águas de Noé não mais inundariam a terra, e assim jurei que não mais me iraria contra ti, nem te repreenderia. Porque os montes se retirarão, e os outeiros serão removidos; mas a minha misericórdia não se apartará de ti, e a aliança da minha paz não será removida, diz o Senhor, que se compadece de ti" (Is 54.9-10).

PERGUNTAS

1. Prove biblicamente que a certeza da salvação não é necessária para a salvação.
2. Em se tratando da "fé salvadora", em que o cristão deve confiar?
3. Em se tratando da "certeza da salvação", em que o cristão deve confiar?
4. Quem deve ter plena certeza da salvação?
5. Quem pode ter plena certeza da salvação?

6. Por que a plena certeza da salvação não pode
   produzir negligência e descuido?
7. Por que a verdadeira certeza da salvação pode
   ser abalada, diminuída ou interrompida?
8. Cite um exemplo bíblico de que a certeza da salvação
   pode ser abalada, diminuída ou interrompida.
9. O que o crente deve fazer quando não tem a certeza da salvação?
10. Por que o crente deve assim proceder?
11. Por que não é impossível restaurar a certeza perdida?

XIX. DA LEI DE DEUS

1. Deus deu a Adão uma lei, como um pacto de obras. Por esse pacto, Deus o obrigou, bem como toda sua posteridade, a uma obediência pessoal, total, exata e perpétua; prometeu-lhe a vida sob a condição de ele cumprir a lei, e o ameaçou com a morte caso ele a violasse, e dotou-o com poder e capacidade de guardá-la.

2. Essa lei, depois da queda do homem, continua a ser uma perfeita regra de justiça. Como tal, foi por Deus entregue no monte Sinai em dez mandamentos e escrita em duas tábuas: os primeiros quatro mandamentos ensinam os nossos deveres para com Deus; e os outros seis, os nossos deveres para com o homem.

Essas seções da Confissão nos ensinam: (1) que a lei de Deus manifesta o padrão de perfeita obediência que Deus impôs sobre Adão na criação; (2) que suas exigências eram absolutas; e (3) que essa lei, cujas exigências nunca deixaram de representar todos os homens em todos os lugares, foi revelada resumidamente (isto é, por meio de princípios gerais) no monte Sinai, em duas tábuas de pedra.

A lei de Deus é central para a mensagem da Bíblia. Somente o Senhor Jesus Cristo é mais importante do que a lei. E ele não veio "para revogar" a lei, mas "para cumprir" (Mt 5.17). Seria difícil cometer um erro mais radical do que pensar na lei de Deus como algo meramente transitório ou mutável. Pois a lei (isto é, a lei moral) simplesmente declara o que Deus requer do homem. Enquanto Deus for o Deus imutável e o homem for homem, não pode haver revogação da lei: "As tuas palavras são em tudo verdade desde o princípio, e cada um dos teus justos juízos dura para sempre" (Sl 119.160); "Quanto às tuas prescrições, há muito sei que as estabeleceste para sempre" (v. 152). Porque ele é o Deus eterno e santo, e nós somos suas criaturas, essa lei tem relevância permanente.

Isso não significa que Deus deu a lei a Adão de uma forma externamente revelada e codificada, "Porque a lei foi dada por Moisés" (Jo 1.17). Paulo nos ensina que a lei foi primeiramente gravada na consciência humana (Rm 2.14-15). Foi "escrita nos corações" dos homens. Isso, no entanto, não significa que Adão estava consciente dos Dez Mandamentos da mesma forma que nós. Para nós, a lei se apresenta como um poder negativo que incita nossa inimizade. Para Adão, a lei se apresentava num sentido positivo (talvez como uma intuição) que incitava o amor a Deus e ao bem. Mas a diferença estava na relação de Adão com a lei, não com a lei em si. O que era certo e errado para Adão é exatamente o mesmo que nos é ordenado e proibido pelos Dez Mandamentos. Adão quebrou a lei. Mas ele e seus filhos não deixaram de ser homens. A única mudança foi em sua relação com a lei. A lei tinha sido dada como o caminho de vida para eles. Mas, após o pecado, ela passou a ser, por assim dizer, o caminho de morte. Adão e seus filhos deixaram de viver *por* ela e passaram a viver *contra* ela. Os pecadores, consciente e inconscientemente, agora procuram "suprimir a verdade pela injustiça" (Rm 1.18).

E, no entanto, em pelo menos duas maneiras importantes, os homens testificam que são obrigados a guardar a lei de Deus. Em primeiro lugar, todos os homens exercem julgamento moral. Por mais pecaminosos que sejam, ainda exercem julgamento moral contra os pecados dos outros: "Portanto, és indesculpável, ó homem, quando julgas, quem quer que sejas; porque, no que julgas a outro, a ti mesmo te condenas; pois praticas as próprias coisas que condenas" (Rm 2.1). Mesmo que os homens sejam mentirosos, eles condenam as mentiras. Em segundo lugar, todos os homens são igualmente possuidores de consciência. Eles "mostram a norma da lei gravada no seu coração, testemunhando-lhes também a consciência e os seus pensamentos, mutuamente acusando-se ou defendendo-se" (Rm 2.15). O senso inato que o homem tem de certo e errado deve-se ao fato de que ele não pode escapar das reivindicações da lei de Deus.

Entre os que negam a relevância permanente da lei, nenhum deve ser tão severamente condenado como os cristãos. Há cristãos professos que dizem que Cristo os libertou da obrigação de guardar a lei, baseando-se, de forma equivocada, nas seguintes palavras: "Nós não estamos debaixo da lei, mas debaixo da graça" (Rm 6.14). Daremos mais detalhes sobre esse fato no comentário às seções 6-7. Por ora, basta dizer que a verdade está na direção oposta: o cristão, acima de tudo, é obrigado a guardar a lei: "Aquele, pois, que violar um destes mandamentos, posto que dos menores, e assim ensinar aos homens, será considerado mínimo no reino dos céus; aquele, porém, que os observar e ensinar, esse será considerado grande no reino dos céus" (Mt 5.19). Negar que os cristãos são obrigados a guardar a lei de Deus é negar que os cristãos devem amar a Deus e ao próximo, pois desses dois princípios dependem toda a lei de Deus (Mt 22.37-40).

Do resumo que Cristo faz — que devemos amar a Deus com todo nosso coração, alma, mente e força, e nosso próximo como a nós mesmos — podemos inferir corretamente as duas divisões da lei de Deus. Não precisamos pensar que as duas partes da divisão dos Mandamentos exigiam o uso das duas tábuas que Deus deu a Moisés, como se as nossas obrigações para com Deus estivesse na primeira tábua, e as nossas obrigações para com o próximo, na segunda. É mais provável que toda a lei tenha sido escrita em cada uma das duas pedras, como era costume na ratificação de uma aliança nos tempos antigos. Em qualquer caso, acreditamos que a divisão está em consonância com a declaração de nosso Senhor, e que a interpretação dos Catecismos Maior e Breve de Westminster está correta. Portanto, concluímos esta seção com um breve resumo dos Dez Mandamentos.

AMAR A DEUS — O DEVER DO HOMEM PARA COM DEUS VERTICALMENTE

(1) O Primeiro Mandamento nos ensina a *quem* devemos adorar. Devemos adorar somente ao Deus verdadeiro. E, em nenhum caso, podemos dar a adoração que lhe é devida a qualquer outro, nem podemos, em nenhum sentido, reconhecer qualquer outro deus como um objeto legítimo de adoração. (O Primeiro Mandamento é frequentemente violado quando os cristãos agem como se judeus ou unitaristas praticassem adoração legítima, ou ainda pior, quando se juntam a eles na adoração de um deus que não tem filho. Sobre isso, cf. 2Jo 9; 1Jo 5.12).

(2) O Segundo Mandamento nos ensina *como* devemos adorar. Devemos adorar a Deus somente como ele nos ordenou que o adoremos. Qualquer coisa que o homem conceba, invente ou imagine corrompe a verdadeira reverência e adoração a Deus. (O Segundo Mandamento é frequentemente violado quando os cristãos usam "imagens" de Jesus. Quando se diz que tais usos são legítimos porque não são usados no culto, respondemos que

não são legítimos porque não se pode ter um pensamento ou sentimento adequado em relação a Cristo que não seja o de reverência e adoração. Quanto a isso, recomendamos o estudo cuidadoso da Pergunta 109 do Catecismo Maior de Westminster).

(3) O Terceiro Mandamento nos ensina *quem* são aqueles que adoram a Deus de forma aceitável. São aqueles que professam seu nome (tomam seu nome) com verdadeira sinceridade de coração. É tão inútil adorar o Deus verdadeiro (mesmo da maneira correta) com insinceridade quanto adorar um deus falso ou adorar o Deus verdadeiro de maneira inaceitável. (O Terceiro Mandamento é frequentemente violado, pelo menos até certo ponto, mesmo por cristãos. Isso acontece, por exemplo, quando eles não se concentram na Palavra de Deus quando se reúnem para adoração. Sobre isso, cf. Lc 8.18; Pv 8.34).

(4) O Quarto Mandamento nos ensina *quando* devemos adorar e servir a Deus. Devemos passar um dia inteiro por semana em adoração e seis dias servindo a Deus. O único dia que pertence a Deus é um dia de descanso, isto é, de cessação do trabalho e recreações que são próprios dos outros dias (exceto as obras de necessidade, piedade e misericórdia). (O Quarto Mandamento é frequentemente violado de duas maneiras: quando o Dia do Senhor é profanado e quando um dos outros seis dias é designado como um dia santo por mera autoridade humana, como no caso do Natal ou da Sexta-feira Santa. (Sobre isso, cf. Gl 4.9-11; Cl 2.16-17.)

AMAR AO PRÓXIMO — O DEVER DO HOMEM PARA COM DEUS HORIZONTALMENTE

(5) O Quinto Mandamento nos ensina o dever de respeitar e obedecer a toda autoridade dada por Deus. Toda autoridade é de Deus. A autoridade que pertence aos pais, empregadores, oficiais da igreja e governantes civis é de Deus (Êx 20.12; Ef 6.5; At 20.18-21; Rm 13). Este mandamento também ensina àqueles que administram tal autoridade em subordinação a Deus que eles mesmos devem ser obedientes à lei de Deus, bem como exigir toda a devida obediência de seus súditos. (O Quinto Mandamento é comumente violado hoje por pais que não exigem obediência de seus filhos. Isso é uma profanação da autoridade divina. É certo que haverá más consequências para os filhos. Sobre isso, cf. Pv 29.15).

(6) O Sexto Mandamento nos ensina a reverência pela vida humana porque o homem foi criado à imagem de Deus. É importante notar que esse mandamento proíbe o assassinato, mas não todas as formas de matar. Por exemplo, é legítimo matar animais para alimentação (Gn 9.3). É até mesmo uma *exigência* divina que os assassinos sejam executados pela autoridade civil (Gn 9.6). E Deus também sanciona a autodefesa mesmo que resulte na morte humana, seja essa defesa pessoal ou nacional (Nm 35.31; Êx 22.2; Rm 13.1-4). (O Sexto Mandamento é muitas vezes violado pela intemperança. Deus não proíbe o uso moderado de coisas materiais. Mas a intemperança é errada porque é uma violação do Sexto Mandamento. Quanto a isso, considere a pergunta 136 do Catecismo Maior).

(7) O Sétimo Mandamento nos ensina a guardar a santidade do sexo e do casamento. Este mandamento proíbe tudo o que destrói, mina ou tende a minar a unidade de marido e mulher, de acordo com a instituição divina original. Portanto, proíbe não apenas o adultério, a fornicação e o divórcio, mas até mesmo a menor inclinação à luxúria da qual esses pecados perversos se derivam. (o Sétimo Mandamento é frequentemente violado pela leitura deliberada de literatura, filmes e programas de televisão que excitam pensamentos e desejos lascivos. Quanto a isso, considere a pergunta 139 do Catecismo Maior).

(8) O Oitavo Mandamento nos ensina a sanção divina da propriedade privada. Este mandamento se opõe a toda forma de esforço privado ou público para reivindicar a posse de propriedade, exceto por herança ou em troca de dinheiro ou trabalho. A Escritura não aprova a doutrina que ensina que a riqueza é necessariamente errada em si mesma. Muitos esquemas utópicos, dos quais o marxismo é um exemplo, sustentam que a propriedade privada é a raiz de todos os males, de modo que os males humanos podem ser aliviados se a propriedade privada for eliminada, seja por força, violência ou por impostos confiscatórios. Sob o abrigo desse erro, as autoridades civis às vezes são culpadas de roubo.

(9) O Nono Mandamento nos ensina a santidade da verdade. O reino de Satanás é um reino de falsidade, mentiras e engano. O reino de Cristo é um reino de verdade, sinceridade e integridade. Quando falamos, devemos ter certeza de duas coisas: (a) que realmente queremos dizer o que dizemos, e dizemos o que queremos dizer; e (b) que o que dizemos está de acordo, não apenas com nossa intenção, mas também com os fatos. (A

fofoca é uma forma de mentira, mesmo que acreditemos sinceramente no que estamos relatando. Repetir boatos como se fossem confiáveis é não evidenciar nenhum amor pela verdade. É uma violação desse mandamento tanto quando "sinceramente" relatamos o que não é verdade, como quando relatamos "insinceramente" algo que por acaso é verdade. Quanto a isso, considere a pergunta 145 do Catecismo Maior).

(10) O Décimo Mandamento nos ensina que "enganoso é o coração, mais do que todas as coisas, e desesperadamente corrupto" (Jr 17.9). A exigência é que aprendamos a nos contentar com o que o Senhor nosso Deus nos deu. Todo descontentamento, inveja e cobiça são, em essência, uma reclamação contra o trato de Deus conosco. Eles são idolatria porque desafiam a autoridade divina. Essa é a raiz de todos os outros tipos de pecados (Quanto a isso, considere as perguntas 147 e 148 do Catecismo Maior).

Quanto mais alguém meditar na lei perfeita de Deus, resumida nesses dez princípios, mais maravilhosa ela parecerá. Não há dever ensinado, em qualquer porção da Escritura, que não esteja implícito nesses mandamentos. Não há dever que possa ser legitimamente imposto a um crente que já não esteja imposto na lei de Deus. Diz-nos a Confissão: "Só Deus é senhor da consciência, e a deixou livre das doutrinas e mandamentos humanos que, em qualquer coisa, sejam contrários à sua Palavra, ou que, em matéria de fé ou de culto, estejam fora dela" [CFW, XX.2], e a razão é que todo o dever do homem já está contido nos Dez Mandamentos. Entregar a consciência a qualquer dever não contido nessas leis é tornar-se servo dos homens e não de Deus.

PERGUNTAS

1. Prove biblicamente que a lei de Deus é sempre obrigatória para o homem.
2. Adão conhecia a lei de Deus? De que maneira ele a conhecia?
3. A lei de Deus foi alterada por causa da queda do homem? Se não, o que foi alterado?
4. Quais são as duas coisas importantes que demonstram que todos os homens estão "sob a lei"?
5. O cristão é menos obrigado a guardar a lei de Deus do que o incrédulo? Prove biblicamente.

6. Quais os dois princípios positivos que, se atendidos, cumprem a lei?

7. Descreva os princípios contidos nos quatro
   primeiros mandamentos da lei de Deus.

8. Dê um exemplo de uma violação contemporânea
   de cada um dos Dez Mandamentos.

9. É correto aceitar outras regras além dos Dez Mandamentos? Por quê?

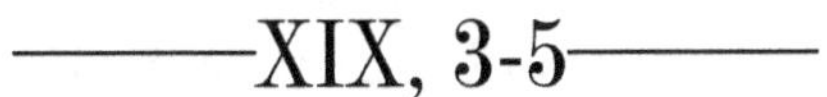

XIX, 3-5

3. Além dessa lei, geralmente chamada lei moral, foi Deus servido dar ao seu povo Israel, considerado uma Igreja sob a sua tutela, leis cerimoniais que contêm diversas ordenanças típicas. Essas leis — que em parte se referem ao culto e prefiguram Cristo, as suas graças, os seus atos, os seus sofrimentos e os seus benefícios, e em parte representam várias instruções de deveres morais — estão todas ab-rogadas sob o Novo Testamento.

4. A esse mesmo povo, considerado como um corpo político, Deus deu leis civis que deixaram de vigorar quando a nação daquele povo deixou de existir, e que agora não obrigam além do que exige a sua equidade geral.

5. A lei moral obriga para sempre a todos a prestar-lhe obediência, tanto as pessoas justificadas como as outras, e isso não somente quanto à matéria nela contida, mas também pelo respeito à autoridade de Deus, o Criador, que a deu. Cristo, no Evangelho, não anula de modo algum esta obrigação, antes a confirma.

Essas seções da Confissão nos ensinam: (1) que Deus deu à nação de Israel leis cerimoniais (além e distintas da lei moral) que consistiam de *tipos* e símbolos de (a) Cristo e sua obra redentora, e (b) do Espírito Santo Espírito e sua obra na aplicação da redenção; (2) que essas leis estão agora revogadas; (3) que Deus também deu àquela nação certas leis civis que cessaram com o fim da teocracia judaica, mas (4) que a lei moral permanece em vigor (sob a economia do Antigo Testamento, já foi explicitamente ensinado que seria assim).

Há uma extensa discussão das instituições cerimoniais do Antigo Testamento na Epístola aos Hebreus, nos capítulos 7-10. Citaremos algumas passagens para ilustrar o ensino da Confissão. Por exemplo, em Hebreus 8.4-5, é feito um contraste entre Cristo no céu e os sacerdotes que realizavam as ordenanças cerimoniais do Antigo Testamento. Afirma-se que tais sacerdotes eram "figura e sombra das coisas celestiais" (Hb 8.5). Somos lembrados do tabernáculo com "o incenso e a arca da aliança totalmente coberta de ouro, na qual estava uma urna de ouro contendo o maná, o bordão de Arão, que floresceu, e as tábuas da aliança" (Hb 9.4). "Ora, depois de tudo isto assim preparado, continuamente entram no primeiro tabernáculo os sacerdotes, para realizar os serviços sagrados; mas, no segundo, o sumo sacerdote, ele sozinho, uma vez por ano, não sem sangue, que oferece por si e pelos pecados de ignorância do povo" (Hb 9.6-7). Mas, sobre isso, a Escritura declara: "querendo com isto dar a entender o Espírito Santo que ainda o caminho do Santo Lugar não se manifestou, enquanto o primeiro tabernáculo continua erguido. É isto uma parábola *para a época presente*; e, segundo esta, se oferecem tanto dons como sacrifícios, embora estes, no tocante à consciência, sejam ineficazes para aperfeiçoar aquele que presta culto, os quais não passam de ordenanças da carne, baseadas somente em comidas, e bebidas, e diversas abluções, impostas *até ao tempo oportuno de reforma*" (Hb 9.8-10). Essas coisas eram "uma sombra dos bens vindouros" (Hb 10.1).

Em tudo isso, dois fatos pertinentes se destacam bastante: (1) todas essas coisas são declaradas como testemunhas da obra de Jesus Cristo que ainda era futura, mas que, (2) com a consumação da obra de Jesus Cristo, sua utilidade estaria no fim. Por meio dessas coisas, os crentes do Antigo Testamento podiam ver a obra do Salvador como em um espelho, obscuramente. Mas com a vinda do próprio Cristo, elas não poderiam deixar de se tornar tão desnecessárias quanto antes eram essenciais. Assim, a revogação da lei cerimonial é claramente afirmada. O "escrito de dívida", diz Paulo, Cristo "removeu-o inteiramente, encravando-o na cruz" (Cl 2.14); Ele "aboliu, na sua carne, a lei dos mandamentos na forma de ordenanças" (Ef 2.15).

Os judeus relutavam em aprender essa verdade. Até mesmo Pedro estava relutante em aceitá-la (At 10.14). Mas agradou-se o Espírito Santo em guiar o Sínodo de Jerusalém a uma posição inequívoca contra a continuação das obrigações cerimoniais do Antigo Testamento (At 15.5, 10). Do mesmo modo, as leis políticas ou civis de Israel possuíam um caráter temporário. Isso é evidente, pois que obrigação permanente poderia haver para a atribuição de tribos a determinadas regiões de Canaã, por exemplo (Js 18-19), ou para os vários grupos que serviram sob o reinado de Davi (1Cr 25-27)? O Israel de Deus agora é internacional e, portanto, não está mais sujeito a essas ordenanças de forma alguma (Gl 6.16; Gn 22.18; Ef 2.19-22).

Isso é bastante claro para nós. Mas talvez não fosse muito claro para aqueles que viviam sob as leis cerimoniais e civis do Antigo Testamento. Sem dúvida, o grau em que os crentes do Antigo Testamento reconheciam a natureza transitória das leis cerimoniais e civis de Israel variava de pessoa para pessoa e de época para época. Mas há boas razões para afirmar que algum reconhecimento desse fato pertencia aos verdadeiros crentes desde o início.

Dizemos isso, primeiro, por causa da diferença drástica entre a maneira pela qual Deus revelou a lei moral (os Dez Mandamentos) e as leis cerimoniais e civis. Deus revelou as leis cerimoniais e civis por meio de Moisés, que as escreveu em velino ou pergaminho. Mas o próprio Deus escreveu os Dez Mandamentos, e ele os escreveu não em peles perecíveis, mas em tábuas de pedra — símbolo da permanência que lhes é própria.

Dizemos isso, em segundo lugar, por causa das declarações dos crentes do Antigo Testamento que indicavam uma distinção consciente feita por eles entre a lei moral e as ordenanças cerimoniais e civis. Davi contrasta a observância das leis cerimoniais e morais da seguinte forma: "Pois não te comprazes em sacrifícios; do contrário, eu tos daria; e não te agradas de holocaustos. Sacrifícios agradáveis a Deus são o espírito quebrantado; coração compungido e contrito, não o desprezarás, ó Deus" (Sl 51.16-17); "Sacrifícios e ofertas não quiseste; abriste os meus ouvidos; holocaustos e ofertas pelo pecado não requeres. Então, eu disse: eis aqui estou, no rolo do livro está escrito a meu respeito; agrada-me fazer a tua vontade, ó Deus meu; dentro do meu coração, está a tua lei" (Sl 40.6-8). Essas declarações não significam que Davi não sentia obrigação de observar as ordenanças cerimoniais. Ele não foi perdoado à parte delas, pois eram um meio pelo qual a graça de Cristo lhe foi administrada. Mas ele indicou que estava bem ciente da diferença entre legislação cerimonial e moral. Suas palavras anteciparam, claramente, a abolição de uma e a continuação da outra.

Eis o que o profeta Jeremias diz: "Assim diz o Senhor dos Exércitos [...]. Porque nada falei a vossos pais, no dia em que os tirei da terra do Egito, nem lhes ordenei coisa alguma acerca de holocaustos ou sacrifícios. Mas isto lhes ordenei, dizendo: Dai ouvidos à minha voz, e eu serei o vosso Deus, e vós sereis o meu povo; andai em todo o caminho que eu vos ordeno" (Jr 7.21-23). E Samuel disse: "Tem, porventura, o Senhor tanto prazer em holocaustos e sacrifícios quanto em que se obedeça à sua palavra? Eis que o obedecer é melhor do que o sacrificar" (1Sm 15.22). A lei cerimonial evidenciou seu caráter temporário por sua própria incapacidade de "tornar perfeitos os ofertantes" (Hb 10.1). Uma vez que, na verdade, a lei cerimonial "nunca jamais podem remover pecados" (Hb 10.11), o próprio Espírito Santo testificou que algo melhor teria que suplantar as ordenanças cerimoniais, a saber, o único e perfeito sacrifício de Cristo (Hb 10.12-14; Jr 31.33-34). Talvez a demonstração mais conclusiva da consciência do caráter temporário das leis cerimoniais e civis na mente dos crentes do Antigo Testamento seja o fato de que as previsões do sofrimento vindouro de Cristo são dadas em termos cerimoniais (Is 53.7, 11; Dn 9.25-27; Sf 1.7-8).

PERGUNTAS

1. Além da lei moral, Deus também deu dois outros tipos de lei. Quais foram?
2. Qual era o propósito da lei cerimonial?
3. Prove, biblicamente, que a lei cerimonial foi abolida.
4. Qual era o propósito das leis civis?
5. Os próprios crentes do Antigo Testamento reconheceram uma distinção entre os Dez Mandamentos e as ordenanças cerimoniais e civis? Apresente duas provas bíblicas.
6. Que deficiência na própria lei cerimonial indicava a necessidade de algo melhor?

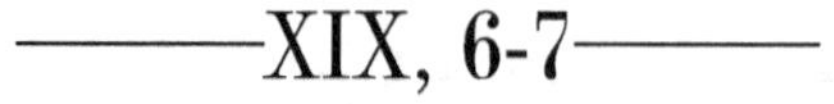

——XIX, 6-7——

6. Embora os verdadeiros crentes não estejam debaixo da lei como pacto de obras, para serem por ela justificados ou condenados, contudo ela lhes serve de grande proveito, como aos outros, manifestando-lhes, como regra de vida, a vontade de Deus e o dever que eles têm; ela os dirige e os obriga a andar segundo a retidão; descobre-lhes também as pecaminosas poluções da sua natureza, do seu coração e da sua vida, de maneira que eles, examinando-se por meio dela, alcançam mais profundas convicções do pecado, maior humilhação por causa deles e maior aversão a eles, e, ao mesmo tempo, lhes dá uma melhor apreciação da necessidade que têm de Cristo e da perfeição da obediência dele. Ela é também de utilidade aos regenerados, a fim de conter a sua corrupção, pois proíbe o pecado; as suas ameaças servem para mostrar o que merecem os seus pecados e quais as aflições que por causa deles devem esperar nesta vida, ainda que sejam livres da maldição ameaçada na lei. Do mesmo, modo as suas promessas mostram que Deus aprova a obediência deles e que bênção podem esperar dessa obediência, ainda que essas bênçãos não lhes sejam devidas pela lei considerada como pacto das obras — assim, o fazer um homem o bem ou o evitar ele o mal, porque a lei estimula aquilo e proíbe isto, não é prova de estar ele debaixo da lei e não debaixo da graça.

7. Os supracitados usos da lei não são contrários à graça do Evangelho, mas suavemente condizem com ela; pois o Espírito de Cristo submete e habilita a vontade do homem a fazer livre e alegremente aquilo que a vontade de Deus, revelada na lei, requer que se faça.

Essas seções da Confissão nos ensinam: (1) que os verdadeiros crentes não estão "debaixo a lei" como um pacto de salvação, (2) mas que estão debaixo" dela como (a) uma regra de prática, (b) um meio de conhecer seu pecado e a consequente necessidade de Cristo, e (c) uma revelação da perfeição de Cristo; (3) que a lei também opera sobre os não regenerados (a) para restringi-los, (b) adverti-los e (c) revelar Deus a eles; (4) que "o fazer um homem o bem ou o evitar ele o mal, porque a lei anima aquilo e proíbe isto, não é prova de estar ele debaixo da lei e não debaixo da graça"; e (5) que esses usos da lei não são de forma alguma contrários à graça do evangelho, mas, sim, essenciais a ela.

Inicialmente, mencionamos aqueles que dizem, com base em Romanos 6.14, que "não estão debaixo da lei, e sim da graça", e, com isso, acreditam estar livres de qualquer obrigação de guardar os Dez Mandamentos porque são crentes. Os que assim pensam, supõem erroneamente que a graça livra a pessoa de toda culpa e punição do pecado sem se preocupar com a libertação da prática do pecado. No entanto, esse mesmo texto (Rm 6.14) está inserido em um contexto que trata da libertação da prática do pecado (Rm 6.1-23). A grande afirmação do apóstolo Paulo aqui é que o pecado não pode ter domínio na vida de um crente (versículos 2, 7, 14, 22). E a razão pela qual o pecado não pode dominar um crente é precisamente o fato de que ele "não está debaixo da lei, e sim da graça". Se ainda estivesse sob a lei, ele ainda seria dominado pelo pecado. Porque está sob a graça em vez da lei, ele não é mais dominado pelo pecado.

Muitos hoje diriam: "Sim, posso violar o dia do *Shabbath*, porque não estou debaixo da lei, e sim da graça". Mas o que o apóstolo Paulo de fato está dizendo é: "Não, não posso desconsiderar o dia do *Shabbath*, pois estou debaixo da graça, não da lei, e o pecado não terá domínio sobre mim". Assim, a solução está em uma compreensão adequada do que significa estar "*debaixo* da lei" ou "*debaixo* da graça" para "viver debaixo dos termos ou condições" daquele pacto que oferece a perspectiva de vida eterna como resultado da observância da lei pelo próprio pecador, ou aquele pacto que é chamado de pacto da graça. Isso não significa, contudo, que não pode haver *nenhum* aspecto da lei no pacto da graça, nem vice-versa.

Por sermos descendentes de Adão, nascemos sob a obrigação de guardar perfeitamente a lei de Deus *como condição de vida*. Estar sob a lei significa ter a obrigação de guardar os mandamentos de Deus, perfeita e perpetuamente, ou então perecer. Mas por causa da queda de Adão, e nossa queda nele, esse é um pacto "sem esperança". Estar sob a graça é estar sob os termos ou condições de uma aliança que concede vida ao homem sem que ele tenha prestado anterior obediência perfeita e perpétua à lei. A obediência à lei, então, não é o meio de salvação, mas somente a graça o é.

No entanto, observe dois aspectos importantes do pacto da graça que envolvem a lei. Em primeiro lugar, a graça que é dada ao pecador tem base legal. O Senhor Jesus Cristo prestou obediência perfeita e perpétua à lei e recebeu a penalidade exigida para o pecador. Não há graça sem o cumprimento da lei. Em segundo lugar, a graça que é dada resulta numa justiça maior do que sem ela. A graça não é apenas legal, mas também remediadora, proporcionando uma obra renovadora de Deus no coração do pecador, trazendo novo poder e desejo de justiça, cujo resultado é a observância da lei em um grau muito maior do que é o caso com os não convertidos (Rm 6.22; Gl 5.22-25; Ef 5.9). Assim, fica claro que estar debaixo da graça, ao invés da lei, não é um caso de "sem lei para com Deus, mas debaixo da lei de Cristo" (1Co 9.21).

A lei é de grande importância para os crentes. (1) Ela é um resumo da completa e santa vontade de Deus, a única regra infalível de prática. Os apóstolos frequentemente citam esses mandamentos como regra para os crentes (Rm 13.9; Ef 6.2). Somos advertidos contra qualquer depreciação da lei (Mt 5.19) e ensinados que suas exigências dizem respeito a todo pensamento interior (Mt 5.21-48). É o "pendor da carne" que "não está sujeito à lei de Deus" (Rm 8.7), mas, para o crente que se deleita na lei (7.22), é chamada de "a lei da liberdade" (Tg 1.25). (2) A lei também tem valor ao revelar aos crentes seu pecado e sua necessidade de Cristo. O apóstolo Paulo disse: "Eu não teria conhecido o pecado, senão por intermédio da lei" (Rm 7.7). A lei instrui (Gl 3.19-25). Ela ensina aos homens que estão perdidos para que possam buscar a Cristo: "Porque o fim da lei é Cristo, para justiça de todo aquele que crê" (Rm 10.4). E isso não é verdade apenas no momento da conversão. Também é verdade depois da conversão. A lei ensina ao crente o dever de perpétuo arrependimento e fé. (3) Por fim, a lei revela a glória de Cristo. Mostra-nos quão santo ele é (Mt 5.17; Rm 5.18-19). E nos mostra a severidade da lei e a punição que ela exigiu dele.

Com respeito ao incrédulo, nada se compara ao fato de que a lei executa a sentença de juízo contra ele. Pois "sabemos que tudo o que a lei diz, aos que vivem na lei o diz para que se cale toda boca, e todo o mundo seja culpável perante Deus" (Rm 3.19). No entanto, mesmo no caso do incrédulo, a lei realiza o bem. Embora incite inimizade e pecado (por causa da depravação do incrédulo), a lei também restringe a expressão externa do pecado (Rm 2.14-15). Mesmo em nações onde o evangelho tem feito pouco progresso, há algum conhecimento da lei moral, e ela tem algum efeito em restringir o progresso do pecado. É óbvio, no entanto, que ela não pode de forma alguma remediá-lo.

PERGUNTAS

1. Que texto é frequentemente citado erroneamente no que diz respeito à relação do crente com a lei de Deus?
2. Que erro é mantido por aqueles que deturpam esse texto?

3. Qual é o verdadeiro significado de "debaixo" nesse texto?
4. O que significa estar "debaixo da lei"?
5. O que significa estar "debaixo da graça"?
6. Que importância tem a lei de Deus para o pacto da graça?
7. De que serve a lei de Deus para os crentes?
8. Que benefício a lei de Deus traz aos incrédulos?

XX. DA LIBERDADE CRISTÃ E DA LIBERDADE DE CONSCIÊNCIA

1. A liberdade que Cristo, sob o Evangelho, comprou para os crentes consiste em serem eles libertos do delito do pecado, da ira condenatória de Deus, da maldição da lei moral, e em serem libertos do poder deste mundo, do cativeiro de Satanás, do domínio do pecado, do mal das aflições, do aguilhão da morte, da vitória da sepultura e da condenação eterna; como também em terem acesso a Deus, em lhe prestarem obediência, não movidos por um medo servil, mas pelo amor filial e de espírito voluntário. Todos estes privilégios eram comuns também aos crentes sob a lei; mas, sob o Evangelho, a liberdade dos cristãos está mais ampliada, achando-se eles isentos do jugo da lei cerimonial a que estava sujeita a Igreja Judaica, e tendo maior confiança no acesso ao trono da graça e mais abundantes comunicações do Espírito de Deus, do que os crentes debaixo da lei ordinariamente alcançavam.

Essa seção da Confissão nos ensina: (1) que Cristo comprou a liberdade para os crentes; (2) que essa liberdade consiste na liberdade da culpa, da ira e maldição de Deus, do amor ao mundo, do cativeiro de Satanás, do domínio do pecado, do mal das aflições, do aguilhão da morte, a vitória da sepultura e da condenação eterna, e também liberdade de acesso a Deus, obediência a ele e amor por ele; e (3) que a diferença entre a liberdade desfrutada pelos crentes do Novo Testamento e a desfrutada pelos crentes do Antigo Testamento é de grau e não de tipo.

O capítulo IX da Confissão fala daquela "liberdade natural" com a qual Deus "dotou a vontade do homem", de modo que "não é forçada para o bem ou para o mal, nem a isso é determinada por qualquer necessidade absoluta da natureza". No nosso comentário, demonstramos que o homem mantém essa liberdade em cada um dos quatro estados da condição humana. Em seu estado decaído, no entanto, o homem tem liberdade sem capacidade de fazer o bem por causa de sua depravação total. Ele é livre para fazer o que quiser, mas não tem prazer em fazer o bem.

A liberdade que consideramos aqui é aquela liberdade que é comprada para o crente por Cristo e concedida pelo Espírito Santo. E é a liberdade que, por causa de uma nova habilidade, é liberdade *de fato*: "Se o Filho vos libertar, verdadeiramente sereis livres" (Jo 8.36). Essa liberdade é "a liberdade da glória dos filhos de Deus" (Rm 8.21). Ela consiste em mais do que mera ausência de constrangimento externo (que todos os homens desfrutam). Consiste também em uma restauração da capacidade interior de querer e fazer a boa vontade de Deus, e a libertação das limitações trazidas ao pecador por seu pecado. O homem não convertido tem liberdade, mas sua desvantagem é tal que ele pode gritar com Caim: "É tamanho o meu castigo, que já não posso suportá-lo. [...] serei fugitivo e errante pela terra" (Gn 4.13-14). Ele tem liberdade de vontade, mas não está livre da lei, do pecado ou da morte. Mas a real liberdade ou liberdade dos filhos de Deus consiste na libertação da lei, do pecado e da morte.

(1) Há, então, liberdade da lei. O crente não está debaixo da lei, e sim da graça. Enfatizar o verdadeiro significado dessas palavras é tão importante quanto refutar a falsa interpretação delas. Porque Cristo guardou perfeitamente a lei, o crente recebe a salvação somente por causa da obediência de Cristo, e está livre da obrigação de guardar a lei de Deus perfeitamente como meio de obter vida.

(2) Essa liberdade também consiste na libertação do domínio do pecado. "O príncipe da potestade do ar [...] que agora atua nos filhos da desobediência" (Ef 2:2-3) tem seu domínio no coração do crente suplantado pelo Espírito Santo. O crente é "liberto do pecado" para se tornar um servo de Deus (Rm 6.22). Isso significa que o reino ou domínio do pecado não é mais sua habitação. Ele é liberto "deste mundo perverso" (Gl 1.4), não geograficamente, mas no sentido de que ele é estranho a ele e imune ao seu modo de pensar e de viver (1Jo 2.15-17; Rm 12.2). Satanás não exerce mais domínio sobre ele (At 26.18). Mesmo aquelas coisas que presentemente são (adversidade, aflição etc.) e aquelas coisas que serão (morte e sepultura) os efeitos ou consequências do pecado não têm mais poder ou domínio, imediata ou finalmente, total ou parcialmente, sobre o crente. A adversidade e a aflição podem ser, e muitas vezes são, inteiramente para o benefício do crente e para a glória de Deus. Mesmo quando há castigo

pelo pecado, em última análise, é para o bem daqueles que amam a Deus (Rm 8.28; Jó; Sl 119.71). E enquanto o mal da morte não for totalmente removido até a ressurreição (pela qual o corpo é vivificado novamente, como a alma já foi vivificada novamente pela regeneração), ainda assim o aguilhão, ou aspecto penal da morte, é removido, e a "vitória da sepultura" é apenas temporária (1Co 15.54-57).

(3) Desse modo, o crente é liberto até mesmo da própria morte, que é o salário do pecado. E mesmo na morte o crente não morre "a morte", mas sim "dorme" em Jesus (Gn 2.17; Mc 7.10; Rm 6.9; 1Ts 4.14).

Essa liberdade não deve ser confundida com licenciosidade. Alguns têm usado a liberdade como "pretexto da malícia" (1Pe 2.16), como uma "ocasião à carne" (Gl 5.13). Isso não é liberdade. É escravidão disfarçada de liberdade. A verdadeira liberdade é ser liberto do pecado para se tornar servo de Deus. Significa capacidade restaurada, bem como a liberdade de ser filho de Deus. Licenciosidade é aquela coisa vã e enganadora que Satanás ofereceu como substituto da liberdade. É a sugestão de que o homem pecador estabeleça irrestritamente seus próprios padrões morais e faça a sua própria vontade. "Não vos enganeis", diz o apóstolo, "de Deus não se zomba; pois aquilo que o homem semear, isso também ceifará. Porque o que semeia para a sua própria carne da carne colherá corrupção; mas o que semeia para o Espírito do Espírito colherá vida eterna" (Gl 6.7-8). Um desejo interior e capacidade de se esforçar para cumprir a lei de Deus — isso sim é a verdadeira liberdade. E o desejo e a vontade de fazer o que quisermos, independentemente da lei, é licenciosidade, é pecado.

A diferença entre o crente do Antigo e do Novo Testamentos é, às vezes, descrita como se o crente do Antigo Testamento não tivesse a liberdade que é desfrutada pelo crente sob o evangelho. Esse erro é o inverso daquele que ensina que o cristão goza de licenciosidade (isto é, completa liberdade de todo dever de guardar a lei). Ensina que o crente do Antigo Testamento não desfrutou de nenhuma porção da liberdade dos filhos de Deus. Essa visão é refutada pelo ensino da Escritura de que "a bênção de Abraão" chegou "aos gentios, em Cristo Jesus" (Gl 3.14). Como outros erros, esse também é exagero extremo de uma verdade importante, a saber, que há um grau crescente de liberdade desfrutado pelos crentes do Novo Testamento. Mas esse maior grau de liberdade é devido à revogação da lei cerimonial (que foi guardada pelo crente do Antigo Testamento e não pelo crente do Novo Testamento) e não por causa de qualquer diferença essencial na libertação da lei moral, do pecado ou da morte. Temos um grau ou medida de liberdade muito maior porque aquilo que foi administrado por meio de *tipos* e ordenanças agora é administrado em completa plenitude por Cristo, mediante a operação do Espírito Santo.

PERGUNTAS

1. O que se entende por "liberdade natural"?
2. Como a liberdade dos crentes difere dessa liberdade natural?
3. Do que, afinal, o crente é liberto?
4. Como o crente é liberto deste presente mundo mau?
5. Visto que os crentes morrem, como é possível dizer que estão livres da morte?
6. Qual é a diferença entre liberdade e licenciosidade?
7. Comparado ao crente do Novo Testamento, em que aspectos o crente do Antigo Testamento era livre?
8. Comparado ao crente do Novo Testamento, em que sentido o crente do Antigo Testamento não era livre?

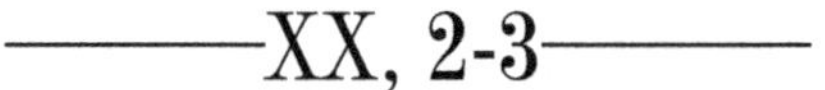

XX, 2-3

2. Só Deus é Senhor da consciência, e a deixou livre das doutrinas e mandamentos humanos que, em qualquer coisa, sejam contrários à sua Palavra, ou que, em matéria de fé ou de culto, estejam fora dela. Assim, crer nessas doutrinas ou obedecer a esses mandamentos, por motivo de consciência, é trair a verdadeira liberdade de consciência; e requerer para elas fé implícita e obediência cega e absoluta, é destruir a liberdade de consciência e a própria razão.

3. Aqueles que, sob o pretexto de liberdade cristã, cometem qualquer pecado ou toleram qualquer concupiscência, destroem, por isso mesmo, o fim da liberdade cristã; pelo contrário, sendo livres das mãos dos nossos inimigos, sem medo sirvamos ao Senhor em santidade e justiça, diante dele, todos os dias da nossa vida

Essas seções da Confissão nos ensinam: (1) que somente Deus tem autoridade legítima sobre a consciência; (2) que somente sua Palavra é a regra para a consciência; (3) que as doutrinas e mandamentos dos homens que são contrários ou *adicionais* à Palavra de Deus no que tange ao culto não têm autoridade para obrigar a consciência; (4) que permitir que a consciência seja obrigada por elas é pecado, abuso da verdadeira liberdade de consciência e uma negação de que somente Deus é o Senhor da consciência; e (5) que a liberdade cristã deve ser distinguida do antinomianismo (que significa "liberdade para pecar").

A ideia de que somente Deus é senhor da consciência é um dos gloriosos benefícios da Reforma Protestante pelos quais nossos pais reformados deram tudo de si. Essa verdade, tão claramente ensinada na Escritura, foi totalmente ofuscada na apostasia da Igreja Romana, e só foi recuperada com o sangue de muitos mártires. A forte determinação dos *Covenanting Presbyterians in Scotland* [Presbiterianos Pactuantes da Escócia], que não entregariam a nenhum homem os direitos régios de Jesus Cristo, deve ser lembrada com reverência. Eles recuperaram o espírito da Igreja Apostólica ao responderem àqueles que tentavam coagi-los a crer ou fazer o que era contrário à Palavra de Cristo: "Antes, importa obedecer a Deus do que aos homens" (At 5.29).

Não devemos esquecer que a Reforma Protestante foi muito mais do que mera separação da autoridade do Papa e dos erros de Roma. Não foi, afinal, uma luta contra algo tanto quanto um glorioso testemunho de Cristo. Foi um testemunho feito em todas as esferas da vida. Por exemplo, houve reis na terra que ficaram totalmente felizes ao ver a estrutura do poder católico romano enfraquecida pelo surgimento do cristianismo reformado. No entanto, às vezes esses mesmos reis decidiram, por si mesmos, assumir o controle da Igreja. Quando perceberam que os cristãos reformados não queriam reconhecer ninguém além de Cristo como "rei e cabeça da Igreja", empreenderam uma terrível perseguição contra esses cristãos. Grande parte do sofrimento sofrido pelos autores de nossa Confissão veio das mãos de tais reis. Mas, graças a Deus, eles permaneceram na grande verdade da Escritura, e, por esse princípio poderoso, esses tiranos estavam condenados. Só Deus é Senhor da Igreja e da consciência. Somos "comprados por preço" e não devemos ser "escravos dos homens" (1Co 7.23).

Hoje, quase não damos o devido apreço ao precioso legado que resultou desse princípio. A separação entre Igreja e Estado, com a qual entendemos a liberdade de crer e praticar a fé sem coerção dos homens, é um exemplo. Não estamos dizendo que esse princípio é sempre respeitado em uma nação como os Estados Unidos da América ou o Brasil. De fato, acreditamos que o controle estatal da educação ameaça cada vez mais esse princípio. Uma filosofia de vida falsa e anticristã, se não em teoria, em termos práticos, está sendo imposta àqueles que ensinam no sistema escolar público dessa nação. E pode chegar o dia em que aqueles que ensinam terão que sofrer para falar e agir, por acreditarem que Deus é soberano sobre todas as coisas.

Mas permita-nos uma consideração mais detalhada a uma violação muito comum do princípio em questão, uma violação encontrada em muitas igrejas protestantes e mesmo naquelas que reivindicam esta Confissão! Em tais igrejas, é costume fazer certas regras específicas que são impostas aos membros da igreja como uma questão de dever, obrigando, assim, a consciência.

Essas regras são de dois tipos: (1) algumas são contrárias à Palavra de Deus. Exemplos de regras contrárias à Palavra de Deus são as proibições que exigem total abstinência do uso de certas coisas materiais. A religião mórmon proíbe o uso de café. Outras seitas proíbem o uso de carne. Na verdade, faltaria tempo para mencionar todas essas coisas proibidas, pois o número é muito grande. No entanto, em nenhum caso é possível mostrar que tal abstinência é exigida por Deus. Isso é impossível porque "nenhuma coisa é de si mesmo impura" (Rm 14.14). "Todas as coisas, na verdade, são limpas" (14.20). Se nada é impuro, então nenhuma regra que proíba o uso de algo pode ser legítima. Se todas as coisas são realmente puras, então todas as coisas podem ser usadas pelos homens sem peso na consciência.

É verdade, naturalmente, que uma vez que uma pessoa tenha permitido que sua consciência seja limitada por tal regra (falsa), ela não pode participar da coisa proibida sem pecar. Já mostramos como e por que isso acontece (capítulo XVI). De fato, "Nenhuma coisa é de si mesma impura, salvo para aquele que assim a considera; para esse é impura. [...] é mau para [esse] homem [...] porque não provém de fé; e tudo o que não provém de fé é pecado" (Rm 14.14, 20, 23). Nunca é certo fazer o que acreditamos ser errado, mesmo quando acreditamos que algo é errado sem uma boa razão. Mas mesmo que uma pessoa obedeça fielmente à sua consciência e observe escrupulosamente uma regra que proíbe o uso de uma coisa material, ela ainda é culpada de pecado. É culpada do pecado de permitir que alguém que não seja Deus imponha uma regra sobre sua consciência.

A isso é objetado que, sem tais regras (proibindo, ou pelo menos restringindo, o uso livre de coisas materiais), o único resultado possível será a "intemperança total". Ou é abstinência total ou há certeza inevitável de abuso ímpio. Essa, como já demonstramos, é uma falsa expectativa. Também apresentamos a diferença entre a verdadeira liberdade e a licenciosidade pecaminosa (comentários ao capítulo XX, 1). Aqui, diremos apenas que é extremamente desonroso para o Espírito Santo de Deus manter tal objeção. Pois essa objeção equivale a dizer que uma regra feita pelo homem guardará um cristão do pecado melhor do que o Espírito Santo que habita nele. Dizer que o Espírito Santo não pode guiar o cristão no uso livre de coisas materiais que ele não proibiu é acusar Deus de maneira leviana.

(2) A segunda classe de regras são aquelas que são, se não contrárias, pelo menos são adicionais à Palavra de Deus. Como exemplo, podemos mencionar muitas das regras impostas aos membros da Igreja Católica Romana. Sem dúvida, muitas dessas regras são contrárias à Palavra de Deus, mas mesmo aquelas que não são, muitas vezes são adições à Bíblia. "Os principais mandamentos ou leis da Igreja", lemos no Catecismo Romano, "são estes seis: (1) assistir à Missa em todos os domingos e dias santos de guarda; (2) jejuar e abster-se nos dias designados; (3) confessar nossos pecados pelo menos uma vez por ano; (4) receber a sagrada comunhão durante o período pascal; (5) contribuir para o sustento da Igreja, e (6) observar as leis da Igreja sobre o casamento".

Não julgamos que possa ser provado contrário à Bíblia jejuar naqueles dias que são designados pela Igreja Romana. Certamente o cristão deve confessar seus pecados (a Deus somente por meio de Cristo). E seria perfeitamente apropriado receber a sagrada comunhão (se for administrada corretamente) naquele Dia do Senhor que Roma presume chamar de "Páscoa". Mas, embora não seja errado fazer essas coisas voluntariamente, e de maneira adequada, é errado permitir que a consciência seja *obrigada* a fazê-las da maneira e no tempo designados por Roma.

Citemos outro exemplo: as igrejas batistas insistem na imersão como forma de batismo. Não é contrário à Palavra de Deus batizar por imersão. Mas é um acréscimo à Palavra de Deus *exigir* que o batismo seja apenas por imersão. E permitir que a consciência seja limitada por tal regra é errado, embora a imersão em si não o seja.

Já se disse que há "um Papa no coração de cada homem". Todos somos tentados a pensar que poderíamos melhorar nossos irmãos cristãos, se tivéssemos o controle de sua consciência. Da mesma forma, todos estamos sujeitos a pensar que usamos a nossa liberdade melhor do que os outros. Restringimos os outros e afrouxamos as restrições contra nós mesmos. A Escritura, contudo, exige o contrário: caridade para com os outros e cuidado no uso de nossa própria liberdade. Devemos dar ao nosso irmão o benefício de qualquer dúvida. Devemos considerar os outros melhores do que nós mesmos. E mesmo quando parece que nosso irmão abusou de sua liberdade, devemos corrigir com mansidão, cuidando de nós mesmos. Enquanto isso, devemos nos guardar do abuso de nossa própria liberdade, cuidando para não fazer dela uma ocasião para a carne e cuidando para não fazer com que um irmão mais fraco tropece pelo exercício de nossa liberdade.

PERGUNTAS

1. Qual foi o grande princípio pelo qual nossos pais reformados nobremente lutaram?
2. Foi apenas uma luta contra a autoridade do Papa? Explique.
3. Que princípio vivenciado por muitas igrejas nos Estados Unidos da América é fruto dessa luta?
4. Existe alguma ameaça a esse princípio ainda hoje?
5. De que duas maneiras esse princípio é, em nossos dias, negado em muitas Igrejas protestantes, em geral, e até mesmo em Igrejas reformadas, de modo particular?
6. Cite um exemplo de cada uma dessas maneiras.
7. Por que é errado submeter a consciência a uma regra que exige total abstinência do uso de uma determinada coisa material?
8. Quanto ao batismo, por que seria errado submeter a consciência a uma regra que exija batismo por imersão?
9. Por que é correto dizer que há "um Papa no coração de cada homem"?
10. O que a liberdade exige de nós em relação aos outros?
11. O que a liberdade exige de nós em relação a nós mesmos?

——————XX, 3 (continuação)——————

Alega-se que a doutrina da liberdade cristã, tal como ela foi apresentada acima, levará ao pecado. Já refutamos isso em nossa discussão sobre a licenciosidade. No entanto, queremos aqui enfatizar o fato de que, ao contrário do que comumente se pensa, essa doutrina (corretamente entendida) realmente mostra o alcance total das leis de Deus na vida do homem. Quando rejeita todas as regras contrárias ou adicionais à Palavra de Deus, a fé reformada não está interessada em banir a santidade e o dever. Em vez disso, ela o faz precisamente porque reconhece que é dever do cristão — quer coma, beba ou faça qualquer coisa — fazer tudo para a glória de Deus (1Cor 10.31). Quando o dever do homem aos princípios divinos *é reduzido* às regras humanas, tal dever é um falso dever porque é uma redução. Os fariseus de antigamente multiplicavam as regras em um esforço para abranger toda a vida, mas não chegaram nem perto da santidade de Cristo, que rejeitou suas regras em "favor" da lei de Deus (Mc 7.1-13). Algumas pessoas não entendem que os Dez Mandamentos compreende toda a nossa vida de maneira perfeita, mas essa é a verdade.

O apóstolo Paulo diz que, quando a mente é transformada e renovada (pela operação interior da lei aplicada pelo Espírito Santo), o crente individual será capaz de experimentar qual é a vontade de Deus (Rm 12.2). Ele diz que o crente conhecerá (sem regras humanas) o que é "bom, agradável e perfeito". Acreditamos que uma exegese cuidadosa desse texto mostrará que o seu significado é o seguinte:

(1) Pelo conhecimento dos Dez Mandamentos, um crente conhecerá o que é bom. Por exemplo, ele saberá que tocar piano é bom, pela simples razão de que não é proibido por nenhum dos Dez Mandamentos. "Sabemos que a lei é boa" (1Tm 1.8), diz o apóstolo; portanto, o que está de acordo ou não é contrário aos Dez Mandamentos é bom. O ato de tocar piano, considerado em si, é, portanto, bom.

(2) O cristão também deve considerar as circunstâncias sob as quais uma determinada coisa é feita. Uma coisa boa nem sempre é aceitável (sob toda e qualquer circunstância). É bom invocar o nome do Senhor. Mas isso deve ser feito em um tempo aceitável (2Co 6.2). Homens que ignoram os fatos e deixam para invocam o nome do Senhor somente quando for tarde

demais não serão ouvidos. Então, novamente, como exemplo, tocar piano pode ou não ser aceitável de acordo com circunstâncias como tempo e lugar. Seria errado uma criança tocar piano quando o pai o proibiu; e também seria errado tocar piano, em qualquer momento, em um prostíbulo.

(3) Por fim, é necessário que um ato seja feito com a intenção ou motivo correto. Isto é o que o apóstolo quer dizer com a perfeita vontade de Deus. Mais uma vez, tomaremos como exemplo o ato de tocar piano. É concebível que uma pessoa faça essa coisa boa em circunstâncias apropriadas e ainda viole um ou mais dos Dez Mandamentos. Suponha que o propósito fosse ganhar fama e fortuna pessoal, em vez de servir a Deus. Suponha que alguém tocasse piano apenas para ganhar dinheiro, e não para servir a Deus. Tal ação seria errado, não porque é pecado tocar piano, mas porque é pecado torná-lo o objetivo principal da vida, ou mesmo fazê-lo apenas como meio de ganhar dinheiro sem procurar glorificar a Deus.

A verdade é que, quando a lei de Deus é corretamente observada por um crente, ela se mostrará muito mais exigente e será muito mais rigorosa do que as regras dos homens. Mas, acima de tudo, tal crente será preservado da ruína histórica dos fariseus, que pensavam que eram guardadores da lei quando na verdade estavam guardando apenas algumas regras humanas relativamente fáceis. A criação de regras pelos homens engana o coração porque reduz a amplitude e a profundidade do dever do cristão para com Deus. Por essas e outras razões, devemos rejeitá-las firmemente.

PERGUNTAS

1. Que falsa acusação é feita contra a doutrina da liberdade cristã?
2. Qual é a verdadeira razão pela qual a fé reformada rejeita a ideia segundo a qual obedecer regras impostas pelo homem é obedecer a Deus?
3. O que o apóstolo Paulo quer dizer com os termos "boa", "perfeita" e "agradável", que ele fez uso em Romanos 12.2?
4. Uma coisa pode ser boa sem ser aceitável e perfeita?
5. Uma coisa pode ser proibida, se Deus a declara boa? Por quê?
6. Descreva qualquer coisa material que seja um exemplo do que é "proibido" por mandamento humano, e mostre por que é bom, quando pode ser aceitável, e como pode ser perfeito.

7. Por que, quanto à lei de Deus, a posição reformada
   é mais exigente do que a visão oposta a ela?

XX, 4

4. Visto que os poderes que Deus ordenou, e a liberdade que Cristo comprou não foram por Deus designados para destruir, mas para que mutuamente nos apoiemos e preservemos uns aos outros, resistem à ordenança de Deus os que, sob pretexto de liberdade cristã, se opõem a qualquer poder legítimo, civil ou religioso, ou ao exercício dele. Se publicarem opiniões ou mantiverem práticas contrárias à luz da natureza ou aos reconhecidos princípios do Cristianismo concernentes à fé, ao culto ou ao procedimento; se publicarem opiniões, ou mantiverem práticas contrárias ao poder da piedade, ou que, por sua própria natureza ou pelo modo de publicá-las e mantê-las, são destrutivas da paz externa da Igreja e da ordem que Cristo estabeleceu nela, podem na justiça ser processados e visitados com as censuras eclesiásticas.

Essa seção da Confissão nos ensina: (1) que Deus ordenou autoridade na Igreja e no Estado, e que, quando operando em suas esferas apropriadas, tais instâncias devem ser obedecidas como parte de nosso dever para com Deus; e (2) que cabe a cada um de nós zelar pelo funcionamento dessas instâncias dentro de sua própria esfera.

O cristão nunca tem liberdade para se opor ao que é ordenado por Deus. Como disse o apóstolo: "Todo homem esteja sujeito às autoridades superiores; porque não há autoridade que não proceda de Deus; e as autoridades que existem foram por ele instituídas. De modo que aquele que se opõe à autoridade resiste à ordenação de Deus; e os que resistem trarão sobre si mesmos condenação" (Rm 13.1-2). Deus deu ao Estado (ou governantes civis) o poder da espada para punir o crime (Rm 13.3-6). E ele deu à sua Igreja o poder das chaves, a fim de excluir aqueles que persistem em heresia e imoralidade (Mt 16.19; 18.15-18). É um grande mal quando essas esferas são confundidas, ou quando a Igreja ou o Estado usurpam a autoridade do outro.

Por exemplo, naqueles países onde o Papa de Roma foi capaz de determinar políticas civis, houve supressão do testemunho protestante, oposição à distribuição da Bíblia e até perseguição violenta. A autoridade civil torna-se tirânica, quando se torna um instrumento de coerção religiosa. Por outro lado, quando o Estado impõe aos seus cidadãos a religião que quer que tenham, ou faz da "Igreja" um mero instrumento do Estado, o resultado é igualmente mau.

Por exemplo, nos países comunistas, o Estado muitas vezes procurou controlar a Igreja. Quando isso acontece, o erro e a imoralidade não são suprimidos, mas apenas os "inimigos do Estado". Quando a autoridade civil ou eclesiástica se contenta com a sua respectiva esfera divinamente designada, e exerce essa autoridade de maneira legítima dentro dessa esfera, isso resulta em grandes bênçãos. Muito da força da nação norte americana — e das igrejas que estão em seu território — deve-se a esse princípio. No entanto, acreditamos que surgiu uma grave ameaça a esse princípio em desenvolvimentos recentes, tanto na Igreja quanto no Estado.

(1) Acreditamos que há uma ameaça crescente a esse princípio no fato de que as igrejas liberais e os concílios da igreja têm buscado cada vez mais exercer poder ou influência mais diretamente na esfera civil. A visão bíblica histórica era que a Igreja influenciaria o poder no Estado ao colocar os indivíduos sob a autoridade de Cristo. Mas não "interferiria nos assuntos civis, que dizem respeito à comunidade, a não ser por meio de humilde petição, em casos extraordinários; ou a título de conselho para satisfação de consciência, se [...] requerido pelo magistrado civil". Se o Estado agisse em detrimento da liberdade espiritual da Igreja, naturalmente o faria por humilde petição. E se, em um caso extraordinário, as autoridades civis buscassem o conselho da Igreja, seria apropriado que a Igreja falasse diretamente de assuntos civis. Mas, caso contrário, a Igreja deveria "gerenciar e deliberar apenas o que diz respeito ao âmbito eclesiástico". Isso não significa que a Igreja não deveria se preocupar com assuntos civis. Tampouco significa que a Igreja silenciou sobre os deveres da cidadania cristã. O que isso significa é que a Igreja ensinou *princípios* revelados na Palavra de Deus a respeito dos deveres civis, e que não tentou formular *políticas*, que é o dever próprio da autoridade civil.

Mas é precisamente o inverso que ocorre em muitos casos hoje. Certamente, a Igreja deve ensinar que é dever dos magistrados civis usar o poder da espada "para castigar o que pratica o mal" (Rm 13.4). A Igreja deve ensinar os princípios da Escritura que sancionam e exigem a pena capital, a manutenção de Forças Armadas e o dever de autodefesa. Em nossa história recente, contudo, organizações como o Conselho Nacional de Igrejas não apenas falharam em ensinar princípios bíblicos como esses, mas também procuraram enunciar políticas contrárias a esses princípios e influenciar as autoridades civis diretamente a adotar essas políticas erradas. Políticas como o desarmamento unilateral, o pacifismo, a abolição da pena capital e o abandono da soberania nacional pelo governo mundial têm sido defendidas. E o problema não é apenas que a Igreja se intrometa diretamente nos assuntos do Estado, enfraquecendo-o, mas também que ela negligenciou sua tarefa divinamente ordenada de suprimir a heresia e a imoralidade por meios espirituais dentro da Igreja e espalhar o evangelho no mundo. Ao procurar obter pelo menos uma medida de controle do poder do Estado, ela negligenciou o uso das chaves do reino de Deus. Em tais igrejas, é comum que o erro e a heresia corram soltos.

(2) Há também uma ameaça crescente à fé cristã e às igrejas fiéis dos nossos dias. Essa é uma ameaça indireta na medida em que não vem da interferência direta do Estado nos assuntos da Igreja. Ela vem, antes, da tendência crescente de controle estatal da educação e afins. A família é uma instituição divina, assim como a Igreja e o Estado. E Deus deu a autoridade e a responsabilidade pela educação dos filhos aos pais, e não à Igreja ou ao Estado. Isso não significa que a Igreja e o Estado não tenham autoridade a esse respeito. A Igreja tem a autoridade e o dever de cuidar para que os pais criem seus filhos na doutrina e admoestação do Senhor. O Estado também tem o direito de requerer uma educação mínima, que permita aos cidadãos conhecerem e cumprirem seu dever e obedecer às leis do país. Mas o Estado não tem o direito ou autoridade para excluir Deus do processo educacional, como ocorre a cada dia. O controle do pensamento geralmente está associado a nações governadas por ditadores e nas quais o ateísmo domina. No entanto, a educação escolar pública nos Estados Unidos da América é cada vez mais rigidamente ateísta, porque Deus, o verdadeiro Deus Jesus Cristo, e sua santa Palavra, a Bíblia, são excluídos do processo educacional. Como isso interfere em um direito inerente aos cristãos, que são membros do corpo de Cristo, e no que Cristo exige dos filhos dos crentes, isto é, que sejam sempre e em tudo condicionados por Deus e sua Palavra, é uma violação do princípio aqui em questão.

É trágico que essa violação do princípio bíblico tenha sido realizada sob o pretexto de devoção a esse princípio. Não queremos dizer que o Estado deva colocar sua chancela nas doutrinas de qualquer que seja a seita. (É exatamente isso o que *está* sendo feito. As doutrinas que estão sendo impostas hoje pertencem à "seita" chamada "humanismo ateu".) Em vez disso, os pais devem decidir qual ponto de vista religioso deve ser ensinado a seus filhos. Todo mundo tem um ponto de vista religioso. Assim, quanto a isso, a resposta correta e bíblica que acreditamos é a existência de escolas cristãs controladas pelos pais para cristãos, e não escolas não cristãs controladas pelo Estado para todos.

Discutiremos o princípio da separação adequada entre Estado e Igreja nos capítulos XXIII, XXV e XXX da Confissão. Aqui devemos notar que a versão original dessa seção da Confissão de Westminster conclui com a afirmação de que aquelas pessoas que "são destrutivas para a paz e ordem externa que Cristo estabeleceu na Igreja [...] podem ser legalmente chamadas a prestar contas e processadas pelas censuras da Igreja e *pelo poder do magistrado civil*". As palavras em itálico foram excluídas de muitas revisões americanas da Confissão.[24] Sem dúvida, o motivo dessa exclusão foi o desejo de remover todo o perigo de encorajar o Estado a interferir em assuntos exclusivamente eclesiásticos. A história indica que o medo de abusos civis em punições desse tipo não é infundado.

No entanto, defendemos a formulação original, pois a Confissão limita cuidadosamente o magistrado civil aos casos que envolvem o que é "destrutivo para a paz e a ordem *externas*" da Igreja. Em outras palavras, não é contra *opiniões* ilícitas, mas apenas ações destrutivas que afetam a paz e a ordem externas, que a autoridade civil pode agir adequadamente. Por exemplo, se uma pessoa detestava as estátuas da Virgem Maria, testemunhando aos homens contra elas e convertendo os outros à sua própria opinião, não poderia sofrer uma ação justa por parte do governo do Estado. Mas, se ele entrasse nas dependências de uma Igreja Católica Romana e perturbasse o culto, ou destruísse essas estátuas, ele poderia e deveria ser preso e punido pela lei, não porque ele tivesse uma opinião errada sobre tais estátuas, mas porque ele havia realizado um ato ilícito, ou seja, destruir a propriedade de outra pessoa.

---

24 Foi retirada também da versão brasileira.

PERGUNTAS

1. Que outras formas de autoridade existem para o cristão além da autoridade da Escritura, que é a única regra de fé e prática?
2. Qual é a esfera própria de cada uma dessas autoridades?
3. O que acontece quando as esferas de autoridade da Igreja e do Estado são confundidas ou violadas?
4. Dê um exemplo de interferência da Igreja na esfera do Estado.
5. Dê um exemplo da interferência do Estado na esfera da religião.
6. Quais são os males que resultam dessas interferências?
7. O Estado deve determinar o aspecto religioso da educação? Existe educação sem o aspecto religioso? Explique.
8. A conclusão original dessa seção da Confissão permitiu ou encorajou os governantes civis a punirem as pessoas por suas convicções? Explique.

XXI. DO CULTO RELIGIOSO E
DO DIA DO SHABBATH

1. A luz da natureza mostra que há um Deus, que tem domínio e soberania sobre tudo, que é bom e faz bem a todos, e que, portanto, deve ser temido, amado, louvado, invocado, crido e servido de todo o coração, de toda a alma e de toda a força; mas, o modo aceitável de adorar o verdadeiro Deus é instituído por ele mesmo, e é tão limitado pela sua vontade revelada, que ele não deve ser adorado segundo as imaginações e invenções dos homens, ou sugestões de Satanás, nem sob qualquer representação visível, ou de qualquer outro modo não prescrito nas Santas Escrituras.

2. O culto religioso deve ser prestado a Deus o Pai, o Filho e o Espírito Santo — e só a ele; não deve ser prestado nem aos anjos, nem aos santos, nem a qualquer outra criatura; nem deve, depois a queda, ser prestado a Deus pela mediação de qualquer outro, senão unicamente a de Cristo.

Essas seções da Confissão nos ensinam: (1) que a revelação natural é suficiente para informar aos homens *que* eles são obrigados a adorar o Deus verdadeiro, mas (2) que não é suficiente para dizer aos homens *como* adorar a Deus, de modo que (3) "o modo aceitável de adorar o verdadeiro Deus é *instituído* por ele mesmo, e é tão *limitado* pela sua vontade revelada, que ele não deve ser adorado segundo as imaginações e invenções dos homens" ou "de qualquer outro modo não *prescrito* nas Santas Escrituras"; (4) que somente Deus é o objeto apropriado do verdadeiro culto; e (5) que ele só pode ser adorado por meio da mediação de Cristo.

Já mostramos (no capítulo 1) que a revelação natural torna o verdadeiro Deus conhecido aos homens, de modo que eles não podem deixar de ter consciência de que lhe devem adoração e obediência. Mas enquanto o culto do homem sem pecado no paraíso foi imediato (isto é, sem um mediador ou salvador), o pecado tornou o homem incapaz de tal adoração imediata. O pecado afetou o relacionamento do homem com Deus de duas maneiras. A presença de Deus foi afastada (Gn 3.22-24), e o coração do homem foi escurecido. Assim sendo, o culto, para ser aceitável a Deus, teve que contar com esse afastamento. No entanto, não havia como o homem pecador reverter ou anular o afastamento de Deus e as trevas de seu próprio coração. Portanto, pela natureza da questão, o culto verdadeiro não poderia existir senão por provisão divina. E isso é o mesmo que dizer que tal culto foi — e de fato é! — *instituído*, *limitado* e *prescrito* por Deus.

(1) Por culto *instituído*, a Confissão se refere ao culto que foi autorizado, ordenado ou estabelecido por Deus. O culto de Caim, por exemplo, diferia do de Abel. Deus não se agradou de Caim nem de sua oferta. O culto de Abel, porém, foi aprovado por Deus. Quando Caim se recusou a mudar seu culto para o culto que Deus aprovou ou sancionou, foi porque ele não aceitou o princípio de que a adoração verdadeira requer aprovação ou sanção divina explícita. Quando os homens adoram a Deus de qualquer maneira não designada ou ordenada por ele, adoram em vão (Mc 7.7). O pecado do povo Israel, quando "edificaram os altos" e queimaram suas ofertas a Baal, foi terem feito *"o que nunca lhes ordenei*, nem falei, nem me passou pela mente", disse o Senhor (Jr 19.5). Nadabe e Abiú foram consumidos pelo fogo do Senhor porque "trouxeram fogo estranho"; foi estranho porque foi um fogo que o Senhor "não ordenara" (Lv 10.1). Aquilo que é instituído (ordenado ou estabelecido) por Deus é culto verdadeiro. Aquilo que não é instituído por Deus é, *por essa razão*, culto falso.

(2) Esse princípio (que o culto verdadeiro é o culto que Deus instituiu) necessariamente envolve o corolário de que o culto é limitado pela vontade revelada de Deus. É limitado porque Deus ordenou apenas certas coisas em seu culto. As seções 3-5 desse capítulo da Confissão nos mostram que Deus instituiu ou prescreveu como partes habituais do culto: (a) a oração, (b) a leitura e pregação da Palavra, (c) o canto dos salmos, (d) a administração dos sacramentos; e como partes ocasionais do culto: (e) juramentos, votos e jejuns solenes. A prova da instituição divina desses elementos de culto é facilmente encontrada na Escritura. Deus nos mandou observar essas coisas em seu culto. Mas ele também revelou sua aversão a toda e qualquer coisa que os homens possam presumir inventar ou conceber sem

esse aval bíblico e divino. Assim, não podemos dizer que o culto verdadeiro é *instituído* (ou prescrito) sem também dizer que ele é *limitado*.

Essa posição é simples de ser defendida, mas não é tão simples de ser praticada. Isso acontece por causa da pecaminosidade do coração humano, que sempre tende a pensar como os ímpios israelitas do passado, que diziam: "andaremos consoante os nossos projetos, e cada um fará segundo a dureza do seu coração maligno" (Jr 18.12). Assim, um princípio rival conquistou muitos seguidores, não apenas entre católicos romanos e luteranos, mas até mesmo entre aqueles que confessam a fé reformada. Essa visão é que o verdadeiro culto não precisa consistir apenas no que Deus ordenou, mas também no que ele não ordenou, desde que não seja expressamente proibido na Palavra. Representamos essas duas visões na figura 4.

FIG.4

A visão A é explicada acima. A visão B, como veremos, considera as coisas que Deus ordenou como sendo apenas uma parte (muitas vezes é apenas uma pequena parte) do culto legítimo. Assim, por exemplo, no culto católico romano há um grande número de cerimônias, símbolos e atividades que são permitidas, e elas podem ser alteradas ou acrescentadas com base nesse princípio espúrio. Tal culto é oferecido em vão (Mt 15.9). É culto falso porque não tem nenhum fundamento, a não ser a vontade do homem. Essas coisas, "com efeito, têm aparência de sabedoria, como culto de si mesmo, e de falsa humildade, e de rigor ascético; todavia, não têm valor algum contra a sensualidade" (Cl 2.23). Cultuar ao Senhor da maneira que quisermos, sem provar que é a vontade de Deus, é cultuar a nossa própria vontade em vez de cultuar a Deus. O que deve ser vigorosamente enfatizado é que não há outra proteção estável da pureza do verdadeiro culto se esse princípio for abandonado, como tem ocorrido inclusive entre muitos que professam a Confissão de Fé de Westminster. Por exemplo, que mandamento divino exige o uso de luz de velas no culto? Mas se uma "cerimônia" como essa, inventada pelos protestantes, não está descartada, como podem ser condenadas as cerimônias inventadas por Roma?). Deus não será verdadeiramente adorado, exceto como ele requer. Portanto, o verdadeiro culto é *instituído* (prescrito) e *limitado*. Existem apenas duas categorias: o que Deus ordenou é legítimo, e o que Deus não ordenou deve ser excluído.

Isso significa que não há *nada* que possa ser feito em uma igreja reformada, exceto o que é ordenado na Bíblia? Não exatamente. "Há algumas circunstâncias, quanto ao culto de Deus [...], as quais têm de ser ordenadas pela luz da natureza e pela prudência cristã, segundo as regras da Palavra, que sempre devem ser observadas" (CFW, I.6). Essas "circunstâncias" são "comuns às ações e sociedades humanas". Mas deve-se ter o cuidado de distinguir entre as *circunstâncias* do culto e o *culto* em si. Por exemplo: as Escrituras não prescrevem a hora do dia em que o culto público deve ser realizado. Nem o Senhor prescreveu a forma, estilo ou tamanho do local de culto. De acordo com a natureza da questão, tais circunstâncias variam de país para país, de estação para estação, e de local para local. Há uma regra geral, no entanto, que exige que as congregações se reúnam em algum lugar no Dia do Senhor. A regra geral controla a situação particular de acordo com as circunstâncias. Mas quando a congregação estiver reunida no local combinado, o culto deve ser apenas aquele que Deus ordenou.

O verdadeiro culto é dirigido a Deus, e Deus existe em três pessoas — Pai, Filho e Espírito Santo. Isso decorre do que foi mostrado no capítulo

II, 3 da Confissão, quando discutimos acerca da doutrina de Deus. Mas aqui notamos que a verdadeira adoração também deve ser prestada pela mediação de Cristo. Como A. A. Hodge destaca, a Igreja de Roma nega esse fato tanto na teoria quanto na prática. Roma ensina: (1) que a Virgem Maria e outros santos (e até anjos) devem receber um grau ou tipo de culto religioso;(2) que eles devem ser invocados a fim de prestarem auxílio em tempo de necessidade; (3) que eles podem interceder por nós junto a Deus ou a Cristo; (4) que Deus pode ser invocado a nos salvar e ajudar (pelo menos em parte) com base nos méritos dos santos; e (5) que os quadros, imagens e relíquias de santos e mártires devem ser mantidas nas igrejas e adorados. (Quanto a isso, confira os decretos do Concílio de Trento.) "Para evitar a acusação de idolatria contra eles por causa de tais práticas, distinguem entre: (a) *Latria*, ou o culto religioso mais elevado, o qual é devido unicamente a Deus; e (b) *Doulia*, ou aquele culto religioso inferior que é devido, em vários graus, aos santos e anjos, segundo sua categoria. Alguns apontam para um grau intermédio de culto, o qual é devido apenas à Virgem Maria, lançando mão do termo *Hyperdoulia*. Esses também distinguem entre (a.) aquele culto *direto*, que é devido particularmente a Deus, à Virgem ou aos santos e anjos, e (b.) aquele culto *indireto*, que termina no quadro ou imagem que representa para o adorador o objeto direto de seu culto".[25]

Em resposta ao ensino católico romano, muitos argumentos sólidos podem ser dados. (1) Jesus disse: "Está escrito: Ao Senhor teu Deus adorarás, e só a ele darás culto" (Mt 4.10; Dt 6.13). As razões para o culto a Deus argumentam contra o culto a qualquer outro ser. Deus nos mandou adorar somente a ele. (2) Mas a Escritura também proíbe explicitamente a adoração a homens e anjos (At 14.14-15; Cl 2.18; At 10.25-26). (3) O Segundo Mandamento proíbe expressamente o uso de gravuras ou imagens para representar Cristo ou para nos ajudar a reverenciá-lo (Cf. Catecismo Maior, pergunta 109). (4) Os santos não se tornam sobre-humanos simplesmente porque estão no céu. Eles não são dotados dos atributos divinos necessários para receber adoração e fazer mediação entre Deus e o homem. (5) E a Escritura afirma que há apenas "um só Deus e um só Mediador entre Deus e os homens, Cristo Jesus, homem" (1Tm 2.5). A

---

25 Hodge, A. A. *Confissão de Fé de Westminster comentada por A. A. Hodge* (São Paulo, 1999: Editora Os Puritanos), p. 371. Tradução de Valter Graciano Martins.

própria ideia de outros mediadores é depreciativa da honra exclusiva que pertence a Deus.

Mas vamos novamente enfatizar este ponto: uma vez que admitimos que o verdadeiro culto não é limitado pela vontade revelada de Deus — uma vez que permitimos que o homem pode acrescentar corretamente até mesmo um elemento ao culto divino — torna-se extremamente difícil refutar os argumentos e distinções tortuosos como aquelas entre *latria* e *doulia* e culto "direto" e "indireto". Uma das razões pelas quais o protestantismo está experimentando um retorno gradual das imagens, cerimônias e afins é que ele (muitas vezes sem perceber) perdeu seu controle sobre o princípio regulador do verdadeiro culto a Deus. Não há proteção para a pureza do culto, exceto a adesão consciente e insistente a esse princípio: o que é ordenado é certo, e o que não é ordenado, errado.

PERGUNTAS

1. O que o culto verdadeiro deve levar em consideração após a queda do homem em pecado?
2. O que significa dizer que o culto verdadeiro é "instituído"?
3. O que significa dizer que o culto verdadeiro é "limitado"?
4. Por que Nadabe e Abiú foram consumidos pelo fogo de Deus? (Lv 10.1-2).
5. De acordo com a visão reformada, quantos tipos de culto existem?
6. De acordo com as igrejas não reformadas, quantos tipos de culto existem?
7. O que é "cultuar à própria vontade"?
8. O que significa a frase "algumas circunstâncias, quanto ao culto de Deus"?
9. Apresente uma regra geral que determine uma ação decorrente de circunstâncias de culto.
10. A quem pode ser prestado culto, segundo a Igreja de Roma?
11. Quais são os tipos de adoração, segundo a Igreja de Roma?
12. Apresente argumentos contra os tipos de adoração defendidos pelo catolicismo romano.
13. Por que muitos protestantes hoje são frequentemente fracos em seus argumentos contra a Igreja de Roma?

——XXI, 3-4——

3. A oração, com ações de graças, sendo uma parte especial do culto religioso, é por Deus exigida de todos os homens; e, para que seja aceita, deve ser feita em o nome do Filho, pelo auxílio do seu Espírito, segundo a sua vontade, e isto com inteligência, reverência, humildade, fervor, fé, amor e perseverança. Se for vocal, deve ser proferida em uma língua conhecida dos circunstantes.

4. A oração deve ser feita por coisas lícitas, e por todas as classes de homens que existem atualmente ou que existirão no futuro, mas não pelos mortos, nem por aqueles que se saiba terem cometido o pecado para a morte.

Essas seções da Confissão nos ensinam: (1) que a oração e a ação de graças são prescritas como parte do verdadeiro culto (ou seja, são ordenadas ou instituídas por Deus); (2) que a oração deve ser oferecida somente por meio do mediador, Jesus Cristo; (3) que o auxílio do Espírito Santo e a regra da Escritura são necessários para que a oração seja apropriadamente aceita; e (4) que a oração deve ser feita em uma língua conhecida dos circunstantes. Dizer que a oração deve estar de acordo com a regra da Escritura é explicado ainda para significar que deve ser (a) por coisas lícitas (conforme a vontade de Deus), (b) por todas as classes de homens vivos e (c) por aqueles que estão ainda para nascer, mas (d) não pelos mortos ou (e) por aqueles que se saiba terem cometido o pecado para a morte.

Que a oração é um elemento prescrito do verdadeiro culto, é evidente em toda a Escritura. Desde os tempos dos Patriarcas, o culto verdadeiro era oferecido com oração e ação de graças a Deus (Gn 20.7, 17). "Moisés orou pelo povo" (Nm 21.7). O livro de hinos e cânticos inspirados contém muitas referências à prática constante da oração nos tempos do Antigo Testamento (Sl 4.1; 6.9; 17.1). Na dedicação do templo, Salomão se pôs "diante do altar do Senhor, na presença de toda a congregação de Israel" e proferiu uma grande oração (1Rs 8.22-53). No Novo Testamento, esse aspecto ou elemento do verdadeiro culto continua. Cristo foi fiel na oração privada (Mt 14.23), mas também orou na assembleia da Igreja (Jo 17). A oração era um elemento constante no culto público da Igreja Apostólica

(At 1.14; 2.42), e os apóstolos ordenaram que fossem feitas orações nas igrejas, em todos os lugares (1Tm 2.8; 1Ts 5.17; Ef 6.18).

Com a vinda de Cristo para realizar a obra da redenção, os ofícios mediadores do Antigo Testamento tornaram-se exclusivamente dele. Somente ele é nosso grande sumo sacerdote, profeta e rei. Por isso, toda mediação está nele. "Ninguém vem ao Pai senão por mim", disse ele (Jo 14.6); "Porque, por ele, ambos temos acesso ao Pai em um Espírito" (Ef 2.18). Portanto, é somente "em nome do Senhor Jesus" que devemos dar "graças a Deus" (Cl 3.17). A expiação de Cristo e sua intercessão em nosso favor são a base de toda verdadeira oração.

Em vista do *princípio regulador* do verdadeiro culto (o que é ordenado é certo, o que não é ordenado é errado), pode-se pensar que a verdadeira oração consistiria apenas na repetição de orações encontradas na Escritura. Que esse não é o caso, pode ser provado pelo mandamento do apóstolo: "Antes de tudo, pois, exorto que se use a prática de súplicas, orações, intercessões, ações de graças, em favor de todos os homens, em favor dos reis e de todos os que se acham investidos de autoridade, para que vivamos vida tranquila e mansa, com toda piedade e respeito" (1Tm 2.1-2). Uma vez que está claro que muitos reis e outras pessoas com autoridade não são mencionados nas orações escritas na Bíblia, é claro que Deus não quer que simplesmente recitemos as orações da Escritura. Mas isso não significa que podemos, por nós mesmos, orar segundo a nossa vontade. (Isso, repito, seria um falso culto.)

Como então devemos orar com nossos próprios corações sem sermos culpados de falso culto? A resposta é que Deus proporciona uma assistência especial, pelo seu Espírito Santo, para que possamos orar como ele quer. "[...] porque não sabemos orar como convém, mas o mesmo Espírito intercede por nós sobremaneira, com gemidos inexprimíveis. E aquele que sonda os corações sabe qual é a mente do Espírito, porque *segundo a vontade de Deus* é que ele intercede pelos santos" (Rm 8.26-27). Se a *forma* de nossas orações tivesse que ser exatamente igual àquelas que podem ser encontradas na Escritura, nossas necessidades e desejos particulares não seriam reconhecidos. Mas, se nossas orações não fossem *formadas* pela assistência especial do Espírito Santo — de acordo com a Palavra de Deus (ou vontade de Deus) — elas seriam inúteis. Dizer que a oração é "livre", então, não é dizer que não é prescrita. Ela é prescrita. Mas Deus prescreveu que oremos conforme o Espírito nos capacita a orar de acordo com a vontade de Deus.

E isso significa que o padrão ou desejos básicos que encontram lugar na verdadeira oração devem sempre estar de acordo com a estrutura encontrada na oração do Pai Nosso (estude o Catecismo Maior, perguntas 186-96). Toda oração verdadeira se conformará a essa estrutura. Mas as orações litúrgicas (ou prontas) não são desejáveis, como regra geral, porque Deus nos ordenou a orar por pessoas e necessidades específicas, com a assistência imediata do Espírito Santo, de acordo com os princípios da Palavra de Deus.

A oração deve ser oferecida de acordo com a regra das Escrituras: "Pedis e não recebeis", diz o apóstolo Tiago, "porque pedis mal" (4.3). Mas "se pedirmos alguma coisa segundo a sua vontade, ele nos ouve" (1Jo 5.14). Por causa dessa afirmação na Escritura, há aqueles que nunca oram sem também dizer: "Se for da tua vontade". Mas agir assim é desnecessário, pois confunde o que se sabe ser a vontade de Deus com o que é a vontade ou decreto secreto de Deus. Quando a oração diz respeito ao que Deus não revelou, como o que acontecerá no futuro, é apropriado dizer: "Se for a tua vontade". Até Cristo orou assim (Mc 14.35). Mas, quando oramos sobre o que é revelado na Escritura como sendo a vontade de Deus, não devemos dizer: "Se for a tua vontade".

Por exemplo, diante de pecadores que nunca se arrependem, podemos orar pedindo a Deus para os não abençoar, e dizer: "Se for a tua vontade". Essa é, sem dúvida, um exemplo grosseiro de expor o assunto, mas há um exemplo muito comum desse mal! Há aqueles que oram para que Deus seja misericordioso com seus parentes, e até os salve da condenação eterna, mesmo que não se arrependam e creiam no evangelho. Eles oram, com efeito: "Senhor, seja misericordioso, mesmo que eles continuem a persistir na maldade, se for a tua vontade". Certamente não é errado orar para que Deus os converta, se for sua vontade, pois não sabemos se é sua vontade ou não. Mas seria errado orar para que Deus os salve da condenação eterna, mesmo que eles não se arrependam e creiam, pois sabemos que essa não é a vontade de Deus.

Cristo nos deu o exemplo de orar por aqueles que ainda não nasceram. Ele orou não apenas por seus discípulos que estavam com ele, mas também por aqueles que creriam nele por meio de sua palavra (Jo 17.20). Em vista da promessa de Deus aos crentes e seus filhos (At 2.39), há boas razões para orar por nossa descendência, como Jonathan Edwards, o grande puritano da Nova Inglaterra, fazia regularmente. Mas não há razão para orar pelos mortos. Se eles eram crentes, não há nada que possamos pedir para eles que eles já não tenham. E se não eram, não há nada que possa ser garantido para eles porque "está posto um grande abismo" (Lc 16.26). Enquanto seu filho vivia, Davi orou por ele. Mas quando Davi soube que a criança estava morta, parou de jejuar e orar (2Sm 12). Ele disse: "Vivendo ainda a criança, jejuei e chorei, porque dizia: Quem sabe se o Senhor se compadecerá de mim, e continuará viva a criança? Porém, agora que é morta, por que jejuaria eu?" (2Sm 12.22-23). Antes que a criança morresse, Davi podia dizer: "Poupe a criança se for da Tua vontade, Senhor". Mas quando a criança morreu, ele sabia que não era a vontade de Deus poupá-la e, com a morte, seu filho foi entregue a um lugar e estado irrevogáveis e, portanto, além da preocupação apropriada da oração.

Há uma dificuldade real na declaração final da seção 4 desse capítulo da Confissão, que afirma que a oração não deve ser feita "por aqueles que se saiba terem cometido o pecado para a morte". Se isso significa apenas que uma pessoa persistiu no pecado e na incredulidade até morrer, então a declaração apenas repetiria a proibição de oração pelos mortos. Mas tal declaração se significa outra coisa. Quanto a isso, deve-se então perguntar (a) qual é o pecado designado, e (b) como pode ser conhecido quando alguém cometeu "o pecado para a morte". Se existe tal pecado — distinto da incredulidade persistente — deve ser o pecado de blasfêmia contra o Espírito Santo (Mt 12.31-32). Tal blasfêmia é uma recusa deliberada e maligna ao perdão nos termos da oferta do evangelho (Hb 10.29; 6.6). Ela consiste em pecar voluntariamente contra o conhecimento da verdade (Hb 10.26) e sofrer a imposição do endurecimento divino, que é definitiva e incurável (2Ts 2.11-12). Sobre tais pessoas, o apóstolo Paulo diz que "sua insensatez será a todos evidente" (2Tm 3.9).

Cremos, portanto, que existe um pecado devidamente designado de "o pecado para a morte". Acreditamos que é de tal natureza que se manifesta a todos. Quando alguém que conheceu a verdade (como Judas), professou fé em Cristo e andou na companhia do povo do Senhor, faz apostasia deliberada e aberta de Cristo — clara, para todos verem — é certo orar contra ele, e não por ele (Sl 69.22-28). É importante, naturalmente, orar por todos os outros (1Jo 5.16). Mas "há pecado para morte", diz João, e o Senhor não diz que devemos orar por aqueles que são culpados dele.

PERGUNTAS

1. Cite textos do Antigo e do Novo Testamentos que provam que a oração e a ação de graças são prescritas por Deus como parte do verdadeiro culto.
2. Por que a verdadeira oração deve ser feita exclusivamente "em nome de Cristo"?
3. Cite textos bíblicos que provam essa verdade.
4. Se o culto verdadeiro é apenas aquele que é prescrito, por que não devemos usar apenas as orações escritas na Bíblia?
5. Cite ao menos um texto bíblico e explique.
6. Isso significa que devemos orar de acordo com nossa própria vontade?
7. As Escrituras prescrevem a estrutura básica ou padrão de oração? Onde ela se encontra?
8. Todas as orações (ou petições) devem incluir a frase "se for da tua vontade"? Por quê?
9. Por quem devemos orar? Prove biblicamente.
10. Por quem não devemos orar? Prove biblicamente.
11. O que é o "pecado para a morte"?
12. É possível saber se alguém cometeu o pecado para a morte? Prove biblicamente.

———XXI, 5-6———

5. A leitura das Escrituras, com santo temor, a sã pregação da Palavra e a consciente atenção a ela, em obediência a Deus, com inteligência, fé e reverência; o cântico de salmos, com gratidão no coração; bem como a devida administração e digna recepção dos sacramentos instituídos por Cristo — são partes do culto ordinário oferecido a Deus, além dos juramentos religiosos, votos, jejuns solenes e ações de graças em ocasiões especiais, os quais, em seus vários tempos e ocasiões próprias, devem ser usados de um modo santo e religioso.

6. Agora, sob o Evangelho, nem a oração, nem qualquer outro ato do culto religioso é restrito a um certo lugar, nem se torna mais aceitável por causa do lugar em que se ofereça ou para o qual se dirija; mas Deus deve ser adorado em todo lugar, em espírito e em verdade, tanto em família, diariamente, e em secreto, estando cada um sozinho, como também, mais solenemente, em assembleias públicas, que não devem ser descuidadas, nem voluntariamente desprezadas nem abandonadas, sempre que Deus, pela sua providência, proporcione ocasião.

Essas seções nos ensinam: (1) que os elementos divinamente prescritos do verdadeiro culto (além da oração) são (a) *ordinários* (a pregação da Palavra, o canto dos salmos, a administração dos sacramentos) e (b) *ocasionais* (juramentos, votos, jejuns, ações de graças em ocasiões especiais); (2) que o verdadeiro culto não está ligado a nenhum lugar especial, como se fosse mais santo do que outros lugares; (3) que o verdadeiro culto é espiritual, sendo a verdade a sua essência; e (4) que Deus requer adoração pessoal, familiar e pública, nenhuma das quais deve ser negligenciada ou abandonada.

Mostramos anteriormente que existem duas visões sobre o que constitui o culto aceitável a Deus. De acordo com uma dessas visões, somente o que Deus ordenou é legítimo. De acordo com a outra visão, alguns elementos de culto podem ser acrescentados sem qualquer mandamento divino a esses elementos que são ordenados por Deus, e esses, juntos, constituem o que é considerado legítimo. A Confissão segue primeira posição e, portanto, limita os elementos do culto verdadeiro àquilo que pode ser provado pela Escritura como sendo a vontade de Deus. Quais são, então, os elementos do culto verdadeiro?

Os elementos do verdadeiro culto, reconhecidos pela Confissão (conforme complementado pelo Catecismo Maior, pergunta 108) são: (1) oração, (2) leitura da Escritura, (3) pregação da Palavra, (4) administração dos sacramentos, (5) disciplina na igreja, (6) o canto de salmos, (7) o recebimento de ofertas para a manutenção do ministério, sendo estes elementos do culto ordinário a Deus. Há também elementos ocasionais, a saber, (1) juramentos e votos religiosos, (2) ação de graças em ocasiões especiais, e (3) jejum religioso.

A oração foi discutida na seção anterior. Mas, na ordem de importância para o culto verdadeiro, certamente estão, em primeiro lugar, a leitura, a pregação e o ouvir da Palavra de Deus. Na Igreja Apostólica, o ministério da Palavra de Deus tinha preeminência. O apóstolo Paulo diz: "Porque não me enviou Cristo para batizar, mas para pregar o evangelho [...]. Certamente, a palavra da cruz é loucura para os que se perdem, mas para nós, que somos salvos, poder de Deus" (1Co 1.17-18). Por mais importantes que sejam os outros elementos do culto verdadeiro, deve-se lembrar que "a fé vem pela pregação, e a pregação, pela palavra de Cristo" (Rm 10.17). Por isso, o Catecismo Maior de Westminster menciona "especialmente a Palavra" e "especialmente a pregação da Palavra" como os meios pelos quais Cristo nos comunica os benefícios de sua mediação. O verdadeiro culto a Deus depende desse elemento, além de todos os outros. Apesar de outros defeitos e impurezas, cremos que o verdadeiro culto não pode perecer por completo naqueles lugares em que ainda há uma pregação fiel da Palavra.

Os sacramentos, devidamente administrados e adequadamente recebidos, também fazem parte do culto bíblico. Isso sabemos porque os sacramentos foram instituídos por Cristo. Ele ordenou que os que recebem o evangelho também sejam batizados (Mt 28.19). E quanto à Ceia do Senhor, ele ordenou: "Fazei isto em memória de mim" (1Co 11.24). Os sacramentos não são dados como um meio de converter pecadores a Cristo, como acontece com a Palavra de Deus, mas são — junto com a Palavra — um meio de fortalecer e confirmar a fé no coração dos crentes. Porque foram instituídos por Cristo com a exigência de que sejam continuados em sua Igreja até que ele venha, não pode haver adoração pura onde os sacramentos estão excluídos ou corrompidos.

Outro elemento da adoração verdadeira é o "cântico de salmos, com gratidão no coração". Observar-se-á que a Confissão não reconhece a legitimidade do uso de hinos contemporâneos no culto a Deus, mas apenas os salmos do Antigo Testamento. Muitos hoje não sabem, mas este era exatamente o caso, que, originalmente, as igrejas presbiterianas (e muitas outras igrejas reformadas) usavam apenas os salmos, hinos e cânticos inspirados do Saltério bíblico no culto divino; mas esse é o fato. A Assembleia de Westminster não apenas expressou a convicção de que os salmos deveriam ser cantados no culto divino, mas a implementou isso, preparando uma versão métrica do Saltério para uso nas igrejas. Este não é o lugar para empreender um exame sobre essa questão. Mas devemos registrar nossa convicção de que a Confissão está correta nesse ponto. Está correta, acreditamos, porque nunca foi provado que Deus ordenou à sua Igreja que cante, no culto divino, as composições não inspiradas dos homens em detrimento ou junto com as canções, hinos e salmos inspirados do Saltério.

Pode-se questionar se a disciplina eclesiástica deve ser considerada como um elemento de culto. A Confissão não a descreve como um elemento distinto. No entanto, indiretamente, pelo menos, é necessário que ela seja um elemento. De que outra forma pode haver uma salvaguarda adequada que assegure uma *sólida* pregação da Palavra e uma administração *adequada* dos sacramentos? E uma vez que a censura da Igreja deve ser administrada "em nome de nosso Senhor Jesus Cristo, quando [o povo do Senhor] estiver reunido" e "com o poder de nosso Senhor Jesus Cristo", a disciplina eclesiástica é, em tais ocasiões, um elemento distinto do culto solene que Deus requer de seu povo (1Co 5.3-5).

Em contraste com esses elementos divinamente ordenados do verdadeiro culto, não é difícil ver até que ponto muitas igrejas contemporâneas se afastaram do princípio de culto estabelecido na Confissão. Em muitas igrejas, hoje, a pregação da Palavra de Deus perdeu o lugar central. O púlpito é frequentemente deixado em segundo plano. O formalismo, o calendário litúrgico e as cerimônias inventadas aumentam à medida que a pregação fiel da Palavra de Deus diminui. Mesmo nas igrejas que confessam os fundamentos da fé cristã, o tempo do sermão é muitas vezes reservado para um filme ou teatro religioso. Sem dúvida, cristãos sinceros que estão acostumados a tais coisas ficariam chocados com a sugestão de que essas coisas são, *em princípio*, iguais aos falsos elementos de culto sancionados pela Igreja de Roma. No entanto, caso é isso que de fato ocorre. Estamos convicto de que toda superstição e erro existente no culto romano se origina do afastamento da regra simples: o que Deus não ordenou é proibido.

A beleza do verdadeiro culto é a beleza da santidade e da verdade. Aquilo que se origina de uma fonte humana contradiz a glória do culto espiritual. É por essa razão que a Confissão não abre espaço a arte e a imaginação humanas em sua concepção de culto: "Sendo, pois, geração de Deus, não devemos pensar que a divindade é semelhante ao ouro, à prata ou à pedra, trabalhados pela arte e imaginação do homem" (At 17.29). É verdade que o tabernáculo e o templo estavam cheios de "decorações" simbólicas (Êxodo 31.1-11), mas há duas boas razões pelas quais isso não deve ser considerado uma sanção para representações pictóricas de Cristo em murais, vitrais e em coisas semelhantes. Primeiro, todo o sistema cerimonial das coisas visíveis foi revogado. E segundo, o sistema cerimonial do Antigo Testamento não foi criado pela sabedoria humana, mas por inspiração divina (Cf. Êx 25.40; 28.3; 31.6; 35.30-35; 1Cr 28.11-12, 19). Mesmo se alguém argumentasse que o sistema cerimonial ainda é obrigatório, haveria espaço apenas para aqueles símbolos que foram originalmente dados por inspiração divina. Somente aquilo que o homem recebe de Deus pode ser devolvido a Deus no culto verdadeiro.

Sob o Novo Testamento, o verdadeiro culto não está vinculado a nenhum lugar específico, como o estava sob o Antigo (Jo 4.21, 23; Dn 6.10). Na nova aliança, Deus não ordenou que seu povo se reunisse em nenhum lugar especial, ou em qualquer hora específica, no Dia do Senhor. Consequentemente, há certas coisas que dizem respeito ao verdadeiro culto que são deixadas dentro da esfera da decisão humana. Muitos argumentos falsos contra o princípio do culto puro estabelecido na Confissão surgiram desse fato óbvio. Mas esse argumento deve-se inteiramente a uma falha em distinguir entre os *elementos* e as *circunstâncias* do culto. Como diz a própria Confissão (capítulo I, 6), "há algumas circunstâncias, quanto ao culto de Deus [...], comuns às ações e sociedades humanas, as quais têm de ser ordenadas pela luz da natureza e pela prudência cristã, segundo as regras gerais da Palavra, que sempre devem ser observadas". Circunstâncias de culto são tais como: a hora, o lugar, a duração do tempo a ser empregado, a frequência das reuniões, e assim por diante. Deus não regulamentou essas coisas por mandamento específico, mas deixou que a Igreja as determinasse. Mas os elementos do culto, aquelas coisas essenciais que o constituem, ele regulou por ordem expressa. Não há necessidade de confundir essas questões distintas.

A Confissão também menciona o que pode ser chamado de elementos *ocasionais* do verdadeiro culto. Tais elementos, como: "juramentos religiosos, votos, jejuns solenes e ações de graças em ocasiões especiais", são de fato garantidos pela Palavra de Deus. Por que então eles não estão listados entre os elementos ordinários de culto? É porque são apropriados apenas em certas ocasiões. Considere o jejum, por exemplo. No catolicismo romano (e muitas igrejas protestantes hoje estão seguindo a liderança da Igreja Romana), certos dias e períodos são *designados* para o jejum. Isso é contrário à Escritura, que ensina que o jejum não é aceitável a Deus quando surge de tal regulação mecânica (Cf. Mc 2.18-20; Mt 6.16-18). Por essa razão, Cristo condenou o jejum dos fariseus.

O Senhor Jesus Cristo também afirmou que seus discípulos não podiam jejuar enquanto o noivo estava com eles. Quando o jejum surge de um desejo espiritual espontâneo e interior (ou seja, por causa do luto pelo pecado, uma busca sincera do favor divino, uma crise pessoal profunda, ou algo semelhante), torna-se parte do verdadeiro culto. O período de tempo envolvido pode variar (Cf. 1 Sm 7.6; 31.13; 2Sm 12.21; 2Cr 20.3; Ne 1.4; Mt 4.2; At 10.30; 13.2-3; 14.23). Observe mais uma vez a admirável consistência da Confissão. O jejum é um elemento do culto verdadeiro somente se for espontâneo e ocasional, em vez de se tornar uma parte fixa do culto ordinário a Deus. (Quanto à discussão sobre juramentos e votos, cf. os comentários ao capítulo XXII da Confissão.)

PERGUNTAS

1. Quais são os elementos ordinários do culto a Deus?
2. Quais são os elementos ocasionais de culto?
3. Qual elemento de culto é *especialmente* importante?
4. Como podemos ter certeza de que os sacramentos fazem parte do verdadeiro culto?
5. De acordo com a Confissão, o que se deve cantar no culto público?
6. Essa prática sempre foi tão estranha quanto parece para muitos hoje?
7. Por que a Assembleia de Westminster não aprovou o uso de composições humanas não inspiradas no culto divino?
8. Por que a disciplina eclesiástica é essencial para o verdadeiro culto?
9. Quando a disciplina eclesiástica de fato se torna um elemento do verdadeiro culto?
10. Que tendências contemporâneas mostram que muitas igrejas se afastaram do princípio de culto estabelecido na Confissão?
11. Que salvaguarda há contra os erros e acréscimos do culto romano?
12. O simbolismo artístico do tabernáculo e do templo justifica o esforço contemporâneo de tornar o culto artisticamente belo? Por quê?

13. Deus deixou alguma coisa referente ao culto dentro da esfera da decisão humana? Se sim, o quê?

14. O que se entende por elementos "ocasionais" de culto?

15. Por que o jejum deixa de fazer parte do verdadeiro culto quando se torna uma parte fixa e regular dele?

──── XXI, 7-8 ────

7. Como é lei da natureza que, em geral, uma devida proporção do tempo seja destinada ao culto de Deus, assim também, em sua Palavra, por um preceito positivo, moral e perpétuo, preceito que obriga a todos os homens, em todos os séculos, Deus designou particularmente um dia em sete para ser um Shabbath (descanso) santificado por ele; desde o princípio do mundo, até a ressurreição de Cristo, esse dia foi o último da semana; e desde a ressurreição de Cristo, foi mudado para o primeiro dia da semana, dia que na Escritura é chamado domingo, ou dia do Senhor, e que há de continuar até ao fim do mundo como o Shabbath cristão.

8. Este Shabbath é santificado ao Senhor quando os homens, tendo devidamente preparado os seus corações e de antemão ordenado os seus negócios ordinários, não só guardam, durante todo o dia, um santo descanso das suas obras, palavras e pensamentos a respeito de seus empregos seculares e das suas recreações, mas também ocupam todo o tempo em exercícios públicos e particulares de culto e nos deveres de necessidade e de misericórdia.

Essas seções da Confissão nos ensinam: (1) que Deus (por revelação natural e especial) obriga todos os homens a observar o *Shabbath*; (2) que o *Shabbath* semanal era o sétimo dia em ordem de sucessão desde a criação até a ressurreição de Cristo; (3) que o *Shabbath* semanal é o primeiro dia em ordem a partir da ressurreição; (4) e que Deus requer que esse *Shabbath* seja santificado por (a) uma preparação devida, (b) descanso de atividades regulares e recreações (e tudo o que pertence a estes), (c) exercícios particulares e públicos de culto divino, e (d) obras de piedade, necessidade e misericórdia.

Alguns tentaram, em vão, excluir o Quarto Mandamento da esfera do dever cristão, mantendo os outros nove Mandamentos. A base dessa tentativa geralmente é a afirmação de que o *Shabbath* era "judeu" e que ele "expirou" com as leis cerimoniais do Antigo Testamento. A verdade é que o *Shabbath* foi instituído muito antes de haver qualquer legislação cerimonial (Gn 2.2-3). Ele pertence à ordem de coisas que Deus, no princípio, estabeleceu para o homem. Mesmo antes da queda, o homem tinha o dever de observar o *Shabbath*. O homem foi feito à imagem divina. Seu dever foi estabelecido pelo exemplo divino. "A sequência, para o homem, de seis dias de trabalho e um dia de descanso é padronizada após a sequência que Deus seguiu no grande projeto de sua obra criativa" (John Murray). É inconcebível que alguma coisa possa tornar o exemplo de Deus irrelevante para o dever do homem.

Mas mesmo que não fizéssemos menção a isso, ainda ficaria claro que o Quarto Mandamento é moral, e não cerimonial. Deus é um Deus de ordem, não de confusão. E ele mesmo inscreveu a lei moral em tábuas de pedra, antes de revelar a lei cerimonial por meio de seu servo Moisés. Uma vez que Deus (que não pode errar) estabeleceu esse mandamento em pedra com os outros mandamentos que são, sem dúvida, morais, é necessário considerá-lo como moral também. Deus não confundiu o caráter desse mandamento, e o colocou entre outras leis morais para que também não pudéssemos confundir seu caráter.

O argumento mais plausível contra a autoridade obrigatória do Quarto Mandamento é aquele que procura mostrar que Cristo o desprezou. É verdade que Cristo desprezou certas restrições falsas que os fariseus consideravam obrigatórias. Mas quando os fariseus acusaram Jesus e seus discípulos de infringirem o Quarto Mandamento *por causa disso*, sua resposta não foi que o Quarto Mandamento foi revogado, mas que os fariseus estavam errados em sua interpretação *e* aplicação. Ele, então, passou a provar, pelas Escrituras do Antigo Testamento, que os fariseus estavam realmente errados (Mt 12.1-13; Lv 14.4-9; 1Sm 21.6). Cristo provou que o sacerdote deu a Davi o pão da proposição para preservar sua vida, embora isso fosse uma violação técnica da lei. Da mesma forma, Cristo provou pelas Escrituras que certos tipos específicos de trabalho *são* legítimos no *Shabbath*. Essas obras são obras de *piedade* (isto é, trabalho que deve ser feito para que Deus seja adorado, como o trabalho de um pastor na pregação do evangelho no Dia do Senhor), obras de *necessidade* (isto é, trabalho que não pode ser atrasado sem causar danos à vida ou à propriedade, como resgatar um boi que cai na vala ou ajudar a apagar um incêndio), e obras de *misericórdia* (como um ato de bondade para uma pessoa doente ou em perigo). Jesus disse: "Mas, se vós soubésseis o que significa: Misericórdia quero e não holocaustos, não teríeis condenado inocentes. Porque o Filho do Homem é senhor do sábado [*Shabbath*]" (Mt 12.7-8). Os fariseus colocaram o *Shabbath* no lugar do Senhor e, ao fazê-lo, perverteram o *Shabbath*. Cristo não revogou o *Shabbath*, mas ele o colocou no seu devido lugar, isto é, subordinado ao seu próprio senhorio.

Os discípulos guardavam o *Shabbath* de maneira diferente dos fariseus porque serviam a Cristo. Se não houvesse pecado e miséria no mundo, não haveria obras de necessidade e misericórdia a serem feitas no *Shabbath*. O *Shabbath* de Deus começou quando a criação foi concluída. Mas o pecado e a miséria do homem exigiam que esse *Shabbath* fosse "quebrado", por assim dizer, para que o homem fosse redimido. Isso aconteceu quando Cristo fez a "obra" da redenção: "Porque aquele que entrou no descanso de Deus, também ele mesmo descansou de suas obras, como Deus das suas" (Hb 4.10). A própria razão para um "novo" *Shabbath* foi que Cristo fez essa obra de necessidade e misericórdia no contexto do primeiro *Shabbath* de Deus. Se não fosse assim, ele "não falaria, posteriormente, a respeito de outro dia" (Hb 4.8). Mas a obra de Jesus Cristo não acabou com o *Shabbath*. Antes, ela o garantiu. "Portanto, resta um repouso [*Shabbath*] para o povo de Deus" (Hb 4.9). Mas o exemplo de Cristo nos mostrou que o mandamento do *Shabbath* nos permite, ou melhor, requer de nós obras de piedade, necessidade e misericórdia. E deve-se observar cuidadosamente que Cristo nunca deixou de justificar suas ações com base nas Escrituras (Jo 7.22-23).

Às vezes é dito que a revogação da pena de morte pela profanação do *Shabbath* prova que o Quarto Mandamento não vincula mais os crentes da nova aliança. Isso é confundir a lei civil (que exigia tais sanções por infração da lei moral) e a lei moral. É fácil demonstrar que isso é falso. As leis civis de Israel exigiam a pena de morte por violação do Quinto Mandamento (Êx 21.17; Dt 21.18-21), o Sétimo Mandamento (Dt 22.22), o Segundo Mandamento (Dt 13.10), e tantos outros (Lv 24.10-23). Mas, até onde sabemos, ninguém argumenta que os cristãos são livres para violar essas leis morais simplesmente porque as penalidades civis impostas pelo Antigo Testamento não estão sendo aplicadas entre "as nações". Por que, então, o Quarto Mandamento deve ser tratado de forma diferente?

Mas, e quanto àqueles que negam que o dia do *Shabbath* foi mudado do último dia para o primeiro dia da semana? Os adventistas do sétimo dia, entre outros, insistem que o Quarto Mandamento obriga perpetuamente a observância do último dia da semana como o *Shabbath* do Senhor. Essa posição é refutada por dois motivos. Em primeiro lugar, o Quarto Mandamento não diz: "Lembra-te do último dia", mas "lembra-te do dia do *Shabbath*". Há uma diferença. A diferença é a distinção entre proporção e ordem. Quando o mandamento especifica que seis de nossos dias são para um dever, e a parte restante da semana (um sétimo, para ser exato) para outro dever, evita exatamente o que a posição adventista do sétimo dia exige. Evita mandar-nos lembrar do último dia da semana, a fim de nos mandar observar o sétimo dia na proporção do tempo. Visto que o Quarto Mandamento nos orienta a observar uma sétima parte de nosso tempo como *Shabbath*, não há nada nesse mandamento que não se aplique totalmente ao primeiro dia da semana (quanto à ordem dos dias), pois o primeiro dia da semana ainda é um sétimo no que diz respeito à proporção de tempo.

Em segundo lugar, destacamos simplesmente que a Igreja Apostólica observou "o primeiro dia da semana" (quanto à ordem dos dias) como uma sétima porção, ou *Shabbath* (Cf. Mt 28.1; Mc 16.2, 9; Lc 24.1; Jo 20.1, 19; At 20.7; 1Co 16.2; Ap 1.10). Às vezes se argumenta que, em qualquer caso, não podemos ter certeza de que nosso *Shabbath* é o mesmo observado pela Igreja Apostólica. Diz-se que o ciclo pode ter sido quebrado em algum momento ao longo dos séculos que nos separam do tempo dos apóstolos. A isso respondemos que Jesus é o Senhor tanto de sua Igreja quanto do *Shabbath*. E ele declara que o *Shabbath* é um sinal perpétuo do povo de Deus (Êx 31.13-17; Ez 22.26). Cristo prometeu que haveria uma continuidade ininterrupta de sua verdadeira Igreja até o fim do mundo, e isso garante que o *Shabbath* não foi e não será perdido para os homens.

A observância adequada do *Shabbath* requer "um santo repouso por todo esse dia, mesmo das ocupações e recreações temporais que são permitidas nos outros dias; empregando todo o tempo em exercícios públicos e particulares de adoração a Deus, exceto o tempo suficiente para as obras de pura necessidade e misericórdia" (Breve Catecismo, resposta à pergunta 60). Para uma análise detalhada da observância adequada do Quarto Mandamento, não há estudo mais proveitoso do que o fornecido pelo Catecismo Maior, pergunta 115-20. Contentemo-nos, aqui, com uma breve declaração de princípios.

(1) O significado básico da palavra "*Shabbath*" é cessação. Descansar, no sentido desse mandamento, não significa dormir. Não significa deixar de realizar nosso trabalho e continuar nossas recreações favoritas. O que isso significa é *cessar* com todo o conjunto de coisas que nos ocupam durante os outros dias da semana, seja nosso trabalho ou recreação. Isso não significa que somos livres para fazer coisas pecaminosas em outros dias, mas não no *Shabbath*; antes, significa que mesmo as coisas boas que ocupam nossa atenção em outros dias devem ser deixadas de lado neste dia específico. Por exemplo, a televisão, a leitura de jornais e revistas e a prática de esportes e excursões são atividades adequadas à vida cristã. Contudo, eles não são próprios do *Shabbath* porque "*Shabbath*" significa "cessar" essas coisas para dedicar um dia exclusivamente ao culto e à leitura da Palavra de Deus.

(2) O significado de "necessidade" é frequentemente mal interpretado ao lidar com esse mandamento. Obras de necessidade *não* são aquelas que são exigidas apenas por nossa conveniência. Por exemplo, o que um cristão deve fazer se seu empregador exigir que ele trabalhe no Dia do Senhor? Alguns diriam: "Terei que trabalhar, senão terei meu salário diminuído". Mas tal razão não torna o trabalho em si uma necessidade. Se um médico diz: "Devo operar este homem hoje ou ele morrerá", ele fala de um trabalho de necessidade. Mas se um carpinteiro disser: "Devo relatar o trabalho de construção ou porei em risco minha posição", ele ainda se depara com o fato de que o *trabalho em si* não é necessário. Alguém poderia tanto argumentar que é legítimo roubar ("*Devo* roubar porque minha família precisa de mais dinheiro") quanto argumentar que um trabalho é necessário no *Shabbath* apenas porque envolve inconveniência ou dificuldade pessoal.

PERGUNTAS

1. Sob que alegação igrejas como a Luterana retiram, ou flexibilizam, a obrigação de observar o Quarto Mandamento?
2. Como provar que o Quarto Mandamento não é uma lei cerimonial?
3. Em sua vida, Cristo desconsiderou as leis do *Shabbath*? Explique.

4. Como Cristo justificou suas ações no *Shabbath*?

5. Quais são os três tipos de "obra" que Cristo sancionou no *Shabbath*?

6. O que os fariseus cumpriam na sua suposta observância do *Shabbath*?

7. Por que os discípulos observavam o *Shabbath*
    de forma diferente dos fariseus?

8. O que os adventistas do sétimo dia defendem
    quanto ao dia do *Shabbath*?

9. Que evidências refutam a posição dos adventistas do sétimo dia?

10. O que significa a palavra "*Shabbath*"?

11. Do que devemos "descansar" no dia do *Shabbath*?

12. Qual é a diferença entre necessidade e conveniência?

−XXII. DOS JURAMENTOS LEGAIS E DOS VOTOS−

1. O Juramento, quando lícito, é uma parte do culto religioso pelo qual o crente, em ocasiões necessárias e com toda a solenidade, chama a Deus por testemunha do que assevera ou promete; pelo juramento ele invoca a Deus para julgá-lo segundo a verdade ou a falsidade do que jura.

2. O único nome pelo qual se deve jurar é o Nome de Deus, Nome que se pronunciará com todo o santo temor e reverência; jurar, pois, falsa ou temerariamente por este glorioso e tremendo Nome, ou jurar por qualquer outra coisa é pecaminoso e abominável. Contudo, como em assuntos de gravidade e importância o juramento é autorizado pela Palavra de Deus, tanto sob o Novo Testamento quanto sob o Antigo; o juramento, sendo exigido pela autoridade legal, deve ser prestado com referência a tais assuntos.

3. Quem vai prestar um juramento deve considerar refletidamente a gravidade de ato tão solene, e nada afirmar de cuja verdade não esteja plenamente persuadido, obrigando-se tão somente por aquilo que é justo e bom, e que tem como tal, e por aquilo que pode e está resolvido a cumprir. É, porém, pecado recusar prestar juramento concernente a qualquer coisa justa e boa, sendo ele exigido pela autoridade legal.

4. O juramento deve ser prestado conforme o sentido claro e óbvio das palavras, sem equívoco ou restrição mental. Não pode obrigar a pecar; mas, sendo prestado com referência a qualquer coisa não pecaminosa, obriga ao cumprimento, mesmo com prejuízo de quem jura. Não deve ser violado, ainda que feito a hereges ou infiéis.

Essas seções da Confissão nos ensinam: (1) a natureza de um juramento legítimo; (2) o único nome pelo qual é lícito jurar; (3) a propriedade e o dever de jurar em ocasiões apropriadas; (4) o sentido em que um juramento deve ser interpretado; e (5) a extensão e fundamento em que ele tem obrigação vinculativa.

Alguns questionam se devemos mesmo fazer juramentos. Jesus disse: "Também ouvistes que foi dito aos antigos: Não jurarás falso, mas cumprirás rigorosamente para com o Senhor os teus juramentos. Eu, porém, vos digo: de modo algum jureis; nem pelo céu, por ser o trono de Deus; nem pela terra, por ser estrado de seus pés; nem por Jerusalém, por ser cidade do grande Rei; nem jures pela tua cabeça, porque não podes tornar um cabelo branco ou preto. Seja, porém, a tua palavra: Sim, sim; não, não. O que disto passar vem do maligno" (Mt 5.33-37). É fácil ver como esse texto poderia ser reivindicado por aqueles que se opõem a todos os juramentos. No entanto, uma leitura cuidadosa à luz do contexto não admite tal interpretação. Cristo não estava revogando a lei (Mt 5.17-18), mas purificando-a de falsas interpretações.

Uma dessas falsas interpretações dos judeus era que apenas alguns juramentos eram obrigatórios, dependendo do que os homens juravam. Cristo disse que, ao contrário, tais distinções eram vãs e iníquas, e que todos os juramentos são vinculativos. Porém, mais do que isso, ele disse que as palavras dos homens devem ser verdadeiras e obrigatórias, mesmo sem juramentos. Se os homens fossem verdadeiros, simplesmente falariam a verdade sem sentir a necessidade de acrescentar juramentos constantemente. Os juramentos passaram a ser usados porque os homens são mentirosos. Porém, é um erro grave supor que uma mentira não é ruim, a menos que um juramento esteja envolvido. No entanto, os judeus foram além disso, sustentando que o perjúrio não era errado, a menos que o juramento fosse feito de uma forma particular (Mt 23.16-22).

Quanto a isso, observe: Cristo não disse que qualquer coisa mais enfática do que "Sim, Sim" é má; ele disse apenas que *vem* do maligno, o que significa que é necessária agir assim pela prevalência da falsidade. No reino vindouro de Deus não haverá juramentos, pois todos falarão a verdade com a máxima pureza (Ap 21.8, 27). Enquanto isso, neste presente mundo mau, a falsidade permanece tão comum que ocasiões solenes especiais podem exigir juramentos e, sob circunstâncias apropriadas, eles podem ser feitos

(Lc 1.73; Mt 26.63; At 2.30; Hb 3.11, 18; 4.3; 6.13-18). O próprio Jesus fez um juramento (Mt 26.63-64). E, frequentemente, ele prefaciava suas observações com palavras de caráter especial, semelhante a um juramento: "Em verdade, em verdade vos digo".

Os juramentos que Cristo condenou, como se notará, evitavam o uso do nome de Deus. Esses juramentos eram considerados violáveis pelos judeus. Cristo condenou totalmente isso. Não pode ser um súdito do reino em que reina a verdade quem sustenta que não precisa falar a verdade, a menos que confirme sua palavra com um juramento formal. No entanto, isso de forma alguma contradiz o fato de que aqueles que são da verdade podem fazer juramentos solenes a Deus: "Ao Senhor, teu Deus, temerás; a ele servirás, a ele te chegarás e, pelo seu nome, jurarás" (Dt 10.20).

As ocasiões próprias em que se pode prestar juramento são aquelas que envolvem interesses sérios e legítimos, e nas quais é necessário recorrer ao testemunho de Deus para garantir a confiança e acabar com as contendas, e também sempre que o juramento for imposto por autoridade competente sobre aqueles que lhes são sujeitos. Nesse último caso, especialmente, prestar juramento é um dever, e sua recusa, um pecado.

Perjúrio é o ato de voluntariamente fazer um juramento falso. É um crime grave. A Bíblia chama isso de jurar dolosamente (Sl 24.4). Fazer um juramento com uma intenção secreta de duplo sentido, não revelados a outros, ou com reservas mentais — pelo qual a *mente* silenciosamente expressa discordância parcial ou integral ao que está sendo jurado pela *boca* — é um pecado atroz. No entanto, esse pecado é comum hoje mesmo em igrejas que oficialmente professam adesão à Confissão de Fé de Westminster! Quando um ministro presbiteriano é ordenado e instalado, ele é obrigado a fazer certos juramentos. Ele é obrigado, nesse juramento, a afirmar que a Bíblia é a única regra infalível de fé e prática. Ele é, então, obrigado a jurar solenemente que recebe e adota os Padrões de Westminster como apropriados e fundamentados na Palavra de Deus, e que aceita pessoalmente o sistema de doutrina neles ensinado. Quem faz tal juramento de ofício e ao mesmo tempo não acredita que a Bíblia é infalível, ou discorda das doutrinas da Confissão de Fé (como, por exemplo, o nascimento virginal de Cristo e a ressurreição corporal, ou a doutrina da eleição), deve ser culpado de perjúrio. Não é de admirar que a situação espiritual das igrejas esteja tão crítica, uma vez que se aceitou a prática de jurar dolosamente, e isso inclusive por parte dos pastores do rebanho do Senhor.

Um juramento está de acordo com a Palavra de Deus somente se aquele que jura for verdadeiramente sincero. Ele não deve "nada afirmar de cuja verdade não esteja plenamente persuadido". Mas, às vezes, acontece de alguém jurar cumprir um dever que depois percebe ser contrário à Palavra de Deus. Um exemplo seria alguém que solenemente, e com sinceridade na época, jura educar seus filhos no falso sistema do catolicismo romano. Às vezes, argumenta-se que tal juramento é obrigatório porque foi feito com sinceridade, porque, à época, aquele que jurou acreditava que era certo fazê-lo (ou, pelo menos, não era errado) e estava decidido a fazer conforme jurou fazer. Contudo, um juramento só é obrigatório se a coisa prometida for boa e justa, isto é, de acordo com a Palavra de Deus. A razão disso é evidente: o que é contrário à Palavra de Deus é pecado, e é dever do homem não pecar; portanto, jurar pecar não pode justificar ou obrigar o pecado.

Desse modo, quando alguém descobre que fez promessas sob juramento solene ao pecado, seu único recurso é, em primeiro lugar, pedir perdão por ter feito tal promessa, e, depois, renunciar ao juramento (Mt 14.1-12). Antes de mais nada, foi errado fazer tal juramento; e seria duplamente errado mantê-lo depois de descobrir que era pecaminoso. No entanto, devemos cuidar para não confundir aquilo que é errado com aquilo que é meramente doloroso. "Sendo prestado com referência a qualquer coisa não pecaminosa", um juramento "obriga ao cumprimento, mesmo com prejuízo de quem jura". Deus honra o homem que "jura com dano próprio e não se retrata" (Sl 15.4). É imperativo que os cristãos considerem cuidadosamente o peso de um ato tão solene, estando certos de que não juram fazer mais do que podem e estão decididos a fazer. No entanto, quando se descobre que permanecer fiel à palavra de alguém envolve mais dificuldades e aflições do que se previa, não se pode desaprovar o que não é contrário à Palavra de Deus sem ser culpado de pecado (Ez 17.19; Js 9.19).

PERGUNTAS

1. Que interpretação equivocada frequentemente é dada ao texto de Mateus 5.33-37?
2. Qual é a interpretação correta dessa passagem?

3. O Senhor Jesus Cristo ensinou que jurar é necessariamente mau? Explique?

4. Qual era o erro comum dos judeus com respeito aos juramentos?

5. É lícito fazer juramentos? Cite um exemplo bíblico para fundamentar a sua resposta.

6. O que é perjúrio?

7. Que doutrinas um ministro presbiteriano jura manter e defender? Dê alguns exemplos.

8. De que são culpados os ministros presbiterianos quando não acreditam nas doutrinas contidas nos Padrões de Westminster?

9. Uma pessoa deve manter um juramento se mais tarde descobrir que prometeu o que é contrário à Palavra de Deus? Por quê?

10. Uma pessoa deve manter um juramento se mais tarde descobrir que isso lhe causará dano?

XXII, 5-7

5. O voto é da mesma natureza que o juramento promissório; deve ser feito com o mesmo cuidado religioso e cumprindo com igual fidelidade.

6. O voto não deve ser feito a criatura alguma, mas somente a Deus; para que seja aceitável, deve ser feito voluntariamente, com fé e consciência de dever, em reconhecimento de misericórdias recebidas ou para obter o que desejamos. Pelo voto, obrigamo-nos mais restritamente aos deveres necessários ou a outras coisas, até onde ou quando elas conduzirem a esses deveres.

7. Ninguém deve prometer fazer coisa alguma que seja proibida na Palavra de Deus, ou que impeça o cumprimento de qualquer dever nela ordenado, nem o que não está em seu poder cumprir e para cuja execução não tenha promessa ou poder de Deus; por isso, os votos monásticos, que os papistas fazem do celibato perpétuo, pobreza voluntária e obediência regular, em vez de serem graus de maior perfeição, não passam de laços supersticiosos e iníquos com os quais nenhum cristão deve embaraçar-se.

Essas seções da Confissão nos ensinam: (1) que um voto é semelhante a um juramento; (2) que um voto é feito somente a Deus; (3) que um voto deve ser feito voluntariamente, por fé e consciência do dever, como forma de agradecimento pela misericórdia recebida, ou pela obtenção do que queremos; (4) que um voto nos obriga ao dever; (5) que um voto deve ser feito apenas pelo que está de acordo com a Palavra de Deus; e (6) que os votos católicos romanos de celibato, pobreza e obediência são contrários à Palavra de Deus.

Um juramento é um chamado a Deus para julgar (ou amaldiçoar) aquele que o pronuncia, caso não tenha falado a verdade. Um voto é uma promessa solene ou promessa feita a Deus. Em um juramento, o homem chama Deus para testemunhar e julgar o que ele diz ou promete aos homens. Em um voto, o homem faz uma promessa solene a Deus. Em ambos os casos, é por reverência e obrigação para com Deus que tanto os juramentos quanto os votos são feitos e mantidos. E temos sanção bíblica para votos, assim como temos para juramentos. "Que darei ao Senhor por todos os seus benefícios para comigo?", pergunta o salmista, e ele mesmo responde: "Tomarei o cálice da salvação e invocarei o nome do Senhor. Cumprirei os meus votos ao Senhor, na presença de todo o seu povo" (Sl 116.12-14).

Como no caso dos juramentos, deve-se ter muito cuidado ao se fazer os votos: "Guarda o pé, quando entrares na Casa de Deus; chegar-se para ouvir é melhor do que oferecer sacrifícios de tolos, pois não sabem que fazem mal. Não te precipites com a tua boca, nem o teu coração se apresse a pronunciar palavra alguma diante de Deus; porque Deus está nos céus, e tu, na terra; portanto, sejam poucas as tuas palavras. Porque dos muitos trabalhos vêm os sonhos, e do muito falar, palavras néscias. Quando a Deus fizeres algum voto, não tardes em cumpri-lo; porque não se agrada de tolos. Cumpre o voto que fazes. Melhor é que não votes do que votes e não cumpras" (Ec 5.1-5). Um homem que nunca faz votos está melhor do que um homem que não cumpre um voto que fez.

Isso, porém, *não* significa que um homem estará bem se não fizer nenhum voto. Muitos, talvez a maioria, dos votos ou promessas que os homens fazem a Deus nunca são pagos ou cumpridos e, portanto, seria melhor que eles nunca fossem feitos. Mas todo crente verdadeiro deve fazer e manter pelo menos um voto, a saber, aquele pelo qual ele afirma solenemente a Deus que recebe Jesus Cristo como ele é oferecido gratuitamente no evangelho e promete, daí em diante, andar em novidade de vida. Nesse caso, pelo menos, a Bíblia diz: "Fazei votos e pagai-os ao Senhor" (Sl 76.11). Portanto, é perfeitamente consistente com as Escrituras exigir que os homens confessem a Cristo publicamente e façam votos de fé e obediência (Mt 10.32).

Os votos de membresia são feitos perante homens, mas são feitos *ao* Senhor. Na maioria das igrejas reformadas, esses votos são basicamente os seguintes: (1) o voto de crer, aceitar permanentemente e obedecer à Bíblia como a única regra infalível de fé e prática; (2) o voto ou promessa de se considerar pecador e corrupto, e de renunciar a si mesmo para receber a salvação somente em Cristo; (3) o voto ou promessa de reconhecer Jesus Cristo como seu soberano e, na dependência dele, andar em novidade de vida; e (4) o voto ou promessa de atender à disciplina legal de Cristo administrada por sua Igreja, de acordo com a Palavra de Deus. É verdade que um homem que faz tais votos e depois não os cumpre está pior do que se nunca os tivesse feito. Mas também é verdade que nenhum homem está bem se não fizer ou não manter esses votos.

Devemos ter cuidado para não fazer votos por nada que não seja bíblico (At 23.12; Jz 11.30-40). Exemplos de tais votos podem ser encontrados, ainda hoje, no catolicismo romano, no protestantismo liberal e até mesmo entre os fundamentalistas. A Igreja Romana exige um voto de celibato de todos os seus sacerdotes. Mas Cristo disse que "Nem todos são aptos para receber este conceito" (Mt 19.11), e ensinou que tal estado deve ser estritamente voluntário, quando disse: "Quem é apto para o admitir admita" (v. 12). Seja como for, a Escritura proíbe que uma classe de homens qualquer, incluindo oficiais da igreja, esteja sob tal regra: "Por causa da imoralidade sexual, *cada homem* tenha sua própria esposa", diz o apóstolo (1Co 7.2). Se alguém é incapaz de suportar o fardo do celibato, a regra é: "que se casem" (7.9). E é antes a regra, em vez de exceção, que "um bispo" seja "marido de uma só mulher" (1Tm 3.2). "Proibir o casamento" é chamado de "ensinos de demônios" pelo próprio apóstolo, que aparentemente praticou o celibato voluntariamente (1Tm 4.1, 3). Um voto de pobreza obriga a renunciar a toda propriedade privada. Isso contradiz o ensino de Pedro (At 5.4). Um voto de obediência é uma violação direta do mandamento específico de Deus que diz: "não vos torneis escravos dos homens" (1Co 7.23). "Antes, importa obedecer a Deus do que aos homens" (At 5.29). Somente Deus é o Senhor do crente. É pecado fazer um voto ou prometer algo a Deus que não seja primeiro exigido ou aprovado por ele. No entanto, mesmo entre os protestantes, uma forma muito séria desse pecado se tornou comum. É a prática de encorajar as pessoas, muitas vezes por influência emocional psicológica, no calor do momento, a assumir determinados compromissos.

O que é mais angustiante nisso tudo é que as vítimas, muitas vezes, são crianças. E dizemos "vítimas" *independentemente de qual seja o voto* — isto é, mesmo que a coisa prometida seja em si inquestionável. A razão é que um voto, como um juramento, só pode ser feito adequadamente se houver: (a) a devida consideração e consciência do peso de um ato tão solene; (b) uma total persuasão na consciência da própria pessoa de que tal voto é bíblico; e (c) uma convicção de que alguém é capaz e determinado a manter o voto. Quando uma criança é induzida a assumir determinado compromisso ou faz um voto, é extremamente improvável que essas condições necessárias possam ser atendidas. Portanto, é pecado, principalmente por parte dos adultos, que pecam e fazem pecar, mas também pecado por parte da criança: "Pois tudo o que não provém de fé é pecado" (Rm 14.23).

Isso não é o mesmo que dizer que os filhos não estão vinculados aos votos da aliança de seus pais. Pelo contrário, acreditamos que os filhos dos crentes são filhos da aliança. Eles *estão* vinculados pelos votos de seus pais, em todas as coisas ordenadas por Deus. Um pai não pode colocar um filho sob obrigação perpétua de qualquer coisa que não seja ordenada por Deus (Mt 4.10). Mas os pais *podem* — e *devem* — pedir solenemente aos filhos que reconheçam as obrigações pactuais impostas a eles pelo batismo. Isso é muito diferente de induzir as crianças a jurarem pelo que elas ainda não são competentes para jurar por si mesmas.

PERGUNTAS

1. Qual é a diferença entre um voto e um juramento?
2. Quais as semelhanças entre voto e juramento?
3. Prove, biblicamente, que os votos não são contrários à vontade de Deus.
4. Que voto é categoricamente exigido de um cristão?
   O que é prometido nesse mesmo voto?
5. Cite exemplos de votos antibíblicos comuns no catolicismo romano.
6. Cite ao menos um exemplo de um voto antibíblico comum no protestantismo.

7. Por que é errado induzir os filhos pequenos a fazerem votos?

8. Os filhos da aliança estão sempre vinculados aos votos de seus pais?

Vamos adiar a discussão do capítulo XXII da Confissão para o capítulo 29 deste livro, a fim de discutirmos o capítulo XXIII, 3 e XXX, 1-2 (seções que falam do poder do magistrado civil no tocante aos assuntos eclesiásticos) juntos.

——XXIV. DO MATRIMÔNIO E DO DIVÓRCIO——

1. O casamento deve ser entre um homem e uma mulher; ao homem não é lícito ter mais de uma mulher, nem à mulher, mais de um marido, ao mesmo tempo.

2. O matrimônio foi ordenado para o mútuo auxílio de marido e mulher, para a propagação da raça humana, por uma sucessão legítima, e da Igreja, por uma semente santa, e para evitar-se a impureza.

3. A todos os que são capazes de dar um consentimento ajuizado, é lícito casar; mas é dever dos cristãos casar somente no Senhor; portanto, os que professam a verdadeira religião reformada não devem casar-se com infiéis, papistas ou outros idólatras; nem devem os piedosos unir-se desigualmente pelo jugo do casamento com os que são notoriamente ímpios em suas vidas, ou que mantêm heresias perniciosas.

Essas seções da Confissão nos ensinam: (1) que Deus ordenou o casamento monogâmico; (2) que o casamento serve a vários propósitos; (3) que o celibato não deve ser considerado um estado mais santo do que o casamento; e (4) que os cristãos reformados não deve se casar com incrédulos ou mesmo com aqueles que subscrevem heresias perniciosas.

Que o casamento é uma instituição divina é claramente ensinado na Escritura (Gn 2.18-25). O casamento é uma provisão divina. Como Deus fez apenas uma mulher, é evidente que o casamento deve ser entre um homem e uma mulher apenas. Isso foi reconhecido na profecia de Adão. Ele falou no singular, ao mencionar a esposa por quem um homem deixaria seu pai e sua mãe. O comentário de Cristo está implícito no relato de Gênesis: "tornando-se os *dois* uma só carne" (Mt 19.5). É digno de nota que o afastamento dessa monogamia original apareça pela primeira vez na história daqueles que se afastaram de Deus (Gn 4.16, 19). É óbvio que a poligamia foi o resultado e a evidência da depravação do homem, além de uma contradição da instituição divina (Gn 6.5).

Com relação a esse assunto, frequentemente são mencionados os famosos casos dos muitos crentes do Antigo Testamento que tinham mais de uma esposa ao mesmo tempo. Em Deuteronômio 4.1-4, há até mesmo uma cláusula para divórcio por imoralidade sexual. Obviamente isso apresenta uma dificuldade, e alguns têm procurado argumentar contra a doutrina da Confissão com base nela. Mas, em Mateus 19.3-9, Jesus reconhece e responde a essa dificuldade. Em resposta aos fariseus, Jesus insiste que o relato de Gênesis é claro: desde o princípio era um homem e uma mulher, os dois se tornavam uma só carne, e o que Deus uniu nenhum homem tem o direito de separar. Esse era o padrão divino, e cada desvio desse padrão estava errado: "Por causa da dureza do vosso coração é que Moisés vos *permitiu* repudiar vossa mulher; entretanto, não foi assim desde o princípio. Eu, porém, vos digo: quem repudiar sua mulher, não sendo por causa de relações sexuais ilícitas, e casar com outra comete adultério" (Mt 19.8-9). Entendemos que essa "dureza" de coração é descritiva do estado do homem caído. Assim, não é como se Moisés fosse até certo ponto tolerante nos tempos do Antigo Testamento — como se as pessoas *daquela época* fossem mais duras de coração, por natureza, do que são *hoje*. Não, a condição moral e espiritual do homem natural é tão ruim hoje quanto era naquela época. É por isso que o divórcio é permitido por Deus. Ele o permite hoje, assim como o permitiu no tempo de Moisés. Mesmo assim, "não foi assim desde o princípio". O padrão inalterado para o qual Deus chama todos os homens, e especialmente seu povo, é o casamento monogâmico vitalício.

O casamento possui vários propósitos. Um deles é a satisfação do desejo sexual (Gn 2.20). A Escritura diz que, para evitar uma satisfação pecaminosa e imprópria desse desejo, todo ser humano deve ter direito ao casamento (1Co 7.2). E dentro do casamento não deve haver negligência por parte de nenhum dos cônjuges em atender a essa necessidade e desejo: "O marido conceda à esposa o que lhe é devido, e também, semelhantemente, a esposa, ao seu marido. A mulher não tem poder sobre o seu próprio corpo, e sim o marido; e também, semelhantemente, o marido não tem poder sobre o seu próprio corpo, e sim a mulher" (1Co 7.3-4). Nem mesmo os interesses da piedade devem interferir no cumprimento dessa obrigação (1Co 7.5). Ainda que haja consentimento mútuo para a abstinência temporária da relação sexual, deve ser apenas por um tempo limitado, para que o desejo sexual não se torne uma ocasião de tentação de Satanás. E em todo caso, a negação unilateral da relação sexual é tão pecaminosa quanto perigosa.

No testemunho da Escritura sobre esse aspecto do casamento, acreditamos que dois erros devem ser evitados. (1) Há o erro que tem sido chamado de *puritano* ou *vitoriano* (talvez com alguma justificativa) e que tende a ver o sexo como intrinsecamente mau precisamente porque envolve desejo e prazer intensos. Mas o pecado está na *perversão* do desejo e do prazer, e não neles em si. A força desse erro foi tão grande que resultou até mesmo em uma interpretação bastante fantasiosa e forçada o livro de Cantares de Salomão, que muito honestamente reconhece a legitimidade de uma satisfação adequada do desejo sexual. (2) O outro erro é aquele que restringe a expressão legítima do desejo sexual à procriação de filhos. Segundo essa visão, a satisfação do desejo sexual é apropriada apenas quando o propósito dela é gerar filhos. Acreditamos que essa posição é insustentável à luz de 1 Coríntios 7.3-5. O dever aqui declarado permaneceria mesmo à parte da capacidade de gerar filhos. Por essa razão, não acreditamos que a Escritura apoie a visão de que é *necessária, inevitável* e *invariavelmente* errado buscar a satisfação do desejo sexual à parte de um propósito procriador. Portanto, acreditamos que uma igreja erra quando faz uma proibição geral do uso de meios pelos quais, em certos casos, um propósito do casamento pode ser realizado, enquanto o outro, não.

No entanto, para os cristãos reformados, o perigo parece estar em outra direção. Dizer que a Escritura não ensina que a satisfação do desejo sexual deve sempre incluir o propósito procriador não é o mesmo que dizer que o propósito procriador pode ser negligenciado. Deus ordenou o casamento não apenas para a satisfação adequada do desejo sexual, mas também "para a propagação da raça humana por uma sucessão legítima e da Igreja por uma semente santa". Esse é o mandamento divino, conforme Gênesis 1.28. O objetivo principal do homem é glorificar a Deus em todas as esferas da vida. Quando o desejo sexual não é governado por esse propósito, ele é certamente rebaixado. Quando é governado pelo desejo de glorificar a Deus, o desejo sexual torna-se o instrumento para promover o crescimento da igreja do Senhor com a descendência prometida (Ml 2.15; At 2.39). Evitar ter filhos por motivos egoístas é exatamente o oposto do cumprimento adequado do propósito divino para o casamento. Devemos reconhecer plenamente o abuso da ciência contemporânea em defender meios práticos de evitar a geração de filhos. Esse abuso deve ser condenado. Mas o abuso de uma coisa não justifica a condenação absoluta dela.

A Seção 3 do capítulo XXIV da Confissão declara que "a todos os que são capazes de dar um consentimento ajuizado, é lícito casar". É ilegal que os homens sejam pecadores e não creiam no evangelho. Contudo, tanto quanto possível, há muitas razões para os cristãos aprovarem as leis civis que exigem que os incrédulos observem as exigências do casamento monogâmico. Proibir os incrédulos de se casarem seria, no mínimo, um mal tão grande quanto proibir os crentes de se casarem. Desse modo, acreditamos que onde a lei civil reconhece um ministro da Igreja como um agente da sociedade com autoridade civil para sancionar o casamento de incrédulos, pode, em alguns casos, ser seu dever agir de modo que um mal maior possa ser evitado. Mas seria dever de um ministro, em tal caso, indagar sobre a profissão religiosa de ambas as partes e proceder apenas se ambos não professarem a verdadeira religião. No entanto, se um, e apenas um, professa a verdadeira religião, seria contrário à Palavra de Deus sancionar, ou de qualquer forma facilitar, tal casamento. Pois a Escritura afirma claramente que um crente deve se casar "somente no Senhor" (1Co 7.39; 2Co 6.14-18; Gn 6.1-3; Êx 34.16; Dt 7.3-4).

É verdade, porém, que esse casamento misto, uma vez contraído e consumado, é vinculativo (1Co 7.12-14). Um crente que inicie a dissolução do vínculo matrimonial em tal caso estará pecando. Mas é provável que os casos previstos pelo apóstolo fossem devidos à conversão de apenas um dos cônjuges, e subsequente ao casamento. Em qualquer caso, o crente não pode se casar com um incrédulo sem cometer pecado. E, nesse caso, a disciplina da igreja é claramente exigida.

A isso se acrescenta outra dificuldade: discernir quais das várias denominações que afirmam ser cristãs realmente aderem à verdade de Deus em um grau suficiente para que se possa ter confiança de que se pode esperar que um membro dessa denominação conheça e professe a verdadeira religião. A Confissão de Fé diz que "os que professam a verdadeira religião reformada não devem casar-se" com adeptos da fé católica romana, nem os que "mantêm heresias perniciosas". Pode-se argumentar que uma pessoa poderia ser um verdadeiro crente e ainda ser um adepto de uma religião falsa. Acreditamos que essa é uma falsa ilação. A fé de uma pessoa não deve ser julgada à parte de sua profissão e conduta, e, nesse caso, a profissão e a conduta seriam contrárias ao julgamento de que ela é uma crente. Não podemos fazer separação entre a responsabilidade pessoal e a corporativa.

Por fim, devemos admitir que, em muitos casos, o problema de decidir se uma pessoa é ou não suficientemente cristã para se casar é difícil,. Existem erros doutrinais de variados graus de gravidade. De qualquer forma, acreditamos que o crente que conhece a verdadeira religião reformada deve se casar apenas se isso *não implicar* no comprometimento da verdade de Deus.

PERGUNTAS

1. Cite textos bíblicos que provam que Deus instituiu o casamento.
2. Prove, biblicamente, que o casamento era monogâmico.
3. O fato de os crentes do Antigo Testamento praticarem a poligamia justifica essa prática? Por quê?
4. Qual é o significado do termo "permitiu" em Mateus 19.8?
5. Com o que essa permissão às vezes é confundida?
6. Quais são os propósitos do casamento?
7. Quais são as duas atitudes erradas em relação ao sexo que foram, e são, bastante comuns?
8. Que perigo parece cercar os crentes reformados que repudiam essas duas atitudes erradas em relação ao sexo?
9. A quem um ministro reformado pode unir biblicamente em casamento?
10. O casamento entre um crente e um incrédulo é vinculativo e válido?
11. Prove, pela Escritura, que um cristão pode se casar apenas com outro cristão.
12. Seria correto casar-se, sob quaisquer circunstâncias, embora ambos os noivos sejam cristãos? Por quê?

————XXIV, 4-6————

4. Não devem casar-se as pessoas entre as quais existem os graus de consaguinidade ou afinidade proibidos na Palavra de Deus; tais casamentos incestuosos jamais poderão tornar-se lícitos pelas leis humanas ou consentimento das partes, de modo a poderem coabitar como marido e mulher.

[O homem não pode casar-se com alguma parenta consanguineamente mais próxima de sua esposa do que não poderia com sua própria parenta, nem a mulher com algum parente consanguineamente mais próximo de seu esposo do que não poderia com seu próprio parente.][26]

5. O adultério ou fornicação, cometido depois de um contrato, sendo descoberto antes do casamento, dá à parte inocente justo motivo de dissolver o contrato; no caso de adultério depois do casamento, à parte inocente é lícito propor divórcio; e, depois de obter o divórcio, casar com outrem, como se a parte infiel fosse morta.

6. Posto que a corrupção do homem seja tal que o incline a procurar argumentos a fim de indevidamente separar aqueles que Deus uniu em matrimônio, contudo, só é causa suficiente para dissolver os laços do matrimônio o adultério, ou uma deserção tão obstinada que não possa ser remediada nem pela Igreja nem pelo magistrado civil. Para a dissolução do matrimônio é necessário haver um processo público e regular, não se devendo deixar ao arbítrio e discrição das partes a decisão do seu próprio caso.

Essas seções da Confissão nos ensinam: (1) que existem certas restrições divinas quanto a com quem um cristão pode se casar por causa de relacionamentos consanguíneo ou certos graus de parentesco já existentes; (2) que existem dois motivos possíveis para o divórcio legítimo: (a) adultério ou fornicação (isto é, imoralidade sexual), e (b) deserção de um cristão por parte de um incrédulo; e (3) que, embora a maldade do homem seja tal que ele sempre busque violar a ordenança divina, ainda assim é dever da Igreja e do Estado defender tal ordenança.

Em Levítico 18.6-18 e 20.10-21, há uma extensa lista dos vários tipos de relacionamentos considerados incestuosos. É óbvio que nem o Antigo nem o Novo Testamentos tratam especificamente de todos os tipos possíveis de relação incestuosa. Em vez disso, há uma série de exemplos representativos dos vários tipos.

---

26 A exemplo da Igreja do Norte, nos Estados Unidos, em 1887, o trecho em colchetes foi eliminado pelo Sínodo do Brasil, organizado em 1888. [N. do T.]

Uma análise do código de Levítico mostrará que a relação sexual é proibida dentro de um círculo específico de parentes, e o limite dessa relação, de acordo com a seção 4 do capítulo XXIV da Confissão, inclui aqueles que são nossos parentes por casamento, bem como aqueles que são nossos parentes consanguíneos. Em outras palavras, uma vez que contraímos o casamento, estamos sujeitos às mesmas limitações em relação àqueles que se tornaram nossos parentes por meio de marido ou mulher, como já ocorria por parentesco consanguíneo. Muitas vezes, e durante muito tempo, essa seção da Confissão foi contestada. Muitas, talvez até a grande maioria das denominações presbiterianas em todo o mundo, não adotaram essa seção do texto original da Confissão de Westminster como parte da versão utilizada em suas igrejas. Certamente, não queremos questionar a fé de todos os que discordam de nós nesse quesito. Muitos acreditavam sinceramente no sistema de doutrina ensinado na Confissão, mas não conseguiram aceitar essa seção em particular. Sem dúvida, a falta de unanimidade nesse ponto explica o fato de que algumas igrejas presbiterianas verdadeiramente ortodoxas tenham excluído essa seção da sua versão da Confissão. Seja como for, a Palavra de Deus é o teste final de toda doutrina, incluindo as ensinadas pela Confissão. E é por essa razão que não escondemos o fato (1) de que essa doutrina é ensinada na versão original da Confissão, e (2) que acreditamos que ela própria seja ensinada na Bíblia. (Para aqueles que se interessarem por uma discussão mais aprofundada desse assunto, sugerimos, em defesa da Confissão, consultar os *Principles of Conduct*, de John Murray [Grand Rapids: Eerdmans, 1957], pp. 49-55, e Apêndice B, p. 250ss. Para uma abordagem da outra posição, cf. o verbete "Marriage", no *The New Bible Dictionary* [Grand Rapids: Eerdmans, 1962], p. 789, e a bibliografia ali incluída.)

É muito antiga a ideia de que os primeiros casamentos não poderiam ter atendido às limitações estabelecidas em Levítico. Isso não pode ser negado. Os filhos de Adão devem ter se casado entre si. Como isso pode ser explicado? Acreditamos que a explicação é que o dever do homem é condicionado pela provisão divina. Era dever de Adão juntar-se à sua esposa, mas não até que Deus tivesse feito uma mulher para ele se juntar. Era dever dos seres humanos casarem-se além dos graus de consanguinidade e afinidade, mas não antes que houvesse um desenvolvimento suficientemente amplo da raça humana para permitir a execução desse dever. Quando a raça humana foi novamente reduzida a uma família (ou seja, pelo dilúvio), houve novamente a consequente impossibilidade de cumprir esse dever. Mas assim que a família de Noé cresceu além desses graus de relacionamento, era dever casar-se além deles.

Não precisamos nos esforçar para provar que o divórcio é lícito se a causa for adultério. Uma vez que o adultério é a única exceção explicitamente permitida por Cristo, embora seja pecado repudiar uma esposa, dificilmente se pode argumentar que não existe tal exceção (Mt 5.31-32; 19.9). A Igreja Romana diz: "O casamento de duas pessoas batizadas que depois viveram juntas como marido e mulher nunca pode ser dissolvido, exceto pela morte de uma das partes" (Catecismo de Baltimore, pergunta 1194). Mas o apóstolo Paulo diz: "Ou não sabeis que o homem que se une à prostituta forma um só corpo com ela? Porque, como se diz, serão os dois uma só carne" (1Co 6.16). Se um homem se torna uma só carne com uma prostituta, é difícil negar que o relacionamento de uma só carne com sua esposa foi rompido. A menos que haja arrependimento e perdão por tal pecado, não podemos negar que o adultério exige a dissolução do casamento. Se o adultério resulta no casamento dos adúlteros, o divórcio do ex-cônjuge é um fato consumado. Nesse caso, voltar para o cônjuge anterior seria simplesmente outro ato de adultério (Cf. Dt 24.1-4).

Em 1 Coríntios 7.10-15, o apóstolo Paulo discute o caso daqueles que, já casados, se tornam cristãos e depois encontram dificuldades conjugais. Sob tais circunstâncias, o casamento é obrigatório. De forma alguma o cristão deve evadir-se do cumprimento da obrigação conjugal. Mesmo que, em violação da lei do Senhor, a separação tenha ocorrido (seja por causa do pecado ou por necessidade), o cristão ainda é obrigado a considerar o vínculo matrimonial em vigência. Os cônjuges separados devem ser reconciliados e reunidos, ou permanecer como estão sem pensar em novo casamento, no que diz respeito ao caso do cônjuge cristão. Mas, e se a outra pessoa (o incrédulo) decidir romper o vínculo matrimonial? E se for sua vontade abandonar o casamento, garantir o divórcio e ficar livre (mesmo sem perspectiva imediata de novo casamento)? O apóstolo Paulo diz: "Mas, se o descrente quiser apartar-se, que se aparte; em tais casos, não fica sujeito à servidão nem o irmão, nem a irmã; Deus vos tem chamado à paz" (1Co 7.15). Uma vez que, no contexto, estar "ligado" significa estar ligado a uma pessoa na instituição do casamento, estar "separado" só pode significar estar livre da mesma instituição. Assim, não vemos alternativa a não ser acreditar que a deserção voluntária de um crente por um incrédulo (que não pode ser remediada pela Igreja ou autoridade civil) é uma justa causa para o divórcio. E um cristão que se divorciou por tal motivo, ou que tem estado divorciado por tal motivo, está livre para se casar novamente.

Nosso estudo da depravação humana concorda plenamente com a Confissão de Fé quando diz que os pecadores são capazes de estudar maneiras de contornar as limitações das leis de Deus. Mesmo os cristãos, em razão das propensões pecaminosas que permanecem neles, são capazes de inventar argumentos para justificar o divórcio por outras razões. Por exemplo, "incompatibilidades" ou quando a fidelidade aos requisitos do casamento implica em "mágoas e sofrimento". Muitos cristãos têm tentado justificar a separação e o divórcio com base nessas coisas. Outros têm se divorciado de cônjuges que foram presos ou hospitalizados. Mas, como no caso de outras leis de Deus, nessa também o caminho da obediência é muitas vezes o caminho da abnegação, suportando críticas e sofrimento para a glória de Deus. Nenhum divórcio legítimo pode ser justificado por outros motivos além destes dois: (1) adultério e (2) abandono voluntário e irremediável de um crente por parte de um incrédulo.

PERGUNTAS

1. Onde a legislação que restringe com quem podemos nos casar é encontrada na Bíblia?
2. Por que essas leis não se aplicam aos primeiros casamentos?
3. De acordo com a Igreja Romana, qual é a única coisa que pode dissolver o casamento?
4. De acordo com Cristo, o que pode fazer com que o casamento possa ser dissolvido?
5. Existe algum outro motivo legítimo para o divórcio? Qual?
6. Esse fundamento se aplicaria a todos os casamentos? Por quê?
7. Que outras justificativas os pecadores usam para tentar legitimar o divórcio? Tais justificativas são legítimas?

XXV. DA IGREJA

1. A Igreja Católica ou Universal, que é invisível, consta do número total dos eleitos que já foram, dos que agora são e dos que ainda serão reunidos em um só corpo, sob Cristo, seu cabeça; ela é a esposa, o corpo, a plenitude daquele que cumpre tudo em todas as coisas.

2. A Igreja Visível, que também é católica ou universal, sob o Evangelho (não sendo restrita a uma nação, como antes sob a Lei), consta de todos aqueles que, pelo mundo inteiro, professam a verdadeira religião, juntamente com seus filhos; é o Reino do Senhor Jesus, a casa e família de Deus, fora da qual não há possibilidade ordinária de salvação.

Essas seções da Confissão nos ensinam sobre: (1) a natureza da Igreja do ponto de vista divino; e (2) a natureza da Igreja do ponto de vista humano, mas (3) não como se houvesse duas Igrejas diferentes, a visível e a invisível.

Em Hebreus 12.23, lemos sobre a "igreja dos primogênitos arrolados nos céus". Essa igreja é o corpo do qual Cristo é a cabeça (Ef 1.22-23; 5.23, 27) e do qual todos os eleitos de todas as eras estão destinados a serem membros. Esses são "predestinados segundo o propósito daquele que faz todas as coisas conforme o conselho de sua vontade" (Ef 1.11), "como [os] escolheu, nele, antes da fundação do mundo" (Ef 1.4). Este é o corpo de crentes por quem Cristo orou (Jo 17.9). É invisível para nós porque se estende no tempo e no espaço. Vai de uma extremidade à outra da terra, e do início ao fim da história humana. Mas é invisível apenas *para nós*. Não é "invisível" *para Deus*. Aquele que discerne infalivelmente o coração dos homens conhece aqueles que são seus: "O firme fundamento de Deus permanece, tendo este selo: O Senhor conhece os que lhe pertencem" (2Tm 2.19).

No entanto, é essa Igreja — não outra — que se torna visível para os homens no mundo. Existe uma verdadeira Igreja visível. Em outras palavras, a única Igreja verdadeira se manifesta no mundo. Quando e onde ela se manifesta, é exatamente essa Igreja que é invisível para nós no sentido absoluto que, no entanto, é visível para nós no tempo e no espaço. A verdadeira ou real Igreja de Deus se manifesta através daqueles que estão vivendo no mundo em um determinado tempo e lugar. Essa manifestação, portanto, nunca passa de uma pequena parte de toda a Igreja (invisível), e é uma parte que está circunscrita pelas limitações impostas pela imperfeição das coisas deste mundo. Essa Igreja, em sua manifestação visível, também é, em certo sentido, considerada universal. Ela consiste em todos aqueles em todo o mundo que, no tempo presente, são membros do corpo de Cristo.

Há, no entanto, duas coisas que obscurecem a visibilidade dessa verdadeira Igreja: (1) a imperfeição de cada membro particular que pertence a Cristo aqui nesta terra, e (2) há também a hipocrisia dos incrédulos que muitas vezes imitam, em sua aparência, verdadeiros membros do corpo de Cristo. Porque há maldade nos verdadeiros crentes enquanto eles estão na terra, e porque há aparência de fé e justiça nos hipócritas, a manifestação visível da Igreja nunca é perfeita. Ou, em outras palavras, a Igreja de Cristo nunca se manifestou perfeitamente em qualquer denominação ou organização, de modo que essa denominação ou organização possua as mesmas linhas de demarcação daquelas que só pertencem à Igreja de Deus como um todo. Toda tentativa de alcançar a Igreja perfeita (ou seja, na qual não há hipócritas de forma alguma) está fadada ao fracasso porque a Igreja nos é invisível exatamente no sentido de que teria que ser visível para nós realizarmos esse objetivo.

Quando falamos de uma verdadeira Igreja visível, não queremos dizer que ela tenha exatamente a mesma linha de demarcação que pertence ao corpo de Cristo como um todo. Não é a vontade de Deus que a verdadeira Igreja visível possua esse atributo. Pelo contrário, uma verdadeira Igreja visível é assim não porque sua membresia seja idêntica aos eleitos, mas porque professa a verdadeira religião, mantém o ensino da verdadeira doutrina e dos sacramentos exposto Escritura, e pratica a disciplina exigida pela lei do Senhor. Onde há fidelidade na Palavra, correta administração dos sacramentos e exercício fiel da disciplina eclesiástica, aí está — sem qualquer margem de dúvida — a verdadeira Igreja visível. E o importante a salientar é que essa verdadeira Igreja visível não é outra senão uma manifestação do corpo de Cristo na terra.

Se for perguntado: "Isso não poderia ser apenas a aparência da Igreja? Não poderíamos ter toda uma congregação de hipócritas que se reúnem para manter a verdadeira pregação da Palavra de Deus, a correta administração dos sacramentos e exercício fiel da disciplina eclesiástica, embora nenhum deles seja realmente membro do corpo de Cristo? Isso não é concebível?", a resposta é: "Não, não é concebível". Os hipócritas podem juntar-se *a* um corpo de verdadeiros crentes. Os hipócritas fazem isso constantemente. Mas a obra de Satanás é apenas destrutiva e imitativa. Ele não pode fazer com que um corpo inteiro de hipócritas manifeste as marcas da verdadeira Igreja de Deus.

No Novo Testamento, o apóstolo Paulo fala da "igreja de Deus *que* está em Corinto" (1Co 1.2; 2Co 1.1; 1Ts 1.1; Rm 16.4, 16; Gl 1.2, 22; Ap 1.4, 11, 20). Quer os apóstolos falem da "igreja" em um determinado lugar, ou das "igrejas" em uma certa região, eles sempre falam de igrejas particulares visíveis como tais, porque nelas se manifesta nada menos que a única Igreja de Deus, que é o corpo de Cristo. Onde quer que vissem uma congregação na qual a verdadeira religião fosse professada, e Palavra fosse pregada fielmente, os sacramentos fosse corretamente administrados e a disciplina mantida, eles não tinham qualquer dúvida de que estavam diante de uma manifestação real (embora imperfeita por problemas e pecados) da Igreja universal de Cristo.

A Confissão afirma que a "Igreja visível [...] consiste em todos aqueles [...] que professam a verdadeira religião, juntamente com seus filhos". Se isso for verdade, não se pode negar que os incrédulos podem ser, e *realmente* são, *membros* da verdadeira Igreja visível. Acreditamos que esse é, sem dúvida, o caso. Pode nos deixar perplexos o fato de que Deus tenha ordenado que à verdadeira Igreja visível pertencesse aqueles que não são e nunca serão membros do corpo dos redimidos de Cristo. Mas nossa perplexidade não é o critério da verdade. Deus ordenou que tanto Jacó quanto Esaú fossem circuncidados, e assim fossem visivelmente identificados como membros da Igreja visível. E, no entanto, já foi revelado que Esaú não faria parte da Igreja invisível. A Escritura também não fala no lugar "do qual Judas se transviou, para ir para o seu próprio lugar" (At 1.25)? Isso pode significar apenas que ele caiu de um lugar na Igreja (visível) que era realmente dele, e não de um lugar no corpo de Cristo (a Igreja invisível a nós) que nunca foi dele.

Assim, podemos dizer que a verdadeira Igreja se torna visível, não por uma identificação de *pessoas*, mas por uma identificação de *presença*. A verdadeira Igreja de Cristo (seu corpo de pessoas eleitas) se manifestará, não pela revelação de que determinadas pessoas são eleitas, mas pela revelação de certas coisas que os verdadeiros crentes farão (mesmo que haja hipócritas misturados com eles). Eles professarão a verdadeira religião e manterão com fidelidade a Palavra, a correta administração dos sacramentos e a prática da disciplina exigida de uma verdadeira Igreja visível. É a presença dessas atividades de pessoas eleitas que torna o corpo de Cristo visivelmente evidente.

PERGUNTAS

1. O que é a Igreja invisível?
2. O que é a Igreja visível?
3. A Igreja visível e a Igreja invisível são duas Igrejas diferentes? Por quê?
4. Qual é a distinção entre visível e invisível no que diz respeito à Igreja?
5. Por que o aspecto visível da Igreja é obscurecido e imperfeito?
6. Por que a Igreja visível e a Igreja invisível não podem ser definidas sob os mesmos critérios?
7. Como podemos discernir a verdadeira Igreja de Deus em seu aspecto visível?
8. Qual é a diferença entre identificação de *pessoas* e identificação de *presença*?
9. O que identificamos em uma verdadeira Igreja visível?
10. Deus ordenou que alguns que não são eleitos sejam admitidos como membros da verdadeira Igreja visível? Prove pelas Escrituras.

XXV, 3-6

3. A esta Igreja Católica Visível Cristo deu o ministério, os oráculos e as ordenanças de Deus, para congregação e aperfeiçoamento dos santos, nesta vida, até o fim do mundo, e pela sua própria presença e pelo seu Espírito os torna eficazes para esse fim, segundo a sua promessa.

4. Esta Igreja Católica tem sido ora mais, ora menos visível. As igrejas particulares, que são membros dela, são mais ou menos puras conforme neles é, com mais ou menos pureza, ensinado e abraçado o Evangelho, administradas as ordenanças e celebrado o culto público.

5. As igrejas mais puras debaixo do céu estão sujeitas à mistura e ao erro; algumas têm degenerado ao ponto de não serem mais igrejas de Cristo, mas sinagogas de Satanás; não obstante, haverá sempre sobre a terra uma igreja para adorar a Deus segundo a vontade dele mesmo.

6. Não há outro Cabeça da Igreja senão o Senhor Jesus Cristo. Em sentido algum pode ser o Papa de Roma o cabeça dela, mas ele é aquele anticristo, aquele homem do pecado e filho da perdição que se exalta na Igreja contra Cristo e contra tudo o que se chama Deus.

Essas seções da Confissão nos ensinam: (1) que há graus de pureza entre as Igrejas visíveis; (2) que devemos julgar cada igreja em particular por sua (a) doutrina, (b) culto e (c) disciplina; (3) que nenhuma igreja visível é inteiramente pura; (4) que algumas igrejas visíveis se tornam apóstatas; (5) que sempre haverá alguma manifestação visível da verdadeira Igreja, mas (6) que ela não pode ser a Igreja Romana porque o papado é anticristão.

Aqueles que falam da Igreja visível como se ela já tivesse absoluta pureza e unidade estão vivendo uma ilusão. É verdade que, no início, "todos os que creram estavam juntos e tinham tudo em comum [...]. Diariamente perseveravam unânimes" (At 2.44-46). Mas não demorou muito para que houvesse "murmuração dos helenistas contra os hebreus, porque as viúvas deles estavam sendo esquecidas na distribuição diária" (At 6.1). Assim, ao lado da grandeza da verdadeira Igreja, vemos também suas imperfeições visíveis. O mesmo apóstolo que exortou os cristãos a falarem "a mesma coisa" e que não houvesse "divisões entre vós", mas que fossem "inteiramente unidos, na mesma disposição mental" (1Co 1.10-11), imediatamente depois reconheceu que havia "contendas" entre eles. E ele até reconheceu que tais divisões eram uma necessidade: "Estou informado haver divisões entre vós", disse ele. "Importa que haja partidos entre vós, para que também os aprovados se tornem conhecidos em vosso meio" (1Co 11.18-19). Quando há maior fidelidade doutrinária, a única Igreja universal se manifesta mais nitidamente. Porém, quando tal fidelidade é menor, esta mesma Igreja se manifesta menos nitidamente.

Ao estudarmos os escritos apostólicos, testemunhamos claramente a dificuldade com que a Igreja procurou manifestar unidade e pureza: homens perversos se introduziram sorrateiramente (Jd 4); eles trouxeram heresias condenáveis (2Pe 2.1); algumas igrejas apostólicas logo se afastaram das doutrinas de Cristo (Gl 1:6; Ap. 2—3); algumas lutaram contra esses males com mais coragem do que outras; algumas tornaram-se indiferentes ou negligentes e assim foram invadidas e vencidas. Como João escreveu de Patmos (Ap 2-3), havia grandes diferenças entre as sete igrejas na Ásia. Ao menos algumas estavam perigosamente perto da apostasia total.

A questão é: como sabemos quando uma igreja atinge o "caminho sem volta" da apostasia? Quando o crente deve sair dela e se apartar, declarando-a apóstata? Essa é uma pergunta solene e que deve ser respondida com cuidado. O artigo 29 da Confissão Belga é-nos muito útil aqui:

> A igreja verdadeira é reconhecida pelas seguintes marcas: ela pratica
> a pura pregação do evangelho; mantém a pura administração dos
> sacramentos segundo Cristo os instituiu; exercita a disciplina na
> igreja para a correção e punição dos pecados. Em síntese, governa
> a si mesma segundo a pura Palavra de Deus, rejeitando tudo o que
> lhe for contrário, e tem Jesus Cristo como o único cabeça. Assim se
> reconhece com certeza a verdadeira igreja, e ninguém tem o direito de
> se separar dela.

Esse artigo afirma ainda que "a falsa igreja [...] atribui mais autoridade a si mesma e às suas ordenanças do que à Palavra de Deus; não quer se submeter ao jugo de Cristo".

Claramente, há igrejas que manifestam, sem qualquer margem de dúvida, a fidelidade necessária à Bíblia tão claramente, enquanto outras indubitavelmente falham em fazê-lo de maneira muito óbvia. Nenhuma igreja visível é perfeitamente pura. Mas algumas têm pureza suficiente quanto à fiel pregação da Palavra, à administração correta dos sacramentos e ao exercício da disciplina eclesiástica, de tal modo que não há dúvida legítima de que são igrejas verdadeiras. E mais, provavelmente não há igrejas nas quais não haja vestígios dessas marcas; contudo, a falta de fidelidade à Bíblia pode ser tão clara que não pode haver dúvida razoável de que essas não sejam igrejas verdadeiras. No entanto, nenhuma igreja é livre de imperfeição, e toda igreja está (humanamente falando) sujeita à apostasia. Se um crente sair de uma igreja por causa de toda e qualquer imperfeição, ele não pertenceria a nenhuma igreja. Mas pode chegar um momento em que o afastamento de uma igreja da verdade seja tal que exija ou justifique a saída dela. E cremos que o "caminho sem volta" exato acontece quando essa igreja impõe a seus membros a necessidade inevitável de participação no pecado. Quando se atinge esse ponto, a Escritura é clara: "Retirai-vos dela, povo meu, para não serdes cúmplices em seus pecados e para não participardes dos seus flagelos" (Ap 18.4).

Às vezes, argumenta-se que nunca se deve deixar uma denominação em particular enquanto for possível permanecer nela. Preferimos dizer que nunca se deve deixar uma denominação em particular enquanto for possível permanecer nela sem comprometer a obediência a Cristo. As condições necessárias para uma obediência que não seja comprometida são estas: (1) a denominação como um todo deve ainda professar a verdadeira religião em sua integridade essencial; (2) deve haver um direito irrestrito de lutar pela verdade contra erros à medida que eles se apresentarem; e (3) deve haver um compromisso ativo (por parte daqueles que permanecem membros) de defender a verdade e buscar a pureza da Igreja.

Há aqueles que permaneceram em falsas igrejas alegando que estão em uma congregação ou presbitério "conservador", embora admitindo que a denominação como um todo é apóstata. Isso viola a doutrina bíblica da unidade das igrejas e o conceito bíblico de responsabilidade corporativa (1Co 11.14-27). Outros permaneceram em falsas igrejas alegando que "ainda têm o direito de pregar os fundamentos da fé". Eles admitem, no entanto, que não têm mais permissão para pregar todo o conselho de Deus, especialmente aquela parte desse conselho que condena os erros que prevalecem em tais igrejas. Isso contradiz o dever bíblico de pregar todo o conselho de Deus e o dever especial de expor o erro e, portanto, tal atitude é pecaminosa (2Tm 2.25-26; 4.2-5). Por fim, há aqueles que permanecem em uma igreja falsa porque esperam algum dia reformá-la. Mas eles nunca fazem nada porque percebem que tais esforços não foram e não serão tolerados. Esse é o menos desculpável de todos.

Concluindo, acreditamos que, em um caso de diagnóstico incerto sobre a fidelidade de uma igreja, no qual há a oportunidade de se tornar membro de uma igreja em que não há dúvida de que se trata de uma igreja verdadeira, um crente deve deixá-la e manifestar claramente as razões que o fez duvidar que a igreja que ele está deixando é uma igreja verdadeira. Acreditamos até que é apropriado deixar uma igreja verdadeira que é menos pura para se juntar a uma igreja verdadeira que é mais pura, desde que o motivo seja a glória de Deus, o bem-estar de seus interesses espirituais (e de seus filhos), e um testemunho contra o erro.

PERGUNTAS

1. Quando a Igreja visível foi perfeitamente pura?
2. Quando a Igreja visível tem unidade *máxima*?
3. Quais são as causas de desunião entre as igrejas visíveis?
4. De acordo com a Confissão Belga, quais são as marcas de uma verdadeira igreja visível?
5. As igrejas da era apostólica eram imunes à apostasia? Prove biblicamente.
6. Quando é necessário sair de uma igreja visível?
7. Quanto tempo o crente fiel deve permanecer em uma igreja que está se tornando apóstata?
8. Quais são alguns dos argumentos apresentados para permanecer em igrejas falsas?
9. Refute esses argumentos.
10. Deve alguém permanecer membro de uma igreja que ele duvida ser uma igreja verdadeira, quando tem a oportunidade de pertencer a uma igreja que não duvida ser uma igreja verdadeira? Por quê?
11. Que obrigação tem o crente ao sair de uma igreja da qual não tem certeza de que é uma igreja de Deus?

————XXV, 6 (continuação)————

Essa seção da Confissão nos ensina: (1) que Cristo é o único rei e cabeça da Igreja; (2) que o Papa não é a cabeça da Igreja em nenhum sentido verdadeiro; e (3) que o papado é a agência predita do diabo subversora da verdadeira Igreja de Cristo.

Que o Senhor Jesus Cristo é o único rei e cabeça da Igreja é declarado em muitas passagens na Escritura (Cl 1.18; Ef 1.20-23). Essa verdade é plenamente reconhecida pela maioria dos reformadores. No entanto, alguns (junto com os católicos romanos) sustentam que a Igreja visível na terra deve ter uma cabeça visível, com autoridade delegada por Cristo. O erastianismo, uma doutrina defendida por alguns protestantes, recebeu esse nome de Thomas Erastus (1524-1583), um teólogo alemão. Essa doutrina afirma a supremacia do Estado sobre a Igreja em assuntos eclesiásticos e civis. Em várias formas e graus, essa teoria acerca do governo da igreja teve manifestação histórica nas igrejas estatais da Escandinávia, Alemanha e Inglaterra. Por exemplo, o rei Henrique VIII foi reconhecido como "chefe supremo da Igreja da Inglaterra". E foi decretado "que o rei, seus herdeiros, etc., serão tidos, aceitos e reputados como os únicos chefes supremos na terra da Igreja da Inglaterra".

Essa doutrina foi inclusive incorporada ao Artigo 37 dos Trinta e Nove Artigos da Religião da Igreja da Inglaterra: "A Majestade do Rei tem o supremo poder no Reino da Inglaterra, e nos outros seus domínios; pertence-lhe o supremo governo de todos os bens do referido reino, sejam eles Eclesiásticos ou Civis, em todas as suas causas".

Quando a Confissão de Fé de Westminster foi escrita, a reivindicação papal às prerrogativas da coroa do Senhor Jesus Cristo estava na vanguarda do conflito. Visto que a Assembleia de Westminster foi convocada pelo Parlamento com o propósito expresso de estabelecer a verdadeira fé reformada como a forma de religião para a Igreja da Inglaterra, não teria nenhum perigo de que um rei ou uma rainha fosse chamado o chefe supremo da Igreja. Acontecimentos subsequentes demonstraram, no entanto, que o Papa não é o único anticristo (ou seja, aquele que procura se colocar no lugar de Cristo). E assim consideramos a revisão dessa seção da Confissão, conforme mantida pela Igreja Presbiteriana Ortodoxa, como tendo uma vantagem sobre a formulação original. Ele preserva o ponto feito pela Assembleia de Westminster, de que o Papa de Roma não é o chefe da Igreja de Cristo, qualquer que seja o sentido; mas também expressa e igualmente denuncia todos os outros que reivindicam tal prerrogativa para si mesmos. A revisão diz o seguinte:

O Senhor Jesus Cristo é o único chefe da Igreja, e a afirmação de qualquer homem de ser o vigário de Cristo e o cabeça da Igreja não é bíblica, de fato sem respaldo, além de uma usurpação que desonra ao Senhor Jesus Cristo.

Uma questão mais difícil de ser tratada é a da identificação do Papa com o "anticristo" bíblico e o "homem do pecado". A Assembleia de Westminster considerou o papado como a personificação desses desenvolvimentos históricos previstos do reino e da obra de Satanás. O que dizer dessa identificação?

(1) A palavra "anticristo" ocorre em 1 João 2.18, 22; 4.3; e 2 João 7. Lemos: "como ouvistes que vem o anticristo, também, agora, muitos anticristos têm surgido; pelo que conhecemos que é a última hora" (1Jo 2.18). Isso mostra que o anticristo não era algo totalmente no futuro, e que se manifestou em muitas pessoas ao invés de apenas uma só. Novamente lemos: "Quem é mentiroso, senão aquele que nega que Jesus é o Cristo? Este é o anticristo, que nega o Pai e o Filho" (1Jo 2.22). Cristo é o profeta ungido, sacerdote e rei. O Anticristo nega que Jesus seja o ungido. Todo espírito maligno se manifesta por meio de algum tipo de falso profeta ou mestre do erro (1Jo 4.1). E o erro, no contexto da carta do apóstolo João, é a falha em reconhecer Cristo como o ungido: "Este é o espírito do anticristo, a respeito do qual tendes ouvido que vem e, presentemente, já está no mundo" (1Jo 4.3). Isso parece permitir variedade, multiformidade e pluralidade de agentes com um princípio unificador — atacar Jesus Cristo como único mediador. Todos aqueles em quem o espírito do anticristo opera são unânimes em sua oposição a Cristo.

(2) O "homem do pecado" (ou iniquidade) é descrito apenas em 2 Tessalonicenses 2. Ele é descrito como surgindo de uma grande "apostasia" que precede o retorno visível de Cristo. Cristo não aparecerá até que primeiro haja uma apostasia "e seja revelado o homem da iniquidade, o filho da perdição, o qual se opõe e se levanta contra tudo que se chama Deus ou é objeto de culto, a ponto de assentar-se no santuário de Deus, ostentando-se como se fosse o próprio Deus" (2Ts 2.3-4). A frase "o filho da perdição" é aplicada em outro lugar na Escritura apenas a um indivíduo, Judas, o traidor (Jo 17.12). Parece não haver dúvida, então, de que "o homem do pecado" deveria ser um indivíduo, uma pessoa em particular, que

supostamente assumiria o lugar de Deus no templo. E alguns sustentam que há uma clara distinção entre aquele que se opõe a Cristo (anticristo) e aquele que assume o lugar de Deus (o homem da iniquidade).

A Confissão de Fé de Westminster expressa na seção 6 qual era geralmente a visão dos reformadores do século XVI. Eles entendiam ser o sistema papal a deserção do cristianismo apostólico, o qual eles viam como previsto e predito nas passagens das Escrituras, mencionadas nos parágrafos anteriores. Como cada Papa representava esse sistema anticristão, ele era, portanto, pessoalmente considerado um anticristo. E o papado como instituição surgiu como a estrutura histórica a partir da qual um "homem do pecado" final poderia surgir, dando o passo final da autodeificação prática. No entanto, acreditamos que a mudança realizada nessa seção da Confissão e que foi adotada pela Igreja Presbiteriana Ortodoxa seja totalmente justificada. E acreditamos pelas seguintes razões.

(1) A visão apresentada no texto original da seção 6 deste capítulo da Confissão dá um veredicto sobre a interpretação de alguns textos particulares da Escritura. Isso, em nossa opinião, não é uma função própria de uma Confissão. Uma Confissão deve resumir e sintetizar todo o ensino da Escritura sobre uma doutrina específica, e não tentar dar um veredicto sobre este ou aquele texto em particular. (2) Também somos da opinião de que já foi feito um trabalho exegético que lança pelo menos uma dúvida razoável sobre a validade do que o texto original da seção 6 ensina. Há, para dizer o mínimo, muito a ser dito no tocante à visão de que o fenômeno mencionado, *tanto* na passagem de 2 Tessalonicenses *quanto* em 1 e 2 João, tenha referência a eventos e desenvolvimentos *daquela época*. (Recomendamos ao leitor livros como Milton S. Terry, *Biblical Hermeneutics*, 2.ª ed. [Grand Rapids: Zondervan, 1974]; Gary DeMar, *Last Days Madness* [Brentwood, Tennessee: Wolgemuth and Hyatt, 1991]; e Benjamin B. Warfield, "The Antichrist", em *Selected Shorter Writings of Benjamin B. Warfield*, vol. 1 [Nutley, N.J.: Presbyterian and Reformed, 1970].

PERGUNTAS

1. Prove, pela Escritura, que Cristo é o único rei e cabeça da Igreja.
2. O que o erastianismo ensina?
3. Que vantagem tem a versão revisada da seção 6 da Confissão de Fé de Westminster?

4. Qual apóstolo fala de "anticristo"?

5. Qual apóstolo fala do "homem do pecado"?

6. O que o termo grego *anti* frequentemente significa na Escritura?

7. Por que a compreensão dos conceitos "anticristo" e "homem do pecado" exigem o entendimento do seu desenvolvimento histórico?

8. A Assembleia de Westminster foi sábia ao incluir sua interpretação das expressões neotestamentárias "homem do pecado" e "anticristo" no texto da Confissão?

9. Indique as razões do autor deste comentário para crer que essa decisão não foi sábia nem prudente.

24

——XXVI. DA COMUNHÃO DOS SANTOS——

1. Todos os santos que, pelo seu Espírito e pela fé, estão unidos a Jesus Cristo, seu Cabeça, têm com Ele comunhão nas suas graças, nos seus sofrimentos, na sua morte, na sua ressurreição e na sua glória, e, estando unidos uns aos outros no amor, participam dos mesmos dons e graças e estão obrigados ao cumprimento dos deveres públicos e particulares que contribuem para o seu mútuo proveito, tanto no homem interior como no exterior.

2. Os santos são, pela sua profissão, obrigados a manter uma santa sociedade e comunhão no culto de Deus e na observância de outros serviços espirituais que tendam à sua mútua edificação, bem como a socorrer uns aos outros em coisas materiais, segundo as suas respectivas necessidades e meios; esta comunhão, conforme Deus oferecer ocasião, deve estender-se a todos aqueles que em qualquer lugar, invocam o nome do Senhor Jesus.

3. Esta comunhão que os santos têm com Cristo não os torna de modo algum participantes da substância da sua Divindade, nem iguais a Cristo em qualquer respeito; afirmar uma ou outra coisa, é ímpio e blasfemo. A sua comunhão de uns com os outros não destrói, nem de modo algum enfraquece o título ou domínio que cada homem tem sobre os seus bens e possessões.

Essas seções da Confissão nos ensinam: (1) que os crentes têm uma união vital (vivificadora) com Cristo em sua obra de mediação; (2) que, como consequência disso, eles também têm comunhão uns com os outros e nos dons e graças uns dos outros; (3) que essa comunhão implica certos deveres e obrigações mútuas entre os crentes; e (4) que a união e comunhão com Cristo desfrutada por eles não significa que se tornam divinos, ou iguais a Cristo, nem a comunhão dos crentes entre si anula o direito de propriedade privada.

Os verdadeiros crentes estão unidos a Jesus Cristo. Essa união é descrita de várias maneiras na Escritura. Por exemplo, (1) ela é apresentada como uma união *representativa*. Ou seja, assim como Adão representou todos os homens sob o pacto das "obras", Cristo representou seu povo eleito no pacto da graça. Já discutimos anteriormente esse aspecto da união com Cristo (Cf. comentários ao capítulo VII da Confissão de Fé).

Mas agora queremos enfatizar o fato (2) de que essa união também é *vital*. A Escritura compara nossa união com Cristo à união da videira com os ramos, das diversas partes do corpo com a cabeça, e à união do marido com sua mulher (Jo 15.1-8; 1Co 12.13-27; Ef 5.23-32). Há, em cada uma dessas comparações, a noção de que a vida que se encontra em uma das partes também se encontra na outra. Assim, o que Cristo experimenta, nós experimentamos. O que ele possui, nós possuímos. O que ele faz, nós fazemos. Porém, precisamos admitir que há um sentido em que não podemos dizer que seus sofrimentos, morte e ressurreição são nossos. Nós não experimentamos fisicamente o que ele experimentou. Mas a experiência real não é apenas física. Também é espiritual. Deus não sofreu e morreu, fisicamente. Mas ele, na natureza divina de Cristo, estava unido ao homem, na natureza humana de Cristo, de modo que a pessoa que sofreu e morreu foi o Deus-homem. Deus e o homem em uma pessoa experimentaram uma vida (1Jo 1.1-2; Jo 1.4). Se, baseado nisso, Deus e o homem podem ser uma pessoa e ter uma vida, então por que muitos homens não podem ter uma existência viva tão verdadeiramente quanto uma videira e seus ramos, ou os membros de um corpo físico? Nós não *explicamos* isso. Nós o *afirmamos*. Cristo e seu povo têm uma vida e dividem sofrimento, morte, ressurreição e glória.

(3) Mas tudo isso também indica que a união é *espiritual*. É o Espírito Santo (a) que é de uma e mesma substância com Cristo, quanto à sua divindade; (b) que habita nele sem medida, quanto à sua humanidade; e (c) que também habita nos crentes, criando, sustentando e estabelecendo neles aquela vida que é a vida de Cristo. De fato, a Escritura afirma não apenas que os crentes têm essa vida "mediante o seu Espírito no homem interior" (Ef 3.16), mas também que, dessa maneira, "Cristo [Ele mesmo] habite em [nossos] corações pela fé" (Ef 3.17).

Ora, é com razão que os teólogos chamam isso de união *mística*. Pois tal união é, na verdade, algo que só podemos conhecer porque é revelado por Deus. Não poderíamos conhecê-lo por autoexame, nem por observações em nossa própria experiência, simplesmente porque ela transcende, em muito, as outras uniões e comunhões que conhecemos. Como é que podemos dizer que "foi crucificado com ele o nosso velho homem" (Rm 6.6)? E como explicar como recebemos vida "juntamente com Cristo" e "juntamente com ele, nos ressuscitou, e nos fez assentar nos lugares celestiais em Cristo Jesus" (Ef 2.5-6)? Como pôde o salmista (Sl 22) descrever suas próprias experiências nas mesmas palavras que Cristo usou para descrever seu sofrimento na cruz do Calvário? Com franqueza confessamos que esse é um grande mistério (Ef 5.32). Mas cremos que é assim porque a Palavra de Deus diz que é. De alguma maneira misteriosa que não podemos descrever ou mesmo compreender, temos uma participação real com Cristo nessas coisas que ele operou para nossa salvação. No entanto, isso não significa que estamos fundidos a ele, ou que o trabalho foi realizado por nós. Só Cristo é o Deus-homem; só ele realizou a obra de redenção da qual participamos.

Com base nessa união que os crentes têm com Cristo, há um corolário necessário: é a união e a comunhão que os crentes têm uns com os outros. A união e comunhão que os crentes têm uns com os outros é explicada a partir de sua união com Cristo e é uma consequência dela. Longe de aniquilar suas personalidades e diferenças individuais, ela se manifesta através deles. Assim, quando um membro da Igreja recebe um certo dom de Cristo, é conferido para o benefício de toda a Igreja e não apenas para aquele membro a quem o dom foi dado (1Co 12.18-31). Mesmo os membros da Igreja Cristã que não possuem muita habilidade, conhecimento ou eficiência servem a um propósito que envolve todos os crentes. "Os [membros] que nos parecem menos dignos no corpo, a estes damos muito maior honra [...]. Contudo, Deus coordenou o corpo, concedendo muito mais honra àquilo que menos tinha, para que não haja divisão no corpo; pelo contrário, cooperem os membros, com igual cuidado, em favor uns dos outros" (1Co 12.23-25). Todo membro de Cristo é, portanto, pela natureza da nossa união com ele, obrigado a cumprir certos deveres que conduzem ao bem de todos os membros do corpo.

A Confissão sustenta que o dever de "sociedade e comunhão no culto de Deus" é, pelo menos em parte, um resultado dessa união. Por exemplo, a Escritura ensina que devemos adorar a Deus no dia do *Shabbath*. É o que requer o Quarto Mandamento. Mas alguns argumentam que podem adorar a Deus sozinhos, ou pelo menos sem qualquer compromisso de ser membro da Igreja visível. Outros parecem não sentir nenhuma obrigação de serem leais e fiéis na frequência aos cultos de adoração em uma determinada congregação, em seus horários definidos de culto no Dia do Senhor. Não sustentamos aqui que não haja outros fundamentos para insistir nesse dever. Mas podemos ver que essa seção da Confissão condena tal atitude, mesmo à parte de outros fundamentos. Ser membro da Igreja de Cristo é parte integrante da união com Cristo. Aquele que está unido a Cristo está, portanto, também unido a outros crentes. E estar unido a outros crentes necessariamente implica obrigações solenes para com eles.

Assim, em matéria de culto, não devemos apenas considerar o Quarto Mandamento (que exige que o indivíduo adore a Deus no dia do *Shabbath*), mas "consideremo-nos também uns aos outros, para nos estimularmos ao amor e às boas obras. Não deixemos de congregar-nos, como é costume de alguns" (Hb 10.24-25). Congregar fielmente com outros crentes verdadeiros é uma atitude distinta e convincente. Quando residimos em um determinado lugar, temos especialmente a obrigação para com aqueles crentes com os quais estamos necessariamente relacionados em virtude de nossa união com Cristo, embora, como se sabe, essa união e comunhão deva ser estendida em sua expressão, até onde possível, "a todos os que em todo lugar invocam o nome do Senhor Jesus". Pois há apenas um Cristo e um corpo de crentes que estão em união com ele. Onde está o Espírito, aí está o corpo de Cristo. E o fruto do Espírito é "amor, alegria, paz, longanimidade" etc. (Gl 6.22-23). Onde tal fruto for gerado, haverá uma manifestação da comunhão dos santos.

Dizer que os santos têm união com Cristo e comunhão uns com os outros não significa, porém, que tenham *tudo* em comum. Os crentes têm união com Cristo, mas não participam da divindade. Eles não se tornam uma e mesma substância com Deus. Porque é Deus, a Bíblia diz que Cristo é "o único que possui imortalidade, que habita em luz inacessível, a quem homem algum jamais viu, nem é capaz de ver" (1Tm 6.16). Por outro lado, a comunhão dos crentes entre si não elimina todas as diferenças entre eles.

Na história, houve muitas tentativas dos cristãos de criar sociedades nas quais todas as coisas fossem comuns, incluindo a posse de bens e propriedades. Para muitos, o respaldo bíblico para isso é encontrado no livro de Atos, que diz que "todos os que creram estavam juntos e tinham tudo em comum" (At 2.44). Sobre isso, três comentários podem ser feitos. Primeiro, não há indicação de que essa prática tenha sido ordenada por Deus como normativa para os crentes. Segundo, há evidências de que, mesmo naquela época, o direito de propriedade privada ainda era reconhecido pelos apóstolos (At 5.4). E, por fim, essa tentativa de propriedade comunal não funcionou de modo satisfatório, mesmo na Igreja Apostólica (At 6.1).

PERGUNTAS

1. Em que sentido a nossa união com Cristo é *vital*?
2. Em que sentido a nossa união com Cristo é *espiritual*?
3. O que significa chamar nossa união com Cristo de *mística*?
4. Por quais figuras a nossa união mística com Cristo é ilustrada na Escritura?
5. Visto que os crentes têm união com Cristo, de que outros benefícios necessariamente eles desfrutam?
6. Em benefício de quem Cristo concede determinado dom a um membro de sua Igreja?
7. Por que é dever dos crentes comparecerem fielmente aos cultos corporativos, no horário definido pela igreja local?
8. É dever dos membros contribuírem para o sustento da Igreja? Por quê?
9. A união com Cristo significa que os crentes têm tudo em comum com Cristo?
10. A união com Cristo obriga os crentes a terem todas as coisas em comum?
11. Que texto geralmente é apresentado por aqueles que sustentam que os crentes devem ter todas as coisas em comum? Apresente argumentos contra essa posição.

25

———XXVII. DOS SACRAMENTOS———

1. Os sacramentos são santos sinais e selos do pacto da graça, imediatamente instituídos por Deus para representar Cristo e os seus benefícios, e confirmar o nosso interesse nele, bem como para fazer uma diferença visível entre os que pertencem à Igreja e o restante do mundo, e solenemente obrigá-los ao serviço de Deus em Cristo, segundo a sua Palavra.

Essa seção da Confissão nos ensina: (1) o que os sacramentos são em essência; (2) por quem e como foram instituídos; e (3) o propósito para o qual foram estabelecidos.

A *doutrina* da Trindade é ensinada na Bíblia, embora o *termo* em si não seja encontrado nela. Da mesma forma, a doutrina dos sacramentos é ensinada na Bíblia, mas o termo é uma cunhagem da teologia cristã. Alguns se opõem à palavra. Mas pode-se, com justiça, fazer objeção a termos como "Trindade", "encarnação" ou mesmo "teologia". O que de fato importa é a doutrina inerente a esses termos. E se a doutrina é ensinada na Bíblia, cunhar um termo para ela é apenas uma economia de linguagem. João Calvino sabiamente disse que não devemos estar presos a "uma confissão tecida (*contexta*) e costurada (*consuta*) supersticiosamente com palavras bíblicas". É necessário apenas que as "palavras verdadeiramente se conformem com a verdade bíblica e ofereçam o mínimo possível daquelas asperezas que podem ofender os ouvidos piedosos". Desde que o significado do termo seja claro e bíblico, nada mais é necessário.

Os sacramentos, então, são "santos sinais e selos do pacto da graça". Como a Escritura diz, "o sinal da circuncisão" era "um selo da justiça da fé" (Rm 4.11). (1) Um *sinal* é algo por meio do qual outra coisa se torna conhecida. O bordão de Moisés, que quando atirada ao chão se tornou uma serpente, forneceu evidência do fato de que Deus lhe havia aparecido (Êx 4.1-5). A destruição de Jerusalém foi um sinal de que a mediação e o reino celestial de Cristo haviam começado (Mt 24.29-30, 34). A circuncisão de Abraão tornou conhecida "a justiça da fé que teve quando ainda incircunciso" (Rm 4.11). Dizer que um sacramento é um sinal é dizer que ele faz uma declaração. Ele não faz uma declaração acerca de si mesmo. Se assim fosse, não seria sinal de outra coisa. Um sacramento é um sinal porque dá a conhecer ou declara a graça salvadora de Cristo. Mas, por essa razão, a graça salvadora deve ser distinguida do sacramento que a declara. (Quando a Igreja Romana diz que o batismo regenera, confunde o sinal com a coisa significada.)

(2) Um *selo* é algo que autentica ou confirma aquilo a que ele é afixado ou anexado. Em Ester 3.12, lemos sobre um documento oficial. "Em nome do rei Assuero se escreveu, e com o anel do rei se selou". Um graduado da faculdade recebe um diploma sobre o qual é posto um carimbo, um selo, oficial. O selo é benéfico para a coisa que o recebe, não para o doador. No entanto, ele não torna a coisa que o recebe qualificada; apenas declara oficialmente que as autoridades a consideram assim. A mensagem de Assuero era autêntica sem o selo; na verdade, era o decreto do rei. O selo foi adicionado para assegurar aos súditos do rei que a mensagem realmente era dele. É assim com os sacramentos. Sacramentos não causam a graça de Deus. Tampouco a graça de Deus depende dos sacramentos. O sacramento é proveitoso apenas àqueles que são os receptores da graça. É útil porque dá a conhecer, ou declara, a salvação que os crentes recebem e que é, portanto, distinta do sacramento. É um testemunho de confirmação para o crente a respeito do que ele recebeu.

De acordo com a definição reformada, os sacramentos são tais em virtude do fato de serem instituídos por Deus. O catolicismo romano diz que há sete sacramentos. São eles: o Batismo, a Eucaristia, a Confirmação, a Penitência, a Extrema-unção (ou Unção dos Enfermos), a Ordem, e o Matrimônio. Não há, em nossa avaliação, nenhum argumento convincente e conclusivo contra alguns ou mesmo todos eles, exceto o que já foi declarado em nossa discussão do capítulo XXI, 1: "O modo aceitável de adorar o verdadeiro Deus é instituído por ele mesmo, e é tão limitado pela sua vontade revelada, que ele não deve ser adorado segundo as imaginações e invenções dos homens, [...] ou de qualquer outro modo não prescrito nas Santas Escrituras". Se Deus pode ser adorado de qualquer maneira diferente do respaldo bíblico específico, então não parece haver nenhuma boa razão para que tais "sacramentos" não possam ser acrescentados aos que de fato são estabelecidos na Palavra de Deus. Mas se Deus deve ser adorado dentro dos limites precisos do mandamento divino, então a posição de Roma não se sustenta e a da Confissão permanece quando diz que há apenas dois sacramentos. Pode ser facilmente demonstrado que Cristo ordenou o Batismo e a Ceia do Senhor (Mt 28.19; 1Co 11.23). Não há nenhuma evidência de que ele tenha ordenado quaisquer outros sacramentos.

A Confissão declara quatro propósitos para os quais os sacramentos foram dados. Vamos mencioná-los brevemente. (1) Cristo e todos os seus benefícios são neles representados. Essa é outra maneira de dizer que o sacramento serve como um sinal. Um sinal é aquilo que representa algo. (2) O interesse do crente em Cristo é confirmado. Essa é outra maneira de dizer que o sacramento serve como um selo. Um selo é aquilo que atesta ou confirma. Observe que a importância primordial dos sacramentos é beneficiar os crentes. A Palavra é o grande meio de declarar Cristo aos incrédulos. Deus escolheu a loucura da pregação, em vez dos sacramentos, como meio de conversão (1Co 1.17). É também o meio mais importante de confirmar os crentes na fé e na justiça. No entanto, os sacramentos são dados para fazer uma declaração adicional e uma certidão da graça que eles recebem através do evangelho. Mesmo quando a Confissão diz (3) que os sacramentos fazem uma diferença visível entre aqueles que pertencem à Igreja e o restante das pessoas, é evidente que o benefício pertence aos crentes. O Batismo e a Ceia do Senhor não marcam visivelmente os crentes aos olhos daqueles que não os testemunham. É a Igreja que faz a distinção, e é na Igreja que a distinção é reconhecida. (4) A declaração final, de que os sacramentos solenemente obriga os crentes no serviço de Cristo, novamente indica que eles são um meio de graça exclusivamente para o crente.

PERGUNTAS

1. Por que alguns se opõem ao uso do termo "sacramento"?
2. Que outros termos também poderiam ser rejeitados sob essa mesma alegação?
3. Quais os dois requisitos que devem ser atendidos para tornar uma palavra aceitável, a fim de expressar uma doutrina?
4. O que é um sinal?
5. O que é um selo?

6. Dê exemplos de sinal (que não seja um sacramento).

7. Dê exemplos de selo (que não seja um sacramento).

8. Se o próprio batismo purificasse a alma, o que ele definitivamente *não* poderia ser?

9. Descreva o princípio que enfraqueceria ou acabaria com todos os argumentos contra os sete sacramentos de Roma.

10. Apresente o princípio bíblico que prova que existem apenas dois sacramentos.

11. Cite as palavras da Confissão que declaram o que é um sinal.

12. Cite as palavras da Confissão que declaram o que é um selo.

13. Para quem os sacramentos são meios de graça?

——XXVII, 2-5——

2. Em cada sacramento há uma relação espiritual ou união sacramental entre o sinal e a coisa significada; por isso, os nomes e efeitos de um são atribuídos ao outro.

3. A graça significada nos sacramentos, ou por meio deles, quando devidamente usados, não é conferida por qualquer poder neles existentes; nem a eficácia deles depende da piedade ou intenção de quem os administra, mas da obra do Espírito e da palavra da instituição, a qual, juntamente com o preceito que autoriza o uso deles, contém uma promessa de benefício aos que dignamente os recebem.

4. Há só dois sacramentos ordenados por Cristo, nosso Senhor, no Evangelho: o Batismo e a Santa Ceia. Nenhum destes sacramentos deve ser administrado senão pelos ministros da Palavra, legalmente ordenados.

5. Os sacramentos do Antigo Testamento, quanto às coisas espirituais por eles significadas e representadas, eram, em substância, os mesmos que os do Novo Testamento.

Essas seções da Confissão têm por objetivo refutar certos erros do sistema sacerdotal católico romano. Declararemos esses erros e, em seguida, apresentaremos uma defesa da Confissão. (As seguintes citações são da edição de 1941 do Catecismo de Baltimore n.º 3 da Igreja Católica Romana.)

Erro 1: "Os sacramentos comunicam graça por meio do poder que possuem para santificar as almas dos homens, como instrumentos de Deus".

Erro 2: "Aquele que administra um sacramento deve ter a intenção de fazer o que a Igreja faz ao dar o sacramento".

Erro 3: "Existem sete sacramentos: o Batismo, a Confirmação, a Sagrada Eucaristia, a Penitência, a Extrema-unção (ou Unção dos Enfermos), a Ordem, e o Matrimônio".

Escritores católicos romanos (e outros escritores que admitem algum tipo de sistema sacerdotal) apelam com frequência para textos como Atos 22.16, "Levanta-te, recebe o batismo e lava os teus pecados", e 1 Pedro 3.21, onde o apóstolo Pedro fala daquilo "que agora também nos salva", em referência ao batismo. Sem dúvida, em textos como esses, os apóstolos usam uma forma de expressão que atribui um efeito espiritual a um sinal material. Mas o ponto da Confissão é que a relação entre o invisível e o visível (a coisa significada e o sinal) é tal que "os nomes e efeitos de um são atribuídos ao outro". Uma citação completa de 1 Pedro 3:21 apoia amplamente esta visão: "a qual, figurando o batismo, agora também vos salva, não sendo a remoção da imundícia da carne, mas a indagação de uma boa consciência para com Deus, por meio da ressurreição de Jesus Cristo". Por que Pedro se daria ao trabalho de negar que o batismo nos salva purificando a sujeira da carne, a menos que ele estivesse ciente de que seu modo de expressão levou alguns a supor que o próprio sinal externo poderia salvar? A verdadeira purificação realizada na obra da graça é "o lavar regenerador e renovador do Espírito Santo" (Tt 3.5). O batismo é reputado como tal apenas porque é um sinal da "coisa real".

Essa "união sacramental" pode ser comparada com (embora não seja o mesmo que) a união existente entre as duas naturezas de Cristo. Porque as naturezas divina e humana estão unidas em sua pessoa, acontece que os nomes e efeitos "próprio[s] de uma natureza [são], às vezes, na Escritura, atribuídos à [...] outra" (VIII, 7). Em Atos 20.28, lemos sobre "a igreja de Deus, a qual ele comprou com seu próprio sangue". A natureza divina não tem carne e sangue. No entanto, Cristo, que tinha carne e sangue, é Deus. É, portanto, apropriado falar da "pessoa divina-humana", de acordo com a terminologia e descrição aplicáveis a ambas as naturezas. E há uma razão semelhante para falar do sinal e da graça significada juntos, por meio de termos relacionados com qualquer uma dessas partes. É exatamente isso o que o apóstolo Pedro faz.

A questão central entre os sacerdotalistas e a Confissão "é apenas se é Deus, o Senhor, que nos salva, ou são os homens, agindo em nome de Deus e revestidos de seus poderes, a quem devemos esperar a salvação. Essa é a questão que divide o sacerdotalismo e a religião evangélica".[27] A visão sacerdotal é que a graça salvadora de Deus está contida *nos* sacramentos e é comunicada *por* sua administração. A visão reformada é que Deus, o Espírito Santo, opera quando, onde e como quiser ao conferir a graça salvadora, e que os sacramentos são dependentes e subordinados à sua operação soberana. É só por causa do seu beneplácito em usar os sacramentos para manifestar e conferir graça que os sacramentos se tornam eficazes.

À primeira vista, pode parecer que um católico romano estaria mais certo de receber a graça divina através dos sacramentos do que um cristão reformado em completa dependência de Deus. Isso não prova ser o caso, e a razão é que, na visão romana: (1) os sacramentos devem ser administrados por alguém que tenha "a intenção de fazer o que a Igreja faz ao dar o sacramento"; e (2) os sacramentos devem ser recebidos com "a disposição correta" ou "motivo adequado". Assim, a graça divina é *condicionada* e *controlada* pelos estados inconstantes dos homens. Mesmo se alguém pudesse se convencer de que possui a disposição e o motivo corretos, nunca seria possível ter certeza de que não recebeu os sacramentos das mãos de um Judas, sem a intenção correta (Jo 4.2).

A fé reformada subordina os meios sacramentais da graça à fonte divina da graça, tornando assim a validade e eficácia dos sacramentos independentes dos homens. O sacramento é válido e eficaz porque é designado por Cristo, e se torna eficaz quando e onde o próprio Cristo quer conferir a graça salvadora por seu Espírito Santo: "Pois, em um só Espírito, todos nós fomos batizados em um corpo [...]. E a todos nós foi dado beber de um só Espírito" (1Co 12.13).

Roma é compelida, pela suposta lógica de sua posição, a praticamente conceder que todos os membros da igreja sejam — em situações emergenciais — mediadores sacerdotais. Nenhum católico romano além de um padre seria autorizado a administrar o sacramento da Ceia do Senhor (ou

---

27 B. B. Warfield, *The Plan of Salvation* (Grand Rapids: Eerdmans, 1942), p. 56.

missa). Mas uma vez que, na opinião deles, a graça salvadora está contida e é transmitida apenas pelos sacramentos, "se houver perigo de que alguém morra sem Batismo, qualquer outro pode e deve batizar" (Catecismo de Baltimore, Q. 824). Somente os padres de Roma podem realmente administrar os sacramentos corretamente — mas, em circunstâncias emergenciais, qualquer um pode administrar o sacramento do batismo. Tal é a inconsistência necessária para a manutenção de um sistema falso.

A visão reformada é que nenhum sacramento pode ser administrado por qualquer um, exceto por um ministro da Palavra, legitimamente ordenado. Não afirmamos isso com base em alguma visão sacerdotal ou supersticiosa do ministério. Curiosamente, essa visão leva à conclusão oposta, como acabamos de mostrar. Em vez disso, a Confissão mantém sua posição porque: (1) a Escritura diz que "servos [ministros] de Cristo" devem ser os "despenseiros dos mistérios de Deus" (1Co 4.1), e "Ninguém, pois, toma esta honra para si mesmo" (Hb 5.4). Portanto, não há evidência na Escritura que mostre outros oficiais da igreja administrando os sacramentos na Igreja Apostólica; (2) o fato de que os sacramentos não são recipientes e comunicadores de graça automática, que não são instrumentos de conversão, corrobora ainda mais essa visão. Deus chamou todos os crentes para testemunhar porque ninguém pode ser convertido sem o evangelho. Se os sacramentos fossem, como afirma a Igreja Católica Romana, possuidores de poder inerente para remover o pecado original e dar nova vida às nossas almas, então seria esperado que todo crente os administrasse em todas as oportunidades. A posição da Confissão salvaguarda a verdade, a saber, que os sacramentos são apenas sinais e selos da graça de Deus, que o próprio Deus confere completa e independentemente deles. Ou seja, a salvação é absolutamente possível sem os sacramentos.

Por fim, a Confissão ensina que houve apenas dois sacramentos principais ao longo da história da Igreja, tanto no Antigo como no Novo Testamento. Ou seja, Circuncisão e Batismo são *substancialmente* a mesma coisa. Eles significam a mesma coisa espiritualmente. E o mesmo é verdade para a Páscoa e a Ceia do Senhor. As ordenanças do Antigo Testamento, a Circuncisão e a Páscoa, tornaram-se, sob o Novo Testamento, o Batismo e a Ceia do Senhor. O Novo Testamento está escondido no Antigo Testamento, e o Antigo Testamento está revelado no Novo Testamento.

Os sinais sangrentos foram substituídos por dois sinais sem sangue. Mas o significado permanece o mesmo, como mostra a tabela a seguir:

Circuncisão/Batismo	Páscoa/Ceia do Senhor
1. Administrados uma única vez ao indivíduo.	1. Administrada repetidamente ao indivíduo.
2. Administrados aos crentes e a seus filhos.	2. Administradas apenas aos crentes.
3. Representa o princípio de união com Deus (purificação, justificação etc.).	3. Representa a manutenção da união com Deus (nutrição, crescimento, santificação etc.).
4. Quando o indivíduo os recebe, é completamente passivo (é circuncidado/batizado: recebe o que outro executa).	4. Quem as "recebe", é ativo (participa por seu próprio ato).

Argumentos em apoio a essa identificação (entre as ordenanças do Antigo e do Novo Testamentos) serão fornecidos ao longo de nossa discussão sobre os sacramentos. Por ora, chamamos a atenção para um aspecto dos dados escriturísticos que muitas vezes é negligenciado. O apóstolo Paulo às vezes usa o nome de um sacramento do Antigo Testamento ao falar sobre aqueles que literalmente receberam apenas o sacramento do Novo Testamento, ou vice-versa.

Ele diz que os israelitas foram batizados (1Co 10.2), embora, como se sabe, eles foram realmente circuncidados. Ele também diz que os colossenses foram circuncidados (Cl 2.11), embora, na verdade, eles tenham sido batizados. O apóstolo fala dos coríntios como se eles tivessem a Páscoa (1Co 5.7), embora saibamos que foi a Ceia do Senhor, e não a Páscoa, que foi observada entre eles. A Páscoa tornou-se a Ceia do Senhor de uma vez por todas na noite em que nosso Senhor foi traído (Mt 26.17-30; Lc 22.15-20).

Portanto, a questão é: como explicar esse intercâmbio de terminologia sacramental no Novo Testamento? Acreditamos que esta seja a verdadeira explicação: (1) que há "uma relação espiritual [...] entre o sinal e a coisa significada; por isso, os nomes e efeitos de um são atribuídos ao outro".

Isso significa que existe tal relação entre sacramento e graça, que podemos falar do sacramento como se fosse a graça, e vice-versa; (2) que "Os sacramentos do Antigo Testamento, quanto às coisas espirituais por eles significadas e representadas, eram, em *substância*, os *mesmos* que os do Novo Testamento". O significado é que a circuncisão e o batismo estão ligados porque ambos sustentam o mesmo tipo de relação espiritual com a graça. E como essa graça pode ser dita por meio do nome do sacramento relacionado a ela, segue-se que o nome de um sacramento pode ser aplicado a outro sacramento, e vice-versa. Se a mesma graça pode ser chamada de circuncisão e também de batismo, então não há razão para que o apóstolo não fale do batismo como se fosse circuncisão. É isso que ele faz (Cf. Colossenses 2.11-12). Esse entendimento apostólico dos sacramentos é um forte argumento para o ensino dessa seção da Confissão.

PERGUNTAS

1. Qual é o primeiro erro do sacerdotalismo?
2. Quais textos bíblicos parecem, à primeira vista, apoiar o sacerdotalismo?
3. Que textos bíblicos podem ser utilizados para refutar o sacerdotalismo?
4. Por que expressões como "a qual, figurando o batismo, agora também nos salva" e "nos salvou mediante o lavar regenerador", contidas nessas passagens bíblicas, são mal interpretadas?
5. Com o que se pode comparar a "união sacramental"?
6. Com relação aos sacramentos, qual é a questão que diferencia a doutrina católica romana da doutrina reformada?
7. Por que, à primeira vista, a concepção sacramental católica romana parece oferecer segurança?
8. Por que tal concepção de segurança não é confirmada?
9. Como o entendimento reformado acerca dos sacramentos de fato oferece certeza e segurança?
10. Por que a Igreja Católica Romana é compelida a negar seu próprio ensino sobre o poder exclusivo do sacerdócio?
11. Por que a igreja reformada defende que apenas ministros ordenados administrem os sacramentos?
12. De que forma o batismo e a circuncisão são *essencialmente* o mesmo sacramento?

13. De que forma a Ceia do Senhor e a Páscoa são
    essencialmente o mesmo sacramento?

14. Que fenômeno na linguagem empregada pelo apóstolo Paulo
    apoia a visão de que as respectivas ordenanças do Antigo e
    do Novo Testamentos são essencialmente as mesmas?

26

XXVIII. DO BATISMO

1. O batismo é um sacramento do Novo Testamento, instituído por Jesus Cristo, não só para solenemente admitir na Igreja a pessoa batizada, mas também para servir-lhe de sinal e selo do pacto da graça, de sua união com Cristo, da regeneração, da remissão dos pecados e também da sua consagração a Deus, por meio de Jesus Cristo, a fim de andar em novidade de vida. Esse sacramento, segundo a ordenação de Cristo, há de continuar em sua Igreja até ao fim do mundo.

2. O elemento exterior, usado neste sacramento, é água, com a qual um ministro do Evangelho, legalmente ordenado, deve batizar o candidato em nome do Pai e do Filho e do Espírito Santo.

Essas seções da Confissão nos ensinam: (1) que o batismo é um sacramento (de acordo com a definição feita no capítulo anterior); (2) o que o batismo significa; (3) como deve ser administrado; e (4) por quanto tempo o sacramento do batismo deve continuar na Igreja de Deus.

Já mostramos que os sacramentos "são santos sinais e selos do pacto da graça" instituídos por Cristo. Isso implica dizer que o batismo é um sacramento. O batismo não nos salva, mas é um "sinal" que representa aquilo que nos salva (1Pe 3.21). No Evangelho de Mateus 28.19, temos registrado que Cristo instituiu, ou ordenou, o batismo. A partir desses dois ensinamentos da Palavra de Deus, temos a prova de que o batismo é um sacramento.

Mas qual é o significado do batismo? A Confissão indica que o significado do batismo não deve ser encontrado em um único aspecto da doutrina ensinada na Escritura, mas em um conceito complexo ou múltiplo. O batismo significa: (1) admissão na Igreja visível, (2) a graça do pacto, (3) regeneração, (4) a remissão dos pecados e (5) o dever da nova obediência. Em outras palavras, o significado do batismo é muito rico. É um sinal e selo, não desta ou daquela parte de uma determinada grande obra da graça divina e do privilégio da aliança, mas de toda a maravilha complexa dela. O batismo é, por assim dizer, um grande "filme" que mostra aquela grande obra de Deus pela qual pecadores mortos são trazidos à união viva com Cristo e com Deus. E o conceito central expresso pelo batismo é essa mesma união. A fórmula batismal registrada em Mateus 28.19 mostra isso claramente. Os crentes e seus filhos devem ser batizados *em* nome do Pai, e do Filho, e do Espírito Santo. Quando Paulo diz que os filhos de Israel foram "todos batizados [...] com respeito a Moisés" (1Co 10.2), ele quer dizer que eles deixaram o Egito e todas as relações que tinham com ele para entrar em um novo relacionamento com Moisés, o homem de Deus. O mesmo ocorre com todos aqueles que são batizados em relacionamento com o Deus Triúno: "Fostes, porventura, batizados em nome de Paulo?" (1Co 1.13), pergunta o apóstolo, ao argumentar contra o pensamento de que quaisquer cristãos estivessem especialmente unidos a ele em oposição a Pedro ou Apolo. Seu argumento não teria relevância se a união (ou relacionamento íntimo e especial) não fosse o significado principal do batismo.

No entanto, a união com Deus por meio de Jesus Cristo é um relacionamento que envolve todo um complexo de questões essenciais. Não se pode ter união com Deus a menos que haja uma remoção da culpa e contaminação do pecado. Não pode haver relação de íntima comunhão com Deus por parte de alguém que ainda está sob o domínio do pecado. É desse modo que a Escritura se concentra, ora em um, ora em outro, dos vários aspectos subordinados dessa união. O apóstolo Pedro fala do batismo com referência especial à "remissão dos pecados" e ao "dom do Espírito Santo" (Atos 2.38). Paulo enfatiza o "lavar regenerador e renovador do Espírito Santo" (Tt 3.5). E novamente ele especifica o dever de andar em novidade de vida, próprio dos que são batizados (Rm 4.12). Mas o tema predominante nas referências bíblicas ao batismo é a união com Cristo e o Deus Triúno, que abrange e transcende todos os outros aspectos do significado desse sacramento (Mt 28.19; 1Co 12.13; Gl 3.27; Rm 6.3).

O batismo (e também a Ceia do Senhor) simplesmente expressa, de forma não verbal, o conteúdo verbal do evangelho. Ele expressa e representa aquele aspecto do evangelho e sua recepção salvífica que é verbalmente apresentado nas doutrinas da graça discutidas na Confissão sob os seguintes títulos: (1) vocação eficaz, (2) regeneração, (3) conversão (arrependimento e fé), (4) justificação e (5) adoção. Isso explicará por que o batismo é administrado corretamente apenas uma vez ao indivíduo. Também explicará por que o sacramento do batismo, diferentemente do sacramento da Ceia do Senhor, é recebido passivamente em vez de ativamente. Isso está de acordo com a obra de Deus, da qual o batismo é uma representação ou "imagem" visível. A regeneração é um ato de Deus somente. O pecador está morto. A regeneração é o que o torna vivo. Não podemos dizer que o pecador é ativo em sua própria regeneração (que é semelhante a ser ressuscitado dos mortos). Ele é totalmente passivo. Porém, assim que ele é regenerado, torna-se vivo. Isso significa que ele está em união com Cristo. Pois *em* Cristo está a vida. É verdade que o pecador agora poderá se arrepender e crer. E ele será ativo em arrependimento e fé. Mas ele só pode fazer isso porque as sementes do arrependimento e da fé já estão presentes nele, em virtude da regeneração e união com Cristo.

Assim, o batismo representa aquilo em que o homem é essencialmente passivo, e os apóstolos, de modo típico, falam dele como tal: "Somos enterrados", não nos enterramos; "fomos plantados", não nos plantamos; "nosso velho homem está crucificado", ele não se crucifica. Quando o batismo é descrito como se fosse um símbolo de uma atividade realizada pelo homem (e não uma união criada por Deus), seu verdadeiro significado é ignorado e contrariado. Esta é nossa objeção final à visão batista dessa ordenança: os batistas dizem: (1) que o batismo deve ser administrado apenas a adultos, porque somente adultos são capazes de realizar a atividade que o batismo significa; e (2) que o batismo significa aquela atividade pela qual um homem se une a Cristo. O teólogo batista A. H. Strong diz: "A essência disso é a união de nós mesmos a outro perante o mundo".[28]

As respostas a essa posição são: (1) que o batismo deve ser ministrado aos filhos dos crentes, bem como aos crentes, porque Deus é capaz de criar aquela união nos filhos da qual o batismo é um sinal e selo; e (2) que o batismo significa aquela união que é criada entre Deus e pecadores somente pelo próprio poder divino. Não é a atividade de Deus (que causa essa união) nem a atividade do homem (que é consequência dessa união) que é significada pelo batismo. Pelo contrário, ele significa a união em si, que decorre somente da obra de Deus e da qual decorre o conjunto das boas obras do homem. E porque tal união é criada apenas uma vez, só pode

---

28 A. H. Strong, *Systematic Theology* (Philadelphia: Griffith and Rowland, 1912), p. 943.

haver um único batismo. O batismo repetido não representaria a graça de Deus na eficácia que lhe é própria.

Não há qualquer discordância entre os cristãos de praticamente todas as denominações de que o "elemento exterior, usado nesse sacramento, é água", e que a parte a ser batizada deve ser batizada em nome da Trindade. Como a razão é autoevidente, não precisamos detalhar esse ponto. Já mostramos por que esse sacramento deve ser administrado por ministros do evangelho. Concluímos, então, com a afirmação de que o batismo deve ser administrado até o fim do mundo, pois Jesus Cristo disse: "Ide [...], fazei discípulos [...], batizando-os em nome [...], e eis que estou convosco todos os dias, até a consumação dos séculos" (Mt 28.19-20). Visto que o escopo da Grande Comissão é todo o mundo, e visto que a promessa do Salvador é sustentar sua Igreja no cumprimento desse dever até o fim dos tempos, segue-se que este sacramento deve ser continuado até que o fim tenha chegado.

PERGUNTAS

1. Apresente dois argumentos que provam que temos a certeza de que o batismo é um sacramento?
2. Qual é o significado do batismo?
3. Qual é o ponto central do batismo?
4. Cite alguns aspectos subordinados do batismo?
5. Se o batismo tem um significado principal, por que esses aspectos subordinados às vezes são mencionados na Escritura à parte do significado principal?
6. Qual é a relação entre os sacramentos e o evangelho?
7. Por que o batismo não requer atividade por parte daquele que é batizado?
8. Por que os batistas dizem que as crianças não devem ser batizadas?
9. Qual a principal objeção contra a concepção batista acerca do batismo?
10. O batismo é uma representação da atividade ou ações de Deus na salvação do homem? Explique.
11. Prove que o sacramento do batismo deve ser administrado até o fim dos tempos.

——XXVIII, 3-4——

3. Não é necessário imergir na água o candidato, mas o batismo é corretamente administrado por efusão ou aspersão.

4. Não só os que professam a sua fé em Cristo e obediência a ele, mas também os filhos de pais crentes (ainda que só um deles o seja) devem ser batizados.

Essas seções da Confissão nos ensinam: (1) que a imersão não é essencial para o batismo; (2) que nenhum modo particular de batismo é ordenado na Escritura; e (3) que os crentes professos e seus filhos são os legítimos destinatários do batismo.

Algumas denominações cristãs exigem a imersão do candidato na água porque acreditam que não há batismo senão por imersão. Tais denominações insistem que a palavra grega *baptizō*, e seus cognatos, empregada no Novo Testamento, significa "imergir". O fato é que a palavra *baptizō* não significa "imergir". Isso não quer dizer que o termo não possa ser legitimamente aplicado a uma ação que envolva imersão. Entretanto, o termo em si não tem esse significado. Isso é facilmente demonstrado pela própria Escritura.

(1) Em 1Coríntios 10.2, lemos que os israelitas, quando deixaram o Egito, foram "todos batizados, assim na nuvem como no mar, com respeito a Moisés". Visto que a Escritura infalivelmente registra o fato de que eles *não* foram imersos (os egípcios foram), mas atravessaram o mar em terra seca, é óbvio que, nesse caso, o termo *baptizō* não significa imersão (Êx 14.22).

(2) Em Hebreus 9.10, também lemos que, sob a lei cerimonial do Antigo Testamento, havia "diversas abluções" (*diaforois baptismois*). Contudo, o livro de Hebreus nos lembra que tais abluções consistiam na aspersão do sangue de touros e bodes (Hb 9.13), a aspersão do livro e de todo o povo (Hb 9.19), e a aspersão do tabernáculo e dos utensílios do serviço sagrado (Hb 9.21). Em outras palavras, somos informados de que vários atos cerimoniais de purificação do Antigo Testamento não foram realizados por imersão, mas mesmo assim eram "batismos". Como, então, o termo grego *baptizō*, e seus cognatos, poderia, nesse contexto, significar apenas imersão?

(3) Em Atos 1.5, lemos a promessa de Cristo aos seus discípulos: "Vós sereis batizados com o Espírito Santo, não muito depois destes dias". Então, em Atos 2, encontramos o cumprimento dessa promessa. O Espírito Santo desceu sobre eles, "e apareceram, distribuídas entre eles, línguas, como de fogo, e pousou uma sobre cada um deles" (At 2.3). Quando as pessoas pensavam que eles estavam bêbados, o apóstolo Pedro disse: "Estes homens não estão embriagados, como vindes pensando [...]. Mas o que ocorre é o que foi dito por intermédio do profeta Joel: 'E acontecerá nos últimos dias, diz o Senhor, que derramarei do meu Espírito sobre toda a carne [...]; derramarei do meu Espírito naqueles dias" (At 2.15-18). Ser batizado com o Espírito era ter o Espírito *derramado* sobre os discípulos, e não que eles fossem *imersos* no Espírito. Então, novamente, fica evidente que o batismo não significa imersão. Isso não prova que o batismo nunca foi administrado por imersão (embora não exista uma única passagem da Escritura que *prove* isso). Isso prova que o termo *baptizō* não significa imersão. Não significa imersão mais do que significa aspersão ou derramamento. O que significa é, como já demonstramos, a nossa união com Cristo e com o Deus Triúno por meio da purificação do pecado, seja por imersão, aspersão ou derramamento.

Os batistas também insistem que os adultos são os únicos destinatários legítimos do batismo. Eles defendem essa posição por dois motivos: (1) que as crianças não são capazes de vivenciar a experiência e a atividade requeridas no batismo; e (2) que a Bíblia não dá evidência para o batismo de crianças (isto é, de bebês). Já mostramos que o batismo é sinal e selo da união com Cristo e com Deus, e que essa união é uma criação absoluta de Deus que ele concede a quem quer. As crianças não são mais incapazes de realizar sua própria união com Cristo do que os adultos. *Todos* (adultos e crianças) são totalmente depravados e incapazes de fazer *qualquer coisa* para efetuar a união com Deus. Mas Deus é onipotente, e ele pode e efetua essa união por seu próprio poder. E Jesus Cristo disse que essa obra salvadora é encontrada em crianças, e até mesmo em bebês (Lc 18.15): "Pois dos tais é o reino dos céus", disse ele (Mt 19.14). Se as crianças — e até mesmo os pequeninos — são membros do reino de Deus (Lc 18.16), então dificilmente se pode argumentar que eles não podem experimentar o que o batismo significa e sela. Como pode alguém ser membro do reino de Deus se não gozar da união com Cristo? É interessante observar que os próprios batistas não seguem consistentemente seus próprios argumentos. Pelo menos a maioria dos batistas admite que os bebês dos crentes que morrem na infância possam ser salvos. Isso é o mesmo que permitir que eles recebam aquela realidade da qual o batismo é sinal e selo.

Quanto ao segundo argumento, de que a Bíblia não dá evidência para o batismo de crianças, concordamos, obviamente, que o Novo Testamento não contém uma ordem específica para batizar crianças. Nem o Novo Testamento contém uma ordem específica de que as mulheres devem receber a Ceia do Senhor. Mas isso não é o mesmo que dizer que a Bíblia não contém tal mandamento. O Novo Testamento nem sempre repete mandamentos específicos que já estão registrados nas Escrituras do Antigo Testamento. Em outras palavras, os apóstolos não agem como se os mandamentos de Deus não tivessem efeito, a menos que os repetissem em seus escritos. Em nenhum lugar, os apóstolos repetem expressamente as palavras do Segundo Mandamento. Mas não há dúvida de que eles continuaram a considerar o Segundo Mandamento obrigatório (At 17.29; Rm 1.23). Portanto, não podemos dizer que Deus não ordenou o batismo de crianças. Deus, no início da história patriarcal, ordenou que o sinal e o selo do pacto da graça fossem administrados aos filhos dos crentes (Gn 17.1-14). Além disso, foi explicitamente declarado que esse era um requisito eterno. Não é verdade, então, que Deus não deu nenhum mandamento com respeito ao batismo de crianças, os filhos da aliança.

O argumento batista é que, com a vinda de Cristo, a circuncisão foi revogada, de modo que esse mandamento não está mais em vigor. Mas o apóstolo deixa claro que a circuncisão continua, com essa mudança, que agora é chamada de batismo — "Nele, também fostes circuncidados, não por intermédio de mãos [...], no batismo" (Cl 2.11-12). A alegação batista é que as crianças não podem ser batizadas sem um mandamento do Novo Testamento. Mas a necessidade é, antes, que os batistas produzam o "mandamento do Novo Testamento" que exclui o que Deus ordenou anteriormente. Os discípulos achavam que as criancinhas não deveriam ser trazidas ao Senhor. Mas ele disse: "Não os embaraceis de vir a mim" (Mt 19.14). Quanto a isso, nosso argumento é este: (1) Deus ordenou aos crentes que administrassem o sinal e o selo do pacto a seus filhos; (2) o batismo é agora o sinal e selo daquele pacto no qual Deus deu essa ordem (Gl 3.16-17); (3) Deus mudou a forma do sinal e selo, mas não o pacto eterno; ele não revogou sua ordem de dar o sinal e o selo aos filhos dos crentes; e (4) a evidência do Novo Testamento confirma essa posição.

Embora o Novo Testamento não contenha uma repetição verbal do mandamento original de Deus para dar o sinal e o selo do pacto aos filhos dos crentes, ele contém informações e evidências que não são convenientes a nenhum outro ponto de vista além daquele que assume a força contínua desse mandamento. Citaremos alguns exemplos.

Em primeiro lugar, em Atos 2.38-39, Pedro exortou os judeus a receberem o batismo em nome de Jesus Cristo, e ele apresentou como razão o seguinte: "para vós outros é a promessa" e "para vossos filhos". Essa forma de expressão é totalmente consistente com o conceito veterotestamentário de que os "filhos da aliança" também estavam incluídos na promessa aos crentes e, consequentemente, todos eles deveriam ser circuncidados. E o fato de o apóstolo Pedro exortar ao batismo precisamente sobre esse fundamento é uma forte suposição em favor da continuação desse conceito na era do Novo Testamento.

Em segundo lugar, em Atos 17.11, somos informados de que os judeus da sinagoga bereiana, ao contrário da maioria das congregações judaicas espalhadas pelo Império Romano, "receberam a palavra com toda a avidez". Eles inclusive examinavam as Escrituras "todos os dias", para ver se as coisas que o apóstolo Paulo ensinava estavam ou não de acordo com elas. Os bereianos examinaram a doutrina ensinada pelo apóstolo Paulo à luz da Palavra de Deus, conforme a encontravam no Antigo Testamento. Mas como eles poderiam ter aceitado a doutrina do batismo ensinada pelo apóstolo Paulo, se ela não estivesse de acordo com a ordem de dar o sinal aos filhos do pacto?

Em terceiro lugar, em 1Coríntios 7.14, o apóstolo Paulo dá conforto, esperança e instrução aos cristãos que se encontram sob o fardo de serem casados com incrédulos. Evidentemente, havia em Corinto aqueles que, por causa desse "jugo", se sentiam em grande desvantagem em relação aos outros, por causa de uma suposta diferença na condição de seus filhos. A posição defendida pelos batistas implica dizer que todas as crianças estão fora da graça e pacto divinos e, portanto, não devem ser batizadas. Eles não reconhecem nenhuma distinção entre os filhos dos crentes e os filhos dos incrédulos. Mas o apóstolo disse: "Porque o marido incrédulo é santificado no convívio da esposa, e a esposa incrédula é santificada no convívio do marido crente. Doutra sorte, os vossos filhos seriam impuros; porém, agora, são santos" (1Co 7.14). Em outras palavras, o apóstolo *reconheceu* uma distinção entre os filhos dos crentes e os filhos dos incrédulos. E ele foi capaz de assegurar aos crentes em casamentos mistos que, no caso deles, também aquele que operava neles era maior do que aquele que operava no mundo. Portanto, seus filhos, igualmente aos filhos de dois pais crentes, também eram santos. É interessante observar o completo silêncio dos batistas em relação a esse texto. E se objetarem dizendo que o termo "santo" não significa que essas crianças tenham apenas direito ao sinal e selo do pacto, mas que significa muito mais do que isso, respondemos que concordamos, mas que, de qualquer forma, significa *algo*, e algo totalmente inconsistente com a posição batista.

PERGUNTAS

1. Por que os batistas insistem na defesa da forma batismal por imersão?
2. Como os cristãos reformados às vezes dão apoio desnecessário a essa posição batista?
3. Como podemos provar que a palavra grega *baptizō* não significa imersão?
4. Isso significa dizer que esse termo nunca é usado para descrever uma ocorrência que envolva imersão?
5. Quais os dois principais argumentos utilizados pelos batistas contra o batismo infantil?
6. Refute cada um desses argumentos?
7. Dê exemplos de evidência no Novo Testamento que conflita com a visão batista e que apoia a visão reformada quanto ao batismo dos filhos dos crentes.

——XXVIII, 5-7——

5. Posto que seja grande pecado desprezar ou negligenciar essa ordenança, contudo a graça e a salvação não se acham tão inseparavelmente ligadas a ela, que sem ela um pessoa não possa ser regenerada e salva, ou que sejam indubitavelmente regenerados todos os que são batizados.

6. A eficácia do Batismo não se limita ao momento em que é administrado; contudo, pelo devido uso dessa ordenança, a graça prometida é não somente oferecida, mas realmente manifestada e conferida pelo Espírito Santo àqueles a quem ele pertence, adultos ou crianças, segundo o conselho da própria vontade de Deus, em seu tempo apropriado.

7. O sacramento do batismo deve ser administrado uma só vez a uma mesma pessoa.

Essas seções da Confissão nos ensinam: (1) que é pecado negligenciar a ordenança do batismo; (2) que a salvação não é absolutamente inseparável dele; (3) que a salvação não é garantida por ele; (4) que a eficácia do batismo não está vinculada ao momento em que ele é administração; e (5) que o batismo é um meio de graça, quando corretamente administrado (mas uma única vez, e de acordo com a Palavra de Deus).

Se o batismo é "um sacramento do Novo Testamento, instituído por Jesus Cristo", que deve "continuar em sua Igreja até o fim do mundo", segue-se que é um grande erro desprezá-lo ou negligenciá-lo. Se a negligência da circuncisão suscitou a ira e desagrado de Deus contra Moisés (Êx 4.24-26), e se a rejeição do batismo de João por parte dos fariseus e escribas é igualmente condenada (Lc 7.30), então, quanto mais devemos considerar a gravidade de uma disposição semelhante em relação ao que nosso Senhor ordenou! É importante lembrar que a ira de Deus contra Moisés não foi porque este negligenciou a ordenança a si mesmo, mas porque negligenciou a circuncisão de seus filhos. O batismo é um dever moral. Uma pessoa que poderia ser batizada (ou que poderia apresentar seus filhos para o batismo), mas não o deseja, está em uma posição muito diferente de uma pessoa que gostaria de ser batizada, mas não pode. Pode haver casos em que é fisicamente impossível para um verdadeiro crente receber esse sacramento (Lc 23.39-43). Como esse indivíduo não deprecia nem negligencia a ordenança, não podemos acusá-lo de erro apenas porque a providência divina impede seu batismo. Mas se uma pessoa não é batizada porque condena ou negligencia a ordenança, ela é culpada de pecado.

Com efeito, estamos dizendo apenas que todo erro é pecaminoso. Devemos lembrar que todos, incluindo presbiterianos e batistas, são pecadores e, portanto, não estão livres de erros em vários graus. Deve-se notar, quanto a isso, que o pecado é menos hediondo aos olhos de Deus quando não é feito em desobediência ou negligência consciente. Aquele que conhece a verdade e, *então*, desobedece é mais culpado do que aquele que obedece a uma consciência mal instruída. É quando "[vivemos] deliberadamente em pecado, depois de termos recebido o pleno conhecimento da verdade, [que] já não resta sacrifício pelos pecados" (Hb 10.26).

Dizer que o batismo é exigido pela lei de Deus (para os crentes e seus filhos) não significa, então, que o batismo seja absolutamente necessário para a própria salvação. O que o homem deve fazer como dever moral não deve ser confundido com o que Deus pode fazer. A Escritura mostra que é possível ter tudo o que é significado e selado pelo batismo sem ter o próprio batismo. Todos sabem que o ladrão na cruz foi salvo. Ele foi salvo naquela época quando João Batista e o próprio Jesus exigiram que os homens fossem batizados para a remissão dos pecados. Porém, ele foi impedido de ser batizado por circunstâncias providenciais sobre as quais ele não tinha controle. Deus não mudou essas circunstâncias impedindo o batismo, mas o salvou sem batismo. Isso prova que é possível haver circunstâncias nas quais os homens possam ter os efeitos salvadores da graça de Deus sem possuir o sinal e selo divinamente designados, e isso pela vontade de Deus.

Por outro lado, a Escritura também mostra que os homens podem ter o batismo *sob a administração adequada* sem realmente experimentar a graça salvadora da qual é um sinal e selo. Simão (At 8.13) foi batizado legalmente pelo apóstolo. No entanto, ele permaneceu "em fel de amargura e laço de iniquidade" (At 8.23). O apóstolo não poderia ter administrado correta-mente o batismo a um coração preso ao pecado, se não fosse verdade que o batismo é separável da graça da qual é um sinal e selo, e se também não fosse verdade que o batismo pode ser corretamente administrado àqueles que não possuem realmente a graça da qual ele é sinal e selo.

O caso de Esaú também exemplifica esse ponto. Ele foi circuncidado por ordem divina. No entanto, era certo (mesmo antes de ele nascer) que ele nunca teria união com Cristo (Rm 9.11-13). Nesse caso, não se pode argumentar que Esaú foi indevidamente circuncidado. Tampouco se pode argumentar que Esaú foi circuncidado porque se presumia que ele estava, ou estaria, em união com Cristo. Pode-se argumentar apenas que Deus ordenou aos crentes que dessem o sinal e o selo da aliança a seus filhos, embora não se pudesse presumir que eles estavam ou estariam em união com Cristo. A Bíblia não ensina que a *administração* adequada do sacramento do batismo requer que aqueles que o recebem realmente possuam união com Cristo. Há, em outras palavras, uma discrepância real entre a esfera da administração adequada do batismo e a esfera da operação da graça salvadora. De acordo com sua vontade e determinação, Deus nem sempre permite o batismo de *todos* os verdadeiros crentes (Lc 23.33, 43), mas permite o batismo de alguns que *não* estão destinados à vida eterna.

Não devemos limitar a eficácia do batismo ao momento da administração. Por exemplo, não devemos pensar que quando uma criança é batizada o efeito de seu batismo termina ali mesmo. Novamente, citamos o caso de Jacó e Esaú: (1) ambos receberam o sacramento por ordem divina; (2) Esaú nunca recebeu a graça da qual tinha o sinal e o selo; e (3) Jacó não experimentou a eficácia do sacramento até sua conversão, muitos anos depois (Gn 25-32, especialmente os versículos 24-28 do capítulo 32).

Os opositores do batismo infantil frequentemente alegam que, em muitos casos, parece não haver evidência da obra da graça de Deus naqueles que foram batizados quando crianças. Que o batismo não tem efeito salvador sobre as crianças que foram batizadas é um fato. Porém, não devemos permitir que esse fato nos induza ao erro; pois, dizer que o batismo não tem efeito no momento em que ele é administrado não é o mesmo que dizer que ele não tem nenhum efeito. O batismo nunca causa união com Cristo. Nunca tem esse efeito. Esse não é o seu propósito. O propósito do batismo não é efetuar a união com Cristo, mas sim confirmar e testificar tal união. E é precisamente por isso que o batismo é eficaz, pois não está vinculado apenas ao momento da administração. Dessa forma, o batismo testifica que Deus promove união com Cristo a quem quer, como quer, e quando quer. O efeito do batismo não é causar união com Cristo, mas testificar dessa união. O batismo, assim como a circuncisão, não tem efeito salvador. Mas o batismo infantil, bem como a circuncisão infantil, tem um efeito profundo sobre aqueles que se convertem muito tempo depois do batismo. A ordem, então, pode ser: (1) o batismo, depois o chamado eficaz para a união com Cristo, e, então, o experimentar da eficácia do batismo; ou: (2) o chamado eficaz, depois o batismo e, então, o experimentar da eficácia do batismo. Nenhuma outra ordem é admitida, pois ninguém pode experimentar a eficácia do batismo antes do batismo, nem pode experimentar a eficácia do batismo antes do chamado eficaz.

PERGUNTAS

1. Por que é pecado desprezar ou negligenciar o sacramento do batismo?
2. Prove biblicamente essa verdade.
3. Os batistas que creem sinceramente que é errado batizar seus filhos pecam por não os ter batizado? Por quê?
4. Em que sentido o batismo não é necessário?
5. O que é pecado deliberado?
6. Que evidência bíblica prova que alguém pode ser salvo sem ser batizado?
7. Que evidência bíblica prova que alguém pode ser batizado sem ser salvo?
8. Que exemplo bíblico prova que o batismo não é administrado a crianças com base na presunção de que elas são eleitas?
9. Por que, então, tais crianças foram batizadas?
10. Que exemplo bíblico prova que a eficácia do batismo não está vinculada ao momento de sua administração?
11. Quais são as duas coisas (e em qualquer ordem) que uma pessoa deve primeiro ter, antes que o batismo possa ter eficácia para ela?

27

XXIX. DA CEIA DO SENHOR

1. Na noite em que foi traído, nosso Senhor Jesus instituiu o sacramento do seu corpo e sangue, chamado Ceia do Senhor, para ser observado em sua Igreja até ao fim do mundo, para ser uma lembrança perpétua do sacrifício que em sua morte ele fez de si mesmo; para selar, aos verdadeiros crentes, os benefícios provenientes desse sacrifício para o seu nutrimento espiritual e crescimento nele, e seu compromisso de cumprir todos os seus deveres para com ele; e ser um vínculo e penhor de sua comunhão com ele e de uns com os outros, como membros de seu corpo místico.

Essa seção da Confissão nos ensina: (1) que a Ceia do Senhor é um sacramento instituído por Cristo; (2) que ela foi instituída na noite em que ele foi traído; (3) que ela deve ser observada em sua Igreja até o fim do mundo; (4) que esse sacramento é administrado para (a) a lembrança perpétua de seu sacrifício, (b) a selagem de todos os benefícios do sacrifício de Cristo para os verdadeiros crentes, (c) para a nutrição espiritual e crescimento dos crentes em Cristo, (d) ratificar o compromisso de cumprir todos os deveres dos crentes para com Cristo, e (e) um vínculo e penhor da comunhão dos crentes com Cristo, e de uns com os outros, como membros de seu corpo.

A instituição da Ceia do Senhor está registrada em três Evangelhos (Mt 26.26-29; Mc 14.22-25; Lc 22.17-20) e em uma das epístolas de Paulo: "Porque eu recebi do Senhor o que também vos entreguei" (1Co 11.23-26). Nesses quatro relatos, somos repetidamente informados de que Jesus ordenou: "Fazei isto". E o tempo dessa instituição se revela tão claramente quanto o próprio dever: foi na noite em que foi traído, e na época da Páscoa. E, embora a frequência com que deveria ser observada não fosse especificada de uma maneira particular, ele ordenou que fosse frequente. Seu período exato é "frequentemente". Calvino insistiu enfaticamente na observância semanal desse sacramento. Tal frequência certamente não seria uma violação da instituição de Cristo. Mas a Escritura exige apenas uma administração frequente do sacramento e não dá uma regra rígida *exigindo* observância semanal. Por fim, notamos que nas palavras de instituição de Cristo, assim como no batismo, há garantia para a continuação desse sacramento até o fim do mundo. Pois, diz o apóstolo: "Todas as vezes que comerdes este pão e beberdes o cálice, anunciais a morte do Senhor *até que ele venha*" (1Co 11.26). Se esse sacramento for observado até que ele venha, será observado até o fim do mundo, porque é quando ele virá.

A Ceia do Senhor "é um sermão visível, no qual Cristo crucificado é colocado diante de nós".[29] O sacramento da Ceia do Senhor representa e manifesta a salvação através do único e perfeito sacrifício de Cristo. Assim, a ênfase central da ordenança é a "lembrança" da "morte do Senhor". Tal lembrança é evidenciada da seguinte maneira: os *elementos* lembram o corpo e o sangue oferecidos a Deus em seu sacrifício de si mesmo; as palavras da instituição que *incutem* em nós a lembrança daquele de quem eram o corpo e o sangue, e do fato maravilhoso de que ele se deu por nós: "Isto é o meu corpo, que é dado por *vós*" (1Co 11.24); e as *ações* sacramentais que lembram o sofrimento e a dor suportados pelo Salvador ao entregar a Deus essa grande oblação: "Isto é o meu corpo, que é *dado* [partido] por vós".

Quando Cristo distribuiu os elementos desse sacramento a seus discípulos, ele não lhes deu, por esse ato sacramental, de fato a salvação. No caso de todos, exceto um, eles já tinham salvação. No caso de um deles, nunca haveria salvação. O que, então, o sacramento fez por eles? Significou e selou os benefícios de seu sacrifício. Ele os representava. Ele os "retratou" vividamente. Mostrou aos discípulos o que eles possuíam. E o sacramento testificou que eles o possuíam. Assegurou-lhes a grande salvação que possuíam em Cristo.

No entanto, isso não é tudo. A Ceia do Senhor, diferentemente do batismo, não representa apenas algo que é completamente realizado. Não significa meramente um estado acabado de existência (união com Cristo que, essencialmente, nunca será mudada). Não representa o interesse salvífico do cristão nessa obra de Deus, como se já fosse plenamente recebida. A Ceia do Senhor deve ser observada com frequência, pois representa uma obra de Deus que continua por toda a vida do crente. Repetidamente o crente deve

---

29 Thomas Watson, *The Ten Commandments* (London: Banner of Truth, 1965), p. 165.

comer, beber e lembrar, porque a ceia é um sinal e selo da obra da graça de Deus, pela qual ele continuamente obtém nutrição e força espiritual, perdão, purificação e santificação, e dos benefícios do único sacrifício de Cristo e de sua presente mediação desses benefícios para os crentes.

O crente, por óbvio, não obtém esses benefícios do sacramento em si, mas de Cristo e de seu sacrifício. O que o crente recebe no e pelo próprio sacramento não é o mesmo que ele recebe de Cristo e de seu sacrifício. A coisa exata recebida no e pelo sacramento é um testemunho e uma confirmação (atestado quanto à validade) da graça salvadora que é recebida de Cristo, por meio do Espírito Santo. A graça salvadora (que nutre, sustenta e santifica o crente) opera no crente em virtude de sua união vital com Cristo. Mas essa graça salvadora é reforçada pelo testemunho e atestado dados pelo sacramento.

Uma vez que o sacramento da ceia do Senhor é um sinal e selo de união e comunhão com Cristo, é também um meio pelo qual o crente é lembrado do fato de que ele deve ser — e é fortalecido em sua vontade de ser — fiel e obediente a Cristo. Sendo lembrado de que foi "comprado por preço", ele saberá que deve glorificar a Deus em seu corpo (1Co 6.20).

Nessa mesma epístola, o apóstolo Paulo diz: "Não podeis beber o cálice do Senhor e o cálice dos demônios; não podeis ser participantes da mesa do Senhor e da mesa dos demônios" (1Co 10.21). Não se trata simplesmente de que um crente não *deve* beber dos dois cálices; em vez disso, ele não *pode*. É claro que o apóstolo percebeu que há um sentido em que tal coisa pode ser feita: uma pessoa pode participar dos elementos do sacramento da Ceia do Senhor e também participar dos elementos cerimoniais de uma religião falsa. Mas, em tal caso, quanto à essa pessoa não há qualquer eficácia no sacramento do Senhor. O sacramento da ceia do Senhor só é eficaz enquanto realmente for sinal e selo da real união com Cristo. E aquele que tem união real com Cristo não pode, ao mesmo tempo, ter união com Satanás.

A Ceia do Senhor *não* é um meio de graça para aqueles que não têm graça (1Co 11.27-29). A pregação da Palavra de Deus, em contrapartida, é um meio de graça para aqueles que não têm graça. Ninguém é obrigado a discernir o corpo do Senhor, antes de ouvir o evangelho. Mas essa exigência prova que a Ceia do Senhor não é uma ordenança de conversão.

Não é um meio de efetivar a união com Cristo. Ela é, antes, um meio de fortalecimento e segurança para aqueles que já desfrutam dessa união.

A Ceia do Senhor também é "um vínculo e penhor" da união e comunhão compartilhada pelos verdadeiros crentes com Cristo (a cabeça) e uns com os outros (os membros de seu corpo). O pão foi distribuído. Mas foi o pão partido que foi distribuído: "Porque nós, embora muitos, somos unicamente um pão, um só corpo; porque todos participamos do único pão" (1Co 10.17). E, novamente, lemos que "tomando um cálice, havendo dado graças, disse: Recebei e reparti entre vós" (Lc 22.17). Os muitos são um. Eles têm tanto quanto, ou melhor, ainda mais em comum do que Adão e sua descendência. Assim, por meio desse sacramento, recebemos testemunho e certeza de que nos tornamos membros de uma nova raça em Cristo. Somos fortalecidos em nossa compreensão e certeza dessa comunidade e comunhão abençoada com Cristo e seu povo, da qual participamos em virtude de nossa união com ele.

PERGUNTAS

1. Em que passagens bíblicas temos registrada a instituição da Ceia do Senhor?
2. Em que contexto a Ceia do Senhor foi instituída?
3. Com que frequência Cristo exige a observância da ceia do Senhor?
4. Até quando esse sacramento deve ser observado? Prove biblicamente.
5. Qual é a ênfase principal do sacramento da ceia do Senhor?
6. Quais as três maneiras pelas quais essa ênfase é evidenciada?
7. O sacramento da Ceia do Senhor transmite a graça salvadora? Se não, o que ela transmite?
8. Que verdade bíblica é testemunhada pela observância frequente desse sacramento?
9. Que exigência é feita para quem recebe esse sacramento que não é feita a quem apenas ouve o evangelho?
10. Que aspecto desse sacramento retrata a união dos verdadeiros crentes com Cristo e sua comunhão uns com os outros?

——XXIX, 2——

2. Nesse sacramento, Cristo não é oferecido a seu Pai, nem de modo algum se faz um sacrifício para remissão dos pecados dos vivos ou dos mortos, mas se faz uma comemoração daquele único sacrifício que ele fez de si mesmo na cruz, de uma vez por todas, e, por meio dele, uma oblação de todo o louvor a Deus; assim, o chamado sacrifício papal da missa é sobremodo ofensivo ao único sacrifício de Cristo, o qual é a única propiciação por todos os pecados dos eleitos.

Essa seção da Confissão nos ensina: (1) que o sacramento da Ceia do Senhor não é um sacrifício, mas apenas uma comemoração e lembrança daquele único sacrifício todo-suficiente de Cristo; e (2) que a doutrina romana da missa é nada menos do que um ataque à glória e eficácia do único e verdadeiro sacrifício de Cristo.

No Catecismo de Baltimore, lemos estas palavras: "A Missa é o sacrifício da Nova Lei em que Cristo, pelo ministério do sacerdote, se oferece a Deus de maneira incruenta sob as aparências de pão e vinho" (Q. 925). "Na Nova Lei não há outro sacrifício aceitável a Deus, senão o sacrifício da Missa" (Q. 929). "A Missa é o mesmo sacrifício que o sacrifício da cruz, porque na Missa a vítima é a mesma, e o sacerdote principal é o mesmo, Jesus Cristo" (Q. 931). Por meio dessas palavras, que expressam o ensino oficial de Roma, deve-se acreditar que alguém é salvo não porque Cristo *morreu* por ele, mas porque Cristo *morre* por ele. Quantas vezes o pecador pecar, tantas vezes Cristo também deve morrer por ele. De acordo com o dogma romano, é exatamente o que Cristo *faz*. Ele não *aparenta* fazê-lo. Apenas "parece" porque ele se apresenta sob a aparência de pão e vinho. Ele se apresenta no pão e no vinho. Contudo, Cristo está de fato fisicamente presente em carne e sangue humanos para sofrer e morrer novamente. E, diz Roma, não há salvação exceto por esse sacrifício continuamente repetido.

Seria difícil inventar uma doutrina mais prejudicial à verdadeira glória da obra de Jesus Cristo. Pois a Escritura diz que "com uma única oferta, aperfeiçoou para sempre quantos estão sendo santificados" (Hb 10.14). Quando morreu, Cristo disse: "Está consumado" (Jo 19.30). E, ao contrário dos sacerdotes do Antigo Testamento, Cristo "não tem necessidade, como os sumos sacerdotes, de oferecer todos os dias sacrifícios" (Hb 7.27). Se o perdão diário do pecado exigisse o sacrifício diário de Cristo, "seria necessário que ele tivesse sofrido muitas vezes desde a fundação do mundo" (Hb 9.26). O fato de o perdão ter sido dado antes do sacrifício de Cristo ser feito estabelece o fato de que o perdão pode ser dado depois que o sacrifício foi concluído. Então, "agora, porém, ao se cumprirem os tempos, se manifestou uma vez por todas, para aniquilar, pelo sacrifício de si mesmo, o pecado [...] assim também Cristo, tendo-se oferecido uma vez para sempre para tirar os pecados de muitos" (Hb 9.26, 28). Bem, podemos dizer da suposta presença física de Cristo na missa o que o anjo disse uma vez aos discípulos: "Ele não está aqui, mas ressuscitou" (Lc 24.6); e: "Ao qual é necessário que o céu receba até aos tempos da restauração de todas as coisas" (At 3.21).

Por causa do valor infinito, isto é, a perfeição absoluta, do único sacrifício de si mesmo de Cristo, a Escritura nos ensina a lembrá-lo e depositar nossa esperança de salvação e vida eterna nele. Assim, o pretérito é usado: "sabendo que não foi mediante coisas corruptíveis [...] que *fostes* resgatados [...] conhecido, com efeito, antes da fundação do mundo, porém manifestado no fim dos tempos, por amor de vós" (1Pe 1.18-20); "Cristo nos *amou* e se entregou a si mesmo por nós, como oferta e sacrifício a Deus, em aroma suave" (Ef 5.2); "Pois também Cristo morreu, uma única vez, pelos pecados, o justo pelos injustos" (1Pe 3.18). Se o único sacrifício de Cristo não fosse suficiente, a Escritura dificilmente poderia falar dessa maneira. Ela fala dessa maneira porque a oferta única de Cristo foi suficiente para expiar todos os pecados de seu povo eleito, sejam eles pecados passados, presentes ou futuros. A missa romana, ao negar isso, mina a integridade da obra de Cristo e leva os pecadores a confiarem no padre, na missa e na Igreja, e não no único sacrifício que pode de fato livrá-los de seus pecados. Na medida em que Roma convence os homens a acreditarem em sua doutrina, ela também os persuade a abandonar a única esperança legítima.

Se uma morte do Deus-homem não é suficiente para todas as necessidades humanas, como muitas dessas mortes poderiam ser suficientes? Claro, Roma ensina que a morte que Cristo morre na missa não é outra, mas de alguma forma a mesma morte que ele morreu na cruz. Mas se é assim, como podemos considerá-la uma morte real? Se a morte que Cristo morreu na cruz não é mais "real" do que aquela que ele deveria morrer na missa, então não tem muito valor. E, novamente, não se morre *realmente* uma morte muitas vezes.

Contudo, mesmo se tentarmos seguir a incrível lógica do dogma romano, ainda devemos dizer que a morte de Cristo não tem valor, porque (segundo seu próprio testemunho) ele não está morrendo. Um sacrifício não tem valor até que a morte seja concluída. Mas se Cristo não concluiu a sua morte depois de dois mil anos, como podemos ter certeza de que ele a concluirá? O que acontece, então, com a nossa esperança da ressurreição? De fato, como pode haver uma ressurreição de uma morte que é perpétua? Em uma palavra: a doutrina romana é tão absurda quanto antibíblica e nociva.

PERGUNTAS

1. Segundo a Igreja Católica Romana, qual é o único sacrifício aceitável a Deus?
2. De acordo com a Igreja Católica Romana, que sacrifício é idêntico ao sacrifício da Cruz?
3. De acordo o catolicismo romano, por que a missa é considerada um sacrifício real?
4. Segundo a Igreja Católica Romana, quantas vezes Cristo deve morrer? E de acordo com a Escritura? Cite pelo menos um texto bíblico para fundamentar a sua resposta.
5. Por que é impossível Cristo estar fisicamente presente na missa?
6. Que modo característico de expressão mostra que o sacrifício de Cristo já foi concluído?
7. De que forma a doutrina romana enfraquece a confiança dos homens?
8. A que a doutrina romana conduz a confiança dos homens?
9. Até que ponto os católicos romanos vivem "sem esperança"?

———XXIX, 3-4———

3. Nessa ordenança, o Senhor Jesus constituiu os seus ministros para declarar ao povo a sua palavra de instituição, orar, abençoar os elementos, pão e vinho, e assim separá-los do uso comum para um uso sagrado; tomar e partir o pão, tomar o cálice (dele participando também) e dar ambos os elementos aos comungantes, e tão somente aos que se acharem presentes na congregação.

4. A missa particular ou recepção do sacramento por um só sacerdote ou por uma só pessoa, bem como a negação do cálice ao povo, a adoração dos elementos, a elevação ou procissão deles para serem adorados, e a sua conservação para qualquer uso religioso, são coisas contrárias à natureza deste sacramento, e à instituição de Cristo.

Nessa seção da Confissão aprendemos: (1) que Cristo designou seus ministros para administrar os sacramentos com a palavra de instituição, oração e bênção; (2) que os elementos a serem usados no sacramento da ceia do Senhor são pão e vinho; (3) que ambos os elementos devem ser igualmente recebidos por ministros do evangelho e membros da Igreja; e (4) que tais elemêntos não deve ser dado a ninguém que não esteja presente na congregação no momento da administração do sacramento.

Já mostramos (nos comentários do capítulo XXVII, 4 da Confissão) que os sacramentos devem ser administrados por ministros da Palavra, legitimamente ordenados. Devemos, portanto, nos concentrar nas outras verdades expostas na presente seção da Confissão.

De acordo com a Confissão de Fé, os elementos a serem usados na Ceia do Senhor são o pão e o vinho. É nossa convicção que, quando o Senhor instituiu o sacramento, usou pão asmo e vinho fermentado. A Escritura indica claramente que a ceia do Senhor foi instituída durante a observância da Páscoa (Mc 14.12-16), e, de acordo com a lei de Moisés, nenhum pão fermentado era permitido nos recintos nessa ocasião (Êx 12.15-20). "O costume moderno na Palestina, entre um povo tradicionalmente conservador no que diz respeito às festas religiosas, também sugere que o vinho usado era fermentado".[30] Alfred Edersheim diz que "a alegação de que era vinho não fermentado não merece discussão séria".[31] Para que a embriaguez ocorresse na administração do sacramento em Corinto, deve ter se tratado de vinho fermentado (1Co 11.21). Com essa evidência concorda a prática conhecida da Igreja antiga, em que pão asmo e vinho fermentado eram usados.

No entanto, não argumentaríamos que o sacramento não pode — sob nenhuma circunstância — ser válido sem pão sem fermento e vinho fer-

---

30 *The New Bible Dictionary* (Grand Rapids: Eerdmans, 1962), p. 1331.
31 *Life and Times of Jesus the Messiah* (Grand Rapids: Eerdmans, 1943), vol. 2, p. 485.

mentado. Podemos facilmente imaginar circunstâncias sob as quais pode ser necessário usar pão fermentado ou suco de uva, ou mesmo ambos. Embora tecnicamente irregular, não sustentamos que o sacramento não possa ser observado sob tais condições. Também não condenaremos aqueles que normalmente usam pão fermentado e suco de uva por mera conveniência. Mas, se a decisão de usar suco de uva em vez de vinho é baseada na influência do Movimento pela Temperança,[32] devemos considerar isso seriamente antibíblico. É uma falsa doutrina, um legado dos antigos gnósticos, situar o pecado ou o mal nas coisas materiais. A causa do pecado da embriaguez foi situada por Cristo no coração depravado do homem (Mc 7.14-23), não no vinho. Aqueles que caíram vítimas desse erro foram forçados a concluir: (1) que Cristo deve ter usado suco de uva não fermentado na última ceia, ou (2) que ele deve ter ignorado o caráter maligno do vinho. Os liberais muitas vezes escolheram a última alternativa porque, em sua opinião, Cristo era capaz de pecar e errar. Os evangélicos muitas vezes adotaram a primeira alternativa, por causa da noção equivocada de que certas coisas materiais são más em si mesmas. Isso inevitavelmente leva a um desrespeito por certas passagens da Escritura que ensinam claramente que o vinho (isto é, o vinho fermentado) não é intrinsecamente mau nem proibido ao povo de Deus (Jo 2.1-11; Sl 104.15; 1Tm 5.23). Não é bíblico situar o mal na obra de Deus e não no coração do homem. Tampouco pode o sacramento da Ceia do Senhor ser administrado corretamente com base na deferência a tal erro.

Quanto a isso, resta afirmar, a partir da Escritura, que é *essencial* para a observância adequada da Ceia do Senhor que ambos os elementos sejam recebidos por todos os crentes (ministros do evangelho e membros da igreja). Sobre o cálice, Jesus disse: "Recebei e reparti entre vós" (Lc 22.17); "E *todos* beberam dele" (Mc 14.23); "Porque, todas as vezes que comerdes este pão *e beberdes* o cálice, anunciais a morte do Senhor, até que ele venha" (1Co 11.26). Como, então, podemos anunciar a morte do Senhor se apenas comemos o pão e não bebemos o vinho? Não há qualquer justificativa para negar o vinho aos leigos, nem existe fundamento em afirmar que aqueles que receberam apenas um elemento receberam

---

32 O Movimento pela Temperança (*Temperance Movement*) foi um movimento americano, iniciado nos primórdios do século 19 e capitaneado por cristãos protestantes, que visava à promoção da temperança ou total abstinência de bebidas alcoólicas. [N. do T.]

todo o sacramento. O exemplo de Cristo é decisivo e, nesse assunto, suas palavras são normativas.

Quanto à ceia do Senhor, uma questão muito difícil que nos é imposta é: "Quem deve ser devidamente admitido à mesa do Senhor?". Discutiremos essa questão mais adiante na seção 8 do presente capítulo, mas, por ora, mencionaremos um aspecto do problema. *Não* é apropriado admitir à mesa do Senhor aqueles que não a recebem na congregação no momento da administração do sacramento. Em outras palavras, a administração privada do sacramento é contrária à ordenança de Cristo. Esse erro costumava ser associado apenas, ou pelo menos principalmente, à igreja romana. Mas, hoje, muitos ministros protestantes têm defendido e praticado a "comunhão privada", e até se diz que alguns ministros estão convidando ouvintes em programas de televisão para participar do sacramento na privacidade de sua própria casa. Apresentamos algumas razões para rejeitar todas essas práticas.

Primeiro, o exemplo de Cristo não é consistente com tais práticas. Ele instituiu o sacramento em uma reunião de crentes. Eles foram ordenados a dividir o cálice e participar juntos de um pão comum. Obviamente que esse exemplo não pode ser seguido onde não há assembleia de crentes. Segundo, cada referência do Novo Testamento à observância desse sacramento nos mostra que era uma ordenança da Igreja visível, administrada quando e onde havia uma reunião dos membros (At 2.42; 1Co 11.18-20). Terceiro, a Ceia do Senhor é uma expressão ou representação da comunhão entre os crentes. Contudo, ela não pode existir a menos que haja pelo menos "dois ou três reunidos em meu nome" (Mt 18.20).

Por fim, os sacramentos não devem ser separados da pregação da Palavra e da administração da disciplina da igreja. Cristo é nosso profeta e rei, bem como nosso sacerdote. Como nosso profeta, ele nos ensina a vontade de Deus por sua Palavra e Espírito. Como rei, ele nos governa pelo seu Espírito e Palavra. Como nosso sacerdote, ele se ofereceu em sacrifício para satisfazer a justiça divina e nos reconciliar com Deus. Porém, a administração privada do sacramento obscurece ou até nega que esses ofícios sejam necessariamente inter-relacionados e interdependentes. Isso não significa que o sacramento deve ser administrado em um prédio da igreja. Certamente, na Igreja Apostólica a administração dos sacramentos não estava vinculada a tal local (At 2.46; 5.42; Rm 16.5). O sacramento da Ceia do Senhor pode ser administrado em casas particulares, desde que haja uma assembleia de crentes lá, e desde que, naquele local, também, haja pregação fiel da Palavra e a administração da disciplina eclesiástica.

PERGUNTAS

1. Quais são os elementos instituídos para a celebração da Ceia do Senhor?
2. A Escritura permite o uso de substitutos para esses elementos?
3. Por que muitas igrejas protestantes hoje não usam mais o vinho na santa ceia?
4. Quais são as duas conclusões equivocadas a que esse princípio errôneo conduziu?
5. Por que os cristãos reformados devem manter o uso do vinho?
6. Prove, pela Escritura, que todos os membros da Igreja (não apenas os ministros da Palavra) devem receber o pão e o vinho na ceia do Senhor.
7. Por que é impróprio administrar o sacramento da ceia do Senhor de modo particular, isto é, sem ser no culto corporativo?
8. Por que não é necessário administrar o sacramento da ceia em templo específico?
9. Esse sacramento poderia ser administrado adequadamente na casa de uma pessoa enferma?

——XXIX, 5-7——

5. Os elementos exteriores desse sacramento, devidamente consagrados aos usos ordenados por Cristo, têm tal relação com Cristo Crucificado, que, em verdade, mas só sacramentalmente, são às vezes chamados pelos nomes das coisas que representam, a saber, o corpo e o sangue de Cristo; porém, em substância e natureza, conservam-se verdadeira e somente pão e vinho, como eram antes.

6. A doutrina geralmente chamada transubstanciação, que ensina a mudança da substância do pão e do vinho na substância do corpo e do sangue de Cristo, mediante a consagração por um sacerdote ou por qualquer outro meio, é contrária, não só às Escrituras, mas também ao senso comum e à razão, destrói a natureza do sacramento, e tem sido a causa de muitas superstições e até de crassa idolatria.

7. Os que comungam dignamente, participando exteriormente dos elementos visíveis desse sacramento, também recebem intimamente, pela fé, a Cristo Crucificado e a todos os benefícios da sua morte, e dele se alimentam, não carnal ou corporalmente, mas real, verdadeira e espiritualmente, não estando o corpo e o sangue de Cristo, corporal ou carnalmente nos elementos, pão e vinho, nem com eles ou sob eles, mas, espiritual e realmente, presentes à fé dos crentes nessa ordenança, como estão os próprios elementos em relação aos seus sentidos corporais.

Essas seções da Confissão ensinam: (1) a natureza da representação sacramental de Cristo crucificado nos elementos da Ceia do Senhor; (2) que a doutrina da transubstanciação é um erro grosseiro e é causa de muita superstição e até idolatria; e (3) que a maneira pela qual os verdadeiros crentes participam dos benefícios de Cristo deve ser distinguida do erro luterano da consubstanciação.

A Confissão diz: "Em cada sacramento há uma relação espiritual ou união sacramental entre o sinal e a coisa significada; por isso, os nomes e efeitos de um são atribuídos ao outro" (capítulo XXVII, 2). Essa "relação espiritual, ou união sacramental" existe por causa da designação divina. Deus designou o pão para representar o corpo de Cristo e o vinho para representar o seu sangue. Quando o pão e o vinho são "devidamente separados" pelas palavras da instituição (isto é, pelo ministro que lê as palavras que Cristo falou na última ceia) e pela oração, eles então têm "uma relação com o crucificado que verdadeiramente, mas apenas sacramentalmente, às vezes são chamados pelo nome das coisas que representam". No entanto, quanto à sua substância e natureza materiais, eles permanecem exatamente o que eram antes, pão e vinho, e apenas isso. Quando Cristo disse: "este é o meu corpo" e "este é o meu sangue", ele falou verdadeiramente, embora não literalmente.

Essa união sacramental, como indicamos, é análoga à das duas naturezas de Cristo. Quando Cristo se tornou homem, ele não deixou de ser Deus. Sua natureza humana não foi misturada ou confundida com sua natureza divina. Nem sua natureza humana se transformou em divindade. Isso teria sido "transubstanciação". No entanto, "em razão da unidade de sua pessoa, o que é próprio de uma natureza é, às vezes, na Escritura, atribuído à pessoa denominada pela outra natureza" (capítulo VIII, 7 da Confissão). É semelhante com a união sacramental: a Escritura pode falar como se Cristo fosse a coisa que o representa, e, no entanto, a razão não é que tenha havido transubstanciação, mas apenas que haja uma união sacramental.

A doutrina da transubstanciação ensina "que a totalidade da substância do pão é transformada no corpo literal, e a totalidade da substância do vinho é transformada no sangue literal de Cristo; de tal sorte que só a aparência ou propriedades sensíveis do pão e do vinho permanecem, e as únicas substâncias presentes são o genuíno corpo, sangue, alma e divindade de nosso Senhor".[33] De acordo com essa doutrina, um católico romano supostamente come a carne e bebe o sangue de Cristo literalmente. E porque a carne e o sangue de Cristo estão literal e fisicamente "ali", a todo a quem o sacramento é administrado, crente e incrédulo, que recebe os elementos da missa, come e bebe a própria substância material de Cristo. Se um pedaço do corpo (sob a aparência de pão) fosse acidentalmente derramado no chão e um rato o comesse, seria necessário dizer que o rato havia comido o próprio corpo de Cristo!

Como a Confissão de fato afirma, essa doutrina não é apenas anti-bíblica, mas também absurda. Falar em segurar um pedaço de carne ou um cálice de sangue, que não se parece, não tem gosto, sabor, nem cheira a carne e sangue, é um absurdo. A Igreja Católica Romana diz que um milagre acontece na missa, ou seja, o milagre de transformar pão em carne e vinho em sangue. Mas esse é um "milagre" extremamente pobre. Se os verdadeiros milagres fossem reduzidos a essa triste condição, o testemunho da Escritura teria que ser "reescrito". João nos fala de um caso real de *transubstanciação* (Jo 2.1-11): Jesus transformou água em vinho. Mas essa mudança de substância era evidente para todos, crentes e incrédulos. Eles sabiam que o vinho não era mais água, precisamente porque aparentava, parecia, tinha gosto e cheirava a vinho — o melhor vinho. O milagre foi dado como sinal da glória de Cristo e de sua obra messiânica. No entanto, era um sinal dessas coisas invisíveis porque era visível. De que outra forma poderia ter sido um sinal ou um milagre? Foi um sinal e um milagre

---

33 A. A. Hodge, *A Confissão de fé de Westminster comentada por A. A. Hodge* (São Paulo: Editora Os Puritanos, 1999, 2.ª edição), p. 483. Tradução de Valter Graciano Martins.

porque era autoautenticado. Um milagre que não é autoautenticável não é, de forma alguma, milagre. É um "sinal e prodígio da mentira".

A doutrina da transubstanciação é falsa, e só pode ser crida por aqueles que não recebem o amor da verdade. E é uma falsidade de tão grandes consequências que devemos considerar aqueles que recebem e praticam essa doutrina como culpados de idolatria. A idolatria é a adoração daquilo que não é Deus como se fosse Deus. Adorar qualquer coisa criada como se fosse Deus é adorar um falso deus. Não é errado adorar a Cristo, porque ele é Deus tanto quanto homem. Mas é errado adorar a "hóstia" como se fosse Cristo, porque ela não é Cristo. Apenas o representa. A missa é o coração do romanismo. E a idolatria é o coração da missa. A Confissão (XXIV, 3) só diz a verdade, portanto, quando considera o romanismo como idolatria.

A doutrina luterana da *consubstanciação* é diferente da doutrina católica romana da transubstanciação, pois não ensina que a substância do pão e do vinho é milagrosamente transformada *na* substância da carne e do sangue. Por essa razão, não pode ser chamado de erro grosseiro e superstição. Mas não deixa de ser um erro grave. A doutrina luterana ensina que a substância física ou material da carne e do sangue de Cristo está literalmente presente *no, com* e *sob* os elementos pão e vinho. Trata-se de um fenômeno semelhante à uma esponja que pode ser encharcada de água. À substância da esponja é adicionada a substância da água. Contudo, ainda se vê apenas uma esponja, apesar de a substância da água está presente em toda parte. No entanto, deve-se perceber que tal visão do sacramento praticamente nega a verdadeira natureza humana de Cristo. Como pode Cristo ter uma verdadeira natureza humana que é literalmente capaz de estar em qualquer número de lugares ao mesmo tempo? Os luteranos dizem que a natureza humana de Cristo é "onipresente". Eles sustentam que Cristo é capaz de ser onipresente na natureza humana. A natureza humana, nessa perspectiva, deixa de ter as propriedades da natureza humana.

O romanismo ensina uma doutrina tal que diz que o pão e o vinho são transformados em carne e sangue que não aparentam, parecem, têm gosto ou cheiro de carne e sangue. Os luteranos, por outro lado, dizem que a natureza humana de Cristo não está circunscrita a um tamanho e forma, situada em um determinado lugar, como a verdadeira natureza humana sempre é. No entanto, Jesus disse: "Mas eu vos digo a verdade:

convém-vos que eu vá, porque, se eu não for, o Consolador não virá para vós outros; se, porém, eu for, eu vo-lo enviarei. [...] Vim do Pai e entrei no mundo; todavia, deixo o mundo e vou para o Pai" (Jo 16.7, 28). Essas palavras ensinam a *ausência física* da natureza humana literal de Cristo deste planeta. Quando Cristo ascendeu ao céu, alguns quilos de carne humana real (embora com novas qualidades) foi alçado da terra, como testemunhas oculares testemunham na Escritura. Não é exagero dizer que a visão luterana da *presença física* de Cristo no sacramento é uma negação de sua verdadeira natureza humana.

A visão reformada ensina o que está de acordo com a Escritura, e é uma visão que não exige uma contradição direta do testemunho dos sentidos. A Escritura ensina o que os sentidos confirmam, a saber, que Cristo *não está de forma alguma fisicamente presente* no sacramento da ceia do Senhor. Ele está verdadeiramente presente, mas apenas de maneira espiritual. Pela presença pessoal e imediata de Deus Espírito Santo, os verdadeiros crentes, e somente eles, recebem e se alimentam de Cristo e têm união e comunhão com ele, não apenas quanto à sua natureza divina, mas também quanto à sua natureza humana. Essa união e comunhão com Cristo não é essencialmente diferente daquela desfrutada por aqueles crentes na noite em que nosso Senhor foi traído. É verdade que Cristo *estava* fisicamente presente com eles *na* ceia, mas ele não estava fisicamente presente *nos* elementos sacramentais. Nos elementos sacramentais, os seus verdadeiros discípulos receberam um benefício espiritualmente comunicado. E assim, no que diz respeito aos elementos sacramentais, não há diferença alguma na maneira como hoje comemos e bebemos Cristo nesse sacramento e na maneira como eles o fizeram.

PERGUNTAS

1. Quais as duas coisas entre as quais existe, num sacramento, a união sacramental?
2. Em relação à pessoa de Cristo, com o que essa relação sacramental pode ser comparada?
3. Por causa dessa união sacramental, podemos falar de Cristo como se fosse o quê?
4. O que significa o termo "transubstanciação"?
5. Que ocorrência real de transubstanciação é registrada na Escritura?

6. Como a transubstanciação leva à idolatria?

7. O que significa o termo "consubstanciação"?

8. O que significa dizer que a natureza de Cristo é "onipresente"?

9. Cite um texto que ensine a *ausência física* de Jesus Cristo deste mundo.

10. Quanto à natureza humana de Cristo, qual a consequência imediata da doutrina luterana da consubstanciação?

11. De que forma Cristo está realmente presente na ceia do Senhor?

12. Que diferença há entre a forma como Cristo foi recebido nesse sacramento na noite em que foi traído e na observância atual desse sacramento?

—————XXIX, 8—————

8. Ainda que os ignorantes e os ímpios recebam os elementos visíveis desse sacramento, não recebem a coisa por eles significada, mas, pela sua indigna participação, tornam-se réus do corpo e do sangue do Senhor, para a sua própria condenação; portanto, eles, como são indignos de gozar comunhão com o Senhor, são também indignos da sua mesa, e não podem, sem grande pecado contra Cristo, participar desses santos mistérios, nem a eles ser admitidos, enquanto permanecem nesse estado.

Essa seção da Confissão nos ensina: (1) que os não convertidos que participam desse sacramento recebem o sinal, mas não a coisa significada; (2) que eles incorrem em culpa por assim agirem;, e (3) que é, portanto, necessário que a Igreja recuse a admissão a todos, exceto àqueles que dão uma profissão verdadeira de fé em Cristo.

Alguém disse que Judas comeu o pão com o Senhor, mas não comeu o Senhor com o pão. Isso deve ser verdade, pois Jesus disse: "Quem comer a minha carne e beber o meu sangue tem a vida eterna, e eu o ressuscitarei no último dia. [...] Quem comer a minha carne e beber o meu sangue permanece em mim, e eu, nele. [...] quem comer este pão viverá eternamente" (Jo 6.54, 56, 58). Visto que há, inquestionavelmente, aqueles que recebem os elementos do sacramento, mas que não desfrutam dessa verdade, é evidente que os "ignorantes e os ímpios" podem receber "os elementos visíveis", e ainda assim não receber "a coisa por eles significada". Mas a Bíblia também não deixa dúvidas de que há importantes consequências até mesmo para aqueles que apenas externamente recebem os sinais e os selos: "Pois quem come e bebe sem discernir o corpo, come e bebe juízo para si" (1Co 11.29). A condição interior do coração de um homem determina o que ele recebe no sacramento. Mas o que ele é não pode determinar o que o sacramento é. O sacramento é um sinal e selo da aliança divinamente instituído. Ele representa Cristo por causa da instituição divina. E o faz mesmo que seja por julgamento contra o pecador, em vez de o pecador receber e se alimentar de Cristo.

A partir desses fatos bastante óbvios, alguns chegaram a uma conclusão injustificada e perigosa. Eles dizem que, como a Escritura não prevê uma situação em que apenas os verdadeiros crentes recebam o sacramento, não há razão para exercer qualquer restrição em relação àqueles que o desejam receber por sua própria responsabilidade. Essa é a base da prática comum da chamada "comunhão aberta". A comunhão aberta significa que a mesa do Senhor deve ser acessada à vontade, isto é, sem qualquer restrição, por todos os que, em seu próprio julgamento, são capazes de fazê-lo. Acreditamos que essa é uma visão manifestamente antibíblica e, quanto a isso, apresentamos as seguintes razões:

(1) Cristo pregou o evangelho a todos sem distinção. Podemos muito bem dizer que houve uma proclamação "aberta" do evangelho. Mas ele não administrou os sacramentos a todos. Muitos que o ouviram pregar recusaram os termos em que o batismo foi dado (Lc 7.30). E quando administrou o sacramento da ceia, ele não o administrou em um lugar público, mas em particular, apenas para seus discípulos. Ninguém foi admitido, exceto aqueles que possuíam um conhecimento adequado da verdade, e que professavam ser seus discípulos *e* pareciam ser. Até aquela noite, os outros discípulos não sabiam que Judas não era um crente verdadeiro, mas que fingia e aparentava sê-lo. Lembre-se de que cada um dos discípulo perguntou: "*Senhor, acaso sou eu?*".

(2) Além disso, na Igreja Apostólica ninguém foi admitido a esse sacramento sem ter sido primeiro instruído, batizado, e dando evidência de fidelidade às coisas do Senhor (At 2.41-42). E sempre que um falso pretendente era descoberto posteriormente, a ordem dos apóstolos era: "Expulsai, pois, de entre vós o malfeitor" (1Co 5.13). E mesmo isso não é tudo. Houve até casos em que os *crentes* foram impedidos de participar da comunhão dos santos: "Nós vos ordenamos, irmãos, [...] que vos

aparteis de todo *irmão* que ande desordenadamente", disse o apóstolo (2Ts 3.6). Até mesmo os cristãos devem ser separados das ordenanças da Igreja quando violam sua profissão de fé, até, claro, que se arrependam e mudem de procedimento.

Sem dúvida, o sacramento da ceia do Senhor foi administrado na Igreja Apostólica de acordo com a prática que podemos chamar de "comunhão fechada". Nessa visão, o sacramento deve ser administrado apenas àqueles que são batizados e membros professos da igreja (ou denominação) que está administrando o sacramento. Quando havia relativa pureza na Igreja visível, tal costume era mais facilmente aplicável e apropriado. Sob tais circunstâncias, essa teria sido, em tese, a única alternativa à comunhão aberta (o que é, como já vimos, uma prática incorreta). Se as condições fossem tais hoje que todas as igrejas fossem verdadeiras igrejas visíveis, caberia a cada igreja receber das demais igrejas todos os membros por elas certificados como estando em comunhão, e admiti-los à mesa do Senhor. Mas a comunhão fechada não é bíblica hoje pela simples razão de que, por um lado, algumas denominações (e congregações) deixaram de ser verdadeiras igrejas, e, por outro lado, porque nenhuma denominação sozinha é "a verdadeira Igreja". A comunhão aberta é errada porque admitiria membros de falsas igrejas sem evidência de que são cristãos, e a comunhão fechada é errada porque excluiria membros de igrejas verdadeiras sem evidência de que não são cristãos.

Sendo assim, a administração adequada do sacramento é, portanto, a "comunhão restrita". Isso significa simplesmente que uma igreja verdadeira em particular não admite indiscriminadamente membros de outras igrejas para a ceia do Senhor. Se uma pessoa vem de outra igreja e deseja participar da ceia do Senhor, é necessário determinar (1) se tal pessoa tem ou não suficiente compreensão da verdade para ser um crente, e (2) se tal pessoa professa ou não a fé em Cristo e dá evidência de andar em obediência aos seus mandamentos. Se a pessoa em questão vier de outra congregação da mesma denominação (e essa denominação for fiel), ela poderá ser admitida com base em tal evidência. Mas se tal pessoa vem de outra denominação, a integridade da denominação deve ser levada em conta. A menos que essa denominação seja conhecida por ter a mesma pureza em doutrina e disciplina, a consequente incerteza só pode ser resolvida se o solicitante for pessoalmente questionado quanto à sua fé e vida.

Assim, em *todos os casos*, deve haver admissão à mesa do Senhor apenas com base em uma profissão de fé verdadeira, ou melhor, uma profissão de fé considerada verdadeira pela igreja que administra o sacramento. Como diz a Confissão: "Os ignorantes e os ímpios [...] não podem, sem grande pecado contra Cristo, enquanto permanecerem assim, participar desses santos mistérios ou *ser admitidos* neles". Abdicar dessa responsabilidade é convidar os pecadores a atrair juízo para si. E a Igreja talvez seja ainda mais culpada por esse dano do que os ignorantes e ímpios, que são inutilmente encorajados a comer e beber condenação para si mesmos. A prática da restrição adequada não impedirá nenhum crente de vir à mesa do Senhor, e alertará o incrédulo que finge ser crente (isto é, sem realmente ser um crente, como ele professa e aparenta) de tal maneira que ele, e somente ele, arcará com a culpa se comer e beber indignamente.

PERGUNTAS

1. É possível alguém receber o sacramento e não receber a Cristo? Prove biblicamente.
2. É possível alguém receber o sacramento sem receber algum benefício ou maldição? Prove biblicamente.
3. O que se entende por "comunhão aberta"?
4. Por que a prática da "comunhão aberta" não é bíblica?
5. O que se entende por "comunhão fechada"?
6. Por que, hoje em dia, a comunhão fechada é inadequada?
7. O que se entende por "comunhão restrita"?
8. Quanto às visões equivocadas acerca da participação na mesa do Senhor, quais erros são evitados pela prática da "comunhão restrita"?
9. De que forma a comunhão restrita beneficia os ignorantes e ímpios?
10. De que maneira a comunhão restrita beneficia a Igreja?

28

——XXX. DAS CENSURAS ECLESIÁSTICAS——

1. O Senhor Jesus, como Rei e Cabeça da sua Igreja, nela instituiu um governo nas mãos dos oficiais dela; governo distinto da magistratura civil.

2. A esses oficiais estão entregues as chaves do Reino do Céu. Em virtude disso, eles têm, respectivamente, o poder de reter ou remitir pecados; de fechar esse reino a impenitentes, tanto pela Palavra quanto pelas censuras; de abri-lo aos pecadores penitentes, pelo ministério do Evangelho e pela absolvição das censuras, quando as circunstâncias o exigirem.

Essas seções da Confissão nos ensinam: (1) que Cristo é rei e cabeça de sua Igreja; (2) que ele instituiu (sob sua liderança) um governo para ela; (3) que esse governo está nas mãos dos oficiais da igreja; (4) que esse governo é distinto daquele do Estado; (5) que o verdadeiro poder administrativo da igreja pertence a esses oficiais; e (6) que esse poder (chamado poder das chaves) consiste em abrir e fechar o reino de Deus aos homens por meio da Palavra e da disciplina (ou censuras).

Nos comentários ao capítulo XXV, 6 da Confissão, demonstramos que Cristo é o único rei e cabeça de sua Igreja. Agora, mostraremos que ele, como rei e cabeça da Igreja, "instituiu um governo" nela, e que esse governo é de autoridade apostólica e, em sua forma, presbiteriano. O fato de que Cristo instituiu um governo em sua Igreja é nitidamente declarado na Escritura: "A uns estabeleceu Deus na igreja, primeiramente, apóstolos; em segundo lugar, profetas; em terceiro lugar, mestres; depois, operadores de milagres; depois, dons de curar, socorros, governos, variedades de línguas. Porventura, são todos apóstolos? Ou, todos profetas? São todos mestres?" (1Co 12.28-29). Quando Cristo ascendeu ao céu, "E ele mesmo concedeu uns para apóstolos, outros para profetas, outros para evangelistas e outros para pastores e mestres" (Ef 4.11; Mt 18.17; Jo 20.23). Esse é o governo predito pelo profeta Isaías (Is 9.6) e é apostólico e presbiteriano.

É *apostólico* porque a autoridade do Senhor Jesus Cristo na Igreja está constitucionalmente incorporada nos apóstolos e em sua Palavra escrita. A Igreja está edificada "sobre o fundamento dos apóstolos e profetas" (Ef 2.20). Daqueles ofícios estabelecidos por Deus na Igreja, os apóstolos têm a primazia. Durante a era apostólica, essa autoridade, que era definitiva na Igreja, foi *pessoalmente incorporada* nos apóstolos. Assim, Paulo podia dizer: "Se alguém se considera profeta ou espiritual, reconheça ser mandamento do Senhor o que vos escrevo" (1Co 14.37). Ninguém, nem mesmo outro apóstolo, poderia questionar as declarações oficiais de um apóstolo (2Pe 3.17). Mesmo o testemunho dos profetas do Antigo Testamento tem autoridade apenas em conjunto com o testemunho dos apóstolos (Hb 1.1-2; Lc 24.27; e, especialmente, 1Pe 1.10-12).

Então, com o falecimento dos apóstolos, essa autoridade permaneceu no depósito da verdade apostólica inspirada pelo Espírito Santo e registrada no Novo Testamento. A autoridade dos apóstolos não foi delegada a nenhum sucessor deles (como ensina o catolicismo romano), mas, sim, foi transferida de suas *pessoas* para a *Palavra* de Deus escrita no Novo Testamento. Porque o Novo Testamento é apostólico, e porque somente o Novo Testamento (não a tradição, ou outras "revelações") é apostólico, ele é a constituição (revelação final da autoridade de Cristo aqui na terra) da Igreja Cristã, juntamente com o Antigo Testamento, do qual é a conclusão. Essa constituição (a Bíblia, ou seja, os 66 livros inspirados) é a permanente e única autoridade suprema na Igreja, pois agradou ao Senhor Jesus Cristo instituir sua autoridade através dos apóstolos.

Contudo, a administração dessa autoridade é feita pelas mãos dos oficiais da igreja, que são chamados de anciãos (*presbyteroi*) ou bispos (*episkopoi*) na Escritura. Até mesmo nos dias dos apóstolos era assim (At 16.4). Como o apóstolo Paulo disse: "Devem ser considerados merecedores de dobrados honorários os presbíteros que presidem bem, com especialidade os que se afadigam na palavra e no ensino" (1Tm 5.17). Estes são "os presbíteros da igreja [...], que o Espírito Santo [...] constituiu bispos" (At 20.17, 28). Visto que as únicas pessoas mencionadas na Escritura como tendo autoridade legal de governo na Igreja são presbíteros ou bispos, e já que presbíteros são bispos (e vice-versa), fica mais que evidente que a forma de governo bíblica é *presbiteriana* (isto é, governo por administração de presbíteros regentes).

Pode-se objetar que, na era apostólica, os apóstolos também exerceram governo. Isso é verdade. Mas também é verdade que os apóstolos se consideravam presbíteros, quando se tratava da administração do governo: "Aos presbíteros que há entre vós, eu, presbítero como eles", diz o apóstolo Pedro; e ainda: "Pastoreai o rebanho de Deus que há entre vós, servindo como supervisores [bispos]" (1Pe 5.1-2 — NKJV). Quando foi para escrever a Escritura (a constituição apostólica), o apóstolo Pedro disse: "Rogo-vos". Mas quando se tratou de *administrar* essa constituição na supervisão da Igreja, ele se considerou um dos presbíteros. A estrutura do governo divinamente instituído na Igreja, então, é a seguinte: (1) Cristo é a única cabeça da Igreja; (2) sob Cristo, os apóstolos incorporaram e depois transcreveram, na Escritura, por inspiração divina, a constituição reguladora da Igreja; e (3) sob Cristo, os presbíteros ou bispos administram a autoridade de Cristo de acordo com essa constituição.

Historicamente falando, houve três tipos básicos de governo na Igreja visível. (1) A forma *hierárquica*[34] de governo eclesiástico é aquele tipo de governo em que há uma gradação visível entre os oficiais da igreja, cuja autoridade fica centralizada nas mãos daqueles que ocupam o posto mais alto. Esse tipo de governo é exemplificado pela Igreja de Roma, em sua forma mais desenvolvida, mas também em igrejas como a Metodista, a Ortodoxa Oriental e a Igreja da Inglaterra. (Também é encontrado no tipo erastiano de governo eclesiástico, que concede autoridade eclesiástica suprema ao governante civil.) (2) A forma *congregacional* de governo eclesiástico é aquela que mantém a autonomia do governo em cada congregação local e visível de Cristo. Muitas vezes, mas nem sempre, há apenas um presbítero na congregação. No entanto, nesse tipo de governo, afirma-se que ninguém externo a uma determinada congregação local tem qualquer autoridade administrativa sobre ela. (3) A forma *presbiteriana* de governo eclesiástico é aquela que reconhece o governo de toda a igreja pelo corpo de presbíteros ou bispos. Essa forma de governo é bíblica e evita os erros existentes em ambas as outras formas de governo. Isso pode ser melhor visto se os princípios essenciais do governo da igreja, conforme revelados na Escritura, forem comparados em relação aos três tipos de governo da igreja:

---

34 Ou episcopal. [N. do T.]

Princípios da Escritura	Hier.	Congr.	Presb.
1. Somente Cristo é o cabeça da Igreja (Ef 5.23; Cl 1.18).	Não	Sim	Sim
2. Os presbíteros são escolhidos pelo povo sobre quem eles devem liderar (At 1.15-26; 6.1-6).	Não	Sim	Sim
3. Todos os oficiais que governam (presbíteros-bispos) são iguais em autoridade (At 20.27, 28; Tt 1.5, 7).	Não	Sim	Sim
4. Cada igreja particular deve ter uma pluralidade de presbíteros (bispos) (At 14.23).	Não	Não	Sim
5. Os oficiais da igreja (presbíteros-bispos) são ordenados pelo presbitério (isto é, um amplo corpo de presbíteros oriundos de igrejas em comunhão umas com as outras) (1Tm 4.14).	Não	?	Sim
6. O direito de apelação, na assembleia de presbíteros, é exercido na resolução das questões menores para as maiores (At 15.1-31).	Não	Sim	Sim

Uma vez que a forma presbiteriana de governo eclesiástico é a única forma de governo de acordo com esses seis princípios bíblicos, a verdade exige que testifiquemos que somente ela é instituída e sancionada por Cristo, e que os outros sistemas não têm respaldo da Palavra de Deus. Isso não significa que igrejas sem governo presbiteriano devam necessariamente ser declaradas igrejas falsas (nem que todas as igrejas que mantêm o governo presbiteriano são igrejas verdadeiras). Entretanto, no que diz respeito ao governo, nenhuma igreja é pura, a menos que seja presbiteriana.

Mostramos anteriormente que, quanto ao seu governo, a Igreja é independente do Estado (Comentário ao capítulo XXV, 6 da Confissão).

Agora, devemos, portanto, considerar o "poder das chaves". Quanto a isso, estas são as palavras controversas: "Também eu te digo que tu és Pedro, e sobre esta pedra edificarei a minha igreja, e as portas do inferno não prevalecerão contra ela. Dar-te-ei as chaves do reino dos céus; o que ligares na terra terá sido ligado nos céus; e o que desligares na terra terá sido desligado nos céus" (Mt 16.18-19). Nem precisamos lembrar ao leitor que essas palavras foram interpretadas de várias maneiras. E, aqui, não temos condições de considerar todos os diferentes detalhes dessas interpretações. Basta dizer que dois extremos devem ser cuidadosamente evitados: primeiro, a visão segundo a qual o apóstolo Pedro recebeu autoridade absoluta e, segundo, a visão que sustenta que o apóstolo Pedro recebeu pouca ou nenhuma autoridade.

A visão católica romana, naturalmente, é que Cristo aqui conferiu, a Pedro e seus sucessores, autoridade suprema sobre sua Igreja na terra. Mas não há qualquer menção, da parte do Senhor Jesus, de sucessores de Pedro. A suposição é puramente desnecessária. Além disso, a autoridade dada por Cristo, sem dúvida, residia *com* Pedro, mas *nas* chaves. O poder ou autoridade estava inquestionavelmente nas mãos de Pedro, mas no poder das chaves. Portanto, somos levados à conclusão de que Cristo deu ao apóstolo Pedro a administração das chaves. Jesus disse: "Eis [...] tenho as chaves" (Ap 1.18). E em Mateus 18.17-18 e João 20.21-23, Jesus declarou claramente que outros poderiam administrar as mesmas chaves com os mesmos resultados delegados ao apóstolo Pedro. A essência do erro romano, portanto, é uma transferência infundada do poder das *chaves* para a *pessoa* de Pedro, e depois para seus sucessores. A verdade é que o poder de abrir e fechar o reino dos céus é inerente somente a Cristo e administrado por todos os oficiais (presbíteros, bispos) da Igreja.

Muitos protestantes, porém, erram na outra direção. Eles não acreditam que os homens na terra possam ser administradores de tal poder a ponto de abrir e fechar o reino dos céus para outros homens. No entanto, Cristo disse: "Em verdade vos digo que tudo o que *ligardes* na terra terá sido ligado nos céus, e tudo o que *desligardes* na terra terá sido desligado nos céus" (Mt 18.18). Para evitar o erro de transferir o poder das chaves para o próprio Pedro, muitos protestantes transfeririam toda a administração desse poder de volta para Cristo no céu. Mas Cristo tornou poderosa a administração terrena de suas chaves. E as chaves são a Palavra de Deus e a disciplina eclesiástica.

(1) A pregação da Palavra de Deus é "o poder de Deus para a salvação de todo aquele que crê" (Rm 1.16). E é assim, não porque os homens o tenham decidido, mas porque Deus o ordenou: "A palavra da cruz é [...] para nós, que somos salvos, [o] poder de Deus" (1Co 1.18). Quando a Palavra de Deus é pregada com autoridade e pureza, ela administra o poder de Deus abrindo o reino aos pecadores. Ela o faz porque é uma das chaves dadas por Cristo à sua Igreja para essa finalidade.

(2) A administração da disciplina eclesiástica é a outra chave. O apóstolo Paulo ordenou: "Evita o homem faccioso, depois de admoestá-lo primeira e segunda vez" (Tt 3.10). Quando um pecador "se recusar ouvir" a ordem de Jesus, devemos considerá-lo "como gentio e publicano" (Mt 18.17). E quando essa disciplina é administrada de acordo com a Palavra de Cristo, não é mera forma nem pretexto inútil. É uma administração real do poder de Cristo pela qual o reino dos céus é realmente fechado ao pecador, a menos e até que ele se arrependa. Isso não significa que a chave da pregação fiel apenas abre e que a chave da disciplina fiel apenas fecha o reino. Quando o evangelho é pregado fielmente, também fecha o reino aos negligentes e indiferentes; e quando a disciplina da igreja é administrada fielmente, ela também abre o reino ao pecador penitente (2Co 2.6-8). Mas o ponto principal é que se trata de um erro muito grave imaginar que essas chaves não têm poder, tanto quanto imaginar que uma mera pessoa humana pode abrir e fechar o reino dos céus por sua própria vontade.

Note-se que os sacramentos *não* são chaves do reino. Eles não abrem nem fecham o reino aos homens. São sinais e selos daquilo *para o que* ou *para onde* as chaves admitem ou excluem os homens. Chamamos também a atenção para o fato de que Cristo uniu as duas chaves do reino. Quando uma igreja deixa de exercer ou administrar adequadamente essas chaves, Cristo as dá a outros (Ap 1.18; 2.5; 3.7-8). Isso acontece quando uma dessas duas chaves não é usada com fidelidade. Quando uma igreja, por exemplo, deixa de exercer a disciplina eclesiástica, não se deve imaginar que ela reterá por muito tempo o poder de abrir e fechar o reino de Deus aos homens por meio da pregação. E em se tratando de uma igreja tão diligente em manter uma disciplina rígida, ela não terá tanto poder sem a pregação fiel do evangelho. Perder a pregação fiel *ou* a disciplina da igreja é perder o direito e o poder de abrir e fechar o reino dos céus.

PERGUNTAS

1. O que significa dizer que Cristo "instituiu um governo" em sua Igreja?
2. O que significa chamar esse governo de autoridade apostólica?
3. Como essa autoridade foi constitucionalizada?
4. Por quem é administrada essa autoridade constitucional?
5. Quais os três tipos de governo eclesiástico manifestados na história?
6. Quais os seis princípios do governo eclesiástico revelados na Escritura?
7. Quantos desses seis princípios são encontrados em cada um dos tipos históricos de governo eclesiástico?
8. Que erro comete o catolicismo romano em sua interpretação acerca do significado do "poder das chaves do reino dos céus"?
9. Que erro é cometido por muitos protestantes em relação a esse poder?
10. Quais são as chaves do reino dos céus?
11. Prove, pela Escritura, que as chaves realmente abrem e fecham o reino dos céus pela administração da igreja visível, a qual está aqui nesta terra.
12. O que acontece quando uma igreja tenta separar as duas chaves do reino dos céus?

——XXX, 3-4——

3. As censuras eclesiásticas são necessárias para chamar e ganhar para Cristo os irmãos ofensores, para impedir que outros pratiquem ofensas semelhantes, para purgar o velho fermento que poderia corromper a massa inteira, para vindicar a honra de Cristo e a santa profissão do Evangelho, e para evitar a ira de Deus, a qual, com justiça, poderia cair sobre a Igreja, se ela permitisse que o pacto divino e os selos dele fossem profanados por ofensores notórios e obstinados.

4. Para melhor conseguir esses fins, os oficiais da Igreja devem proceder dentro da seguinte ordem, segundo a natureza do crime e demérito da pessoa: repreensão, suspensão do sacramento da Ceia do Senhor e exclusão da Igreja.

Essas seções da Confissão nos ensinam: (1) por que a disciplina eclesiástica é necessária; e (2) como ela deve ser conduzida.

Vivemos numa época em que a disciplina eclesiástica praticamente inexiste em maior parte da Igreja visível. Mesmo igrejas que buscam manter a pregação fiel da Palavra de Deus são muitas vezes negligentes neste assunto. Essa fraqueza, inclusive, é defendida sob o argumento de que a disciplina eclesiástica é danosa para pecadores faltosos, além de implicar num "juízo" temerário sobre a alma de um irmão perante Deus.

Antes de responder a esses argumentos aparentemente plausíveis contra a disciplina eclesiástica, sistematizaremos os requisitos bíblicos para ela. O principal argumento para essa disciplina é que Jesus a ordenou. Em Mateus 18.12-20, temos o mandamento e esboço para a realização disciplina eclesiástica. Não há razão maior para qualquer prática da Igreja de Cristo além disto: Cristo a ordenou. Com efeito, sem essa razão, as outras seriam insuficientes. Cristo é o rei e cabeça da Igreja. Não pode haver nenhuma outra lei além da que ele ordena. À luz desse claro mandamento, a validade dos argumentos contra a disciplina eclesiástica é ofuscada, por mais atraente e plausível que pareça. Quais são esses argumentos contra a disciplina eclesiástica? Cremos que eles podem ser resumidos aos argumentos a seguir.

(1) Talvez o argumento mais comum contra a disciplina eclesiástica seja a alegação de que *as pessoas ficarão ofendidas*. Diz-se que a disciplina ofenderá e afastará não apenas o irmão faltoso e que recebe a disciplina, mas também outros irmãos da congregação (e talvez mais ainda aqueles que estão pretendendo tornar-se membros dela). Costuma-se propor que, em vez da disciplina, a Igreja se contente em orar para que o Espírito Santo inquiete a consciência do irmão faltoso e, assim, restaure-o ao reto caminho e à comunhão com Cristo. Pretende-se, com esse método, mostrar amor (para com o irmão que erra) e humildade (para consigo mesmo), em contraste com um espírito de orgulho e julgamento severo.

Essa posição pode soar muito piedosa, mas não exageramos se dissermos que é a própria alma da hipocrisia. Como a obediência ao mandamento de Cristo pode ser severa, sem amor ou orgulhosa? Propor essa acusação contra a disciplina eclesiástica fiel é lançar acusação contra Cristo, que a instituiu. A verdade é que é pecado orar por um irmão faltoso da maneira sugerida pelos defensores dessa acusação. Pedir ao Espírito Santo que recupere um irmão faltoso, quando, ao mesmo tempo, negligenciamos (por pretensa piedade) usar a ordenança divina (disciplina) dada para realizar esse fim, é pecado. O fato irônico é que a disciplina eclesiástica é realmente o oposto do que comumente se diz: ela é o próprio meio de "chamar e ganhar" os irmãos ofensores, dos quais se diz serem afastados por ela. A Escritura provam isso. O fornicador na igreja de Corinto foi "expulso" pela disciplina fiel (1Co 5.13). E esse castigo, que foi infligido "pela maioria" (2Co 2.6), foi o próprio meio de levá-lo ao arrependimento (2Co 2.7) e eventual restauração (2Co 2.8), não obstante os argumentos humanamente inventados em contrário. A disciplina eclesiástica provou ser o que Jesus disse que era: um ato de amor e preocupação como o de um bom pastor que procura uma ovelha perdida (Mt 18.12-18). A disciplina é a preocupação amorosa em ação, cujo feliz resultado muitas vezes será: "ganhaste o teu irmão" (Mt 18.15).

A falta de disciplina na igreja deve ser vista pelo que realmente é: não uma preocupação amorosa, como hipocritamente alegado, mas uma indiferença à honra de Cristo e ao bem-estar de seu rebanho. Não só o próprio irmão que erra é prejudicado pela falta de disciplina, mas outros também são impiedosamente afetados: "Não sabeis que um pouco de fermento leveda toda a massa? Lançai fora o velho fermento, para que sejais massa nova" (1Co 5.6-7). Quando o erro e o pecado são deixados de lado, eles se espalham. Os homens são pecadores. Nada lhes é mais natural do que pecar. Um exemplo pecaminoso que é tolerado abertamente se tornará, portanto, um convite aberto para que outros façam o mesmo. Assim, a Escritura ordena: "Quanto aos que vivem no pecado, repreende-os na presença de todos, para que também os demais temam" (1Tm 5.20).

(2) Outra objeção comum à disciplina da igreja é a atitude aparentemente piedosa que se recusa a julgar outra pessoa. Não é a própria Escritura que diz "não julgueis, para que não sejais julgados"? (Mt 7.1). Não é incomum que até mesmo os oficiais da igreja se recusem a administrar a disciplina alegando que eles também são pecadores e, portanto, não estão qualificados para julgar outra pessoa.

Esse argumento também pode parecer muito atraente e plausível, mas também é totalmente falso. Deve ficar claro que é falso quando lembramos que foi nosso Senhor quem nos ordenou a exercer a disciplina da igreja. A falácia é muito evidente: exercer a disciplina eclesiástica não é mais uma tentativa de julgar a alma de outro homem diante de Deus do que o ato de admitir pessoas à Igreja visível. O mínimo que pode ser dito sobre esse tipo de argumento é que aqueles que não estão dispostos a exercer as chaves do reino ao *excluir* pessoas dele devem também renunciar ao direito de exercer essas chaves para *admitir* pessoas nele. Mas a Escritura deixa claro que a disciplina da igreja deve ser exercida em alguns casos, mesmo quando o ofensor não é considerado um incrédulo, mas apenas um irmão faltoso: "Vos aparteis de todo irmão que ande desordenadamente", diz o apóstolo (2Ts 3.6). Mesmo que o pecado de um irmão seja tal que não precisemos questionar toda a sua profissão cristã, ainda assim devemos exercer disciplina enquanto ele anda de maneira desordenada.

Normalmente, sem dúvida, a disciplina eclesiástica tem esse caráter. Seu propósito é mais a recuperação de um irmão do que o julgamento da sua alma. E mesmo quando a excomunhão é exigida, é mais uma declaração do que uma pessoa inegavelmente evidenciou ser do que uma tentativa de perscrutar o coração. Quando pecadores são admitidos na Igreja, é porque dão *evidência* de um tipo externo que os homens devem julgar sem ousar julgar o coração. O mesmo se dá com a censura extrema da disciplina eclesiástica pela qual os homens são excluídos da Igreja visível. Nesse caso, alguma evidência externa é julgada. Quando uma pessoa não dá evidência de que é um verdadeiro crente, a Igreja declara esse fato por excomunhão. Contudo, em todos os casos, o julgamento da alma é deixado somente para Deus.

No entanto, acima de todos os argumentos, enfatizamos novamente o fato de que a disciplina na igreja é necessária porque é uma ordenança de Cristo. Acima do bem-estar de qualquer indivíduo (que, inicialmente, como todos sabemos, merece a ira e maldição de Deus) e acima de todas as considerações dos sentimentos e atitudes de qualquer pessoa, estão a honra de Cristo e a causa de sua verdade. É melhor manter a honra de Cristo do que desonrá-lo, mantendo mil pecadores no rol de membros da Igreja visível. É melhor manter a verdade de Cristo do que servir aos homens. É mais importante para Deus que Cristo seja honrado e obedecido do que que os pecadores sejam mimados. Devemos escolher entre os dois: manter a honra de Cristo a todo custo, ou então, sacrificá-la para satisfazer os desejos dos homens. Se optarmos pelo último, o corpo de

Cristo, a Igreja, "para nada mais presta senão para, lançado fora, ser pisado pelos homens" (Mt 5.13).

Quando a disciplina eclesiástica é evitada, paga-se um preço muito alto. O suposto mal que é temido e evitado não é nada em comparação com o mal que certamente se seguirá, quando isso acontece. Cristo não se importa com a reputação de nenhuma igreja — não importa quão "grande tenha sido" — quando ela está espiritualmente morta. A disciplina na igreja pode resultar em uma igreja menor, mas — se for uma disciplina fiel — ainda será uma igreja verdadeira: "Tens nome de que vives", disse Cristo de uma igreja visível, "e estás morto" (Ap 3.1). Mas ele elogiou "umas poucas pessoas que não contaminaram as suas vestiduras e andarão de branco junto comigo, pois são dignas" (Ap 3.4). Aqueles que prezavam pela pureza não gozavam de reputação entre os homens, mas eram altamente estimados por seu Senhor porque haviam mantido a honra *dele* e não a dos homens.

(3) A disciplina eclesiástica também é contestada por aqueles que dizem algo mais ou menos assim: "Eu simplesmente não consigo ver as pessoas sendo expulsas da igreja por cada pecadinho que comentem". Isso, para algumas pessoas, encerra toda discussão. Contudo, defender isso nada mais é do que atacar um espantalho. Pois a disciplina eclesiástica bíblica não é (a) uma mera questão de expulsar as pessoas da igreja, nem (b) é para tratar de "pecadinhos". O *propósito* da disciplina na igreja é a remoção do pecado do pecador, não a remoção do pecador da igreja. É por isso que a excomunhão é garantida apenas como último recurso, e apenas para o pecado não abandonados. Antes da excomunhão, como Cristo instruiu (Mt 18.16-18), repetidos esforços sinceros e ternos devem ser feitos para encorajar o irmão faltoso a abandonar seu pecado.

Que esse processo *não* é uma mera questão de expulsar pessoas da igreja é evidente pelos seguintes princípios ensinados em Mateus 18.16-18. (a) Todo membro da igreja tem o direito e o dever de buscar a restauração de um irmão faltoso. Obviamente, um membro individual da igreja que vai a um irmão em particular não busca a excomunhão dele, mas apenas sua restauração. (b) Se possível, o conhecimento público do pecado em questão deve ser evitado. Mesmo que a primeira abordagem privada não tenha êxito, o assunto ainda não deve ser tornado público. Dois ou três outros irmãos (presumivelmente presbíteros da igreja), e ninguém mais, devem ser informados do problema. (c) Deve haver instrução da Palavra de Deus para que o irmão faltoso possa perceber o que a lei de Deus exige, na esperança de que seja persuadido a abandonar seu pecado. (d) Acima de tudo, é óbvio que a excomunhão final é apenas utilizada como último recurso. Ela acompanha todo esforço razoável para recuperar o irmão faltoso.

Portanto, pode-se dizer que a excomunhão bíblica requer duas condições específicas: (a) deve haver violação inegável de um dos Dez Mandamentos. O pecado é a falta de conformidade ou transgressão da lei de Deus. A mera inconformidade com o costume ou a tradição não é punível com disciplina. E (b) o pecado deve persistir sem arrependimento. Às vezes se pensa que a excomunhão é justificada apenas quando algum pecado notório, como assassinato ou adultério, é cometido. A verdade é que ela não está relacionada à *notoriedade* do pecado, mas à *persistência* do pecador em qualquer pecado. Se o pecado se trata de uma fofoca caluniosa ou negligência do culto divino, algo que não é tão incomum nem "notório", e se o pecador endurece seu coração e persiste em tal pecado sem evidência de arrependimento, a excomunhão deve ser aplicada. Quando um membro faltoso foi confrontado com seu erro, quando lhe foi mostrado, pela Palavra de Deus, qual é seu erro e qual é seu dever, se ele ainda "se recusa a ouvir" a igreja (ou em outras palavras, não atenta, mas persiste em seu erro com dureza e obstinação), o dever da igreja é claro: "considera-o como gentio e publicano". Isso é certo e bom porque o Senhor Jesus Cristo assim ordenou.

PERGUNTAS

1. Qual a principal razão para manter a prática da disciplina bíblica na igreja?
2. Qual é o primeiro argumento que normalmente é levantado contra a disciplina eclesiástica?
3. Por que é pecado orar pela restauração de um irmão faltoso quando a disciplina eclesiástica também não é exercida?
4. Que consequências a disciplina eclesiástica pode trazer sobre os que erram? Cite um exemplo bíblico.
5. Quem é prejudicado quando a disciplina eclesiástica é negligenciada? Fundamente biblicamente.
6. Qual o segundo argumento contra a disciplina eclesiástica?
7. Qual o equívoco desse argumento?

8. Que outra atividade não pressupõe menos autoridade sobre os pecadores do que a disciplina eclesiástica?

9. Por que é importante manter a disciplina bíblica na igreja?

10. O que acontece com uma igreja que abandona a disciplina eclesiástica?

11. O único propósito da disciplina na igreja é excluir pecadores impenitentes?

12. O que deve preceder a excomunhão?

13. De modo geral, quem tem o direito e o dever de iniciar o processo de disciplina na igreja?

14. Quais as duas condições necessárias para que haja excomunhão?

29

─────XXIII. DO MAGISTRADO CIVIL─────

1. Deus, o Senhor Supremo e Rei de todo o mundo, para a sua glória e para o bem público, constituiu sobre o povo magistrados civis, que lhe são sujeitos, e a este fim os armou com o poder da espada para defesa e incentivo dos bons e castigo dos malfeitores.

2. Aos cristãos é lícito aceitar e exercer o ofício de magistrado, sendo para ele chamado; e em sua administração, como devem especialmente manter a piedade, a justiça e a paz segundo as leis salutares de cada Estado, eles, sob a dispensação do Novo Testamento, e para conseguir esse fim, podem licitamente fazer guerra, havendo ocasiões justas e necessárias.

4. É dever do povo orar pelos magistrados, honrar a pessoa deles, pagar-lhes tributos e outros impostos, obedecer às suas ordens legais e sujeitar-se à sua autoridade, e tudo isso por amor da consciência. Incredulidade ou indiferença de religião não anula a justa e legal autoridade do magistrado, nem absolve o povo da obediência que lhe deve, obediência de que não estão isentos os eclesiásticos. O papa não tem nenhum poder ou jurisdição sobre os magistrados dentro dos domínios deles, ou sobre qualquer um do seu povo; e muito menos tem o poder de privá-los dos seus domínios ou vidas, por julgá-los hereges ou sob qualquer outro pretexto.

No presente capítulo, novamente nos afastamos da ordem da Confissão de Fé para considerar juntas certas seções dela que apresentam dificuldade quando vistas em relação umas às outras (mais especificamente os capítulos XXIII, 3 e XXXI, 1-2). A dificuldade diz respeito ao poder do magistrado civil em assuntos eclesiásticos. Para melhor tratarmos disso, discutiremos, primeiro, as seções do capítulo XXIII que não apresentam nenhuma dificuldade; em segundo lugar, abordaremos as seções dos capítulos XXIII e XXXI que apresentam o problema; e, por fim, consideraremos as partes restantes do capítulo XXXI, 3-5 da Confissão.

Essas seções da Confissão nos ensinam: (1) que Deus ordenou o governo civil na terra; (2) que o propósito disso é a sua glória e o nosso bem; (3) que Deus deu aos oficiais civis o poder da espada; (4) que os cristãos podem legalmente ocupar cargos civis e exercer o poder da espada em ocasiões justas e necessárias; (5) que os cristãos são obrigados por Deus a honrar essa ordenança, orar e sujeitar-se àqueles que usam legalmente o cargo do governo civil; (6) que esse dever não está isento por causa da diferença de religião; e (7) que o Papa de Roma não tem nenhum direito ao poder civil.

A passagem clássica da Escritura que trata da ordenação do governo civil é Romanos 13.1-7. É exatamente nessa passagem que a maior parte do ensino dessas seções da Confissão. "Todo homem esteja sujeito às autoridades superiores", diz o apóstolo Paulo. Com certeza o cristão é, portanto, obrigado a sujeitar-se àqueles que estão em autoridade pela vontade de Deus: "Porque não há autoridade que não proceda de Deus; e as autoridades que existem foram por ele instituídas". A. A. Hodge diz: "Alguns tem presumido que o direito ou autoridade legítima do governo humano tem seu fundamento último em 'o consenso dos governados', 'a vontade da maioria', ou em algum 'pacto social' imaginário introduzido pelos patriarcas da raça na origem da vida social".[35] Mas a Escritura nos ensina que o governo civil vem de Deus, e que tal governo tem autoridade pela vontade de Deus, com ou sem o consentimento dos governados. Isso implica claramente que o cristão (pelo menos ordinariamente) deve considerar, tanto *de facto* [de fato] como *de jure* [de direito], o governo de qualquer país em que ele possa residir.

Nenhuma forma específica de governo civil é indicada na Escritura. O cristão não tem a liberdade de prestar ou negar obediência dependendo de gostar ou não do tipo de governo em vigor. "As autoridades que existem foram instituídas por Deus", disse o apóstolo Paulo. E, convém notar, nessa ocasião ele estava se referindo ao governo totalitário do Império Romano! Se o apóstolo Paulo, e até mesmo o Senhor Jesus Cristo, puderam ensinar que as pessoas deviam submeter-se a César, é difícil pensar em qualquer

---

35 A. A. Hodge, *Confissão de Fé de Westminster comentada por A. A. Hodge* (São Paulo: Editora Os Puritanos, 1999), 2.ª Edição, p. 399-400. Tradução de Valter Graciano Martins.

tipo de governo civil que não deva ser obedecido por um cristão hoje, quando falamos em assuntos civis. À luz do contexto da era apostólica (quando o governo civil era totalitário), não cremos que os cristãos tenham o direito de advogar, ou de participar, da derrubada violenta da autoridade civil, seja monarquia ou democracia (cf. Rm 13.2; 1Pe 2.13-14; Tt 3.1). Se todo governo *de facto* [de fato] é ordenado por Deus, e resisti-lo é resistir à ordenança de Deus, então nenhuma outra conclusão é possível.

No entanto, afirmar que a autoridade civil é de origem divina não é dizer que ela tem direitos ilimitados. Toda autoridade divinamente constituída nos assuntos humanos é limitada pelo estatuto divino. O magistrado civil é ordenado por Deus como "ministro" ou servo de Deus "para o bem". Sua tarefa é "trazer a espada" do poder físico como "temor" para as más obras. Sua tarefa é a de "vingador, para castigar o que pratica o mal" (Rm 13.4). Enquanto um governo civil se contentar em restringir e punir o crime e a violência, protegendo o bem e punindo o mal, o cristão deve apoiar, orar e honrar esse governo. Mas quando esse governo pune os justos e recompensa os maus, tornando-se militarista e inclinado à agressão, é dever dos cristãos resistirem a esse poder, pois ele subverte a ordenança de Deus.

Sem dúvida é difícil, em muitos casos, determinar com precisão quando e em que medida um cristão deve resistir a um determinado governo civil. Não estamos tentando fazer a questão parecer simples. Mas certos princípios são muito claros e, se aplicados corretamente, permitirão tomar a decisão adequada em uma determinada instância. (1) Devemos *sempre* obedecer aos "mandamentos legais" de nosso governo. Em todo e qualquer caso, devemos estar "prontos para toda boa obra" (Tt 3.1). (2) Devemos *sempre obedecer* a Deus e não ao homem, quando há um conflito entre os dois domínios (At 5.29). (3) Podemos resistir *ativa* e passivamente se isso for necessário para a obediência a Deus. Quando uma autoridade civil se torna um terror para boas obras e não para as más, acreditamos que os cristãos têm o direito de autodefesa ativa (de vida e propriedade) por sanção da lei (Sl 82.4; Pv 24.11-12). Assim, "o fim imediato para o qual Deus ordenou os magistrados é a promoção do bem público, e o fim último é a promoção de sua própria glória".[36]

---

36 A. A. Hodge, *Confissão de Fé de Westminster comentada por A. A. Hodge* (São Paulo: Editora Os Puritanos, 1999), 2.ª Edição, p. 401. Tradução de Valter Graciano Martins.

Porém consideremos, mais particularmente, certos erros atuais que ganharam ampla circulação e que confundem o pensamento de muitos cristãos. (1) O primeiro que vamos considerar é a tentativa liberal de anular a prática da pena capital. Nos Estados Unidos da América, nas últimas décadas, tem havido um esforço poderoso para conseguir a abolição da pena de morte. E muitos grupos protestantes liberais sancionaram essa mudança alegando que a pena capital não beneficia a sociedade, não corrige o criminoso, e nem reflete os ensinamentos humanitários do Novo Testamento. Em outras palavras, por várias razões, é amplamente defendido hoje que o governo civil deixe de usar o poder da espada para punir o mal.

Tal visão da autoridade civil é, para dizer o mínimo, altamente antibíblica. Não julgamos que se possa provar que a pena capital não beneficia a sociedade atual. Cremos que beneficia, do contrário a Escritura não diria que o fiel exercício da justiça é um terror para as más obras e um encorajamento para as boas. Os opositores da pena capital negam isso, mas totalmente em vão. Pode ser verdade que a pena capital não corrija o criminoso. Mas duvidamos completamente que a ausência de terror contra o mal também o faça. Além disso, não duvidamos que isso inclusive encoraje o mal. No entanto, acima de tudo, negamos que o poder e a autoridade civis devam refletir as noções liberais dos chamados ensinamentos "humanitários" do Novo Testamento. A justiça não é mais "humana" no Novo do que no Antigo Testamento. E a ordenança do governo civil não tem a intenção de Deus impor ao governo o que este pode pensar que o Novo Testamento ensina; é punir o crime e proteger aqueles que fazem o bem. No entanto, duvidamos que a solução dos liberais que defendem a abolição da pena capital seja "humana". Acreditamos que muitos crimes atuais se devem ao fato de que há muita preocupação antibíblica com os ímpios e pouca preocupação bíblica com os justos.

(2) Outro ataque atual à ordenação do governo civil pode ser visto naqueles que defendem a linha pacifista. Os concílios da igreja liberal têm defendido coisas como estas: (a) desarmamento completo dos cidadãos, (b) desarmamento unilateral, (c) negociações, em vez de defesa armada em face da agressão, e (d) o reconhecimento daqueles que são agressores sem justa punição de qualquer tipo. A Confissão sustenta que os magistrados civis (mesmo que sejam pessoas cristãs), "sob a dispensação do Novo Testamento [...], podem licitamente fazer guerra, havendo ocasiões justas

e necessárias". Aqueles que defendem políticas que praticamente apelam ao governo nacional para que renuncie ao poder da espada, e renuncie a todas as tentativas de ser um terror para os malfeitores, e renuncie à execução da vingança contra eles, defendem nada menos do que a derrubada da ordenança de Deus (Rm 13.1-5). E precisamente porque "se opõem à autoridade", tais pessoas "resistem à ordenança de Deus" (Rm 13.2). Esse *pecado* deve ser denunciado pelo que é. É um pecado contra nosso governo e um pecado contra Deus.

A última parte da seção 4 do capítulo XXIII trata de dois males históricos associados à Igreja Católica Romana. (1) O primeiro desses males é aquele que defende uma posição privilegiada para os oficiais da igreja em assuntos civis. Ainda existem alguns países dominados pela Igreja Romana em que os padres não podem ser julgados em tribunais civis por seus crimes. Talvez haja algum humor nas histórias tradicionais sobre o constrangimento do policial irlandês quando descobre que parou um padre por excesso de velocidade. Mas a Escritura ensina que os cristãos, sejam eles oficiais da igreja ou não, não devem se considerar isentos da jurisdição civil. Cremos que a Confissão está de acordo com a Escritura quando afirma que dessa autoridade "não estão isentos os eclesiásticos". E essa "incredulidade ou indiferença de religião" entre o cidadão cristão e o governante civil "não anula a justa e legal autoridade do magistrado".

(2) O segundo dos males históricos é aquele que sustenta que o Papa de Roma possui autoridade civil. Essa foi, e ainda é, a afirmação feita pelo pontífice romano. Ele insiste que exerce tanto o poder e a autoridade da espada espiritual quanto da temporal. Contra a doutrina papal da relação do Estado coma igreja, nos diz A. A. Hodge: "Segundo o ponto de vista ultramontano estritamente lógico, sendo toda a nação, em todos os seus membros, uma porção da Igreja universal, a organização civil é compreendida na Igreja por certos fins subordinados ao grande fim para o qual a Igreja existe, e é, portanto, finalmente responsável pelo exercício da autoridade delegada. Dessa forma, sempre que o Papa esteve em condição de vindicar sua autoridade, ele pôs reinos sob interdito, liberou súditos de seu voto de obediência e depôs soberanos por causa da heresia assumida ou insubordinação aos governos civis da terra".[37] As Escrituras predisseram o que a

---

37 A. A. Hodge, *Confissão de Fé de Westminster comentada por A. A. Hodge* (São Paulo: Editora Os Puritanos, 1999), 2.ª Edição, p. 405. Tradução de Valter Graciano Martins.

história tem mostrado, a saber, que tal usurpação resulta na perseguição dos verdadeiros crentes (Ap 13; 18.24).

PERGUNTAS

1. Qual é a base da autoridade do governo civil? Fundamente biblicamente.
2. Que tipo de governo é de autoridade divina?
3. Um cristão pode defender a derrubada violenta do governo civil?
4. Pode um cristão resistir corretamente a um governo civil? Se sim, em que circunstâncias?
5. Quando os cristãos devem obedecer ao governo civil?
6. Quando os cristãos devem desobedecer ao governo civil?
7. Cite dois erros contemporâneos defendidos por "cristãos" liberais que são contrários à ordenança divina do governo civil.
8. Por que tais erros são contrários à ordenança divina do governo civil?
9. Quais são os dois erros refutados na seção 4 do capítulo XXIII da Confissão?

-XXIII. DO MAGISTRADO CIVIL (CONTINUAÇÃO)-
E
XXXI. DOS SÍNODOS E CONCÍLIOS

——XXIII, 3——

3. Os magistrados civis não podem tomar sobre si a administração da palavra e dos sacramentos ou o poder das chaves do Reino do Céu; contudo, ele tem autoridade, e é seu dever, ordenar que a unidade e a paz sejam preservadas na Igreja, que a verdade de Deus seja mantida pura e íntegra, que todas as blasfêmias e heresias sejam suprimidas, todas as corrupções e abusos no culto e disciplina sejam evitados ou reformados, e que todas as ordenanças de Deus sejam devidamente estabelecidas, administradas e observadas. Para melhor fazê-lo, ele tem o poder de convocar sínodos, estar presente neles, e providenciar que tudo o que neles seja realizado esteja de acordo com o desígnio de Deus.

——XXXI, 1-2——

1. Para melhor governo e maior edificação da Igreja, deverá haver as assembleias comumente chamadas sínodos ou concílios.

2. Os magistrados podem, legitimamente, convocar um sínodo de ministros e outras pessoas aptas, para consultar e aconselhar em matéria de religião; assim, se os magistrados são inimigos declarados da Igreja, os ministros de Cristo, de livre iniciativa, em virtude de seus ofícios, ou eles, com outras pessoas idôneas mediante delegação de suas igrejas, podem se reunir em tais assembleias.

Essas seções da Confissão de Fé nos ensinam: (1) que o magistrado civil não pode assumir para si a administração da Palavra, dos sacramentos ou da disciplina eclesiástica; (2) que ele tem autoridade para fazer com que a unidade e a paz sejam preservadas na Igreja, e que erros e abusos no culto e disciplina sejam evitados ou reformados; (3) que ele tem poder para convocar sínodos e estar presente neles para ver se o que é realizado está de acordo com o desígnio de Deus; (4) que deve haver sínodos ou concílios para o governo da Igreja; e (5) que, embora um magistrado civil possa legalmente convocar um sínodo, os ministros da Igreja têm o poder de convocar tais sínodos, se o magistrado civil for inimigo declarado dela.

Essas seções da Confissão de Fé não são entendidas sem muitas dificuldades. Por um lado, lemos que "os magistrados civis não podem tomar sobre si a administração da palavra e dos sacramentos ou o poder das chaves do Reino do Céu", e, por outro lado, lemos que "ele tem autoridade, e é seu dever, ordenar que a unidade e a paz sejam preservadas na Igreja, que a verdade de Deus seja mantida pura e íntegra, que todas as blasfêmias e heresias sejam suprimidas, todas as corrupções e abusos no culto e disciplina sejam evitados ou reformados, e que todas as ordenanças de Deus sejam devidamente estabelecidas, administradas e observadas", e que, para fazer isso, "ele tem o poder de convocar sínodos, estar presente neles, e providenciar que tudo o que neles seja realizado esteja de acordo com o desígnio de Deus". No capítulo XXX, 1 da Confissão, lemos que o Senhor Jesus Cristo, "como rei e cabeça de sua Igreja, nela instituiu um governo nas mãos de oficiais dela; governo distinto da magistratura civil". Mas aqui lemos que essa independência é prevista apenas "se os magistrados forem inimigos declarados da Igreja", situação em que "os ministros de Cristo, de livre iniciativa, em virtude de seus ofícios, ou eles, com outras pessoas idôneas mediante delegação de suas igrejas, podem se reunir em tais assembleias". O que é isso, senão uma flagrante contradição?

Essa dificuldade não é encontrada apenas na Confissão de Fé de Westminster. Por exemplo, na Confissão Belga, revisada pelo Sínodo de Dort, estas palavras são encontradas no Artigo 36 ("O governo civil"): "Eles têm [os magistrados civis], por ofício, não apenas restringir e conservar a boa ordem pública, mas também a proteção da igreja e do seu ministério para que "toda idolatria e falso culto devem ser removidos e impedidos, e o reino do anticristo deve ser destruído".[38]

Constatamos que praticamente todas as igrejas presbiterianas e reformadas lidaram, de uma forma ou de outra, com a dificuldade apresentada por essa contradição. Algumas igrejas, por exemplo, a Reformed Presbyterian Church of North America [Igreja Presbiteriana Reformada da América do Norte], não mudaram o texto original da Confissão, mas fizeram uma declaração especial sobre o assunto. A Reformed Presbyterian Declaration and Testimony [Declaração e Testemunho dos Presbiterianos Reformados] diz: "Nenhuma autoridade eclesiástica está nas mãos de cristãos particulares ou magistrados civis; os tribunais eclesiásticos estão subordinados apenas a Cristo Jesus. Eles determinam, por direito exclusivo, seus próprios horários e locais de reunião e adiamento" (XXIII, 4).

É difícil encontrar uma forma de conciliar essa declaração com a Confissão. Podemos entender o clima de relutância em mudar o texto de um documento tão respeitável como a Confissão de Fé de Westminster. Mas quando pode ser demonstrado que a Confissão de Fé está incorreta, acreditamos que ela deve ser mudada. Pois, como a própria Confissão (I, 10) tem o cuidado de nos ensinar: "O Juiz Supremo [...] por quem serão examinados todos os decretos de concílios, todas as opiniões dos escritores antigos, todas as doutrinas de homens [...], e em cuja sentença nos devemos firmar, não pode ser outro senão o Espírito Santo falando na Escritura". De nossa parte, acreditamos que a única solução adequada para a dificuldade envolvida nessa parte da Confissão é aquela que a maioria dos grupos presbiterianos e reformados adotou, ou seja, uma revisão dessas partes da Confissão de Fé. Em tal revisão, como a da Orthodox Presbyterian Church [Igreja Presbiteriana Ortodoxa] e da Presbyterian Church in America [Igreja Presbiteriana na América], por exemplo, toda ambiguidade e erro são removidos, e os seguintes princípios são claramente declarados: (1) que o governo da Igreja é distinto e separado do governo

---

38 Em 1905, o Sínodo Geral das Igrejas Reformadas da Holanda (*Gereformeerde Kerken in Nederland*), eliminou, neste ponto, as seguintes palavras: "toda idolatria e falso culto devem ser removidos e impedidos, e o reino do anticristo deve ser destruído". A redação atual desse trecho do artigo 36 da Confissão Belga é: "Eles têm, por ofício, não apenas restringir e conservar a boa ordem pública, mas também a proteção da igreja e do seu ministério para que o reino de Cristo possa vir, a Palavra do evangelho seja pregada em toda a parte, e Deus seja honrado e servido por todos — como ele determina em sua Palavra." [N. do E.]

civil; (2) que os magistrados civis não podem interferir nos assuntos de qualquer igreja, desde que não subvertam a ordem civil, mesmo em controvérsias de doutrina ou disciplina; e (3) que somente os oficiais da igreja têm autoridade de designar sínodos ou concílios, nos quais o governo civil não pode interferir. Em seguida, está o texto revisado conforme adotado por essas igrejas.[39]

——————XXIII, 3 (revisado)——————

3. Os magistrados civis não podem tomar sobre si a administração da Palavra e dos Sacramentos ou o poder das chaves do Reino do céu, nem de modo algum intervir em matéria de fé; contudo, como pais solícitos, devem proteger a Igreja do nosso comum Senhor, sem dar preferência a qualquer denominação cristã sobre as outras, para que todos os eclesiásticos, sem distinção, gozem plena, livre e indisputada liberdade de cumprir todas as partes das suas sagradas funções, sem violência ou perigo. Como Jesus Cristo constituiu em sua Igreja um governo regular e uma disciplina, nenhuma lei de qualquer Estado deve proibir, impedir ou embaraçar o seu devido exercício entre os membros voluntários de qualquer denominação cristã, segundo a profissão e crença de cada uma. E é dever dos magistrados civis proteger a pessoa e o bom nome de cada um dos seus jurisdicionados, de modo que a ninguém seja permitido, sob pretexto de religião ou de incredulidade, ofender, perseguir, maltratar ou injuriar qualquer outra pessoa; e bem assim providenciar para que todas as assembleias religiosas e eclesiásticas possam reunir-se sem serem perturbadas ou molestadas.

——————XXXI, 1——————

1. Para melhor governo e maior edificação da Igreja, deverá haver as assembleias comumente chamadas sínodos ou concílios. Em virtude do seu cargo e do poder que Cristo lhes deu para edificação e não para destruição, pertence aos pastores e outros presbíteros das igrejas par-

---

39　A Igreja Presbiteriana do Brasil adota esse texto revisado da Confissão de Fé de Westminster. [N. do T.]

ticulares criar tais assembleias e reunir-se nelas quantas vezes julgarem útil para o bem da Igreja.

Cremos que esse é um caminho mais excelente. A Confissão de Fé de Westminster deve ser respeitada, mas não simplesmente porque é antiga. Ela deve ser respeitada porque está em conformidade com a verdade bíblica. Cremos que ela não exigirá mais correções adicionais, senão em algum ou outro detalhe. No entanto, nossa consideração pela maravilhosa integridade desse documento não diminui ao percebermos que ele estava equivocado em um ou outro ponto. O mesmo exame cuidadoso desse Credo à luz da Escritura, que convenceu a Igreja de que essa parte estava equivocada, ao mesmo tempo confirmou a verdade do restante da Confissão. Quando essa Confissão foi adotada originalmente por diversos órgãos presbiterianos, foi crida com sinceridade. Onde encontrou-se em falta com a Escritura, foi alterada. Os verdadeiros presbiterianos sempre acreditaram que a Confissão pode e deve ser corrigida quando se mostra que está errada. Isso, porém, está muito longe da postura contemporânea em relação à Confissão evidenciada em muitos lugares, onde os ministros defendem esse Credo da boca para fora — mesmo em sua revisão correta e biblicamente precisa — sem crer nas doutrinas bíblicas que a Confissão ensina. Se os liberais fossem honestos, ou (1) não subscreveriam tal Credo, ou (2) o revisariam para expressar o que realmente acreditam. Em ambos os casos, eles não teriam nenhuma associação com aqueles que abordam essa Confissão com a integridade manifestada por aqueles que, em quatro séculos, encontraram apenas alguns erros para corrigir em uma declaração de fé verdadeira.

O famoso Concílio de Nicéia (325 d.C.) foi o primeiro a ser convocado por um governante civil. Constantino procurou, dessa forma, reconciliar as partes em conflito na controvérsia ariana. O próprio imperador presidiu. Mas ele não apenas deixou de apreciar plenamente a questão em jogo, como também estabeleceu um precedente para a intromissão de autoridades civis na esfera do governo eclesiástico. Sem dúvida, é compreensível que nossos Pais Reformadores tenham se inclinado à direção que tomaram. Por um lado, havia a reivindicação do catolicismo romano à supremacia em assuntos eclesiásticos e civis. E, por outro, havia o fato de que autoridades civis benevolentes em várias ocasiões protegeram e apoiaram as igrejas reformadas em dificuldades. Mas não se deve esquecer que, após a Assembleia de Westminster, os pactuantes escoceses foram chamados a sofrer até a morte por opressão *civil*. A esses robustos presbiterianos, que mais do que outros da época aderiram resolutamente ao testemunho da Confissão, devemos muito, pois foi para afirmar a absoluta independência espiritual da Igreja de Jesus Cristo da autoridade civil que eles deram tudo de si. Aqueles que mais amaram o testemunho da Confissão foram os que mais sofreram por causa do princípio que foi, afinal de contas, comprometido na formulação original dessas seções.

PERGUNTAS

1. Quais os dois princípios irreconciliáveis declarados nessas seções da Confissão?
2. Essa dificuldade se manifesta apenas na Confissão de Fé de Westminster?
3. Quais foram os dois métodos usados para resolver essa dificuldade?
4. Qual desses métodos deve ser preferido? Por quê?
5. Quais princípios são claramente declarados em uma revisão como a da Orthodox Presbyterian Church [Igreja Presbiteriana Ortodoxa] e a da Presbyterian Church in America [Igreja Presbiteriana na América]?
6. A revisão de um credo tão respeitável como é o caso da Confissão diminui seu valor?
7. Por que é tão importante que um credo seja revisado em qualquer ponto em que, à luz das Escrituras, se equivoca?
8. Se o tempo provou que a Confissão estava incorreta nesse ponto, o que mais ele provou?
9. Dê um exemplo histórico da interferência de governantes civis nos assuntos eclesiásticos.
10. Com quem os presbiterianos têm uma grande dívida por afirmar a independência espiritual da Igreja Cristã do governo civil?

——XXXI, 2-3——

2. Aos sínodos e concílios compete decidir, ministerialmente, controvérsias quanto à fé e casos de consciência; determinar regras e disposições para a melhor direção do culto público de Deus e governo da sua Igreja;

receber queixas em caso de má administração e autoritativamente decidi-las. Os seus decretos e decisões, sendo consoantes com a palavra de Deus, devem ser recebidas com reverência e submissão, não só pelo seu acordo com a Palavra, mas também pela autoridade pela qual são feitos, visto que essa autoridade é uma ordenação de Deus, designada para isso em sua Palavra.

3. Todos os sínodos e concílios, desde os tempos dos apóstolos, quer gerais quer particulares, podem errar, e muitos têm errado; eles, portanto, não devem constituir regra de fé e prática, mas podem ser usados como auxílio em uma e outra coisa.

Essas seções da Confissão nos ensinam: (1) a esfera de autoridade dos sínodos e concílios sobre controvérsias quanto à fé e casos de consciência; (2) o grau ou medida de autoridade dados a eles; e (3) a limitação de poder dos sínodos e concílios.

O governo da Igreja é totalmente espiritual e ministerial. Isso implica dizer que tal governo: (1) tem a ver com questões de doutrina, culto e disciplina espiritual; e (2) que seu poder é apenas administrativo e declarativo. O governo da Igreja deve agir e falar de acordo com a vontade de Deus revelada na Escritura. Quando há uma controvérsia entre duas posições opostas, ambas afirmando estar de acordo com a verdade de Deus, então convém que um sínodo ou concílio se reúna para determinar qual posição (se houver) está de acordo com a Palavra de Deus. Foi o que aconteceu no Sínodo de Jerusalém (At 15). Naquele sínodo, foi decidido que uma posição estava correta e a outra incorreta, pelo crivo da Palavra de Deus.

Mais uma vez, quando há dúvidas sobre se uma determinada prática é certa ou errada, em que há desacordo na convicção das consciências dos homens, convém que um sínodo considere o assunto e se esforce para averiguar, na Palavra de Deus, a resposta adequada à pergunta. Uma vez em conformidade com a Escritura, tal sínodo também teria o direito de estabelecer regras e orientações para melhor ordenar o culto público de Deus e o governo da Igreja. No Sínodo de Jerusalém, tivemos "decisões tomadas" a respeito de certos assuntos que afetavam a prática dos cristãos, e tais decisões foram "entregues" para que eles "observassem" (At 16.4).

É importante ressaltar o fato de que o poder em evidência aqui é estritamente limitado. Limita-se à *declaração do que* Deus disse em sua Palavra e à *ordem apropriada pela qual* os mandamentos de Deus devem ser observados. Por exemplo, seria apropriado que um sínodo estabelecesse regras relativas à *ordem* do culto a serem observadas em uma igreja onde surgisse dificuldade sobre tal questão. Mas não seria permitido fazer novas leis adicionais à Bíblia quanto aos elementos apropriados do culto divino. Nenhum sínodo pode legalmente legislar o *conteúdo* do culto verdadeiro. Ele só pode decretar com respeito à sua *ordem*.

Se os decretos e determinações das assembleias da igreja são "consonantes com a Palavra de Deus", eles devem ser "recebidos com reverência e submissão". Isso é verdade não apenas porque esses decretos são bíblicos (embora isso seja de importância primordial), mas também porque são feitos por um governo da igreja instituído por Cristo. Há autoridade não apenas na Escritura, que é declarada, mas também no sínodo que declara. Por exemplo, se um sínodo decreta que a Ceia do Senhor seja observada pelo menos quatro vezes por ano, isso deve ser feito não apenas porque Cristo ordenou a observância frequente do sacramento na Bíblia, mas também porque uma assembleia da Igreja de Cristo decretou legalmente uma ordem particular em sua Igreja. Desconsiderar uma ordem particular que está de acordo com a Palavra de Deus é pecaminoso não apenas por causa do comando geral que a ordem implementa, mas também por causa do comando específico pelo qual ela é implementada. Desconsiderar um decreto específico que implementa um mandamento geral de Cristo é pecaminoso porque Cristo autorizou os tribunais da igreja a emitirem tais decretos.

No entanto, como a Confissão nos lembra, "todos os sínodos e concílios, desde os tempos dos apóstolos, quer gerais quer particulares, podem errar, e muitos têm errado", de modo que "não devem constituir regra de fé e prática, mas podem ser usados como auxílio em uma e outra coisa". Quando uma assembleia eclesiástica emite um decreto ou ordem, ou, numa controvérsia, toma resoluções que conflitam com a Palavra de Deus, elas *devem ser desobedecidas*. Por exemplo, quando, na década de 1930, a Assembleia Geral da Presbyterian Church in EUA [Igreja Presbiteriana nos Estados Unidos] ordenou que todos os membros da Igreja apoiassem certas entidades e lideranças suas, mesmo que os liberais fossem empregados por elas, era perfeitamente bíblico e correto que os crentes se recusassem a obedecer a tal ordem. No entanto, tal desobediência seria extremamente repreensível em um caso em que a Assembleia Geral exigisse o que estava de acordo com a Palavra de Deus. Tudo isso para dizer que a autoridade delegada aos sínodos e concílios da igreja é limitada. Ela limita-se à *declaração* e *implementação* das doutrinas e mandamentos de Cristo contidos na Escritura. Ou seja, os sínodos e concílios nunca podem emitir nenhum decreto ou decisão que sejam inerentemente, e em virtude da autoridade do próprio sínodo ou concílio, infalíveis.

As limitações da autoridade e poder dos sínodos e concílios, reconhecidas pelos reformadores, não são amplamente reconhecidas ou são escrupulosamente observadas hoje. No movimento ecumênico contemporâneo, por exemplo, muitas vezes há uma tendência em subordinar a autoridade da Bíblia à dos concílios. A verdade, em tais circunstâncias, não é buscada apenas na Escritura, mas em um consenso de várias tradições e opiniões. Como expressou um escritor, "Aquele que julga já 'ter' a verdade não entra plenamente no diálogo".[40]

Não é exagero dizer que a posição ousada de Lutero na Dieta de Worms foi a antítese exata dessa posição que tem sido revivida no movimento ecumênico contemporâneo, no sentido de que toda a Igreja falando em sínodo ou concílio é a voz da verdade. Contudo, também deve ser dito que mesmo igrejas reformadas ortodoxas têm, por vezes, tendido a elevar gradualmente as sentenças dos sínodos ou assembleias a um lugar de supremacia prática como regra de fé e prática. Há igrejas reformadas ortodoxas nas quais os membros acreditam em certas coisas e aderem a certas práticas não porque as declarações do Sínodo ou da Assembleia Geral lhes tenham sido apresentadas de forma a persuadi-los de que esse é o ensino da Escritura, mas meramente porque uma regra foi estabelecida pela própria igreja local. Acreditamos que isso seja perigoso e prejudicial, mesmo que uma regra específica esteja de acordo com a Escritura. Pode haver uma aparência temporária de estrita obediência e piedade. No entanto, ela logo se deteriorará e se mostrará impotente para conter o pecado. O caminho mais difícil é o caminho certo. Quando os sínodos e concílios se

---

40 Floyd H. Ross, "The Christian Mission in Larger Dimension," in *The Theology of the Christian Mission*, ed. Gerald H. Anderson (New York: McGraw-Hill, 1961), p. 227.

esforçarem para *provar* suas declarações pela Escritura e administrá-las pela persuasão, bem como pela disciplina, a autoridade suprema da Bíblia será salvaguardada e expressa. Nesse processo, a Igreja não tapará os ouvidos àqueles que discordam com base na convicção respaldada pela Escritura.

PERGUNTAS

1. O que significa dizer que o governo da Igreja é espiritual?
2. O que significa dizer que o governo da Igreja é ministerial?
3. Que assuntos são devidamente determinados pelos sínodos e concílios?
4. Dê um exemplo de algo que um sínodo ou concílio não pode decretar.
5. Quando os decretos dos sínodos ou concílios têm autoridade?
6. Por que os decretos dos sínodos ou concílios têm autoridade em tais casos?
7. Quando um concílio da igreja emite um decreto ou decisão contrários à Palavra de Deus, o que o membro que discorda deve fazer? Por quê?
8. Que tendência se manifesta em grande parte do movimento ecumênico contemporâneo?
9. Os órgãos eclesiásticos nas igrejas presbiterianas e reformadas ortodoxas tendem, por vezes, a desrespeitar os limites da autoridade dos sínodos e concílios? Se sim, como?
10. O que é necessário para se resguardar dos abusos de autoridade dos sínodos e concílios?

XXXI, 4

4. Os sínodos e concílios não devem discutir nem determinar coisa alguma que não seja eclesiástica; não devem imiscuir-se nos negócios civis do Estado, a não ser por humilde petição em casos extraordinários, ou por conselhos, em satisfação de consciência, se o magistrado civil os convidar a fazê-lo.

Essa seção da Confissão nos ensina: (1) que os sínodos e concílios devem se preocupar exclusivamente com os assuntos da Igreja; (2) que não devem se intrometer nos assuntos do Estado; (3) que podem, no entanto, manifestar-se sobre questões civis em casos extraordinários que envolvam assuntos vitais para a Igreja; e (4) que também podem aconselhar o magistrado civil, quando solicitado.

Durante os dias 18 a 21 de novembro de 1958, a Conferência de Estudo da Ordem Mundial reuniu-se em Cleveland, Ohio. Essa conferência foi convocada pelo Presidente do Conselho Nacional das Igrejas de Cristo nos EUA, e foi convocada pela Divisão de Vida e Obra do Departamento de Assuntos Internacionais. Dessa conferência saiu a "Mensagem às Igrejas", na qual foram considerados os seguintes assuntos puramente políticos ou civis, e algumas posições defendidas. A mensagem pedia: (1) reconhecimento diplomático da China comunista pelos Estados Unidos; (2) admissão da China comunista na Organização das Nações Unidas; (3) o evitar a postura de hostilidade geral em relação às nações comunistas; (4) internacionalismo como substituto do patriotismo nacional; (5) a busca do objetivo do desarmamento universal; (6) o uso da força militar somente quando sancionado pela ONU e sob o controle desta; (7) a criação de uma força policial permanente da ONU; (8) a abolição do sistema de recrutamento militar; e (9) a aprovação do comércio irrestrito entre os Estados Unidos e as nações comunistas.

Talvez esse seja um caso extremo, mas ele ilustra exatamente o tipo de coisa ao qual nossa Confissão se opõe. É um exemplo claro do que a Escritura não sanciona como assunto próprio da Igreja. É nossa convicção que órgãos como o Conselho Mundial de Igrejas e o Conselho Nacional de Igrejas têm frequentemente defendido causas civis, programas políticos e esquemas sociais perversos. Nenhum cristão preocupado em manter a honra de Cristo deve fazer parte de tais organizações. Porém, enfatizamos aqui o fato de que, mesmo que uma determinada posição tomada por tal órgão fosse correta, ainda assim teríamos que rejeitar tais organizações, pois é contrário à Palavra de Deus que sínodos e concílios se intrometam em assuntos civis dessa maneira. Mesmo que estivessem certos em questões específicas, estariam errados ao assumir o direito de se intrometer nos assuntos civis.

Cremos que os seguintes argumentos são prova suficiente do ensino da Confissão sobre esse assunto. (1) O Senhor Jesus Cristo disse: "Meu reino não é deste mundo" (Jo 18.36). Cristo não apenas se eximiu de exercer o poder político ou influenciar eventos políticos diretamente fazendo pronunciamentos sobre assuntos civis, mas também, quando seus seguidores tentaram fazer dele um poder político, ele frustrou tal tentativa. Em vez disso, ele pregou o evangelho do reino de Deus. Ensinou que os homens devem ser mudados, e que, ao serem mudados, eles "levedariam" a ordem social e política (Mt 13.33). (2) Não há evidência de que os apóstolos ou a Igreja Apostólica se intrometeram em assuntos civis. Mesmo o Sínodo de Jerusalém não concluiu nada que não fosse eclesiástico. (3) Não há ensino bíblico que justifique tal interferência nos assuntos do Estado por parte da Igreja.

O conceito reformado de "soberania das esferas" é o ensino bíblico, e ele, com efeito, reconhece que Deus é supremo em cada âmbito ou esfera da vida. Essa doutrina ensina que o cristão individual deve glorificar a Deus em tudo o que faz. E a lei de Deus é tão relevante no campo político quanto em qualquer outra área da vida. Além disso, compete à Igreja ensinar todo o conselho de Deus, ainda que ele diga respeito a assuntos políticos. No entanto, há uma grande diferença entre o *ensino de princípios* da Palavra de Deus a membros da Igreja e a tentativa de *interferir* diretamente nos assuntos do Estado. A tarefa da Igreja é proporcionar uma instrução que guie seus membros quanto a assuntos políticos, incluindo os magistrados civis. Contudo, é tarefa dos cristãos, enquanto cidadãos, cumprir o que está de acordo com o evangelho. A Igreja pode exercer grande influência nos assuntos de Estado. Mas exerce essa influência indiretamente. É o cristão individual, no exercício de seus direitos civis, que deve influenciar a política com princípios cristãos — não a Igreja enquanto tal.

Há, no entanto, dois casos em que a Igreja pode se preocupar diretamente com assuntos civis. (1) Quando o Estado apresenta uma ameaça direta às preocupações espirituais da Igreja, esta tem o direito de falar sobre esse assunto como um corpo organizado. Isso aconteceu nos últimos anos nos Estados Unidos da América, quando foram aprovadas certas leis que tentaram silenciar o que a Bíblia diz sobre o pecado da homossexualidade. Tanto em São Francisco quanto no Estado de Nova Jersey, a Orthodox Presbyterian Church [Igreja Presbiteriana Ortodoxa] não teve escolha a não ser falar abertamente — *ao Estado* — por questão de consciência. Ela lhe disse — e adequadamente, nós afirmamos — que a Igreja deve continuar denunciando o que a Bíblia denuncia.

(2) Também pode haver ocasiões em que as autoridades civis solicitem à Igreja uma opinião sobre assuntos que envolvam questões morais. O

autor do presente comentário uma vez compareceu diante de um comitê seleto do Parlamento na Nova Zelândia exatamente por esse motivo. A igreja à qual o autor servia naquela época sustentava que seria um direito e até mesmo um dever da Igreja cumprir. Mas, em tais casos, deve-se ter cuidado para evitar confusão entre uma declaração fiel de princípios da Palavra de Deus e qualquer tentativa de ditar a política administrativa, que é tarefa própria dos magistrados civis, e não da Igreja.

PERGUNTAS

1. Quais os assuntos com os quais os sínodos e concílios eclesiásticos devem se preocupar?

2. Que Concílio contemporâneo viola flagrantemente esse princípio?

3. Por que tal atitude é errada, mesmo que a coisa específica defendida esteja certa?

4. Apresente três argumentos contra a intromissão da Igreja nos assuntos do Estado.

5. Esse princípio da Confissão significa que o evangelho não é regulador de assuntos políticos para o cristão?

6. De que maneira a Igreja influencia corretamente os assuntos políticos?

7. Quando a Igreja pode se preocupar diretamente, como instituição, com assuntos políticos?

——XXXII. DO ESTADO DO HOMEM DEPOIS—— DA MORTE E DA RESSURREIÇÃO DOS MORTOS

1. O corpo dos homens, depois da morte, volta ao pó e vê a corrupção; mas a alma deles (que nem morre nem dorme), tendo uma substância imortal, volta imediatamente para Deus que a deu. A alma dos justos, sendo então aperfeiçoada em santidade, é recebida no mais alto dos céus, onde vê a face de Deus em luz e glória, esperando a plena redenção do corpo deles; e a almas dos ímpios é lançada no inferno, onde ficará em tormentos e em trevas espessas, reservada para o juízo do grande dia final. Além desses dois lugares destinados às almas separadas de seus respectivos corpos, as Escrituras não reconhecem nenhum outro lugar.

Essa seção da Confissão nos ensina: (1) que, na morte, os corpos físicos de todos os homens, sem distinção, voltam ao pó e veem corrupção; (2) que as almas de todos os homens, depois disso, adentram no estado intermediário; (3) que esse estado é distinto para justos e ímpios; e (4) que o purgatório é uma ficção.

É um fato baseado pela experiência comum, tanto quanto pelo ensino infalível da Escritura, que o "corpo dos homens, depois da morte, volta ao pó e vê a corrupção". Como Deus disse ao homem caído: "Porque tu és pó e ao pó tornarás" (Gn 3.19). Nem a Escritura nem nossa própria experiência indicam qualquer diferença entre o justo e o ímpio na morte, no que diz respeito ao corpo físico: "Porque, na verdade, tendo Davi servido à sua própria geração, conforme o desígnio de Deus, adormeceu, foi para junto de seus pais e viu corrupção" (At 13.36), embora ele fosse um homem segundo o coração de Deus. No que diz respeito ao corpo, o crente, como o incrédulo, está sujeito a essa consequência do pecado de Adão. A morte é o efeito do pecado. O salário do pecado é a morte; e assim a morte passou a todos os homens, porque todos pecaram.

A questão é: por que não há diferença entre crentes e incrédulos no que diz respeito à morte física? A resposta é que aprouve a Deus retardar os benefícios físicos da obra redentora de Cristo até o fim dos tempos: "O último inimigo a ser destruído é a morte" (1Co 15.26). Na ressurreição naquele último dia da história, o aspecto físico do homem será reconstituído, e os justos terão um corpo transformado na gloriosa semelhança do corpo ressurreto de Cristo (Fp 3.21). Os ímpios também serão ressuscitados, mas em desonra e vileza, para receberem a justa punição do pecado, tanto no corpo quanto na alma (2Co 5.10).

Embora não possamos nem precisemos explicar os caminhos de Deus, sugerimos pelo menos algumas razões para esse aparente demora na redenção do corpo. (1) Uma vez que os benefícios físicos da redenção são adiados, ninguém é encorajado a ser um cristão apenas por causa da libertação da doença, do sofrimento e da morte. Os milagres de Cristo deram uma amostra da vitória final sobre a doença e a morte, e houve muitos que o seguiram por causa dos milagres. Contudo, eles não desejavam a libertação do pecado, mas apenas dos efeitos deste. (2) A morte, como a doença, a adversidade e a fragilidade do corpo, é um meio de santificação. Faz com que nos lembremos de nossa estrutura, de que somos pó. Ela ajuda a nos afastar da soberba da vida e do amor pelo presente século. Ela nos encoraja a lançar-nos cada vez mais sobre Deus e a clamar-lhe por essa libertação final. (3) A morte também é um meio de alcançar algo melhor, que de outra forma não seria alcançado. O corpo ressurreto de Lázaro não era como aquele corpo glorioso que será dele e nosso no dia da ressurreição, se crermos no Senhor Jesus Cristo: "Insensato! O que semeias não nasce, se primeiro não morrer; e, quando semeias, não semeias o corpo que há de ser" (1Co 15.36-37). A morte do corpo físico (Paulo o chama de "este corpo mortal", Rm 7.24) é um pré-requisito para a ressurreição desse mesmo corpo com qualidades novas e gloriosas. Há *continuidade de substância*, mas *transformação de qualidades*. Da mesma forma, o "velho homem" (que é nosso eu pecaminoso, nossa natureza caída egocêntrica) deve morrer, sendo crucificado com Cristo, para que o "novo homem" (que é nosso eu regenerado, altruísta e centrado em Cristo) seja criado. (Quanto a isso, cf. a discussão do Capítulo V, 2-6.) (4) Por fim, se não houvesse morte para os justos, não haveria história. Ou os justos sairiam do mundo (como Jesus fez em seu corpo ressurreto), ou então eles teriam que viver uma existência totalmente separada em uma sociedade segregada. Não poderia haver ordem na qual crentes e incrédulos pudessem habitar juntos. E os justos não poderiam gerar filhos. Não haveria semente da aliança (Mt 22.30).

Embora o destino temporal dos corpos físicos dos crentes e dos incrédulos seja o mesmo até a volta de Cristo, suas almas (ou espíritos), na morte, entram em estados totalmente diferentes. Os espíritos dos crentes tornam-se imediatamente perfeitos e sem pecado, e entram na alegria da presença imediata com Deus (Hb 12.23). Como disse o apóstolo Paulo, "deixar o corpo" é "habitar com o Senhor" (2Co 5.8). "Partir" é "estar com Cristo", ele escreve, e isso é (em comparação com nosso estado atual) "incomparavelmente melhor" (Fp 1.23).

No entanto, precisamos entender que esse estado intermediário é simplesmente um desenvolvimento mais perfeito, uma fase mais avançada daquela nova vida que tem seu início *na alma* do crente na sua regeneração. Quando somos vivificados pelo Espírito Santo de Deus, já passamos da morte para a vida, no que diz respeito à alma (Jo 5.24). Já começamos a nos assentar nos lugares celestiais em Cristo Jesus (Ef 2.5-6). A partir do momento da regeneração, a alma não pode ser atingida pela morte. A morte, em todo o seu alcance, como punição pelo pecado, incorre no pagamento do salário do pecado, e este é o seu aguilhão. Esse aguilhão é retirado no momento da regeneração, de modo que na morte física nada há que possa atingir a alma ou o espírito, nem mesmo o medo insuperável e, muito menos, o aguilhão da lei. A morte apenas marca um avanço no progresso do espírito do crente naquela vida eterna que começou com a sua regeneração. O avanço é tanto de santidade interior quanto de comunhão imediata com Deus. Quando o apóstolo Paulo disse: "Desventurado homem que sou! Quem me livrará do corpo desta morte?" (Rm 7.24), ele associou a morte com seu corpo físico e a vida com sua alma regenerada. Na morte, a alma ou espírito está totalmente livre daquele corpo, que ainda está sob o poder do pecado e da morte. Na ressurreição, o corpo também será finalmente libertado e reunido ao espírito, e então o homem como um todo será espiritual. Isso não significa que o corpo não será físico; significa apenas que tanto o corpo quanto a alma serão perfeitamente santos e estarão plenamente sob o governo do Espírito Santo de Deus.

Porém, os ímpios já estão mortos nesta vida, tanto no corpo quanto na alma. A alma está morta desde o início de sua existência natural, porque ela procede de Adão. Todos os homens estão, por natureza, "mortos em delitos e pecados" (Ef 2.1). Mas o incrédulo permanece morto. E sua morte física apenas marca um progresso na morte como uma experiência mais completa. Os incrédulos já estão sem Deus e sem esperança no mundo, mas, mesmo assim — no mundo —, ainda desfrutam de algumas das bênçãos divinas comuns. Na hora da morte física, porém, perderão até mesmo aquilo que agora possuem. Depois disso, não haverá mais bênçãos de nenhum tipo para aliviar o tormento e as trevas de sua condição. Tampouco haverá mais um convite gratuito e gracioso de Deus para a salvação por meio de Jesus Cristo. Toda a esperança será, então, aniquilada. Sua alma (ou espírito) descerá ao inferno.

No entanto, a condição e o lugar desses incrédulos ímpios após a morte física e antes de sua ressurreição não é um desenvolvimento totalmente inédito. É, antes, uma manifestação mais completa, um desenvolvimento ainda mais completo, daquela condição espiritual que começou com seu nascimento natural, sob uma condição perdida e pecaminosa. A ira de Deus *permanece* sobre eles. Mas, depois, chegará a um patamar mais elevado. Porém, mesmo esse estado intermediário, no qual somente a alma ou espírito perdido atinge o desenvolvimento maduro no pecado e experimenta as suas consequências implacáveis, não é a manifestação final e completa da condenação dos ímpios. Essa manifestação deve esperar a ressurreição do corpo. Então, e só então, o homem ressurreto pode experimentar o tormento físico e espiritual que Deus reservou para os que não são seus. Assim, paradoxalmente, a morte física tem o efeito de retardar não apenas a plena perfeição e alegria dos justos, mas também toda a miséria e sofrimento dos ímpios.

"Além desses dois lugares [isto é, céu e inferno] destinados às almas separadas de seus respectivos corpos, as Escrituras não reconhecem nenhum outro lugar". A teologia católica romana ensina que a maioria dos homens na morte não vai para o céu nem para o inferno, mas para um lugar chamado purgatório. O purgatório, de acordo com o ensino romano, é o lugar onde aqueles "que morrem em estado de graça, mas são culpados de pecado venial, ou não satisfizeram totalmente a pena temporal devida aos seus pecados" vão para receber essa punição e fazer essa satisfação. Isso não apenas é contrário ao ensino da Escritura no sentido de que esta ensina a partida imediata das almas (espíritos) para o céu ou para o inferno, mas também é contrário ao ensino da Escritura porque mina a suficiência da obra do Senhor Jesus Cristo para a plena satisfação por todos os pecados de seu povo: "Porque, com uma única oferta, aperfeiçoou para sempre quantos estão sendo santificados" (Hb 10.14).

PERGUNTAS

1. Com relação aos aspectos puramente físicos da morte física, existe alguma diferença entre crentes e incrédulos?
2. A morte é a consequência de quê? Fundamente biblicamente.
3. Por que, então, os justos não são libertos da morte física agora, nesta vida, mas somente no povir?
4. Quando as almas dos crentes e dos ímpios começam, respectivamente, a experimentar condições essencialmente diferentes?
5. Quando as almas dos crentes e dos ímpios começam, respectivamente, a experimentar estados totalmente diferentes?
6. O estado intermediário é um desenvolvimento mais maduro do quê?
7. De que maneira a alma do crente avança, em sua condição, pela morte do corpo?
8. De que forma a alma do incrédulo avança, em sua condição, pela morte do corpo?
9. Qual é o propósito do purgatório, de acordo com a igreja católica romana?
10. Que ensino da Escritura esse erro contradiz?

——XXXII, 2-3——

2. No último dia, os que estiverem vivos não morrerão, mas serão mudados; todos os mortos serão ressuscitados com seu mesmo corpo, e não outro, posto que com qualidades diferentes, e ficarão reunidos à sua alma para sempre.

3. O corpo dos injustos será, pelo poder de Cristo, ressuscitado para a desonra; o corpo dos justos será, pelo seu Espírito, ressuscitado para a honra e para ser semelhante ao próprio corpo glorioso dele.

Essas seções da Confissão nos ensinam: (1) que haverá uma ressurreição geral no último dia; (2) que aqueles que viverem até esse dia serão transformados sem o processo habitual (e lento) de decadência física; (3) que será uma ressurreição do mesmo corpo (idêntico em essência ou substância, mas diferente em qualidades) que morreu; (4) que esse corpo será novamente unido à alma, de modo a permanecer para sempre unida a ela; e (5) que essa ressurreição será diferente para os justos e para os ímpios.

A pergunta 84 do Catecismo Maior de Westminster diz: "Está decretado que todos morram uma vez, pois todos são pecadores". Mas a Confissão diz que "no último dia, os que estiverem vivos não morrerão, mas serão mudados". Aparentemente, pelo menos, isso evidencia uma contradição. Um dos dois não pode ser uma afirmação absolutamente verdadeira. Contudo, longe de objetar a essa posição da Confissão e do Catecismo de Westminster, vemos nessa aparente contradição a clara disposição, tanto da Confissão quanto do Catecismo, de serem expressões fiéis do ensino bíblico.

A dificuldade de conciliar essas duas declarações nos padrões de Westminster não é menor que a dificuldade de conciliar as várias declarações semelhantes da Escritura. A Bíblia também afirma claramente a universalidade da morte: "A morte passou a todos os homens", diz o apóstolo Paulo, "porque todos pecaram" (Rm 5.12); e: "Aos homens está ordenado morrerem uma só vez" (Hb 9.27). Essa é uma declaração do que vemos como o fato universal de nossa existência. Não há classe ou raça de homens que escape a essa ordenação. Geração após geração enfrentou o mesmo fim. Mas, obviamente, haverá uma geração que não "passará" desse ambiente terreno como outras antes dela, pela simples razão de que Cristo retornará enquanto eles ainda estiverem vivos: "Ora, ainda vos declaramos, por palavra do Senhor, isto: nós, os vivos, os que ficarmos até à vinda do Senhor, de modo algum precederemos os que dormem" (1Ts 4.15). Alguns estarão vivos quando o Senhor Jesus Cristo voltar. Como, então, eles poderiam participar da morte, como fizeram aqueles que os precederam? Nesse caso, o corpo e a alma não serão separados, nem o corpo descansará por um período para sofrer decomposição. Essa diferença dispensa explicações.

Todavia, não há respaldo em imaginar, como muitos fizeram, que aqueles que estiverem vivos e permanecerem terão vantagem sobre os outros. Paulo refuta essa mesma noção, em 1Tessalonicenses 4.15. Ele diz que os que estiverem vivos e permanecerem até a vinda de Cristo "de modo algum precederão" ou "virão antes" dos que tiverem adormecido. Cremos que isso significa que aqueles não terão nenhuma vantagem sobre estes. E acreditamos que assim seja pelas seguintes razões. (1) A segunda vinda de Cristo será pelo menos tão terrível quanto a morte física poderia ser: "quando do céu se manifestar o Senhor Jesus com os anjos do seu poder, em chama de fogo, tomando vingança contra os que não conhecem a Deus e contra os que não obedecem ao evangelho de nosso Senhor Jesus" (2Ts 1.7-8). (2) A mudança que então ocorrerá no crente que está vivo não será menos assombrosa do que a própria morte ou a ressurreição dos mortos. Aquilo que é realizado pela morte, o estado intermediário e a ressurreição no último dia (no caso da maioria dos crentes), também será realizado de maneira intensa e repentina no caso daqueles que estiverem vivos e permanecerem até a vinda de Cristo. Nenhum dos dois terá qualquer vantagem, pois ambos passarão por uma mudança semelhante. (3) Além disso, enquanto resistimos vigorosamente à noção de que os crentes não têm consciência durante o estado intermediário (como algumas falsas seitas ensinam), não temos certeza de que eles terão a mesma consciência do tempo que temos aqui na terra. Pode ser que, na morte, o crente comece a ter uma consciência que não esteja mais circunscrita por nossos atuais limites temporais. (4) Em todo caso, uma vez que a morte não tem aguilhão nem vitória (1Co 15.55), e uma vez que temos a certeza de que é muito melhor estar ausente do corpo e presente com o Senhor (2Co 5.8), não pode haver desvantagem para aqueles que dormem no Senhor. Portanto, uma vez que a mudança experimentada pelos crentes que estão vivos e permanecem no último dia tem o mesmo efeito que a mudança experimentada por outros crentes na morte, no estado intermediário e na ressurreição no último dia, há um determinado sentido em que ambas as afirmações (que todos morrerão uma vez; que alguns não morrerão) são perfeitamente verdadeiras.

Mas qual será a natureza da ressurreição? Esse é um grande mistério, e não podemos fazer mais do que enfatizar certos ensinos notáveis da Escritura que nos protegem de erro em nossas considerações sobre esse assunto. (1) Será uma ressurreição *física*. Ou seja, matéria-prima terrena de fato estará envolvida. Haverá algum tipo de continuidade entre a identidade do corpo que é lançado na sepultura para sofrer corrupção e a identidade do corpo que é ressuscitado no último dia: "Depois, revestido este meu corpo da minha pele, em minha carne verei a Deus" (Jó 19.26). Haverá uma identidade tão real em nosso caso quanto no caso do próprio Senhor Jesus Cristo. Era o mesmo corpo, embora o corpo não fosse o mesmo (em qualidades). Assim como há continuidade entre o feto no útero e o ser humano adulto, também haverá continuidade entre o corpo que morre e o que revive. Há um século, ninguém sabia da existência do DNA. Hoje é possível ler o código de DNA dos Faraós mortos há milênios. Isso não é para tentar explicar o fator de continuidade, mas apenas para lembrar ao leitor que há coisas surpreendentes que há muito têm sido desconhecidas. Por que, então, deveríamos ter alguma dúvida quanto à capacidade de Deus de recuperar — e reconstituir — o mesmo corpo físico que que foi reduzido a cinzas em um incêndio?

(2) O corpo da ressurreição (pelo menos no caso dos justos) será radicalmente *diferente* do que era antes: não estará mais sujeito à corrupção (1Co 15.42); será glorioso (1Co 15.43); terá grande poder (1Co 15.43); e estará completa e perfeitamente sujeito ao governo do Espírito de Deus (1Co 15.44). Será muito mais radicalmente mudado do que podemos imaginar. Mas não será um "novo corpo" em todos os sentidos da palavra, mas o "velho corpo" transformado em um "novo corpo". Não terá menos continuidade com o antigo do que a alma do crente regenerado tem com a alma que ele tinha antes da sua regeneração. Assim como alguém pode pegar sucata e derretê-la para produzir um novo objeto, o mesmo acontece com o corpo: o corpo "semeado em corrupção" será "ressuscitado em incorrupção". O novo será feito do velho: "Se há corpo natural, há também corpo espiritual" (1Co 15.44); e se "a carne e o sangue não podem herdar o reino de Deus" (1Co 15.50), o que é necessário não é a aniquilação do velho corpo, mas uma mudança radical dele. E é exatamente isso que acontecerá: "transformados seremos todos, num momento, num abrir e fechar de olhos, ao ressoar da última trombeta. [...] os mortos ressuscitarão incorruptíveis, e nós seremos transformados" (1Co 15.51-52).

A Escritura não nos diz muito a respeito da ressurreição daqueles que estão perdidos. Sabemos (1) que ela ocorrerá ao *mesmo tempo* que a ressurreição dos crentes: "Porque vem a hora em que todos os que se acham nos túmulos ouvirão a sua voz e sairão: os que tiverem feito o bem, para a ressurreição da vida; e os que tiverem praticado o mal, para a ressurreição do juízo" (Jo 5.28-29). (2) No caso deles, também será uma ressurreição do *mesmo corpo* que foi sepultado, pois "muitos dos que dormem no pó da terra ressuscitarão, uns para a vida eterna, e outros para vergonha e horror eterno" (Dn 12.2). Mas (3) embora *possa haver mudanças radicais* nos corpos dos não salvos, elas não ocorrerão nos corpos dos salvos. Quaisquer que sejam as mudanças, elas serão apenas para vergonha, desprezo, desonra e sofrimento eterno de dor e perda: "Esta é a segunda morte, o lago de fogo. E, se alguém não foi achado inscrito no Livro da Vida, esse foi lançado para dentro do lago de fogo" (Ap 20.14-15).

PERGUNTAS

1. Quais as duas declarações aparentemente contraditórias nos padrões de Westminster sobre a morte?
2. Cite referências bíblicas para fundamentar cada uma dessas declarações.
3. Quais são os três fundamentos que provam que aqueles que estiverem vivos na volta de Cristo não terão vantagem sobre aqueles que morrerem em Cristo antes desse evento glorioso?
4. O que a Confissão quer dizer quando diz que a ressurreição será do "mesmo corpo"?
5. O que a Confissão quer dizer quando fala de "qualidades diferentes"?
6. Quando os perdidos serão ressuscitados?
7. Em que sentido o corpo dos perdidos será o mesmo após a ressurreição?
8. O que é a segunda morte?

———XXXIII. DO JUÍZO FINAL———

1. Deus já determinou um dia no qual, com justiça, há de julgar o mundo por meio de Jesus Cristo, a quem foram, pelo Pai, entregues o poder e o juízo. Nesse dia, não somente serão julgados os anjos apóstatas, mas também todas as pessoas que tiverem vivido sobre a terra comparecerão ante o tribunal de Cristo, a fim de darem conta dos seus pensamentos, palavras e obras, e receberem o galardão segundo o que tiverem feito, bem ou mal, por meio do corpo.

2. O fim que Deus tem em vista, para isso tendo determinado esse dia, é manifestar a sua glória — a glória da sua misericórdia na eterna salvação dos eleitos, e a glória da sua justiça na condenação dos réprobos, que são injustos e desobedientes. Os justos irão, então, para a vida eterna, e receberão aquela plenitude de gozo e alegria procedentes da presença do Senhor; mas os ímpios, que não conhecem a Deus nem obedecem ao Evangelho de Jesus Cristo, serão lançados nos eternos tormentos e punidos com a destruição eterna, proveniente da presença do Senhor e da glória de seu poder.

3. Assim como Cristo, para afastar os homens do pecado e para maior consolação dos justos nas suas adversidades, quer que estejamos firmemente convencidos de que haverá um dia de juízo, assim também quer que esse dia não seja conhecido dos homens, a fim de que eles se despojem de toda confiança carnal, sejam sempre vigilantes, não sabendo a que hora virá o Senhor, e estejam prontos a dizer: "Vem logo, Senhor Jesus!" Amém.

Essas seções da Confissão nos ensinam: (1) que Deus designou um dia de julgamento geral; (2) que Cristo será o juiz; (3) que todos os anjos e homens comparecerão perante ele; (4) que todos serão julgados por cada pensamento, palavra e ação; (5) que o propósito de Deus em designar esse dia é a manifestação de sua gloriosa justiça e graça; (6) que os justos e os ímpios irão, depois, para sua recompensa eterna; e (7) que o grande dia não pode ser previsto ou conhecido antecipadamente.

Como diz o Catecismo Maior: "Devemos crer que no último dia haverá uma ressurreição geral dos mortos, justos e injustos" e que "imediatamente depois da ressurreição acontecerá o juízo geral e final dos anjos dos homens" (Pergunta/Resposta 87-88). O ensino dos padrões de Westminster é que haverá uma ressurreição geral de todos os homens e, logo após, sem demora, um julgamento geral: "Porque vem a hora em que todos os que se acham nos túmulos [...] sairão" (Jo 5.28-29). João descreve a cena do seguinte modo: "Vi também os mortos, os grandes e os pequenos, postos em pé diante do trono. Então, se abriram livros. Ainda outro livro, o Livro da Vida, foi aberto. E os mortos foram julgados, segundo as suas obras, conforme o que se achava escrito nos livros. Deu o mar os mortos que nele estavam. A morte e o além entregaram os mortos que neles havia. E foram julgados, um por um, segundo as suas obras" (Ap 20.12-13). Quanto a isso, observe: dois tipos de livros foram abertos, e estavam presentes aqueles que foram julgados com base em cada um dos tipos, e nenhum homem foi excluído. Ficamos, portanto, calados para o fato de que "porquanto [Deus] estabeleceu um dia em que há de julgar o mundo com justiça, por meio de um varão que destinou" (At 17.31).

Esse ensino da Escritura é tão claro que pode parecer desnecessário explorá-lo mais. Mas há, hoje, uma ampla aceitação de uma forma de doutrina que destoa do ensino da Escritura com relação tanto à ressurreição geral quanto ao julgamento geral. É a doutrina chamada pré-milenismo. Para entendê-la, e também apresentar as outras duas posições escatológicas clássicas, introduziremos, nesse tópico, uma breve discussão sobre as posições milenaristas.

PERSPECTIVAS SOBRE O MILÊNIO

A palavra "milênio" deriva-se do latim e significa "mil anos". Ela chegou a ter um significado especial no âmbito da escatologia bíblica. Há alguns que associam ao retorno de Cristo a ideia de um período prolongado (ou seja, o milênio) de prosperidade e bem-aventurança sem paralelo na terra, durante o qual o cristianismo, de fato, reinará de modo supremo. (1) Alguns sustentam que Cristo retornará *antes* do início desse período. Eles são chamados de pré-milenistas. (2) Outros acreditam que um período de prosperidade e bem-aventurança sem paralelo (ou seja, o milênio) virá primeiro, e que só *depois* disso ocorrerá o retorno de Cristo. Eles são chamados de pós-milenistas. (3) E há aqueles que não acreditam que a Bíblia justifique a expectativa de qualquer período prolongado de triunfo do cristianismo antes do fim dos tempos. São conhecidos tradicionalmente como amilenistas, pois acreditam que o milênio, como sendo um período prolongado de triunfo do cristianismo, não ocorrerá. (Essas pessoas acreditam que há uma interpretação adequada para o texto de Apocalipse 20.1-10 e, portanto, não é correto associar o termo "amilenista" com a descrença na Escritura.) Vamos, agora, nos esforçar para apresentar uma breve descrição de certos exemplos característicos dessas três correntes escatológicas básicas.

Pré-milenismo

Pré-Milenismo Clássico. Essa corrente teológica foi defendida na história da igreja primitiva por Irineu e outros. O esboço principal desse ensino é o seguinte: (1) espera-se que a história do mundo se estenda por seis mil anos, mil anos para cada um dos dias da criação (cf. 2Pe 3.8); (2) no final desse período (o sexto dia, que começou com a primeira vinda de Cristo), o sofrimento e a perseguição aos crentes aumentarão até atingir o seu clímax, com a ascensão do Anticristo (cf. 2Ts 2.310; 1Jo 2.18); (3) no auge do poder do Anticristo, Cristo aparecerá em glória celestial para triunfar sobre todos os seus inimigos, ressuscitando os santos e estabelecendo seu reino, que durará mil anos (o sétimo dia, *Shabbath* ou milênio). (Durante esse período, Jerusalém será reconstruída, a terra prosperará e haverá paz universal); (4) no final desse período, os ímpios serão ressuscitados para o julgamento final; (5) por fim, a nova criação aparecerá (cf. 2Pe 3; Ap 21-22).

Esse esquema básico teve defensores ao longo da história da igreja, embora deva ser considerada uma corrente distintamente "minoritária". No século XIX, essa posição teológica tornou-se muito mais popular e foi mantida (com algumas variações) por estudiosos competentes como Bengel, Godet, Van Oosterzee, Moorehead e outros. Então, no final do século XIX e ao longo de todo século XX, em grau ainda maior, surgiu um tipo novo e radicalmente diferente de doutrina pré-milenista, sobre o qual falaremos agora.

Pré-milenismo Dispensacionalista. Essa corrente escatológica é uma inovação recente. É mais um produto do sistema dispensacionalista, do qual faz parte, e não um antigo ensinamento da Igreja Cristã. O esquema do ensino pré-milenar dispensacionalista é o seguinte: (1) Existem sete dispensações: da Inocência (criação até a queda), da Consciência (da queda até o dilúvio), do Governo Humano (do dilúvio até a torre de Babel), da Promessa (dos Patriarcas a Moisés), da Lei (Moisés a Cristo), da Graça (Cristo ao Milênio) e do Reino (o período milenar). (2) A nação (ou reino) de Israel ocupa um lugar especial na economia divina. Era a forma provisória do reino de Deus. Por causa da apostasia, esse reino foi derrubado, mas os profetas predisseram seu restabelecimento. O Messias veio e se ofereceu para estabelecer esse reino. Os judeus recusaram. Cristo foi, portanto, forçado a atrasar o estabelecimento do reino. Ele se retirou temporariamente (indo para um país distante, Mateus 21.33), mas voltará para fazer o que foi impedido de fazer. (3) A Igreja é considerada como um mero parêntese na história do reino. Não tem ligação com o reino e era desconhecida dos profetas. É uma espécie de "ruptura" inesperada que resultou na "sorte" inesperada do evangelho da graça para as nações. A maioria dos dispensacionalistas não busca resultados muito profundos na pregação do evangelho. A verdadeira esperança está apenas na volta de Cristo. A obra de grandeza incomparável seguirá então no período milenar. (4) A volta de Cristo é iminente. Ele pode vir a qualquer momento. Não há eventos previstos que devem ser cumpridos primeiro. (5) A segunda vinda de Cristo consistirá em dois eventos separados (vindas), com sete anos de intervalo entre eles. A primeira etapa da segunda vinda será sua vinda para seus santos (Cf. Mt 24.40-41; 1Ts 4.17). A segunda etapa da segunda vinda seguirá o período de sete anos em que o evangelho do reino será novamente pregado (por judeus crentes), haverá uma conversão generalizada efetuada (embora não universal), Israel reconstituído (alguns, no entanto, colocam esse evento mais para frente) e, na última parte desse período, o Anticristo será revelado e a ira de Deus derramada sobre a raça humana (2Ts 2; Ap 16; Mt 24.14-22). Após esse período, Cristo virá com os seus santos. As nações vivas serão então julgadas, os santos que morreram durante a grande tribulação ressuscitarão, o Anticristo será destruído e Satanás amarrado (Ap 20.1-2). (6) O reino milenar será, então, estabelecido. Será um reino terreno e visível, no qual apenas os judeus serão cidadãos naturais; os gentios serão meramente cidadãos adotados. Cristo se assentará em um trono, em Jerusalém. O templo será reconstruído e os sacrifícios serão restaurados novamente (Ez 40-48). A paz universal e a prosperidade prevalecerão (Is 11.8). Durante esse período, o mundo será convertido, alguns defendem que pelo evangelho, mas a maioria defende que será por força e poder. (7) No final do milênio, Satanás será solto por um curto período de tempo. Gogue e Magogue se levantarão contra a cidade santa (Ap 20.7-8). No entanto, Deus intervirá com fogo do céu. Satanás será lançado na cova, e os mortos que ainda não ressuscitaram (ou seja, os ímpios) serão ressuscitados para comparecer perante o tribunal de Deus. (8) Então seguir-se-á o reino eterno dos céus.

Pós-milenismo

O pós-milenismo apresentou uma posição teológica estável ao longo da história da Igreja. No entanto, nos últimos tempos, o liberalismo distorceu alguns ensinos do pós-milenismo e os adaptou à sua própria reconstrução naturalista do cristianismo. Infelizmente, muitos que conhecem o pós--milenismo assumem que ele está invariavelmente associado a correntes teológicas liberais. Na verdade, nem mesmo é correto falar dos liberais como pós-milenistas, porque os liberais não acreditam que Cristo retornará de forma visível a qualquer momento. Portanto, em nossa discussão nem mesmo consideraremos a posição liberal. Estamos aqui apresentando apenas as opiniões daqueles que, de fato, podem ser chamados de cristãos.

A maioria dos pós-milenistas acredita (1) que o Espírito Santo trará gradualmente um período de triunfo do verdadeiro Cristianismo antes da volta de Cristo. (2) Alguns acreditam que uma grande apostasia precederá a "era de ouro", outros (talvez a maioria) acreditam que ela se seguirá. (Alguns acreditam que o papado em seu auge foi a grande apostasia, e que a Reforma iniciou o curso dos eventos que trarão a "era de ouro"). (3) Que Cristo retornará depois que o mundo for evangelizado, os judeus convertidos (em massa), e a Igreja estabelecida em um grande grau pureza e unidade. (4) A ressurreição será geral (todos os homens ao mesmo tempo). (5) O julgamento geral se seguirá. (6) Por fim, o reino eterno começará.

Os pós-milenistas acreditam que o reino de Deus é uma realidade presente, que ele é de caráter espiritual, e que a Igreja é a instituição divina que realiza essa vinda de Cristo no poder do seu reino (Jo 18.36; Lc 17.20; Mt 16.19; Cl 1.13; Dn 2.44). Eles apontam para várias passagens bíblicas para provar que o reino de Cristo existe e que é um cumprimento das profecias do Antigo Testamento (At 15.14-18; Hb 12.22-23; e, ainda: At 2.34-36; Sl 110.1; Ef 1.20; Cl 3.1; Hb 1.3, 13; 8.1.)

Amilenismo

Os amilenistas não acreditam que a Escritura prediz uma "era de ouro" na história do mundo, antes do retorno de Cristo, nem prediz tal era na história após o retorno de Cristo, antes do julgamento final. Eles acreditam (1) que haverá um amadurecimento progressivo das forças do bem e do mal (Mt 13.24-30, 37-43, 47-50). (2) Enquanto alguns acreditam que haverá tribulação e muita (ou grande) apostasia ao longo dessa era, outros acreditam que a apostasia virá como um evento concentrado no tempo imediatamente anterior ao retorno de Cristo. Outros ainda acreditam que haverá (a) a grande (concentrada no tempo) apostasia, (b) a conversão (em massa) dos Judeus, e (c) um estado de coisas do qual se pode dizer que todas as nações da terra foram abençoadas na semente de Abraão (Cristo). (3) Cristo retornará e ressuscitará todos os homens de uma só vez. (4) O julgamento geral se seguirá à ressurreição geral. (5) Os novos céus e a nova terra aparecerão em toda a sua beleza e glória e permanecerão para sempre.

É importante notar que o pós-milenismo e o amilenismo concordam na convicção de que Apocalipse 20.2-3 descreve uma realidade presente e que Jesus não voltará até que o período aqui descrito chegue ao fim. Em outras palavras, estritamente falando, ambas as posições são pós-milenistas, no sentido de que veem o retorno de Cristo como ocorrendo *após* o período milenar sobre o qual João escreveu. Portanto, a diferença é essencialmente uma questão de grau de otimismo com o qual eles veem o desdobramento da história presente e ainda futura da igreja. O autor deste estudo não se importa em ser chamado de amilenista otimista. Ele também não se importa em ser chamado de pós-milenista não utópico.

Essas três correntes milenistas (sem considerar as suas respectivas variações) são ilustradas na figura 5.

FIG.5

A. Pré-milenismo Clássico

B. Pré-milenismo Dispensacionalista

C. Pós-milenismo

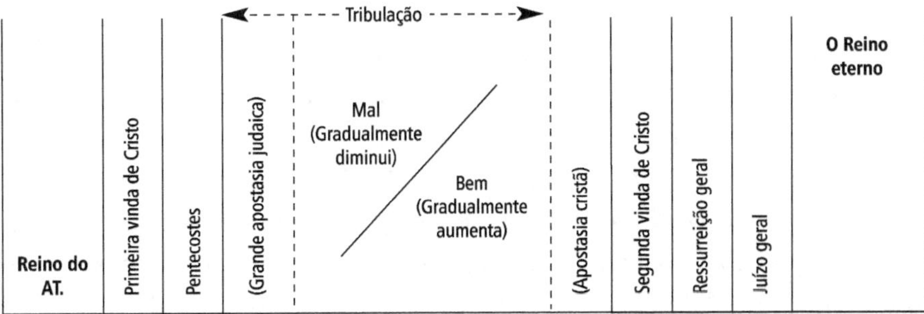

D. Amilenismo

Diante de tudo isso, uma coisa deve ser óbvia: não é tarefa fácil traçar o futuro! Mas duas questões podem nos interessar proveitosamente: (1) como devemos olhar para aqueles que defendem opiniões divergentes e (2) como devemos determinar a qual delas (se houver) deve ser dada preferência?

Em resposta à primeira pergunta, acreditamos que todos os que creem (1) no retorno corpóreo visível do Senhor Jesus Cristo, (2) na ressurreição geral e (3) no julgamento geral de todos os homens devem ser considerados cristão, pois estão, de certa forma, dentro dos limites doutrinais da fé bíblica. E cremos que aqueles que sustentam esses três princípios firmemente são capazes de subscrever essas seções da Confissão de Fé.

Quanto à segunda pergunta, oferecemos as seguintes sugestões, acreditando que, se nos apegarmos firmemente a essas verdades, evitaremos graves erros. Em primeiro lugar, a Escritura nos adverte que *ninguém conhece os tempos ou as estações* (At 1.7; Mt 24.36-44; 1Ts 5.1). Nenhum homem conhece, ou pode conhecer, a cronologia do futuro (este é o significado da palavra grega *chronos*) nem os eventos precisos (ou momento exato dos eventos, *kairós*) que marcarão o desenrolar do plano de Deus para o futuro. Portanto, qualquer esquema (como o dos dispensacionalistas) que reivindica tal conhecimento não pode ser aceito por aqueles que creem e conhecem a verdade.

Em segundo lugar, a Escritura ensina claramente que o reino de Cristo é (a) *já é uma realidade presente* (Mt 4.17; 5.3; 16.19; Mc 9.1), (b) *espiritual e invisível*, não mundano e material (Lc 17.20; Jo 3.3-8; 18.36; 1Ts 2.12; Cl 1.13), (c) *não apenas milenar* (Dn 2.44; 2Pe 1.11), (d) *não pertencente ao Israel nacional*, de onde foi tirado e entregue a todas as nações (Lc 12.32; Ap 11.15), (e) *e deve se consumar, quanto à atual administração mediadora*, somente quando "ele entregar o reino ao Deus e Pai, quando houver destruído todo principado, bem como toda potestade e poder. Porque convém que ele reine até que haja posto todos os inimigos debaixo dos pés. [...] Quando, porém, todas as coisas lhe estiverem sujeitas, então, o próprio Filho também se sujeitará àquele que todas as coisas lhe sujeitou" (1Co 15.24, 25, 28). Então o reino aparecerá em sua forma final (2Tm 4.1; Mt 26.29), mas, mesmo assim, será uma continuação do reino que agora existe.

Em terceiro lugar, a Bíblia afirma que a volta de Cristo será (a) repentina (isto é, sem avisos) (Mt 24.36-39, 42-44). Ela é comparada com os dias de Noé, quando a vida prosseguia "como de costume" até que, sem qualquer aviso, veio repentinamente o dilúvio. A pregação de Noé foi a única advertência, o que não é diferente da pregação de hoje, que é a única advertência da vinda de Cristo. Cristo também usou como ilustração dessa verdade o ladrão que vem sem avisar, e o relâmpago que brilha, sem qualquer aviso, de leste a oeste. (b) Quando Cristo vier, convocará todos os homens a se levantarem de seus túmulos (Jo 6.28-29; At 24.15). (c) Naquele dia, os céus e a terra como agora os conhecemos "passarão", porque "os elementos se desfarão abrasados" (2Pe 310-11).

Em quarto lugar, a Bíblia diz que esse é o período final da história humana (Hb 1.2; Jo 6.39; 11.24; 12.48; At 2.17; 2Tm 3.1; 2Pe 3.3; 1Jo 2.18). Como disse o apóstolo Paulo, nós somos aqueles "para quem os fins dos séculos têm chegado" (1Co 10.11). Isso pode significar apenas que vivemos na última era que marca a história da salvação.

Em quinto lugar, a grande apostasia não pode ser algo em um futuro distante da perspectiva do apóstolo, pois ele disse que "o mistério da iniquidade" que causa essa apostasia já estava operando em seus dias (2Ts 2.7-9; 1Jo 2.18, 22 e 4.3).

Em sexto lugar, nenhuma visão pode ser correta se vislumbra um período de "bem sem mal", ou a separação entre justos e ímpios antes do fim desta era, pois Jesus disse: "assim será na consumação do século. Mandará o Filho do Homem os seus anjos, que ajuntarão do seu reino todos os escândalos e os que praticam a iniquidade" (Mt 13.40-41, 49).

Por fim, em sétimo lugar, nenhuma posição escatológica pode ser correta se vislumbra o presente reinado de Cristo terminando antes de ele ter colocado "todos os inimigos debaixo dos pés"; "Porque é necessário que ele reine até que haja posto todos os inimigos debaixo dos pés" (1Co 15.25), e "o último inimigo a ser destruído é a morte" (1Co 15.26). Segue-se que toda a vitória coincidirá com a derrota da morte pela ressurreição geral. Não pode haver triunfo completo do reino de Cristo até que a história do mundo chegue ao fim.

Não afirmamos que apenas pós-milenistas ou amilenistas otimistas têm direito ao nome de cristãos. No entanto, cremos que é difícil harmonizar qualquer uma das correntes pré-milenistas com o ensino claro da Escritura e da Confissão.

PERGUNTAS

1. Quanto aos eventos escatológicos, que verdades básicas devem ser defendidas por aqueles que, com razão, subscrevem a Confissão de Fé de Westminster?
2. Cite provas bíblicas para cada uma dessas verdades.
3. O que significa o termo "milênio"?
4. Quais são as três correntes milenistas? Defina cada uma delas.
5. De acordo com o gráfico apresentado acima, que erros podemos encontrar no pré-milenismo clássico?
6. Que erros, de acordo com o gráfico, podemos encontrar no pré-milenismo dispensacionalista?
7. De acordo com o gráfico, que erros podemos encontrar no pós-milenismo?
8. Ainda de acordo com o gráfico, que erros podemos encontrar no amilenismo?
9. O que, sob qualquer ponto de vista, deve ser sustentado por aqueles que têm o direito de serem chamados de cristãos, por professarem a fé cristã histórica quanto aos assuntos escatológicos?
10. Sete princípios das Escrituras podem ajudar a nos guiar no discernimento dos erros milenistas. Quais são eles? Descreva-os.

A Confissão de Fé de Westminster tem sido considerada positiva e negativamente. Certamente, em períodos passados, mais do que hoje em dia, ela gozou de maior aceitação e lealdade. Muitos que reivindicam o *nome* presbiteriano consideram esse padrão apenas como uma relíquia desgastada e ultrapassada. Não podemos concordar com essa conclusão. Embora tenhamos apenas tocado no vasto campo das verdades expressas e sistematizadas pela Confissão, tentamos mostrar duas coisas: (1) o firme fundamento bíblico do ensino nela expresso e (2) a sua relevância para hoje.

A verdade não muda. E o avanço na aquisição de mais da verdade de Deus não vem por desrespeito ou contradição com o que o Senhor ensinou à sua Igreja em períodos passados. Se é para haver um novo dia de avanço, no qual a Igreja recuperará novamente o zelo e a fidelidade genuínos, acreditamos que ele deve ocorrer com o hasteamento da bandeira da verdade que é expressa e sistematizada nesta Confissão. Não é de um evangelho menor do que o que é expresso por esta Confissão que podemos esperar gloriosas conquistas e vitórias. A necessidade do momento não pede novos credos — ou pior ainda, nenhum outro credo — mas sim, a recuperação da fé de nossos Pais Reformadores, como é tão maravilhosamente apresentada nesta declaração de fé — o maior de todos os credos cristãos.

É visando esse nobre propósito que este humilde esforço foi feito. Nós o publicamos com fervorosa oração, e que seu uso faça com que muitos vejam a gloriosa herança de nossa fé presbiteriana.

RESPOSTAS ÀS PERGUNTAS

1

──────I. DAS SAGRADAS ESCRITURAS──────

──────I, 1──────

1. Há dois tipos de revelação. A revelação natural (também chamada de revelação geral, dada a todos os homens) e a revelação verbal (também chamada de revelação especial, encontrada somente na Bíblia).
2. Textos como Sl 19.1-3 e Rm 1.20 refutam claramente essa ideia.
3. Sim, Deus não nos deixou sem provas de sua existência. Essas provas podem ser vistas em toda a criação, isto é, em todos os lugares e em todas as coisas. Portanto, não há nada que não testifique da existência de Deus.
4. As chamadas provas "tradicionais" da existência de Deus presumem uma deficiência na revelação natural, pois elas apenas demonstram que a revelação natural prova que um deus possivelmente existe; quando, na realidade, a revelação natural prova que o Deus verdadeiro certamente existe.
5. Os dois aspectos são: o seu *ser* e a sua *vontade*. O ser do homem, assim como o ser de Deus, não é uma questão de escolha. Mas o propósito do homem, assim como o propósito de Deus, é voluntário.
6. O aspecto da *vontade*, isto é, sua semelhança voluntária (ou alinhada) com Deus.
7. O aspecto do *ser* à imagem de Deus, pois isso é involuntário (não depende da vontade humana).
8. O aspecto da *vontade*, no qual encontramos o *propósito* do homem.
9. Não. Porque ela não continha nenhuma diretriz para o teste da obediência voluntária do homem.
10. A ira de Deus (Rm 1.18).
11. Sim. Perder a imagem de Deus faria com que o homem deixasse de ser homem.

12. O fato de que os homens suprimem a verdade de Deus
    mediante um esforço pecaminoso de sua mente e coração.

13. Porque a revelação natural não revela o remédio divino para a culpa
    e depravação do homem, isto é, expiação e conversão do coração.

14. O erro fundamental dos carismáticos é que eles acreditam que os dons
    carismáticos que ocorriam na época dos apóstolos ainda ocorrem hoje.

15. O propósito dos sinais e maravilhas registrados na Bíblia é
    mostrar que os profetas e apóstolos eram porta-vozes de Deus.

16. Não. A Bíblia deixa claro que esse processo foi completado pela
    obra consumada de Cristo, e pelo testemunho apostólico.

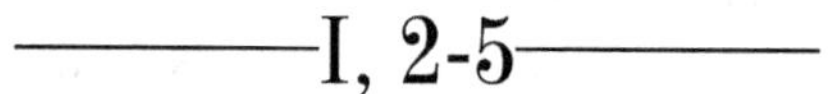

—————I, 2-5—————

1. A prova é o conjunto de evidências que demonstra que
   a Bíblia é a Palavra de Deus. Esse conjunto de evidências
   encontra-se, em parte (e primariamente), na própria
   Bíblia, e, em parte (e subordinadamente), fora dela.

2. (a) O Antigo Testamento (pelo testemunho dos seus autores
   inspirados) reivindica ser a Palavra de Deus. (b) O Novo Testamento
   (pelo testemunho dos seus autores inspirados) reconhece o Antigo
   Testamento como Palavra de Deus. (c) Cristo prometeu inspiração
   divina aos seus apóstolos. (d) Os apóstolos reivindicaram a
   inspiração divina que lhes foi prometida por Cristo. (e) Os apóstolos
   reconheceram os escritos uns dos outros como inspirados.

3. A autoridade não pode repousar sobre aquilo que é subordinado
   a si mesmo. Em outras palavras, a autoridade só pode repousar
   sobre aquilo que é maior do que si mesmo. A autoridade
   da Palavra de Deus só pode depender do próprio Deus.

4. Que a autoridade da Bíblia depende da autoridade da
   Igreja. Ou, em outras palavras, a autoridade do que Deus
   diz depende da autoridade dos que os homens dizem.

5. Quando colocam a prova da autoridade da Bíblia na
   razão humana, arqueologia ou coisa do tipo.

6. Primeira e finalmente na própria Bíblia.

7. Porque os homens são incapazes de receber a evidência
   corretamente. Isso se dá por causa de sua depravação total.

8. Não. Significa que o Espírito Santo habilita os homens a verem a Bíblia por aquilo que ela realmente é — a Palavra inspirada de Deus.

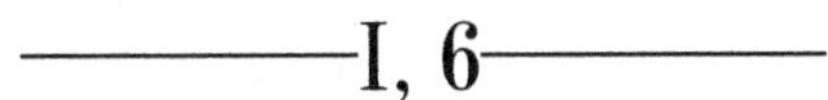

I, 6

1. Jo 14.6, Hb 1-1-2; Jo 15.15; 2Tm 3.15-17; Ap 22.18-19.
2. At 20.20, 27; Jd 3; 2Tm 3.16-17.
3. (a) A Bíblia seria excessivamente volumosa se contivesse regras para cada exemplo particular da necessidade humana. (b) Não haveria processo de pensamento no homem (como imagem de Deus) correspondente ao pensamento de seu Criador.
4. Pelos princípios universais que se aplicam a todos os homens em todas as épocas e lugares.

	Circunstâncias	Princípios
(a) Culto	A hora exata do culto	O dia do culto
	A ordem exata do culto	Os elementos do verdadeiro culto
	O lugar da comunhão	Os termos da comunhão
(b) Governo	O número de presbíteros em uma igreja específica	Que haja dois ou mais presbíteros em cada
	O sistema exato de delegação a presbitério e assembleia	Que haja presbitérios e assembleias gerais

5. O Quarto Mandamento controla todas as circunstâncias relativas ao culto divino, e as circunstâncias não podem mudar o dia do culto ou os deveres nele exigidos por esse mandamento.

I, 7

1. Que a Escritura é clara em seu sentido. Não é obscura. O que ela diz, o diz com perfeita exatidão. A dificuldade em compreender a

Escritura se deve a uma condição em nós, não a algum defeito nela.

2. Que o sentido da Escritura não é claro em si mesmo, mas pode ser entendido apenas pela interpretação da Igreja Católica Romana.

3. A visão reformada é que os credos (o que a Igreja diz que a Bíblia diz) são menos do que uma expressão perfeitamente clara da verdade, e portanto, subordinado à Escritura. A visão romana é que a verdade é tornada clara e definitiva apenas pelo testemunho da Igreja.

4. Não. Há coisas ensinadas na Escritura que são difíceis de entender, mas isso não se deve a nenhuma obscuridade no ensino dessas coisas (doutrinas), mas sim ao caráter das próprias doutrinas. Por exemplo, a predestinação divina e a responsabilidade humana são *claramente* ensinadas na Escritura, mas são difíceis de entender.

5. Devem estudar a Escritura com diligência e persistência. Aqueles que reclamam alegando que a Escritura é difícil de entender geralmente, se não sempre, não podem dizer que fizeram um esforço real para entendê-las e estudá-las.

6. (a) Todos os cristãos são obrigados a examinar a Escritura. (b) A Escritura é dirigida aos cristãos comuns, não apenas aos instruídos. (c) A Escritura é, por seu próprio testemunho, clara.

7. A Bíblia deve ser estudada em uma tradução que se possa entender; deve ser estudada sistematicamente; e deve ser estudada com a ajuda de outros crentes, isto é, com o auxílio dos credos históricos, etc.

I, 8

1. Em sentido último, existe apenas *uma* Bíblia, a saber, a Palavra de Deus absolutamente perfeita, infalível e inerrante.

2. Por "a Bíblia" quer-se dizer o texto original (cada letra, palavra e frase exatas) escrito por homens santos sob inspiração divina.

3. Não possuímos hoje os manuscritos originais sobre os quais esse texto foi escrito.

4. Os liberais dizem que não adianta acreditar em tal texto quando não o temos em nosso poder. Eles erram em distinguir entre o manuscrito original, que foi perdido, e o texto original, que não foi destruído.

5. Sim. Desde que o texto de uma cópia seja o mesmo que o texto de um original, é exatamente tão infalível quanto

o original. Por exemplo, uma cópia fotográfica não difere em nada no que diz respeito ao texto ou conteúdo.

6. Não, pois essas cópias foram feitas à mão por homens que cometeram erros.

7. (a) Cada copista cometeu "seus próprios" erros. Assim, as cópias tendem a diferir entre si. Em outras palavras, as cópias concordam em testemunhar contra os erros umas das outras.
(b) A Igreja de fala grega, por meio de grande familiaridade com esse idioma, protegeu o texto correto da corrupção.

8. Pode-se considerar que o primeiro fator é o mais importante, mas também que o segundo fator é real e, muitas vezes, é negligenciado na explicação acerca da preservação do texto original da Bíblia.

9. Porque agora temos meios mecânicos e tecnológicos de reproduzir o texto e preservá-lo da corrupção.

10. Na verdade, possuímos as próprias palavras que Deus depositou no texto da Bíblia por inspiração divina. Não afirmamos que todas as dificuldades foram removidas. Afirmamos que quase todas as palavras inspiradas por Deus são conhecidas por nós, sem sombra de dúvida. *Não há* nenhuma dúvida sobre todas as palavras. Mais exatamente, não há dúvida sobre quase todas as palavras.

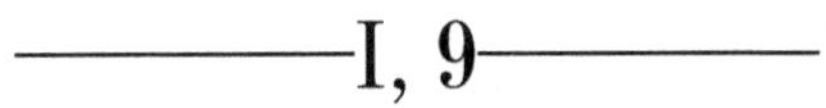

I, 9

1. As falsas religiões negam que a Bíblia interpreta a si mesma.

2. Não, principalmente na vida prática.

3. A verdadeira pregação da Palavra de Deus é a interpretação da Escritura pela Escritura. O ministro prova o significado de um texto pela constante referência ao restante da Escritura. Portanto, não há qualquer conflito real entre a Bíblia ser intérprete de si mesma e a necessidade de haver ministros ordenados.

4. Não, pois algumas partes da Escritura são mais difíceis de entender do que outras. Isso não o fato de que a Escritura ainda interpreta a si mesma. Devemos explicar as partes mais difíceis da Escritura em comparação com o que já é claramente compreendido.

5. Porque tal cristianismo nega, com efeito, que a Escritura tenha sido clara para outros antes de nós.

6. Porque os credos expressam o ensino da
   Escritura com precisão e fidelidade.

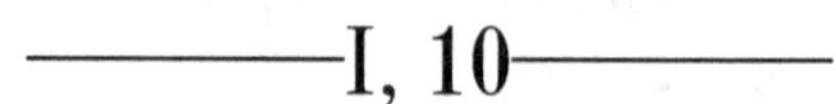

I, 10

7. No Catolicismo Romano as decisões da Igreja são finais. Não há
   direito de recurso contra elas. Numa igreja reformada somente
   a Bíblia tem autoridade final, e qualquer pessoa tem o direito de
   apelar para a Palavra de Deus no tocante às decisões da Igreja.
8. Não. Somente Deus pode falar infalivelmente. A Igreja fala com
   autoridade e proveito quando declara a Palavra de Deus.
9. Não, pois o apóstolo Pedro não tinha mais autoridade do que
   os outros apóstolos e presbíteros. Os apóstolos e presbíteros
   tomaram a decisão. A decisão foi baseada nas Escrituras do Antigo
   Testamento e na revelação dada aos apóstolos e por meio deles.
10. (a) 1Co 11.23-26; (b) 2Co 6.14-18; 2Ts 3.14.

2

— II. DE DEUS E DA SANTÍSSIMA TRINDADE —

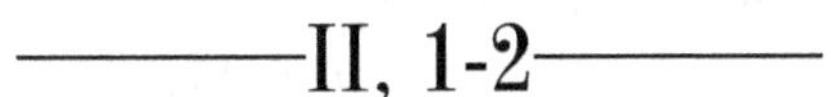

1. Em todas as coisas criadas.
2. Que Deus não tem corpo como os homens, nem
   é composto de algum material criado.
3. Porque a Escritura fala de Deus por meio de expressões
   humanas. O ser do homem é análogo ao de Deus; portanto,
   Deus pode falar de si mesmo por meio de analogia.
4. O termo atributos se refere a qualidades ou propriedades que
   atribuímos a Deus (ou ao homem, conforme o caso).
5. O termo incomunicável se refere àquilo que não pode
   ser comunicado, nem compartilhado com a criatura.
6. O termo comunicável se refere àquilo que pode ser
   comunicado e compartilhado com a criatura.
7. Eternidade, infinidade, imutabilidade,
   onipotência, onisciência e onipresença.
8. Ser, sabedoria, poder, santidade, justiça, bondade e verdade.
9. Não, pois Deus sabe todas as coisas com um conhecimento
   exaustivamente completo e absolutamente perfeito. Sendo
   assim, o seu conhecimento não pode ser aumentado, nem
   mesmo por um estudo mais aprofundado, por exemplo.
10. Deus não pode receber nada de suas criaturas, pois
    ele é absolutamente autossuficiente.
11. A verdade de que Deus é absolutamente independente e que, em
    comparação com ele, todas as coisas são como nada, inclusive o homem.

1. A doutrina da Trindade é revelada pelos eventos que ocorreram depois

que o Antigo Testamento foi escrito e antes que o Novo Testamento fosse escrito. No entanto, uma vez que o Novo Testamento registra esses eventos, e o Antigo Testamento preparou o caminho para eles, a doutrina da Trindade nos é revelada na Bíblia como um todo.

2. Sim, embora o Antigo Testamento seja uma revelação parcial do verdadeiro Deus, que é triúno. Isso pode ser provado a partir de dados bíblicos que são inexplicáveis por qualquer interpretação que não seja uma interpretação trinitária.

3. Gn 1.26; Gn 32.24-30; Êx 23.20-25.

4. Êx 23.20-21.

5. Is 7.14; 9.6.

6. Porque cada uma das três pessoas se manifestou aos apóstolos como pessoalmente distintas, mas essencialmente como um único Deus.

7. Primeiro, que as três pessoas da divindade constituem um único ser; segundo, que um único ser subsiste em três pessoas.

	Deus, o Pai	**Deus, o Filho**	**Deus, o Espírito Santo**
(a) Nomes	Jo 20.17	Jo 20.28	At 5.34
(b) Atributos	Mt 6.8	Jo 2.24-25	1Co 2.10-11
(c) Obras	Pv 16.4	Jo 1.1-3	1Co 12.4-11
(d) Adoração	Ap 22.9	Hb 1.6	Ap 2.7

——III. DOS DECRETOS ETERNOS DE DEUS——

——III, 1-2——

1. Uma pessoa age de acordo com um propósito.
2. Um plano eterno e imutável.
3. Ef 1.11.
4. Mt 10.29.
5. 1Rs 22.1-40.
6. At 2.22, 23; At 4.27-28.
7. Mt 18.7; At 2.23; 4.27-28.
8. Fp 2.13.
9. No sentido de que nenhum homem é forçado a agir contra sua vontade.
10. Porque todos os não regenerados são maus. Todas as
    suas ações são determinadas por sua natureza maligna.
    Desejam fazer apenas o mal porque são maus.
11. Porque Deus deu-lhes uma nova natureza que se inclina para o bem.
12. Não, Deus não pode prever que uma coisa de fato acontecerá até
    que ele determine que ela aconteça. Nada pode existir, a menos
    que Deus determine que exista. Dizer que Deus prevê o que não
    determinou é dizer que ele não é o único ser autoexistente.

——III, 3-5——

1. Por causa da perversidade humana. Pecadores
   não gostam do que a Escritura ensina.
2. O homem pecador não merece outra coisa além da condenação.
3. O exemplo de Jacó e Esaú.
4. Tudo. Nada.
5. Uma vez que Deus escolheu Jacó e rejeitou Esaú, embora
   não fossem diferentes, e antes de terem feito qualquer

coisa boa ou má, fica provado que toda a base para a
discriminação de Deus entre eles estava nele, não neles.

6. Rm 9.21.

7. Deus não decide quem vai escolher e quem vai
rejeitar com base em qualquer coisa neles.

8. (a) Que a salvação é toda pela graça, e não pelas obras. (b) Que
o arrependimento e a fé são dados gratuitamente aos pecadores
por Deus. (c) Que os homens estão mortos em delitos e pecados.
(d) Que a eleição está condicionada ao beneplácito de Deus.

9. Porque lhe agradou fazer tal escolha.

10. Para manifestar sua glória na demonstração da
graça para alguns e justiça para outros.

III, 6

1. O fim prometido por Deus foi que todos a bordo do navio seriam
salvos do naufrágio e da destruição. O meio utilizado para alcançar
esse fim foram as palavras do apóstolo inspirado dizendo que
todos deviam permanecer a bordo do navio para serem salvos da
destruição. Sim, o fim foi alcançado; pois todos foram salvos da
destruição. Sim, o meio foi utilizado conforme exigido; pois todos
atenderam obedientemente a advertência do apóstolo. Deus decretou
tanto o fim quanto os meios, isto é, que todos seriam salvos da
destruição e, portanto, também decretou o que era necessário
para alcançar esse fim (ou seja, obediência ao alerta de Paulo).

2. Ela nega que Deus predetermina todas as coisas. Além disso, nega
que Deus predestine o que devo fazer agora, embora admita
que ele predestine o que acontecerá comigo mais tarde.

3. Porque as obras de Deus (o que Deus faz) nunca
contradizem os seus planos, pelo contrário, o próprio
plano de Deus é executado pelas suas obras.

4. Porque (a) a Escritura não diz que a morte de Cristo foi
planejada para a salvação de todos os homens, e (b) porque a
Escritura, de fato, diz que Deus não salvará todos os homens.

5. No contexto, estas palavras estão incorretas: "um resgate *por todos*",
"*livre acesso a Deus*" e "*conquanto feita pelos pecados do mundo*".

6. (a) Na visão correta (1858), a morte de Cristo assegura a redenção eterna. (b) Na visão incorreta (1925), a morte de Cristo garante apenas "acesso a Deus para perdão e restauração", ou seja, apenas torna o perdão *possível*.

7. O ensino da Declaração Confessional de 1925 em vigor ignora a ação de Deus porque ensina que a obra do Espírito Santo não está em harmonia com a obra de Cristo. Desse ponto de vista, Cristo opera para salvar a *todos*, e o Espírito Santo opera para salvar *alguns*.

——III, 7-8——

1. Deus decidiu rejeitá-los, isto é, decidiu não lhes dar o dom da graça salvadora.

2. Porque assim lhe agradou.

3. Porque eles pecaram e, portanto, merecem a condenação.

4. Essa doutrina tem sido distorcida por aqueles que afirmam que a culpa, bem como a determinação de punir o réprobo, está em Deus. Dessa perspectiva equivocada, a condição do homem, bem como seu caráter, são atribuídos a Deus.

5. Porque muitos não estão dispostos a aceitar Deus como ele se revelou, isto é, como absolutamente soberano.

6. Sim.

7. Não, pois Deus tem o direito absoluto de fazer o que quiser com as criaturas que criou, especialmente considerando os pecados delas.

8. João 3.36. A discriminação soberana de Deus diz respeito àqueles que já estão sob sua ira e maldição. A discriminação feita por Deus diz respeito a quem não deve ser deixado nessa condição.

9. Sim. Porque é ensinada na Escritura. Com especial cuidado e prudência, isto é, com exatidão, plenitude e diligência em refutar impressões errôneas.

4

IV. DA CRIAÇÃO

IV, 1

1. O mundo foi criado pelo Deus Triúno.
2. (a) Que o universo é autoexistente. (b) Que não foi criado do nada. (c) Que a forma atual das coisas é o resultado de um princípio evolutivo. (d) Que não há razão última para as coisas além das próprias coisas.
3. Não. Porque não é a verdade.
4. A verdade é aquilo que realmente é (ou foi, ou será).
5. Na natureza e na Escritura.
6. (a) Que os fósseis foram produzidos muito lentamente. (b) Que a Bíblia não permite o tempo necessário após a história da criação para explicar esses fósseis. (c) Que a Bíblia necessariamente ensina que os dias da criação eram dias comuns, isto é, dias de 24 horas. (d) Que Deus não criou (em seis dias de vinte e quatro horas) com aparência de idade.
7. (a) Os fósseis podem ter sido produzidos repentinamente (como pelo dilúvio). (b) A Bíblia não diz quanto tempo decorreu entre a criação e os eventos posteriores. (c) Estudiosos ortodoxos da Bíblia mostraram que a palavra hebraica para "dia" nem sempre significa um período de vinte e quatro horas. (d) Deus pode ter criado o mundo inteiro repentinamente e com a aparência de idade. Deus certamente criou Adão com idade aparente.
8. Cremos que se refere a dias semelhantes aos nossos (não a grandes períodos de tempo).
9. Não, pois o termo hebraico para "dia" às vezes denota um período de tempo indefinido.
10. Cremos que o primeiro capítulo do livro de Gênesis foi escrito de modo a dar a impressão de que a criação ocorreu de maneira sobrenatural, e não de um processo natural demorado.

IV, 2

1. Os cristãos e os evolucionistas concordam, cada um ao seu modo e superficialmente, em ensinar (a) que o homem é a criatura mais elevada (conhecida), (b) que as formas superiores de vida vieram depois das inferiores, e (c) que toda a raça humana veio de um casal.

2. Porque essas proposições são sustentadas por razões totalmente distintas.

3. Não. Uma vez que todas as obras de Deus são uma clara expressão da sua perfeita sabedoria, é correto acreditar que Deus, de modo semelhante, se utilizou de sua sabedoria nas diversas coisas que ele criou.

4. Que a espécie humana é derivada ou evoluiu de alguma espécie inferior anterior. Isso o cristão não pode admitir.

5. Não. Porque a Escritura afirma claramente que o espírito do homem veio diretamente de Deus, e que a fusão desse espírito com a matéria fez do homem uma alma vivente.

6. Para os evolucionistas, a existência humana primitiva era semelhante à existência animal (os homens das cavernas são retratados como animais).

7. De acordo com a Bíblia, a existência humana "primitiva" era elevada e mais sublime do que qualquer vida subsequente conhecida por homens pecadores neste mundo.

8. Não era técnico ou complexo. Não foi acumulado ou altamente desenvolvido.

9. Porque eles não acreditam que a natureza pudesse produzir simultaneamente "acidentes" idênticos.

10. Por causa do ensino da Escritura, segundo o qual Deus criou apenas um homem e uma mulher.

11. O homem é a imagem de Deus. Ou talvez: a alma é a imagem de Deus, se a alma significa a natureza físico-espiritual do homem. O homem tornou-se alma vivente.

12. Muitos defenderam essa ideia por causa da influência do antigo erro que ensinava que o espírito é bom e a matéria é má.

13. Devemos pensar diversidade na unidade, isto é, o homem tem *uma* personalidade, mas *várias* faculdades — mente, coração e vontade.)

14. Sim, pois a Escritura ensina que o homem é uma personalidade racional, emocional e volitiva (Is 1.18; At 24.25; Cl 3.9-10; Rm 12.10; Mt 26.39; Jo 1.13).

———————V. DA PROVIDÊNCIA———————

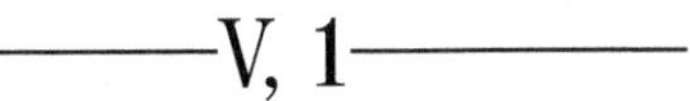

————V, 1————

1. A Confissão rejeita tanto o ensino de que as coisas acontecem por acaso quanto o ensino de que as coisas acontecem mecanicamente, isto é, por destino.
2. Os arminianos também acreditam, talvez inconscientemente, que as coisas acontecem por acaso, ou seja, sem nenhuma razão necessária.
3. Pv 19.21; 21.1.
4. Não há "chance" de Deus fazer o mal. Ele não pode fazer isso porque é contrário à sua natureza.
5. Porque as ações dos homens são determinadas por seu caráter.
6. O destino é mecânico (o que tem de acontecer acontecerá, mas não por uma razão), enquanto a soberania divina é intencional.
7. (a) Que Deus criou todas as coisas. (b) Que Deus tem presciência perfeita. (c) Que Deus é todo-poderoso (onipotente). (d) Que Deus é livre para fazer o que quiser.
8. Dn. 4.35; Sl. 135.6; Ef 1.11.

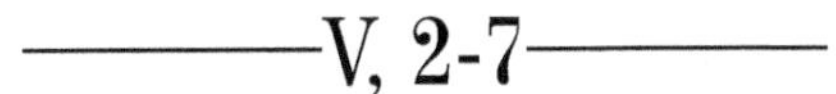

————V, 2-7————

1. (a) Se Deus controla tudo, então os homens não responsáveis pelo que fazem. (b) Se Deus controla tudo, então as coisas funcionarão da mesma forma, não importa o que os homens façam. (c) Se Deus controla tudo, então ele é o autor do pecado. (d) Se Deus controla tudo, então não há explicação para o mal nos homens bons e o bem nos homens maus.
2. (a) Deus é capaz de controlar tudo, inclusive nossos atos livres, sem destruir nossa liberdade genuína. (b) Deus controla tudo; portanto, todas as coisas devem funcionar como ele planejou, e

isso inclui as coisas que os homens fazem. (c) Deus é capaz de controlar aqueles que são autores do pecado sem ser ele mesmo o autor do pecado. (d) É porque Deus controla tudo que podemos explicar o mal nos homens bons (que Deus *permite* por boas razões), e o bem nos homens maus (que Deus *causa* por boas razões).

3. Porque Deus permite um ressurgimento temporário do pecado interior como castigo e advertência.

4. Porque Deus às vezes permite que a consciência do incrédulo o domine.

5. Não, pois o cristão *era* um velho homem, agora, porém, ele é um novo homem. No entanto, os efeitos pecaminosos da velha natureza permanecem com o novo homem.

6. Sim, pois é o novo homem que peca, embora a fonte desse pecado não seja o novo homem.

7. Não. A figura 2 tenta indicar apenas o caráter básico dos homens. Todas as ações de um homem regenerado, por exemplo, são afetadas pela imperfeição remanescente.

8. Romanos 7.20 traça a origem do pecado até os resquícios da antiga natureza do apóstolo Paulo. Romanos 7.24 atribui a execução do ato pecaminoso ao próprio apóstolo Paulo.

9. Porque ela enfatiza que o controle providencial de Deus coopera com todas as coisas para o bem redentivo daqueles que amam a Deus.

——VI. DA QUEDA DO HOMEM,——
DO PECADO E DO SEU CASTIGO
——VI, 1-2——

1. Por causa da ampla aceitação da neo-ortodoxia, uma teologia que nega a base histórica da fé cristã.

2. Significa "nova ortodoxia".

3. O antigo liberalismo ou racionalismo teológico.

4. Porque atacava o velho liberalismo teológico e usava uma terminologia que soava ortodoxa.

5. O principal erro é que essa corrente teológica separa a doutrina do fato histórico. Além, disso, ela nega que os fatos descritos na Bíblia realmente acontecerem.

6. Significa que tal coisa simboliza algo, isto é, não é literalmente verdadeiro, mas apenas um sinal do que é verdadeiro.

7. Porque pretende (a) ter a aparência do cristianismo histórico e (b) ter a aparência de credibilidade científica.

8. (a) Eles tiveram que aceitar a Bíblia e perder prestígio no mundo moderno, ou então (b) manter uma visão cientificamente crível da Bíblia, e perder sua confiabilidade histórica.

9. Eles conseguiram adotar a segunda alternativa e, ainda assim, fazer parecer que também adotavam a primeira.

10. Eles negam que a queda do homem foi devido ao ato de um indivíduo real. Procura colocar a queda "por trás" da história, como fez Adão.

11. Resposta: letra C.

12. A extensão do dano é completa na natureza humana caída, mas não o grau do dano. Contudo, o grau está se tornando cada vez pior nos réprobos, e finalmente será absoluto.

13. Não. Tudo o que ele faz resulta daquilo que foi corrompido pelo pecado.

——VI, 3-4——

1. (a) Adão pecou e caiu, tornando-se totalmente depravado. (b) Em Adão pecamos, caímos e nos tornamos totalmente depravados. (c) Sendo assim, nascemos em pecado. (d) A morte, portanto, reina sobre nós.
2. Não, pois é muito difícil entender e aceitar como podemos ser culpados e depravados pelo ato de outra pessoa.
3. Porque a Escritura diz que Deus faz apenas o que é justo e que ele nos condenou pelo pecado de Adão.
4. A Bíblia ensina que não somos apenas indivíduos, mas também membros de um organismo ou corporação, a saber, a raça humana.
5. A posição criacionista defende que a alma vem diretamente de Deus, no momento da concepção ou depois.
6. A posição traducionista defende que a alma vem indiretamente de Deus na mesma cadeia reprodutiva que o corpo, isto é, os pais geram tanto o corpo quanto a alma de seus filhos.
7. A visão traducionista é preferível porque defende: (a) que Adão gerou filhos à sua própria imagem e semelhança (Gn 5.3), (b) que as almas do filhos, de certa forma, estavam em seus pais (Hb 7.10), (c) que há traços herdados da mente, bem como do corpo, sobretudo a inclinação pecaminosa.
8. O princípio representativo ou representação federal.
9. Porque somente em seu primeiro pecado Adão agiu oficialmente como representante da raça humana.
10. São todos efeitos do primeiro pecado.

——VI, 5-6——

1. Não, pois o crente é apenas um novo homem.
2. 2Co 5.17: "Se alguém está em Cristo, nova criatura é; as coisas velhas já passaram; eis que tudo se fez novo".
3. O perfeccionismo ensina que um crente pode estar perfeitamente livre de todo pecado (ou pelo menos de todo pecado consciente) nesta vida.

4. O antinomianismo ensina que o crente não precisa se esforçar para ser perfeito porque os pecados que ele comete são responsabilidade de "sua velha natureza".

5. 1Jo 1.8, 10; Tg 3.2 ("Todos tropeçamos em muitas coisas").

6. Rm 7.14; 1Jo 3.4; 1Jo 1.8, 10 ("Se dissermos que não temos pecado nenhum, a nós mesmos nos enganamos").

7. O pecado interior tem domínio sobre o homem não regenerado; no homem regenerado, não.

8. O antinomianismo.

9. Porque há maior razão para o crente vencer o pecado.

10. A prática antinomiana, isto é, pecar porque não estamos preocupados em vencer o pecado, é pecado voluntário.

——VII. DO PACTO DE DEUS COM O HOMEM——

———VII, 1———

1. Ele nega que é uma mera criatura.
2. Os cristãos reformados às vezes falam acerca do pacto de maneira a sugerir que não há distinção entre Deus e o homem.
3. Algumas vezes, alguns reformados descrevem as alianças entre Deus e o homem como um acordo mútuo entre pares, e não como uma imposição soberana feita exclusiva por Deus.
4. Absolutamente nada.
5. Deus está vinculado apenas por suas próprias promessas em seus pactos com os homens.
6. Somente Deus pode instituir um pacto, e o faz de forma unilateral.

———VII, 2-3———

1. Porque os elementos desse pacto são claramente revelados na Escritura.
2. (a) Tal pacto não é formalmente declarado na Escritura (nem a própria expressão exata é usada). (b) A designação "pacto de obras" sugere que as obras do homem poderiam merecer algo de Deus e, assim, obrigá-lo.
3. (a) Uma coisa não precisa ser declarada formalmente, nem um termo precisa ser usado na Escritura para ter validade. A doutrina da Trindade é um exemplo desse fato. (b) Quando a doutrina do pacto de obras é cuidadosamente declarada, não dará margem para essa inferência injustificada.
4. Enfoca o fato de que as obras do homem foram o meio e a condição para o cumprimento das graciosas provisões do primeiro pacto.
5. Deus não pediu permissão ao homem antes de instituir o pacto. Ele foi determinado pela vontade de Deus, e não por acordo mútuo.

6. A concepção arminiana da condição do pacto da graça é que certas obras do homem são o meio e a condição para o cumprimento dele.

7. A concepção reformada da condição do pacto da graça é que a obra de Deus, operada *por* nós (isto é, em nosso favor) e *em* nós, é o que assegura o cumprimento.

——VII, 4-6——

1. O erro básico do dispensacionalismo é a tendência de ensinar uma forma de salvação essencialmente diferente em diferentes períodos da história.

2. Períodos da história da Bíblia em que uma maneira particular de lidar com os homens estava em vigor.

3. Não, se por "dispensações" entendemos os períodos em que o único meio de salvação foi administrado com as limitações impostas pelo desenvolvimento do progresso da redenção.

4. Com esse termo, os reformados se referem a um período em que o único meio de salvação foi administrado de maneira eficaz.

5. Uma mudança na *administração* da graça (o meio pelo qual a graça é administrada).

6. (a) Há apenas uma Igreja que se estende por todas as eras.
(b) As ordenanças do Antigo Testamento (circuncisão e páscoa) ministravam a mesma graça que as ordenanças do Novo Testamento (batismo e ceia do Senhor).

8

VIII. DE CRISTO, O MEDIADOR

VIII, 1

1. Cristo é a última pessoa na história a atuar como cabeça ou representante da aliança, assim como Adão foi o primeiro.
2. Os ofícios de profeta, sacerdote e rei.
3. Por causa da depravação e incapacidade do homem. Os homens não cram mais capazes de prestar pessoalmente a Deus o que cada um desses ofícios exemplificava.
4. (a) Abraão. (b) Moisés. (c) Não houve nenhum profeta desde a vinda de Cristo e a conclusão da Bíblia.
5. (a) Melquisedeque. (b) Porque não há registro de seu início ou término de dias. (c) Arão.
6. (a) Saul. (b) Gn 17.6 — a Abrão. (c) Era a vontade (decreto ou propósito secreto) de Deus que Israel tivesse reis, mas contrário à sua vontade (revelada nos mandamentos) que Israel os desejasse e se fiassem neles, como o fizeram.
7. (a) Como profeta, ele nos ensina a vontade (ou a boa vontade revelada) de Deus. (b) Como sacerdote, ele expiou nossos pecados e intercede por nós. (c) Como rei, ele nos governa e governa todas as coisas para nós e para sua própria glória.
8. Os ofícios profético e sacerdotal de Cristo. Eles não aceitam a Palavra de Deus como infalível, nem acreditam na expiação substitutiva de Cristo.
9. O ofício real de Cristo. Eles acreditam que Cristo ainda não está governando sobre todos.
10. Agindo como se alguém pudesse honrar a Deus à parte da mediação de Cristo.

VIII, 2

1. Porque Cristo prometeu que haveria conflito e afirmou que acreditar em sua verdade implicaria necessariamente isso.
2. A Palavra de Deus.
3. São o erro e o engano por meio dos quais o erro e o engano assumem a aparência de verdade.
4. Não, pois os conflitos não se concentravam em nenhum aspecto específico da verdade, mas era geral, afetando a fé cristã como um todo.
5. A doutrina da Trindade.
6. O Concílio de Niceia em 325, e o Concílio de Constantinopla, em 381.
7. No Concílio de Calcedônia ocorrido em 451.
8. Duas: a divina e a humana.
9. Uma única pessoa.
10. Porque o Segundo Mandamento o proíbe. Aqueles que argumentam que é apropriado fazê-lo porque Cristo tem uma natureza humana praticamente repetem o erro nestoriano, que ensina que há dois Cristos: um Cristo divino, que não pode ser representado, e um Cristo humano, que pode ser representado.
11. Textos como Atos 20.28, por exemplo, mostram que os apóstolos se apegavam firmemente à unidade da pessoa de Cristo. Eles acreditavam que o Cristo humano era divino, e o Cristo divino era humano.

VIII, 3

1. Porque ele tinha uma natureza humana real.
2. Não. Porque havia operações do Espírito capacitando-os a desempenhar seus ofícios à parte das operações que diziam respeito à sua salvação pessoal.
3. Ele não tinha pecado e, portanto, não precisava nem recebeu o Espírito Santo para a salvação pessoal do pecado. Ele recebeu o Espírito Santo para que pudesse ser capacitado para cumprir seu trabalho oficial.
4. Orou, sofreu, foi tentado, morreu.
5. Sofrendo uma pena infinita, ressuscitando dos mortos, derrotando todos os inimigos dele e nossos, enviando o Espírito Santo.

6. Porque os diversos requisitos deviam ser
   preenchidos por um único representante.

——VIII, 4——

1. Hb 2.12-17.
2. Deus pode predestinar aquilo que é realizado voluntariamente
   até mesmo por homens pecadores; quanto mais aquilo que
   é realizado por Cristo, que era sem pecado (cuja vontade
   nunca esteve em conflito com a vontade de Deus).
3. Seu nascimento, pobreza, sujeição à lei (tanto cerimonial
   quanto moral), miséria, maldição e morte.
4. Sua ressurreição, ascensão, reinado como mediador,
   retorno no último dia e julgamento do mundo.
5. Sim, em todos os detalhes.
6. Sua vinda para julgar o mundo.

——VIII, 5——

1. Que a morte de Cristo foi concebida, designada ou destinada para
   garantir a salvação de um número definido (ou limitado) de homens.
2. Expiação definida ou particular.
3. Que alguns, e não todos, serão realmente salvos.
4. Ao propósito dela, isto é, ao que Deus propôs
   prover nela e realizar por meio dela.
5. A visão oposta limita a expiação quanto ao que ela foi
   projetada para efetuar e o que efetivamente efetua.
6. A fim de estender a expiação a um número maior, a *United
   Presbyterian Church of North America* foi obrigada a
   reduzir ou enfraquecer o resultado real da expiação.
7. A expiação de Cristo tem de assegurar a própria salvação,
   ou seja, absolvição, restauração, retidão, perdão.
8. Jo 6.37, 39; Rm 8.29-30.
9. Hb 2.9; 1Tm 4.10.

10. O sacrifício de Cristo assegura certos benefícios temporais limitados para todos os homens, e certos benefícios ilimitados e eternos para alguns homens.

11. (a) Respeito ao contexto da passagem bíblica. (b) Distinção entre afirmações gerais e absolutas. (c) Distinção entre graça comum e graça especial.

——VIII, 6-8——

1. Não. Sl 51.16; Hb 9.9.
2. Cristo, por seu Espírito Santo.
3. Jo 10.16.
4. A todos quantos ouvem a Palavra. Mt 11.28; 20.16.
5. Todos os que aceitarem a oferta de salvação serão salvos. Jo 6.37.
6. Porque são depravados e não querem aceitá-la.
7. Porque Deus os capacita a aceitá-la. Ele lhes dá um novo coração inclinado a desejar a salvação nos termos determinados por Deus.

IX. DO LIVRE-ARBÍTRIO

IX, 1-5

1. Que ela nega o livre-arbítrio.
2. Liberdade (ou seja, ser permitido fazer o que quisermos).
3. Capacidade de fazer o bem ou o mal independentemente de nossa natureza.
4. Liberdade e capacidade.
5. Temos total liberdade e total incapacidade.
6. O caráter, isto é, a condição moral do ser.
7. Em cada estado, o homem tem liberdade para fazer o bem ou o mal.
8. No estado em que ele foi criado (ou seja, antes da queda), e no estado de glorificação.
9. No atual estado decaído e no estado final ao qual os ímpios serão levados.
10. Gn 6.5; Jr 13.23; Jo 6.44.
11. Porque Deus ainda não terminou sua obra no homem regenerado nesta vida.

————X. DA VOCAÇÃO EFICAZ————

————X, 1-2————

1. (a) *Vocação* [ou chamada] — a oferta gratuita da graça de Deus no evangelho a todos. (b) *Regeneração* — criação de um novo coração nos eleitos capacitando-os a receber o evangelho. (c) *Conversão* — o exercício do coração recém-regenerado em responder ao evangelho pelo arrependimento e fé. (d) *Justificaçao* — o ato de Deus declarando a pessoa justa diante dele. (e) *Adoção* — o ato de Deus que lhes confere a condição de filhos. (f) *Santificação* — a obra de Deus, o Espírito, capacitando-os a perseverar cada vez mais na fé e nas boas obras para a santidade. (g) *Glorificação* — o ato de Deus pelo qual o crente é finalmente tornado perfeito em corpo e alma.

2. As duas primeiras, pois a conversão é a prova de que a vocação é eficaz.

3. O evangelho deve ser pregado a todos os homens.

4. O evangelho será pregado a todos aqueles ordenados por Deus para ouvi-lo.

5. Porque Deus ordenou que seu povo eleito, que estava na Macedônia, ouvisse o evangelho.

6. A classe dos eleitos e dos não eleitos, ou seja, os réprobos.

7. Por causa de sua condição espiritual.

8. De acordo com o texto de João 3.1-8, a obra de regeneração operada pelo Espírito Santo é: (a) Preveniente. (b) Monergística. (c) Misteriosa. (d) Soberana. (e) Eficaz.

9. A Escritura compara a regeneração com nascimento, criação e ressurreição.

10. Nenhuma.

11. A natureza moral e espiritual do homem.

12. Eles invariavelmente a aceitam ou recebem.

13. O arminianismo torna as atividades do homem natural decisivas na salvação ao fazer da regeneração um efeito da atividade humana, e não a causa de toda atividade salvífica realizada pelo homem. Além disso, o arminianismo ensina que a conversão precede a regeneração, quando na verdade é o contrário.

X, 3

1. Crianças eleitas que morrem na infância, e outras pessoas eleitas incapazes de serem chamadas externamente.
2. A fé reformada fornece esperança para a salvação de um número maior de pessoas.
3. Porque não torna a regeneração dependente da capacidade do homem.
4. Lc 18.15-16.
5. Ela não presume declarar que todas as crianças que morrem na infância são eleitas.
6. Que todos os bebês que morrem na infância são eleitos.
7. A culpa de todos e a justa responsabilidade de todos para a condenação eterna.
8. Não, pois ninguém merece ser eleito.

X, 4

1. (a) Aqueles que não ouvem o evangelho. (b) Aqueles que ouvem o evangelho, mas não o aceitam. (c) Aqueles que ouvem o evangelho e o aceitam.
2. Sim. 2Pe 3.9; Ez 18.32.
3. Uma pessoa pode ter sido iluminada e pode ter provado a boa palavra de Deus e os poderes da era vindoura e, ainda assim, não ser convertida (Hb 6.4-5).
4. Porque, por natureza, elas não estão dispostas a ir a Cristo.
5. Não, de modo nenhum. A depravação e incapacidade do homem são resultados de seu próprio pecado.
6. A culpa pelo destino final dos incrédulos é exclusivamente deles.
7. Toda a glória pelo estado final desfrutado pelos verdadeiros crentes pertence exclusivamente Deus.

8. Não.
9. Porque essas bênçãos são um efeito do evangelho.
10. Que elas podem "salvar" os homens tão verdadeiramente quanto o cristianismo.
11. At 4.12; 1Jo 5.12.

XIV. DA FÉ SALVADORA

E

XV. DO ARREPENDIMENTO PARA A VIDA

—XIV, 1-3; XV, 1-5—

1. A Confissão apresenta primeiro o que Deus faz, depois o que o homem faz como resposta ao que Deus faz.
2. Após a vocação eficaz (chamado e regeneração) e antes da justificação.
3. A regeneração é a fonte da conversão (arrependimento-fé); a conversão é o efeito da regeneração e da vocação.
4. Não. Porque são dois aspectos de uma grande mudança (ou transformação) do coração, mente ou alma.
5. Porque envolve todas as faculdades da alma (razão, afeições, vontade), e é tanto um afastamento do pecado quanto um retorno a Cristo.
6. Razão, afeições, vontade.
7. Arrependimento e fé.
8. (a) Conversão em reunião de avivamento — conhecimento insuficiente. (b) Conversão à ortodoxia morta — nenhum sentimento. (c) Espectadores da religião — nenhuma mudança da vontade.
9. Porque a capacidade e a inclinação manifestadas no arrependimento e na fé são criadas ou iniciadas na regeneração.
10. Condições permanentes.

—XIV, 1–3; XV, 1–5 (continuação)—

1. Tristeza interior pelo pecado e mudança do pecado para Deus.
2. A satisfação, isto é, alguma obra penosa imposta pelo sacerdote e executada pelo penitente para satisfazer a justiça divina pelos pecados cometidos.

3. Reconhecimento, convicção e aquiescência ao fato de que não há nenhum meio possível pelo qual o pecador possa satisfazer a justiça divina, a não ser experimentando a condenação eterna.

4. Que o homem natural não é totalmente depravado e incapaz de fazer o bem.

5. No sentido de que considera o arrependimento uma obra meritória.

6. Que o arrependimento é exatamente o oposto de um ato de obediência agradável a Deus. É, antes, a percepção consciente da incapacidade de agradar a Deus.

7. Capacidade e mérito humanos.

XV, 6

1. Não. Na verdade, reduz muito o escopo desse dever.

2. (a) Em seu reconhecimento de que todo pecado deve ser confessado a Deus. (b) Em sua preocupação com *o pecado* (corrupção, depravação) mais do que com *os pecados*. (c) Em sua exigência de que a pecaminosidade e os pecados sejam continuamente lamentados.

3. Sim. Para remover a ira de Deus e nossa pecaminosidade e culpa.

4. Por causa de sua própria corrupção e culpa.

5. Por causa de sua verdadeira humanidade, ele se preocupa em suprir essa necessidade. Ele foi tentado em todas as áreas como nós, e em nossa natureza, mas sem pecado.

6. Porque ele não pecou, embora fosse humano, e por causa de seu poder infinito como Deus.

7. Aqueles pecados que são cometidos contra os homens, pois eles são, não obstante, contra Deus.

8. Aqueles pecados que são cometidos somente contra Deus e contra nós mesmos.

12

XI. DA JUSTIFICAÇÃO

XI, 1-2

1. Com todos os benefícios da redenção pertencentes aos eleitos.
2. Como um homem pecador pode ser justo perante Deus.
3. Devemos compreender a extensão e magnitude
   de nossa culpa e depravação.
4. Deus.
5. Ser ou tornar-se pessoal e inerentemente bom, santo ou sem pecado.
6. Não. Os pecadores serão santificados pela
   santificação, que é concluída na morte.
7. É instantânea.
8. Justificar significa declarar alguém justo. Dt 25.1; Lc 7.29.
9. Porque diz respeito ao julgamento que é declarado.
10. Sim. Porque eles não podem fornecer uma
    base justa e legal para tal declaração.
11. Não. Porque Deus pode e fornece uma base
    justa e legal para tal declaração.
12. Sobre o fundamento da dupla imputação.
13. Imputação é considerar, julgar ou ter como.
14. (a) Que nosso pecado e culpa são reconhecidos ou
    considerados como sendo de Cristo. (b) Que a justiça de
    Cristo é reconhecida ou considerada como sendo nossa.
15. Porque não temos justiça própria que seja aceitável a Deus.
16. Sim. Porque a confiança em Cristo e em sua justiça é
    tudo o que Deus exige daqueles a quem ele justifica;
    contundo, não à parte do arrependimento.
17. Não. Porque aqueles que têm a fé verdadeira
    também têm a graça que produz boas obras.

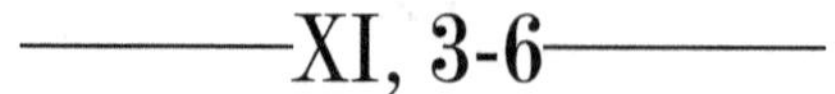

——XI, 3-6——

1. (a) Deus permitiu que um substituto tomasse nosso lugar. (b)
    Deus deu seu Filho unigênito para assumir nosso lugar. (c)
    Deus escolheu muitos para serem representados por Cristo.
    (d) Deus concede os benefícios de Cristo somente a eles.
2. Significa a visão errônea que ensina que os eleitos
    nunca foram injustos diante de Deus.
3. A distinção entre o plano eterno de Deus e
    a execução desse plano no tempo.
4. A visão errônea que ensina que todos os eleitos têm sido justos
    aos olhos de Deus desde o momento em que Cristo morreu.
5. A distinção entre a obra de Cristo realizada por nós e
    a aplicação dos benefícios dessa obra a nós.
6. Quando cremos. Gl 2.16; Rm 4.24.
7. A confusão entre justificação e santificação.
8. Porque os santificados não teriam inclinação para pecar novamente.
9. A distinção entre justificação e santificação.
10. Não, de modo nenhum. Porque (a) aquele que foi justificado considera
    a justificação junto com os outros benefícios e efeitos da graça, e
    (b) aquele que foi justificado considera as advertências e ensinos da
    Escritura concernentes aos tratos de Deus com seu povo (castigo, etc.).
11. O dispensacionalismo ensina erradamente que os
    crentes do Antigo Testamento foram justificados
    pelas obras (ou que isso era esperado deles).

13

XII. DA ADOÇÃO

XII, 1

1. Ao decreto de Deus e a todos os benefícios da obra redentora de Cristo.
2. Ef 1.5.
3. Adoção é um ato de Deus pelo qual os crentes são constituídos membros da família de Deus.
4. Não. A relação entre Deus e os incrédulos é, antes, de inimizade e alienação ou separação. Por outro lado, a relação de Satanás com os incrédulos é apropriadamente descrita como uma relação de pai e filho.
5. Não. A relação entre incrédulos não é de confiança, amor e afeição mútua.
6. A relação de amor, lealdade e estima.
7. A filiação de Cristo é eterna, por geração do Pai, de modo que ele é igual ao Pai em poder e glória. Nossa filiação, porém, é iniciada no tempo, por adoção, de modo a não diminuir a infinita distinção entre nós e Deus.
8. Essa diferença aumenta a maravilha da adoção, porque somos co-herdeiros com Cristo, apesar da infinita diferença entre nós e Cristo.
9. Não. Porque a oração é a atividade e a expressão dos filhos de Deus.

——————XIII. DA SANTIFICAÇÃO——————

——XIII, 1-3——

1. A santificação é a continuação, isto é, a nutrição e o
   desenvolvimento da nova criação efetuada pela regeneração.
2. Por causa da regeneração, o crente não está
   mais sob o domínio do pecado.
3. O poder do pecado foi quebrado e o domínio da lei foi estabelecido.
4. (a) Que somente alguns crentes alcançam a liberdade do domínio
   do pecado nesta vida. (b) Que alguém pode ser justificado sem
   também ter o domínio do pecado quebrado. (c) Essa vitória completa
   sobre o pecado (ou pecado consciente) é alcançável nesta vida.
5. (a) Todo crente está livre do domínio do pecado (Rm
   6.14, 22). (b) Todos os que são justificados estão livres do
   domínio do pecado (Rm 5.1; 6.1-2). (c) Ninguém alcança a
   vitória completa sobre o pecado nesta vida (1Jo 1.8, 10).
6. O Espírito Santo.
7. Não. Porque o Espírito Santo opera em nós para que possamos ter
   a vontade e o desejo de operar nossa salvação com temor e tremor.
8. A relação é de causa e efeito: a obra do Espírito Santo é a
   causa última, e nossa obra é o efeito da obra do Espírito
   Santo, pois é o meio pelo qual ele nos santifica.
9. O uso diligente da Palavra de Deus (ler e ouvir), os
   sacramentos, a oração e a disciplina eclesiástica.

15

—————XVI. DAS BOAS OBRAS—————

——XVI, 1-2——

1. Qualquer coisa feita por "caridade" ou "bondade" comuns.
2. (a) A obra deve ser definida como uma boa obra pela Palavra de Deus, e (b) deve ser feita com sinceridade de consciência e propósito correto.
3. Porque a consciência do incrédulo não está sob o controle da Palavra de Deus e porque ele frequentemente viola sua própria consciência.
4. Sim. Porque o ato não é realizado por obediência consciente e sincera à Palavra de Deus.
5. Porque a convicção da consciência não está sob o controle da Palavra de Deus, e a sinceridade não tem o propósito de buscar agradar a Deus.
6. Por causa da conformidade imperfeita da sua consciência com a Palavra de Deus.
7. Aquele que acredita sinceramente que algo está errado, mas que Deus não o declarou como realmente errado.
8. Não devemos induzir um irmão mais fraco a fazer algo contra sua própria consciência.
9. Devemos procurar convencê-lo de seu erro, educando assim sua consciência pela Palavra de Deus.
10. Porque somente Deus é o Senhor da consciência. A abstinência voluntária do uso de uma coisa material para evitar a tentação de um irmão mais fraco a usá-la contra sua consciência é apropriada. Mas fazer da convicção errônea daquele irmão mais fraco uma regra que obriga a consciência de outros é errado.
11. Não.
12. Porque a santificação é por meio da verdade. Somos fortes na medida em que aderimos conscienciosamente à verdade conforme ela é ensinada na Palavra de Deus. Somos fracos quando somos

escrupulosos sobre o que não é ensinado na Palavra de Deus, mas que é ensinado apenas por nossos próprios escrúpulos falsos.

13. Todos os verdadeiros crentes têm um verdadeiro desejo de obedecer ao Senhor e estar sujeitos apenas à sua autoridade.

XVI, 3-6

1. Que tudo é de Deus. Que nada podemos fazer por nós mesmos.

2. Sim. Mas é uma capacidade e um poder concedidos por Deus. Não se origina dentro do crente ou vem de sua própria natureza.

3. Por meio de uma operação misteriosa pela qual a verdade é efetivamente aplicada às atividades da alma.

4. Apresentam a sua incapacidade como desculpa.

5. A razão da incapacidade do homem é que ele pecou em Adão e caiu com ele na primeira transgressão.

6. Continuamente.

7. O sentimento de reverência e obrigação de obedecer aos mandamentos de Deus.

8. Eles podem ser (a) não convertidos ou (b) estar equivocados quanto às suas noções de como o Espírito guia os crentes.

9. Pelo verdadeiro cumprimento de todos os deveres que Deus ordena.

10. Boas obras que vão além do que Deus exige.

11. Que ninguém chegou nem perto de fazer tudo o que Deus exige. Sl 130.3.

12. Porque temos união com Cristo.

13. Aqueles que têm os maiores dons e realizações. Porque receberam de Deus a capacidade de fazer tudo o que fizeram, e porque também receberão uma recompensa maior. "Pois ao que tem se lhe dará, e terá em abundância" (Mt 13.12).

XVI, 7

1. Atos ou ações realizados por incrédulos que são, no que diz respeito aos atos ou ações considerados em si mesmos, iguais aos praticados pelos crentes. Eles são aparente, externamente e totalmente

iguais; e íntima, ou internamente e totalmente diferentes.

2. Sim. Porque elas são causadas por Deus para boas finalidades.

3. Porque Deus exerce certas influências sobre eles que os induzem a fazer essas coisas. Essas instrumentalidades e sua operação são comumente chamadas de "graça comum".

4. Porque tudo o que procede do incrédulo nessas obras é mau.

5. Sim. Porque as atividades e o propósito de Deus ao efetuar essas obras são totalmente bons.

6. Porque o grau de sua pecaminosidade seria ainda maior sem tais respostas a essas influências.

16

—XVII. DA PERSEVERANÇA DOS SANTOS—

—XVII, 1-3—

1. Não. Jo 5.24; Jr 32.40.
2. Existem aqueles que parecem ser verdadeiros crentes que se desviam.
3. Tais casos realmente provam que os homens podem
parecer crentes quando na verdade não o são.
4. Porque a salvação deles é obra exclusiva de Deus.
5. Fazendo com que o efeito salvífico da graça
divina dependa da vontade do homem.
6. Segundo esses sistemas teológicos, a graça divina que é
efetivada pela vontade do homem também pode, a qualquer
momento, ser anulada pela vontade do homem.
7. Ele sabe que possui uma salvação que não pode perder.
8. Não. Essa doutrina ensina que continuaremos a
nos esforçar, se verdadeiramente cremos.
9. Não. Sl. 38.9-17.
10. Sim. Apesar de serem verdadeiros crentes, Davi e Pedro caíram
em grave pecado (2Sm 11 e Mt 26.69-75, respectivamente).
11. As tentações do mundo, as seduções de Satanás, a
corrupção remanescente no coração do crente, a
negligência do uso dos meios da graça.
12. Desagrado divino, perda de consolo e segurança, desonra a Deus e à
sua verdade, encorajamento aos inimigos de Deus e tentação a outros.
13. O registro dos lapsos dos verdadeiros crentes destina-se a nos
ensinar (a) a seriedade deles, (b) o perigo deles, (c) as consequências
deles e (d) a maneira pela qual os verdadeiros crentes levantam-
se deles para continuar lutando contra o pecado até a morte.

17

–XVIII. DA CERTEZA DA GRAÇA E DA SALVAÇÃO–

——XVIII, 1-2——

1. Sim. Jr 17.9; Gl 6.3.
2. Porque se julgavam melhores do que os demais homens.
3. Sim, a Escritura afirma que há verdadeira certeza de salvação.
4. Sim. Hb 6.11; 2Pe 1.10.
5. As qualidades e bases da verdadeira certeza de salvação são diferentes das qualidades e bases da falsa certeza de salvação.
6. (a) Humildade não fingida, ou seja, ter uma opinião negativa de si mesmo. (b) Diligência nas coisas de Deus. (c) Autoexame e desejo de ser examinado e corrigido por Deus. (d) Desejo sincero de aperfeiçoamento na graça.
7. (a) Orgulho espiritual. (b) Indolência, negligência, indiferença ao dever. (c) Autossatisfação. (d) Falta de aspiração por maiores conquistas na graça.
8. (a) A certeza infalível da Palavra de Deus. (b) A evidência da posse da verdadeira graça nos crentes. (c) O testemunho conjunto do espírito do crente e do Espírito Santo.
9. (a) O testemunho incerto dos homens. (b) A mera aparência da graça. (c) O testemunho do próprio coração separado do Espírito Santo.
10. Tanto o Espírito de Deus quanto a sua Palavra são indispensáveis.
11. Alguns acreditam erroneamente que o Espírito Santo revela imediatamente ao nosso espírito que somos salvos; nós, entretanto, cremos que esse testemunho é por meio da Palavra.
12. O Espírito Santo testifica que somos filhos de Deus, capacitando-nos a saber (a) que sua Palavra é certa, e (b) que sua Palavra se aplica a nós porque vemos evidências inegáveis da verdadeira graça em nós mesmos.
13. Porque isso nega a suficiência da Palavra que o próprio Deus inspirou.

——XVIII, 3-4——

1. (a) A Bíblia em nenhum lugar afirma que alguém não pode ser salvo porque não tem certeza da sua salvação, a única exigência é "crê somente" (Mc 5.36). (b) A Bíblia mostra que os verdadeiros crentes às vezes carecem dessa certeza. (c) A Bíblia contém exortações aos verdadeiros crentes para que busquem essa certeza.
2. O cristão deve confiar unicamente em Jesus Cristo conforme ele é oferecido gratuitamente no evangelho.
3. O cristão deve confiar em sua fé e outras graças.
4. Todos os crentes. Hb 6.11.
5. Todo crente que se empenhar em alcançá-la.
6. Porque é em parte *produto de* diligência e cuidado.
7. Porque os crentes podem se tornar temporariamente negligentes.
8. Sl 88.14.
9. Ele deve continuar depositando sua confiança e esperança somente em Deus e em Cristo.
10. Porque a verdadeira fé não pode falhar.
11. Porque a graça da qual provém, e da qual é um efeito, não pode deixar de existir no verdadeiro crente.

18

XIX. DA LEI DE DEUS

XIX, 1-2

1. Sl 19.7; 119.160; Pv 6.23. A lei é perfeita porque é uma revelação
   de Deus e desse dever imposto ao homem enquanto homem.
   Ela só poderia deixar de ser obrigatória se Deus deixasse
   de ser Deus ou se o homem deixasse de ser homem.
2. Sim, pois Adão tinha a lei escrita em seu coração. Ele a
   conhecia como um desejo ou inclinação positiva e santa.
3. Não. A relação do homem com a lei foi mudada pela queda.
4. (a) Todos os homens são capazes de condenar os outros
   por fazerem coisas erradas. (b) Todos os homens
   possuem o testemunho interior da consciência.
5. O cristão, acima de tudo, é obrigado a guardar os
   mandamentos (não como meio de obter justiça diante
   de Deus, mas como meio de expressar gratidão por ter
   recebido a justiça de Cristo). Mt 5.17-19; 1Jo 2.4.
6. Amar a Deus acima de todas as coisas. Amar
   o próximo como a si mesmo.
7. (a) Somente o verdadeiro Deus deve ser reconhecido, reverenciado
   e adorado. (b) Ele deve ser adorado apenas como ele ordena em sua
   Palavra. (c) Ele deve ser adorado com sinceridade. (d) Ele deve ser
   adorado um dia inteiro em sete (nesse dia de descanso e adoração,
   obras de piedade, necessidade e misericórdia são aceitáveis).
8. (a) Juntar-se, nos serviços de culto, com aqueles que não
   reconhecem que Jesus Cristo é o único Deus vivo e verdadeiro.
   (b) O uso de cerimônias não autorizadas por Deus (o uso
   de velas no culto, por exemplo). (c) Adorar a Deus de forma
   adequada, mas sem devoção sincera. (d) A observância de "dias
   santos", a observância do Dia dos Pais, etc; isto é, transformando

outro dia, e não o *Shabbath*, em "dia santo", e transformando o *Shabbath* em outra coisa que não o Dia do Senhor.

9. Não. Porque somente Deus é o Senhor da consciência, e ele deu apenas dez mandamentos. Ele os declarou suficientes (Sl 19.7; 119.96).

XIX, 3-5

1. A lei cerimonial e a lei civil.
2. Representar (a título de antecipação) a obra mediadora de Cristo e a obra do Espírito Santo na aplicação dos benefícios de Cristo aos crentes.
3. Cl 2.14; Ef 2.13; At 15.5, 10.
4. Regulamentar a nação de Israel durante aquela época em que foi o instrumento da preparação messiânica. Depois que Cristo veio, a Igreja não mais ficaria confinada a uma nação.
5. Sim. (a) A maneira pela qual a lei moral foi dada, e (b) as declarações dos crentes do Antigo Testamento (Sl 40.6-8).
6. Ela não aperfeiçoou aqueles que a observaram. Tinha que ser repetida várias vezes (por meio dos sacrifícios simbólicos etc.), porque era apenas simbólica.

XIX, 6-7

1. Rm 6.14.
2. Que eles estão livres de toda obrigação de guardar os Dez Mandamentos porque "não estão debaixo da lei".
3. Refere-se a estar sob os termos ou condições do pacto de obras ou pacto da graça, conforme o caso.
4. Significa estar sob a obrigação de prestar obediência perfeita e perpétua a Deus de acordo com os Dez Mandamentos como meio de alcançar a vida.
5. Significa receber a vida eterna como um dom gratuito com a condição de que se confie em Cristo para cumprir tanto as exigências positivas quanto as negativas da lei por ele.
6. A graça gratuita concedida ao pecador indigno tem base legal. Cristo atendeu a todas as exigências da lei por meio de sua

obediência, a fim de que pudéssemos ter vida sem primeiro atender às exigências da lei (o que a tornaria impossível para nós).

7. A lei é útil para os crentes: (a) como regra de prática, (b) como um lembrete constante de seu pecado e indignidade, sempre aumentando seu arrependimento do pecado e sua fé em Cristo, (c) como uma revelação da excelência e glória de Cristo e de sua obra.

8. A lei beneficia os incrédulos na medida em que
   (a) os condena com justiça, (b) os adverte, (c) os restringe.

19

XX. DA LIBERDADE CRISTÃ E DA LIBERDADE DE CONSCIÊNCIA

XX, 1

1. Que o homem, qualquer que seja sua condição moral e espiritual, é livre para fazer o que quiser.
2. O homem regenerado é livre para fazer o que quiser, e também capaz de querer e fazer a vontade de Deus.
3. (a) O crente está livre da obrigação de guardar a lei de Deus perfeitamente como meio de obter a vida.
   (b) O crente está livre do domínio do pecado. (c) O crente está livre das más consequências do pecado.
4. Deus dá ao crente um coração hostil ao mundo.
5. O crente está livre da morte (a) porque não sofre as penalidades do pecado na morte, e (b) porque será ressuscitado da sepultura, tal como Cristo.
6. Liberdade significa liberdade do pecado. Licenciosidade significa liberdade para pecar.
7. O crente do Antigo Testamento, bem como o crente do Novo Testamento, estava livre (a) da obrigação de guardar a lei de Deus perfeitamente como meio de obter a vida eterna, (b) do domínio do pecado e (c) das más consequências do pecado.
8. O crente do Antigo Testamento não estava livre, como nós, da lei cerimonial. Ele não tinha a mesma medida de graça que temos com a conclusão da obra redentora de Cristo e o derramamento do Espírito Santo.

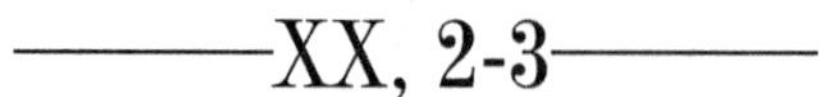

XX, 2-3

1. Que somente Deus é o Senhor da consciência.
2. Não. Muitos reis procuraram impor sua
   própria vontade sobre as igrejas.
3. A separação entre Igreja e Estado.
4. Sim, pois as crescentes medidas de controle estatal sobre
   a educação, incluindo a insistência de que a visão cristã da
   vida seja excluída dessa educação, é uma dessas ameaças.
5. (a) Criando regras contrárias à Bíblia. (b) Criando
   regras adicionais àquelas contidas na Bíblia.
6. (a) Regras que proíbem os membros da igreja de fazer uso de certas
   coisas (por exemplo, café).
   (b) A regra que exige o batismo por imersão.
7. Porque Deus declarou que todas as coisas são puras (isto é, o
   uso de qualquer coisa material é legítimo). Cf. Rm 14.14, 20.
8. Porque essa prática não é *exigência* de Deus.
   A imersão não é pecado, mas exigi-la é.
9. Porque há, em cada um de nós, uma tendência de
   querer governar a consciência dos outros.
10. Devemos exercer a caridade. Devemos dar a melhor
    interpretação possível às ações de nossos irmãos.
11. Devemos exercer muita cautela no uso de nossa
    própria liberdade, tendo o cuidado de evitar toda
    intemperança e toda ofensa a um irmão mais fraco.

XX, 3 (continuação)

1. Que ela conduz ao pecado.
2. A fé reformada não aceita essa ideia porque isso implica
   em reduzir o dever do homem em relação aos requisitos
   perfeitos que Deus estabeleceu nos Dez Mandamentos.
3. (a) O que é proibido pelos Dez Mandamentos é mau; o que não é
   proibido pelos Dez Mandamentos é bom.
   (b) Uma coisa boa é aceitável quando é feita em circunstâncias

que não são contrárias aos Dez Mandamentos. (c) Uma coisa boa e aceitável é "perfeita" quando é feita com um motivo ou intenção que não seja contrária aos Dez Mandamentos.

4. Sim, dependendo das circunstâncias e intenção com que tal coisa é feita.

5. Não. Porque Deus não declararia que determinada coisa é boa se não houvesse circunstâncias em que aqueles com um motivo correto pudessem usar essa coisa. Deus declara como mau, e absolutamente proíbe, apenas aquilo que nunca é bom.

6. O café, por exemplo, é uma coisa boa porque Deus declarou que todas as coisas são puras (Rm 14.14, 20). Pode ser aceitável quando usado com moderação. Será perfeito se for recebido com ação de graças (1Tm 4.3).

7. Porque as regras impostas pelo homem abrangem apenas algumas coisas, enquanto as regras (leis) de Deus se aplicam a todas as coisas, todas as circunstâncias e todas as intenções do coração.

———XX, 4———

1. Apesar de a Escritura ser a única regra de fé e prática, o cristão reformado reconhece que Deus instituiu a Igreja e o Estado como formas de autoridade (sem mencionar, é claro, a autoridade dos pais).

2. O Estado tem o poder e autoridade para manter a lei e a ordem. Preocupa-se com o comportamento exterior dos cidadãos e nações. A Igreja tem poder e autoridade para manter a verdade e rejeitar o erro, promover a piedade e disciplinar os pecadores. Está preocupada com o que os homens acreditam e com sua obediência aos mandamentos de Deus.

3. A consequência imediata é perseguição aos verdadeiros crentes.

4. A intervenção católico-romana na vida de igrejas protestantes, que dificulta a vida dos crentes em alguns países ao redor do mundo, desde a época da Reforma Protestante do século XVI.

5. O uso de igrejas como instrumentos do Estado em regimes comunistas.

6. Tanto a Igreja quanto o Estado são pervertidos e/ou enfraquecidos pela intromissão um do outro.

7. Não, o Estado não deve determinar o aspecto religioso da educação. Não, não existe educação sem o aspecto religioso. Toda educação tem

um aspecto e uma posição religiosa, mesmo que seja para considerar o Deus verdadeiro irrelevante no que diz respeito à educação.

8. Não. A Confissão fala apenas de atos *destrutivos* da paz e ordem *externas*.

XXI. DO CULTO RELIGIOSO E DO DIA DO SHABBATH

XXI, 1-2

1. A inimizade de Deus e o afastamento do homem de Deus.
2. O culto instituído é o culto que Deus ordenou.
3. Significa que o verdadeiro culto consiste apenas no que Deus ordenou ou instituiu.
4. Porque ousaram oferecer aquilo que Deus não lhes havia ordenado oferecer.
5. Dois. O legítimo (ordenado) e o proibido (não ordenado).
6. Três. Sendo dois tipos de culto legítimo, ou seja, o que Deus ordenou e o que Deus não proibiu expressamente; e um tipo de culto ilegítimo, isto é, o que Deus especificamente proibiu.
7. É o culto que é oferecido somente porque é a vontade do homem oferecê-lo, e não porque é a vontade de Deus, isto é, mandamento de Deus.
8. Coisas que nem sempre serão praticadas da mesma forma por causa da situação natural; por exemplo, horário e local do culto no Dia do Senhor.
9. Devemos adorar a Deus no Dia do Senhor como ele nos ordenou. Devemos fazer todas as coisas com decência e ordem.
10. A Deus e a certas criaturas.
11. Superior e inferior; direto e indireto.
12. (a) Deus nos ordenou adorar somente a ele mesmo (em três pessoas: Pai, Filho e Espírito Santo). (b) A Escritura proíbe a adoração de qualquer criatura. (c) O Segundo Mandamento proíbe o uso de figuras e imagens. (d) Os santos são incapazes de realizar mediação. (e) Cristo é o único mediador.

13. Porque eles próprios frequentemente (e talvez involuntariamente) desconsideram o princípio regulador do verdadeiro culto a Deus.

XXI, 3-4

1. Gn 20.7, 17; Nm 21.7; Sl 4.1; 6.9; 17.1; At 1.14; 2.42; 1Tm 2.8; 1Ts 5.17; e Ef 6.18.
2. Porque o nosso Senhor Jesus Cristo é o único mediador entre Deus e os homens, e nenhuma oração é aceitável exceto por sua mediação.
3. Jo 14.6; Ef 2.18; Cl 3.17.
4. Porque Deus não prescreveu para o culto o uso das orações escritas na Escritura.
5. Rm 8.26-27. Esse texto mostra que Deus prescreveu orações formuladas sob o impulso e direção do Espírito Santo.
6. Não. Significa que somos levados a orar segundo a vontade de Deus.
7. Sim, a Oração do Senhor. Ela se encontra no evangelho de Mateus 6.9-13.
8. Não. Porque algumas petições dizem respeito à vontade de Deus revelada a nós na Escritura. É apropriado dizer "se for da tua vontade" somente quando a petição diz respeito ao propósito desconhecido ou secreto de Deus.
9. Devemos orar por todos os homens, exceto por aqueles que já morreram e aqueles que, já se sabe, pecaram para a morte (1Tm 2.1-2).
10. Não devemos orar pelos mortos nem por aqueles que são conhecidos por terem cometido o pecado para a morte (2Sm 12.22-23; Lc 16.26; 1Jo 5.16).
11. Pecado para morte é a blasfêmia voluntária e deliberada contra o Espírito Santo. Apostasia deliberada e comprovada de Cristo e da verdade.
12. Sim. João parece indicar que é possível (1Jo 5.16).

XXI, 5-6

1. Os elementos ordinários do culto a Deus são: oração, leitura da Escritura, pregação, administração dos sacramentos, disciplina eclesiástica, cântico dos salmos e ofertório.

2. Os elementos ocasionais de culto são: votos e juramentos religiosos, ação de graças e jejum.

3. A pregação da Palavra de Deus.

4. A Escritura nos diz que Cristo ordenou que os sacramentos fossem observados até que ele volte.

5. Somente os Salmos, isto é, os salmos, hinos e cânticos do Saltério do Antigo Testamento.

6. Não, pois essa era a prática comum de quase todas as igrejas presbiterianas e reformadas.

7. Porque não há provas de que Deus ordenou que composições humanas não inspiradas fossem cantadas no culto divino. Até hoje, ninguém apresentou provas de que Deus ordenou cantar no culto divino outros cânticos além dos salmos.

8. Porque ela salvaguarda a pureza que lhe é necessária.

9. Quando, como parte do culto, a censura é aplicada. Além disso, quando a mesa do Senhor é aberta apenas para aqueles que fazem uma profissão de fé verdadeira e sincera.

10. Formalismo, calendário litúrgico, cerimônias inventadas, filmes etc.

11. Não há outra salvaguarda senão o princípio estabelecido na Confissão: o que Deus não ordenou é proibido.

12. Não. Porque (1) os símbolos cerimoniais foram revogados com o sistema cerimonial e (2) os símbolos cerimoniais foram dados por inspiração divina e, portanto, não podem sancionar símbolos cuja origem é meramente humana.

13. Apenas circunstâncias, ou seja, horário, local, duração do culto etc.

14. Elementos de culto que são próprios e adequados apenas em certas ocasiões impostas pela providência de Deus.

15. Porque o verdadeiro jejum é motivado de dentro do coração e por circunstâncias divinamente impostas.

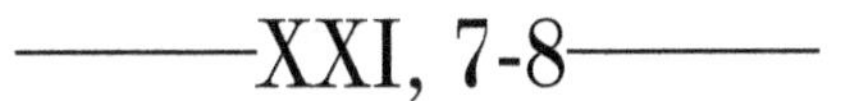

XXI, 7-8

1. Sob a alegação de que o quarto mandamento é judaico ou meramente cerimonial.

2. O Quarto Mandamento não é uma lei cerimonial porque (a) ele era dever do homem muito antes de a lei cerimonial ou a nação

judaica ser instituída. Era um dever imposto ao homem na criação.
(b) Deus o inscreveu com as outras leis morais em tábuas de pedra.
(c) Cristo o observou. (d) A Igreja Apostólica o observou.

3. Não. Cristo desconsiderou apenas as falsas visões
    dos fariseus a respeito da guarda desse dia.

4. Provando, pela Escritura, que elas estavam corretas.

5. Obras de piedade, necessidade e misericórdia.

6. Na sua suposta observância do *Shabbath*, os fariseus
    serviam e cumpriam um mero sistema legal.

7. Porque os discípulos serviram ao Senhor.

8. Que o Quarto Mandamento requer a observância
    perpétua do *Shabbath* no sétimo dia.

9. (a) O Quarto Mandamento não diz "lembra-te do *sétimo*
    dia", mas "lembra-te do sábado [*Shabbath*]", e requer apenas
    que uma *sétima* parte de nosso tempo seja observada como
    o *Shabbath*. (b) O exemplo da Igreja Apostólica.

10. Cessar ou descansar.

11. Dos trabalhos e recreações que são lícitos em outros dias.

12. Em uma o próprio trabalho é uma necessidade, na outra não.

-XXII. DOS JURAMENTOS LEGAIS E DOS VOTOS-

——XXII, 1-4——

1. Que qualquer juramento é proibido pela Palavra de Deus.
2. Cristo, na verdade, estava ensinando que os judeus estavam errados ao ensinarem que somente quando os homens faziam determinados juramentos estariam obrigados a manter sua palavra.
3. Não. Cristo ensinou que a palavra do cristão dever ser "sim, sim; não, não" e conclui dizendo "o que passar disso vem do maligno". Contudo, considerando que a falsidade tende a prevalecer entre homens, o juramento é necessário em ocasiões solenes especiais.
4. Que apenas alguns juramentos obrigavam àquele que jurava.
5. Sim, é lícito fazer juramentos. O próprio Cristo fez juramentos (Mt 26.63, 64).
6. Enganar deliberadamente ao fazer um juramento.
7. O sistema de doutrina contido na Confissão de Fé de Westminster. Como exemplos podemos citar a doutrina da Trindade, da divindade de Cristo, da divindade e personalidade do Espírito Santo, da soberania de Deus, da suficiência das Escrituras.
8. São culpados de cometer perjúrio.
9. Não. Porque nunca é certo fazer o mal, mesmo que tenhamos prometido fazê-lo.
10. Sim. Sl 15.4.

——XXII, 5-7——

1. Um juramento diz respeito ao que declaramos ou prometemos aos homens. Um voto diz respeito ao que prometemos a Deus.
2. Ambos são feitos com reverência e obrigação para com Deus.
3. Sl 116.12-14.

4. O voto de fé em obediência a Cristo. Nesse voto, é declarado ou está implícito o que se segue: (a) reconhecimento da autoridade da infalível Palavra de Deus; (b) confissão de pecado, culpa e indignidade, com confiança em Cristo; (c) promessa de obediência a Cristo; (d) promessa de devida submissão à disciplina bíblica da igreja.

5. O voto de castidade, o voto de pobreza, o voto de obediência a um superior eclesiástico etc.

6. O voto de abstinência total do uso de alguma coisa material.

7. Porque eles são incapazes de fazer tais votos de maneira adequada; isto é, com (a) a devida consideração e consciência do peso de um ato tão solene, (b) persuasão de que tal voto está de acordo com a vontade de Deus, e (c) convicção de que alguém é capaz e está determinado a manter o voto.

8. Sim. Os pais podem vincular seus filhos por votos de aliança que estejam de acordo com a Palavra de Deus. Por exemplo, as crianças estão debaixo das obrigações pactuais do sacramento do batismo mediante o voto dos pais.

22

——XXIV. DO MATRIMÔNIO E DO DIVÓRCIO——

——XXIV, 1-3——

1. Gn 2.18-25; Mt 19.3-9.
2. Mt 19.5.
3. Não. Porque Cristo condena tal prática, e também destaca que, embora tenha sido, em certo sentido, permitida por Moisés, houve severa desaprovação divina.
4. Significa algo tolerado como um mal inevitável.
5. Essa permissão é confundida com aprovação.
6. Os propósitos do casamento são: (a) Satisfação do desejo sexual. (b) Evitar a impureza. (c) A geração de uma descendência piedosa.
7. (a) Que o sexo é intrinsecamente errado. (b) Que a satisfação do desejo sexual é adequada apenas quando o objetivo é gerar filhos.
8. A negligência pecaminosa do dever de gerar filhos.
9. Um ministro reformado pode unir biblicamente em casamento dois crentes ou dois incrédulos (no caso destes últimos, somente em circunstâncias excepcionais).
10. O casamento entre um crente e um incrédulo é vinculativo e válido uma vez contraído ou consumado.
11. 1Co 7.39; 2Co 6.14-18.
12. Não. Porque pode haver sérios erros na profissão de fé e na vida de um cristão reformado que exigiriam que este transigisse se o casamento fosse contraído. Por exemplo, se uma cristã reformada se casasse com um batista, ela poderia ser forçada a negar o batismo a seus filhos, e isso seria pecado.

XXIV, 4-6

1. Lv 18.6-18; 20.10-21.
2. Porque ainda não existiam as condições previstas nessa legislação.
3. A morte.
4. O adultério.
5. Sim. O abandono intencional de um crente por parte de um incrédulo, quando o caso não pode ser remediado.
6. Não. Porque é inconcebível um crente abandonar seu cônjuge crente.
7. "Incompatibilidades" ou "mágoas e sofrimento". Não, pois não é legítimo o cristão se divorciar com base nessas coisas.

XXV. DA IGREJA

XXV, 1-2

1. A Igreja invisível é todo o corpo do povo eleito de Deus.
2. A Igreja visível são aqueles que professam a
   verdadeira religião junto com seus filhos.
3. Não. São aspectos diferentes da mesma Igreja.
4. A Igreja é "invisível" para nós no sentido de que não podemos
   (mas Deus pode) ver quem são os eleitos. A igreja é "visível" para
   nós no sentido de que podemos discernir aqueles que professam
   a verdadeira religião e que mantêm a pregação fiel da Palavra,
   a administração correta dos sacramentos e a disciplina.
5. Por causa do pecado dos crentes e da hipocrisia dos incrédulos.
6. Porque Deus não ordenou que fosse assim.
7. Pela (a) pregação fiel da Palavra de Deus, (b) administração correta
   dos sacramentos, e (c) exercício fiel da disciplina eclesiástica.
8. Não podemos determinar infalivelmente quem são os eleitos, mas
   podemos ter certeza de que, onde as três marcas da verdadeira
   igreja se manifestam, existe uma verdadeira Igreja visível.
9. Identificamos a *presença* e não a *pessoa* dos verdadeiros crentes.
10. Sim. Deus ordenou que todos os filhos dos crentes
    fossem incluídos como membros da Igreja visível, embora
    alguns (Esaú, por exemplo) não fossem eleitos.

XXV, 3-6

1. Nunca.
2. Quando a verdade floresce e o erro é *mínimo*.
3. Erro e pecado.

4. (a) A pregação fiel da Palavra de Deus, (b) a administração correta dos sacramentos, e (c) o exercício fiel da disciplina eclesiástica.

5. Não, algumas apostataram. Apocalipse capítulos 1-3 provam esse fato.

6. Quando permanecer em tal igreja torna impossível a obediência a Cristo.

7. O crente fiel deve permanecer em tal igreja, desde que não comprometa a verdade e que ainda exista razoável esperança de reforma. As seguintes condições são essenciais para esse fim: (a) A denominação como um todo ainda deve ter as marcas de uma verdadeira igreja. (b) Ainda deve haver liberdade para lutar pela verdade. (c) Deve haver uma luta ativa pela verdade.

8. (a) Ainda é possível pregar os fundamentos da fé (isto é, parte da fé). (b) Minha igreja ou presbitério ainda é fiel. (c) Há esperança de que algum dia as coisas possam melhorar.

9. (a) A Bíblia requer a pregação de todo o conselho de Deus. (b) Se toda a igreja não for fiel, então a igreja local não é fiel, a menos que abandone a denominação. (c) Não há esperança de melhora, senão separar-se de onde o erro impera.

10. Não. Porque é nosso dever pertencer a uma verdadeira igreja visível. Não é nosso dever pertencer a uma igreja, sem se importar se ela é ou não uma verdadeira igreja visível.

11. Deve-se dar testemunho contra o erro e procurar despertar os outros para o conhecimento da verdade.

————XXV, 6 (continuação)————

1. Cl 1.18; Ef 1.20-23.

2. O erastianismo ensina a supremacia do Estado sobre a Igreja em assuntos eclesiásticos.

3. A vantagem é que ela é mais abrangente, ou seja, condena não apenas a usurpação do pontífice romano, mas também qualquer outro que reivindique a liderança da Igreja.

4. O apóstolo João, em sua primeira e segunda epístolas.

5. O apóstolo Paulo, em sua segunda epístola aos Tessalonicenses.

6. "No lugar de" ou "em vez de".

7. Porque existem anticristos, assim como o Anticristo, e "o mistério da iniquidade já opera" (2Ts 2.7), bem como "o homem da iniquidade".

8. Não.

9. (a) A decisão fornece um veredicto sobre a interpretação de apenas alguns textos específicos. (b) Uma boa exegese sugere que 2 Tessalonicenses e 1 e 2 João podem estar se referindo a eventos daquela época.

24

XXVI. DA COMUNHÃO DOS SANTOS

XXVI, 1–3

1. A nossa união com Cristo é *vital* porque a vida que se encontra em Cristo é compartilhada com o crente.

2. A nossa união com Cristo é *espiritual* porque a nossa nova vida é nutrida e sustentada pelo Espírito Santo.

3. Significa que ela é conhecida por revelação divina, ou seja, não podemos entender ou explicar essa verdade.

4. A união entre a videira e seus ramos, a cabeça e os membros do corpo, e marido e mulher.

5. Uma vez unidos a Cristo, os crentes desfrutam de comunhão e união uns com os outros.

6. Em benefício de todo o corpo, isto é, em benefício de todos os crentes.

7. Porque eles têm obrigações não apenas para com Cristo, mas também para com os membros de seu corpo.

8. Sim. Porque o trabalho da Igreja, o crescimento do corpo e o cuidado dos pobres são deveres de todos os membros (1Co 12.25).

9. Não, pois os crentes não participam da divindade de Cristo, por exemplo.

10. Não. O cristão deve usar tudo o que tem para a glória de Deus e o avanço de seu reino, mas isso não implica que ele deva renunciar a tudo o que Deus lhe deu.

11. Atos 2.44. (a) Deus não ordenou a prática da "comunhão de bens". (b) Os apóstolos reconheceram o direito à propriedade privada. (c) A aparente tentativa na Igreja Apostólica não funcionou satisfatoriamente.

25

————XXVII. DOS SACRAMENTOS————

————XXVII, 1————

1. Porque o termo em si não é encontrado na Bíblia.
2. Trindade, onipotência, teologia.
3. Se o significado do termo for claro e estiver de acordo com o ensino da Escritura, é aceitável.
4. Algo por meio do qual outra coisa se torna conhecida.
5. Algo por meio do qual outra coisa é confirmada ou declarada autêntica.
6. O bordão de Moisés, a destruição de Jerusalém, o arco-íris.
7. O selo dos reis em documentos de Estado, o selo em um diploma.
8. Um sinal e selo.
9. O princípio que sustenta que o verdadeiro culto consiste não apenas no que Deus ordenou, mas também no que Deus não proibiu (isto é, aquilo que é instituído pelos homens).
10. O princípio de que o verdadeiro culto consiste apenas naquilo que Deus ordenou.
11. "Para *representar* Cristo e seus benefícios". Portanto, um sinal serve para representar.
12. "E *confirmar* nosso interesse nele". Portanto, um selo serve para confirmar.
13. Apenas para os verdadeiros crentes.

————XXVII, 2-5————

1. Que os sacramentos contêm e operam a graça automaticamente.
2. 1Pe 3.21; At 22.16.
3. 1Pe 3.21; Tt 3.5.
4. São mal interpretadas por causa incompreensão do que seja a união sacramental, isto é, a relação entre o sinal e a coisa significada.

5. A união sacramental pode ser comparada à
   união das duas naturezas de Cristo.

6. A questão que diferencia essas duas posições é: se o próprio
   Deus salva os homens, ou se os homens, agindo em nome Deus
   e revestidos de sua autoridade são os agentes da salvação.

7. Porque de acordo com essa concepção a graça é
   conferida automaticamente pelos sacramentos.

8. Porque ela pressupõe que essa operação depende
   (a) da intenção de quem administra o sacramento e
   (b) da disposição ou motivo de quem o recebe. Para o catolicismo,
   ambas as situações podem anular a operação da graça.

9. Porque ele reconhece a graça soberana e imediata de Deus.
   Ou seja, a vontade de Cristo é a única determinante, e
   os sacramentos estão subordinados à sua graça.

10. Porque, se assim fosse, muitos não teriam "chance" de receber a graça.

11. Porque (a) a Escritura não respalda nenhum outro ponto de
    vista, e (b) porque a salvação não depende dos sacramentos.

12. (a) Cada um é administrado apenas uma vez. (b) Cada um é
    administrado tanto aos crentes quanto aos seus filhos.
    (c) Cada um significa união com Cristo, purificação do pecado
    e justificação. (d) Cada um é recebido passivamente.

13. (a) Cada um é administrado com frequência (isto é, repetidamente).
    (b) Cada um é administrado apenas a crentes adultos, não a
    seus filhos. (c) Cada um significa união com Cristo, nutrição,
    crescimento nele. (d) Cada um é recebido ativamente.

14. O apóstolo chama as ordenanças do Antigo Testamento
    pelos nomes do Novo Testamento, e vice-versa.

26

XXVIII. DO BATISMO

XXVIII, 1-2

1. (a) A Escritura chama o batismo de *figura* daquilo que nos salva.
   (b) A Escritura registra o mandamento divino de administrar o batismo.
2. União com Deus por meio de Jesus Cristo, e todos os seus benefícios.
3. A nossa união com Cristo, e com Deus, por intermédio dele.
4. Regeneração, remissão dos pecados, novidade de
   vida, justificação, dever de nova obediência.
5. Porque não pode haver união com Cristo à parte de qualquer um deles.
6. A relação é que o batismo e a Ceia do Senhor representam de
   forma não verbal a mesma graça salvadora que é apresentada
   verbalmente na Escritura e na fiel pregação do evangelho.
7. Porque a união com Cristo e com as outras pessoas da
   Trindade não é resultado da atividade humana.
8. Porque os batistas creem que só os adultos são capazes de realizar
   aquela atividade que eles acreditam ser simbolizada pelo batismo.
9. A principal objeção à visão batista é que o batismo não é um símbolo
   do que os crentes fazem, mas do que Deus os criou para serem.
10. Não. O batismo é uma representação daquela união
    viva com Cristo, decorrente das ações de Deus na
    salvação do homem, isto é, da atividade divina.
11. Mt 28.19-20.

XXVIII, 3-4

1. Porque eles creem que a palavra "batizar" (*baptizō*) significa "imergir".
2. Falando do batismo como se não fosse um sacramento,
   mas apenas uma "cerimônia".

3. Pelas passagens da Escritura onde o termo é usado em um contexto no qual sabemos que não houve imersão. Por exemplo, 1Co 10.2; Hb 9.10.
4. Não.
5. (a) Que as crianças não são capazes de experimentar ou agir de acordo com aquilo de que o batismo é um sinal.
(b) Que a Bíblia não diz que bebês devem ser batizados.
6. (a) O batismo não é um sinal do que um crente faz, mas do que Deus o faz ser. A Escritura diz que as crianças (mesmo bebês) são membros do reino; portanto, elas têm aquilo de que o batismo é um sinal. (b) A Bíblia mostra que as crianças devem ser batizadas.
7. (a) O apelo de Pedro aos judeus (At 2.38-39).
(b) Os bereianos puseram à prova o ensinamento de Paulo comparando com o ensino do Antigo Testamento (At 17.11).
(c) O apóstolo Paulo declara que os filhos dos crentes (mesmo os decorrentes de casamento misto) são santos.

——XXVIII, 5–7——

1. Porque é uma ordenança de Cristo.
2. Êx 4.24-26; Lc 7.30.
3. Sim. Porque o pecado é a transgressão da lei (mandamento divino) e não apenas a transgressão da consciência.
4. No sentido de que uma pessoa pode ser salva sem ele.
5. Saber o que Deus ordena e, mesmo assim, deliberadamente deixar de fazer o que ele ordena.
6. Lc 23.39-43.
7. Esaú, Simão (At 8.13, 23).
8. Esaú.
9. Porque Deus ordenou que o sinal fosse dado aos filhos dos crentes.
10. O exemplo do patriarca Jacó.
11. A vocação eficaz e o batismo.

27

XXIX. DA CEIA DO SENHOR

XXIX, 1

1. Em três passagens dos Evangelhos sinóticos
   (Mateus, Marcos e Lucas) e em 1Coríntios.
2. Na noite em que Cristo foi traído; na época da Páscoa.
3. A Bíblia não prescreve com que frequência a santa ceia deve ser
   celebrada, mas indica apenas que deve ser com *frequência*.
4. "Até que ele venha", ou seja, até a volta do nosso
   Senhor Jesus Cristo (1Co 11.26).
5. A ênfase é a lembrança do único sacrifício suficiente de Cristo.
6. Os elementos, as palavras da instituição e as ações sacramentais.
7. Não. O sacramento transmite a certeza dessa graça.
8. Que a obra da graça no crente é contínua.
9. Eles devem discernir o corpo do Senhor.
10. A distribuição de *um* (pão e cálice) para *muitos* (crentes).

XXIX, 2

1. O sacrifício da missa.
2. O sacrifício da missa.
3. Porque a vítima é a mesma, e o sumo sacerdote é o mesmo.
4. De acordo com a Igreja Católica Romana, Cristo deve morrer
   frequentemente. Segundo a Escritura, Cristo morreu uma única vez.
   O texto de Hb 9.26, 28 prova que Cristo morreu um única vez.
5. Porque estando fisicamente no céu está ausente deste mundo
   e lá permanecerá até a sua volta no final dos tempos.
6. Quando os apóstolos se referem ao sacrifício de Cristo na cruz, eles
   fazem uso do tempo verbal *pretérito*, por exemplo "está *consumado*".

7. A doutrina romana enfraquece a confiança
   na obra consumada de Cristo.
8. À Igreja, ao sacerdote e ao sacramento.
9. Na medida em que confiam mais nas doutrinas da
   Igreja Católica Romana do que em Cristo.

——XXIX, 3–4——

1. Pão sem fermento e vinho fermentado.
2. A Bíblia silencia quanto a essa questão; talvez outros tipos de
   pão e vinho possam ser usados em caso de necessidade.
3. Porque elas concordam com a visão errônea de
   que o vinho é, em si mesmo, um mal.
4. (a) que Cristo usou suco de uva não fermentado,
   (b) que Cristo errou por ignorância.
5. Porque foi esse elemento que Cristo usou e porque
   é dever da Igreja testemunhar contra a visão errônea
   de que o vinho é, em si mesmo, mau.
6. Lc 22.17; Mc 14.23.
7. Porque (a) Cristo instituiu o sacramento em uma reunião de santos,
   (b) a Igreja Apostólica também administrou o sacramento em
   uma reunião de santos, (c) a Ceia do Senhor é uma expressão da
   comunhão dos santos, e (d) os sacramentos não devem ser separados
   da pregação da Palavra e da administração da disciplina eclesiástica.
8. Porque o prédio de uma igreja não é "a igreja".
   Os crentes é que são a igreja.
9. Sim, desde que outros crentes estejam reunidos lá, e desde que
   a Palavra seja pregada e a disciplina eclesiástica administrada.

——XXIX, 5-7——

1. O sinal e a coisa significada.
2. A união sacramental pode ser comparada
   à união das duas naturezas de Cristo.
3. O pão e o vinho.
4. A mudança de uma substância em outra.

5. A transformação da água em vinho.
6. Porque na transubstanciação o pão e o vinho são adorados como se fosse o próprio corpo e sangue de Cristo, que é divino.
7. A adição de uma substância a outra.
8. Que a natureza humana de Cristo está (ou pode estar) em toda parte.
9. Jo 16.7, 28.
10. A consequência imediata é a negação da verdadeira natureza humana de Cristo.
11. Espiritualmente.
12. Não há qualquer diferença.

——XXIX, 8——

1. Sim. Judas, por exemplo, recebeu o sacramento na ceia, mas não recebeu o Senhor Jesus Cristo. A advertência do apóstolo Paulo sobre o "comer sem discernir o corpo" (1Co 11.29), prova essa verdade.
2. Não. A participação na Ceia do Senhor trará, necessariamente, bênção ou maldição (1Co 11.27-29).
3. Comunhão aberta significa que qualquer pessoa, em sua própria avaliação, está apta para ir à mesa do Senhor.
4. A prática da comunhão aberta não é bíblica porque: (a) Cristo não administrou o sacramento a ninguém, exceto àqueles que professaram a verdadeira religião e que pareciam andar com ele. (b) Na Igreja Apostólica, instrução, batismo e genuína profissão de fé eram exigidos daqueles que recebiam esse sacramento. (c) Há mandamentos na Escritura para afastar os incrédulos e os crentes que andam desordenadamente.
5. Que ninguém pode ir à mesa do Senhor, exceto os membros da igreja (ou denominação) que administra o sacramento.
6. Porque nenhuma denominação pode ser considerada a única Igreja verdadeira.
7. A comunhão que é administrada a todos aqueles que são capazes de apresentar evidências genuínas de fé e vida cristã.
   É somente a eles que o sacramento deve ser administrado.

8. (a) Nenhum incrédulo tem permissão para se aproximar da mesa conscientemente. (b) Nenhum crente é conscientemente impedido de participar da mesa do Senhor.

9. A comunhão restrita evita o erro de alguém comer e beber indignamente, ou seja, sem discernir o corpo.

10. A comunhão restrita resguarda a Igreja da culpa de o juízo divino recair sobre incrédulos e hipócritas.

28

──XXX. DAS CENSURAS ECLESIÁSTICAS──

──XXX, 1-2──

1. Que existe um tipo particular de governo ordenado por Cristo, ou revelado na Escritura como sua vontade para a Igreja.
2. Significa que os apóstolos foram os instrumentos pelos quais a autoridade de Cristo se manifestou à Igreja.
3. Pelas revelações de Cristo feitas *por* e *por meio* dos apóstolos, as quais eram infalíveis e possuíam autoridade inerente e final.
4. Pelos presbíteros ou bispos.
5. Hierárquico ou episcopal, congregacional e presbiteriano.
6. (a) Cristo é o único cabeça da Igreja. (b) Os presbíteros são escolhidos pelo povo que governam. (c) Todos os presbíteros (ou bispos) são iguais em autoridade. (d) Cada igreja local deve ter dois ou mais presbíteros. (e) Presbíteros devem ser ordenados pelo presbitério (presbíteros das igrejas em comunhão umas com as outras). (f) Deve existir o direito de apelação de uma assembleia inferior para uma assembleia superior.
7. (a) Hierárquico, nenhum. (b) Congregacional, os três primeiros. (c) Presbiteriano, todos.
8. Quanto ao "poder das chaves do reino dos céus", o catolicismo romano atribui autoridade suprema ao apóstolo Pedro e não a ele juntamente com os presbíteros.
9. Eles negam que haja poder administrativo real nas chaves.
10. A pregação fiel da Palavra e o exercício fiel da disciplina eclesiástica.
11. Mt 18.18; Mt 16.18-19; Jo 20.21-23; Rm 1.16; 1Co 1.21; Tt 3.10.
12. Eles perdem o poder de abrir e fechar o reino.

——XXX, 3-4——

1. A principal razão é que Cristo a instituiu e ordenou.
2. Que as pessoas ficarão ofendidas.
3. Porque nunca podemos orar pela bênção de Deus quando negligenciamos os meios que ele designou para garantir essa bênção.
4. Muitas vezes resulta em restauração.
   Na igreja de Corinto temos exemplo disso.
5. O pecador faltoso, bem como os demais membros da igreja. Antes que a disciplina da igreja fosse aplicada, o pecador faltoso em Corinto não era restaurado, mas agravava ainda mais o seu pecado. O texto de 1Coríntios 5.6-7 também mostra que isso teve um efeito negativo sobre os demais crentes.
6. Que não devemos julgar os outros.
7. Ele confunde o julgamento da alma (que é prerrogativa exclusiva de Deus) com o julgamento da profissão pública de fé (que é dever da Igreja).
8. Pregar o evangelho e admitir crentes professos como membros da igreja.
9. Porque Cristo a ordenou e porque não pode ser negligenciada, exceto para sua desonra e em detrimento da verdade.
10. Tal igreja torna-se corrupta e espiritualmente morta.
11. Não, a disciplina bíblica também visa à restauração do pecador.
12. Esforços repetidos, sinceros e amorosos para persuadir o irmão errante a se arrepender.
13. Qualquer membro da igreja.
14. (a) O pecado deve ser real (ou seja, violação real de um dos Dez Mandamentos). (b) O pecador deve ser contumaz (ou seja, obstinado e relutante em se arrepender).

29

XXIII. DO MAGISTRADO CIVIL

XXIII, 1-2, 4

1. Ele é uma instituição divina. Rm 13.1-7.
2. Qualquer governo *de facto* [de fato].
3. Não.
4. Sim. Quando se fizer necessário obedecer a Deus e não a homens.
5. Sempre e em qualquer aspecto em que as exigências do governo civil não estejam em conflito com a Escritura.
6. Sempre e em qualquer aspecto em que as exigências do governo civil estiverem em conflito com a Escritura.
7. (a) A defesa da abolição da pena de morte.
   (b) A defesa da política do pacifismo.
8. Porque a ordenança divina exige o uso da espada para refrear o crime, punir assassinatos, etc.
9. (a) O erro que ensina que as autoridades eclesiásticas não estão sujeitas à autoridade civil. (b) O erro que ensina que o Papa também tem autoridade civil.

30

-XXIII. DO MAGISTRADO CIVIL (CONTINUAÇÃO)-
E
XXXI. DOS SÍNODOS E CONCÍLIOS
—XXIII, 3; XXXI, 1—

1. (a) Que "os magistrados civis não podem tomar sobre si [...] o poder das chaves" (isto é, o poder do governo eclesiástico) e que Cristo "instituiu um governo nas mãos de oficiais dela [da igreja]; governo distinto da magistratura civil". (b) Que "ele [o magistrado civil] tem autoridade, e é seu dever, ordenar que a unidade e a paz sejam preservadas na Igreja, que a verdade de Deus seja mantida pura e íntegra, que todas as blasfêmias e heresias sejam suprimidas"

2. Não. Também é uma dificuldade presente em outros documentos confessionais como, por exemplo, a Confissão Belga.

3. (a) Uma declaração negando o ensino dessas sentenças.
(b) Uma revisão dessas seções da Confissão.

4. O método da revisão, pois ele parece ser mais honesto em reconhecer o erro cometido na formulação original do texto da Confissão. Além disso, elimina toda incerteza quanto à exigência da subscrição da Confissão.

5. (a) Que os governos da Igreja e do Estado são separados e distintos. (b) Que os magistrados civis não interfiram nos assuntos da Igreja, exceto em casos de subversão da ordem civil. (c) Que somente os oficiais da igreja têm autoridade para convocar sínodos.

6. Não. O mesmo teste cuidadoso do tempo e a comparação com a Escritura que revelaram que esta seção está errada, confirmaram o restante da Confissão.

7. Porque é dever da Igreja testemunhar apenas da verdade em sua Confissão de Fé.

8. O tempo provou a verdade dos demais pontos da Confissão.
9. A opressão na Escócia.
10. Os presbiterianos pactuantes.

————XXXI, 2-3————

1. Que ele diz respeito a questões de doutrina, culto e disciplina. Não pode, portanto, impor seus decretos e declarações mediante coerção física, como pode fazer a autoridade civil.
2. Que ele tem o poder de aplicar apenas os ensinos da Escritura. Não pode criar novas leis ou mandamentos.
3. (a) Eles podem declarar com autoridade o que a Bíblia ensina. (b) Podem decretar com autoridade como os mandamentos de Deus devem ser cumpridos.
4. Um sínodo não pode decretar a observância de um novo sacramento com autoridade divina.
5. Quando estão de acordo com a Escritura.
6. (a) Porque estão de acordo com a Escritura. (b) Porque são feitos pela autoridade outorgada por Deus.
7. Desobedecer. Porque a autoridade dos sínodos é limitada ao que está de acordo com a Palavra de Deus.
8. A tendência de tornar a autoridade do conselho superior à autoridade da Bíblia.
9. Sim. Ao considerar os pronunciamentos dos sínodos como autoritativos em si mesmos, sem a devida consideração da exigência de que os sínodos devem estar sob a autoridade das Escrituras e convençam os membros da Igreja de que suas deliberações seguem esse padrão.
10. A exigência de que os sínodos e concílios convençam, mediante provas, os membros da igreja de que todas as suas decisões são baseadas nas Escrituras.

————XXXI, 5————

1. Os sínodos e concílios devem se ocupar exclusivamente de assuntos eclesiásticos. Eles devem se esforçar para levar os

homens a acreditarem e obedecerem às Escrituras e, de acordo com isso, administrar a disciplina aos membros da Igreja.

2. O Conselho Nacional das Igrejas de Cristo.

3. Porque esse Conselho interfere em assuntos civis.

4. (a) O exemplo de Cristo e seus ensinamentos.
   (b) O exemplo da Igreja Apostólica. (c) A completa ausência de qualquer ensinamento da Escritura que justificaria tal interferência da Igreja nos assuntos do Estado.

5. Não. O evangelho é regulador de tudo o que o crente faz ou deixa de fazer.

6. Ensinando aos membros da Igreja os princípios da Palavra de Deus que dizem respeito a questões políticas.

7. (a) Quando o Estado interfere ou ameaça a Igreja.
   (b) Quando o Estado solicita conselho ou opinião da Igreja.

31

——XXXII. DO ESTADO DO HOMEM DEPOIS—— DA MORTE E DA RESSURREIÇÃO DOS MORTOS

——XXXII, 1——

1. Não, todos os homens voltam ao pó e veem a corrupção.
2. A morte é a consequência do pecado. Rm 5.12; 6.23.
3. (a) Para que não haja nenhum estímulo carnal para se arrepender e crer. (b) A fim de promover a santificação. (c) A fim de prover algo melhor para o crente. (d) Para que crentes e incrédulos possam habitar juntos no mundo enquanto o propósito de Deus é cumprido.
4. Quando são regenerados.
5. Na morte do corpo físico.
6. Daquilo que começa na regeneração (no caso dos eleitos), ou nascimento (ou concepção, no caso dos réprobos).
7. Sua alma é aperfeiçoada em santidade.
8. Sua alma é, então, completamente (em grau) má.
9. Permitir que aqueles que morrem em estado de graça, mas com a culpa do pecado venial, façam a satisfação suportando o sofrimento.
10. Que Cristo sofreu toda a penalidade por todos os pecados de seu povo.

——XXXII, 2-3——

1. (a) Que todos os homens morrerão uma vez.
   (b) Que alguns homens não morrerão.
2. (a) Rm 5.12; Hb 9.27. (b) 1Ts 4.15.
3. (a) O medo daquele dia. (b) A transformação do corpo e da alma que então será realizada. (c) O fato de que a morte não tem aguilhão ou vitória, e que é muito melhor estar ausente do corpo e presente com o Senhor.

4. Que o corpo ressuscitado será aquele mesmo corpo que foi sepultado. Será uma ressurreição física, contrariando a visão errônea de que apenas a alma sobreviverá à morte.
5. Que o corpo que temos agora será ressuscitado e também transformado para que toda imperfeição, fraqueza e deformidade desapareça.
6. No último dia, quando Cristo voltar.
7. No mesmo sentido que a alma de um regenerado é a mesma de quando ele não era regenerado.
8. A terrível experiência de sofrimento no corpo e na alma que os incrédulos terão de suportar para sempre.

——————XXXIII. DO JUÍZO FINAL——————

——XXXIII, 1-3——

1. (a) A ressurreição geral quando Cristo voltar (ou seja, todos os homens serão ressuscitados fisicamente da sepultura ao mesmo tempo). (b) O julgamento geral de todos os homens na mesma ocasião.
2. (a) Jo 5.28. (b) Ap 20.12-13; At 17.31.
3. "Mil anos".
4. Pré-milenismo, pós-milenismo e Amilenismo. (a) Pré-milenismo é a crença de que Cristo retornará antes do milênio; (b) Pós-milenismo é a crença de que Cristo retornará após o milênio; (c) Amilenismo é a crença de que a Bíblia não garante a expectativa de qualquer período prolongado de triunfo antes do fim dos tempos.
5. A separação do tempo da ressurreição dos salvos do tempo da ressurreição dos perdidos. Esse erro implica em outro erro, a saber, que o julgamento não é geral.
6. Os erros são os seguintes: (a) que haverá várias vindas futuras de Cristo. (b) que não há ressurreição geral. (c) que não há julgamento geral. (d) que há um conhecimento presumido da cronologia dos eventos futuros.
7. Nenhum.
8. Nenhum.
9. (a) O retorno corpóreo e visível de Cristo. (b) A ressurreição geral. (c) O julgamento geral.
10. (a) Ninguém conhece a cronologia ou a ordem precisa dos eventos do futuro. (b) O reino de Cristo existe, é espiritual, não é apenas milenar, não é judaico e continuará até o fim dos tempos. (c) O retorno de Cristo será sem sinais de alerta, indicará uma ressurreição geral e acabará com o mundo como o conhecemos agora. (d) O período atual é o último da história. (e) A grande apostasia não é totalmente futura.

(f) O bem só triunfará completamente no fim do mundo.

(g) Cristo terá vitória completa quando
chegar o dia da ressurreição final.

Gerald Irvin Williamson formou-se na Drake University, em 1949, e recebeu o título de bacharel em Teologia no Pittsburgh-Xenia Theological Seminary, em 1952. Ordenado ministro, serviu na antiga United Presbyterian Church of North America, na Associate Reformed Presbyterian Church, e na Reformed Presbyterian Church of North America. Mas a maior parte dos seus cinquenta anos de serviço ministerial foi com as Igrejas Reformadas da Nova Zelândia e na Igreja Presbiteriana Ortodoxa, na qual se aposentou em 2011.

Ele era o editor da revista *Ordained Servant*, publicação da Igreja Presbiteriana Ortodoxa para pastores, presbíteros e diáconos, além de ter escrito vários outros livros apreciados pelos cristãos reformados, incluindo guias de estudo para a *Confissão de Fé de Westminster* e para o *Catecismo de Heidelberg*. Williamson também é o editor do *Catecismo Maior de Westminster Comentado*, de Johannes Geerhardus Vos.